KB060314

이것이 문화비평이다

하이브리드 총서 4

이것이 문화비평이다

© 이택광, 2011

1판 1쇄 발행일. 2011년 6월 30일
1판 3쇄 발행일. 2013년 3월 18일
2판 1쇄 발행일. 2021년 2월 10일

지은이. 이택광
펴낸이. 정은영

펴낸곳. (주)자음과모음
출판등록. 2001년 11월 28일 제2001-000259호
주소. 04047 서울시 마포구 양화로6길 49
전화. 편집부 02. 324. 2347 / 경영지원부 02. 325. 6047
팩스. 편집부 02. 324. 2348 / 경영지원부 02. 2648. 1311
이메일. munhak@jamobook.com

ISBN 978-89-544-4584-9 (04300)

하이브리드 총서 4

이것이 문화비평이다

이택광

자음과모음

이것이 문화비평이다

서문

1990년대 이후 한국에도 문화비평 또는 문화평론은 하나의 장르로 자리를 잡았다고 할 수 있다. 지면이나 인터넷에서 문화비평가 또는 문화평론가라는 타이틀을 달고 글을 쓰는 이들을 많이 발견할 수 있어서, 이제 이 용어가 그렇게 낯설지 않은 것처럼 보인다. 하지만 문화비평가가 무엇인가, 또는 누가 문화비평가인가 물었을 때, 과연 어떻게 정의를 내려야 할지 아직 진지한 논의가 이루어진 적은 없었다.

　오히려 1980년대라는 정치경제 과잉의 시대를 통과하면서 형성된 선입견의 영향으로 종종 문화비평은 '문화좌파'나 '살롱좌파' 같은 말과 동격으로 놓이면서 비난의 대상이 되기 일쑤였다. 사랑의 불변성을 주장하면서 1990년대 현실을 '타락'으로 규정하고 있는 〈봄날은 간다〉라는 영화에서 보더라도, 거기에 등장하는 '문화비평가'의 형상은 '겉멋 든 언사로 여자나 후리는 놈'으로 묘사되어 있다. 말하자면 당시만 하더라도 문화비평가는 부박한 현실을 비판하기 위한 부정적 은유로 받아들여졌던 것이다. 물론 이런 선입견을 뒷받침하는 '유사-문화비평들'이 없었던 것은 아니다. 연예인들의 가십이나 늘어놓고 영화나 드라마에 대한 인상을 기술하는 것을 일컬어 문화비평이라고 규정하는 경우도 허다했다. 1990년대 이후 본격화하기 시작한 문화산업의 논리를 안팎으로 지원하는 이른바 '주례사 비평들'이나 인터넷을 중심으로 퍼져나간 '연예 칼럼들'이 문화비평에 대한 부정적인 인상을 확대 재생산했다고 볼 수 있다. 그러나 문화비평은 그 기원이나 실천의 측면에서 결코 문화산업을 위한 시녀 노릇을 할 수가 없는 장르다.

지난 몇 년간 나는 정치와 뫼비우스의 띠처럼 엮여 있는 '욕망의 지형도'를 작성하는 도구로서 문화비평을 새롭게 정립하기 위해 고민했다. 이런 노력이 얼마나 결실을 거두었는지 알 수는 없지만, 최근 들어 '문화비평가'나 '문화비평'이라는 함의가 그렇게 나쁘게 통용되지 않는다는 점에서 그나마 위안을 찾을 수 있을 것 같다. 문화비평의 기원을 구성하는 Kulturkritik이 근대 일상에서 작동하는 가치 원리에 대한 비판적 고찰이었다는 사실을 여기에서 새삼 거론하는 것도 무람한 일일 것이다. 문화비평에 내재한 정치적 기획은 최근 첨예하게 근대화의 모순과 갈등을 드러내고 있는 한국 사회에서 중요한 사유의 좌표를 제시하는 작업이라고 할 수 있다. 왜냐하면 이 모순과 갈등의 근본 원인에 드리워져 있는 것이 가치와 인식의 생산과 분배 문제기 때문이다.

이런 관점에서 지금 한국에서 절실한 존재들은 변화무쌍한 문화, 그중에서도 특히 대중의 시대에 가장 격렬하게 욕망의 변증법을 작동시키고 있는 대중문화를 읽어내고, 그 읽기에서 '정치적 사유'의 계기들을 찾아낼 수 있는 문화비평가들일 것이다. 모든 대중문화는 정치적인 함의들을 감춰두고 있다. 이런 전제는 단순한 '반영론'을 의미하지 않는다. 정치경제적 현실을 대중문화가 반영하고 있다는 뜻이 아니라, 대중문화 자체가 정치적인 것이라는 뜻이다.

그 이유는 대중문화야말로 정치적인 것을 관리하고 배제하기 위해 발명된 공동체적 도덕성의 구현물이기 때문이다. 소녀시대라는 대중문화의 형식은 섹슈얼리티를 어떻게 도덕적으로 향유할 것인지에 대한 공동체적 '대책'이라고 볼 수가 있다. 이 대책은 자본의 운동이나 대중의 욕망과 밀접하게 관련을 맺는다. 대중문화는 보고 싶지 않고 듣고 싶지 않은 것을 제거하고 배제하려 하지만, 언제나 이렇게 지워진 것들은 그 형식의 논리에 아로새겨져 있게 마련이다. 이런 원리, 즉 지극히 문화적인 것에서 가장 정치적인 것이 출몰하는 것이 오늘날 우리가 살아가는 세계의 실상이다. 세상이 이렇게 변화한 까닭으로 여러 가지를 짚어볼 수 있겠지만, 무엇보다도 인터넷과 소셜 네트워크로 지칭되는 새로운 매체환경의 출현을 거론할 수 있겠다.

물론 인터넷과 소셜 네트워크 자체가 '새로운 것'이라는 정치적인 것을 만들어내는 원인은 아니다. 다만 이런 매체가 새로운 것을 만들어낼 수 있는 과잉의 쾌락을 투여하는 역할을 하기도 한다. 인터넷과 소셜 네트워크에 구현되어 있는 무한한 복제능력은 특정한 내용을 탈맥락화해서 전혀 다른 의미로 손쉽게 만들어버린다. 해석의 과잉을 요청하는 복제의 결과물은 '괴담'과 '풍문'이 진리를 불러들이는 역설적 상황을 유발한다. 말하자면, 인터넷과 소셜 네트워크는 그 자체로 혁명을 조장할 수는 없지만, 작은 혁명을 큰 혁명으로 격발하는 촉매제 노릇은 할 수 있다. 무한하게 펼쳐지는 매끄러운 소통의 표면 위로 미끄러져서 지나가지 못할 것은 아무 것도 없다. 네트는 광대하기 때문이다.

이런 문화의 상황에서 문화비평가는 무엇일까? 단순하게 문화적 현상을 기술하고 나열하는 것이 문화비평의 본령일까? 과연 이제 누가 문화비평가일까? 어떤 이들은 문학비평에 빗대어서, 대중문화나 영화 또는 음악을 비평하는 이들을 문화비평가라고 생각한다. 이런 정의는 말 그대로 '문학'비평이 문학에 대한 비평이니까, '문화'비평은 문화에 대한 비평일 것이라는 나이브한 생각에서 나온 것처럼 보인다. 그렇게 설득력이 없다. 결국 문화비평은 문화를 비평하는 것이라는 동어반복 이상을 도출하기 어렵다. 문화비평가가 '문화'를 비평하는 사람이라면, 영화비평가나 대중음악비평가는 무엇인가 하고 물어보면 문제점을 알 수가 있을 것이다.

문화비평가에 대한 정의는 19세기까지 거슬러 올라간다. 영어판 위키피디아Wikipedia에 나오는 정의를 참조한다면, "문화비평가는 기존의 문화를 전체적인 관점에서 급진적으로 비평하는 비평가"다. 문화비평가는 한마디로 '급진적 비평가'다.[1] 여기에서 언급하는 급진radical이라는 말은 '뿌리에서' 문제를 본다는 의미다. 그냥 과격한 언사나 독설을 늘어놓는다고 급진

---

1   http://en.wikipedia.org/wiki/cultural-critic

적인 것은 아니다. 어떤 사안을 뿌리에서, 발본적으로 사유하는 자가 문화 비평가인 것이다. 이 말은 곧 문화비평가라는 것이 '당위적 존재'라는 사실을 암시하는 것이기도 하다. 문화비평가는 존재한다기보다 존재해야 하는 것이고 존재하게 만들어야 하는 것이다.

어떻게 그 존재하기가 가능한가? 바로 급진적인 비평 행위가 그 대답이다. 문화비평이라는 행위는 사회비평이나 사회철학과 많은 부분에서 겹친다고 할 수 있다. 그래서 오늘날 이 용어의 쓰임새는 문화에 관한 전반적인 비평 행위를 모두 지칭하는 것으로 폭이 넓어졌다. 물론 이 문화라는 분류에 들어가는 것은 다양하다. 문학이라고 예외일 수 없고, 영화라고 예외일 수 없다. 그렇다면 문화비평이란 기존에 있는 '장르 비평들'을 그냥 모아놓은 컬렉션인가?

물론 이런 오해를 살 수도 있지만, 그냥 기존의 장르 비평을 모아놓는다고 문화비평이 되는 건 아니다. 문화비평의 핵심은 장르 비평의 경계를 넘어가는 것에 있기 때문이다. 즉 문화비평은 장르 비평과 다른 비평이라고 할 수 있다. 정확하게 말하면, 문화비평은 장르 비평에서 다룰 수 없는 주제의식을 다루고, 궁극적으로 문화의 비평을 통해 사회적 문제를 지적하고 분석하는 것을 목적으로 한다.

따라서 문화비평은 장르 비평과 다른 새로운 비평 행위라고 할 수 있다. 문화비평은 언제나 전체의 관점에서 개별 문화 현상들을 바라보는 방법론을 고수한다. 그래서 문화비평의 단골 메뉴는 헤겔주의지만, 발터 벤야민Walter Benjamin처럼 헤겔주의와 다른 관점에서 문화비평을 수행한 이론가도 있다. 문화비평을 수행한 문화비평가들은 다양하다. 19세기 문화비평의 선구자를 꼽자면, 매튜 아놀드Matthew Arnold를 거론할 수 있을 것이다. 토머스 카일라일Thomas Carlyle도 영국의 빅토리아 시대를 대표하던 문화비평가였다. 이외에도 존 러스킨John Ruskin이라는 걸출한 문화비평가가 있었다.

영국에만 문화비평가들이 있었던 건 아니다. 프랑스의 경우, 샤를르 보들레르Charles Baudelaire는 시인이면서 미술평론가였지만, 또한 근대적 삶에 대한 훌륭한 문화비평들을 남겼다. 그는 근대성modernity이라는 말을 처

음으로 만들어낸 비평가라고 할 수 있다. 독일의 선구적 문화비평가를 꼽
아보라면 프리드리히 니체Friedrich Nietzsche를 예로 들 수 있을 것이다.

이들의 목적은 대체로 비참한 물질적 조건과 불모의 삶을 극복하기
위해 문화비평에 뛰어들었다고 할 수 있다. 20세기로 넘어오면서 문화비평
은 주로 정치적 좌파의 전유물로 바뀌었다. 물론 우파 문화비평가가 존재
하지 않은 건 아니다. 어빙 배빗Irving Babbitt처럼 대표적인 우파 문화비평가
도 있었다. 그러나 게오르그 루카치György Lukács나 벤야민, 그리고 프랑크
푸르트 학파Frankfurt School로 이어지는 독일 좌파 문화비평의 계보는 20세
기 문화비평을 주도하는 중요한 흐름을 형성했다고 할 수 있다. 문화비평
가는 객관적 학자로서 역할을 하기보다 어떤 사물 현상에 대한 가치평가나 판
단을 내리는 비평가의 역할을 자임한다. 이런 맥락에서 문화비평가는 일반적
인 객관적 학문의 제도와 다른 측면을 갖는다는 점을 강조할 필요가 있다.

전작 『무례한 복음』의 서문에서 나는 최고로 치는 문화비평 중 하나
로 롤랑 바르트Roland Gérard Barthes의 『현대의 신화Mythologies』를 꼽았다. 그러
나 앞서 언급했듯이, 문화비평의 핵심은 대중문화의 형식을 분석하거나 문
화트렌드나 심리를 파악해서 통계적으로 제시하는 것이 아니다. 문화비평
은 문화라는 형식을 통해 사회의 구조를 드러내는 작업이다.

이런 맥락에서 문화비평이라는 장르 자체가 곧 정치적인 것이라고
할 수 있다. 좌파든 우파든 문화비평은 모두 정치적인 문제를 내장하고 있
다. 그 이유는 무엇인가? 바로 인식의 문제와 문화비평이 밀접하게 관련을
맺고 있기 때문이다. 인식은 어떤 사물의 가치를 평가하거나 판단하는 것
이다. 인식을 지배하면 지식 생산을 주도할 수가 있다. 다른 말로 바꾼다면
담론의 주도권을 인식의 지배를 통해 달성할 수 있는 것이다.

테오도르 아도르노Theodor Adorno처럼 문화의 형식을 분석해서 '판단
judgement'을 내릴 수도 있고, 벤야민처럼 판단보다는 '가치평가evaluation'에 더
강조점을 둘 수도 있다. 나는 후자를 더 선호하지만, 때에 따라서 가치평가
를 넘어서 판단으로 나아가야 할 경우가 있다. 이럴 경우에 작동하는 것이
비평가의 윤리라고 말할 수 있다. 이 비평가의 윤리라는 것은 뭘까? 루카

치가 말년에 언급한 말 중에서 실마리를 찾을 수 있다.

루카치는 자신의 리얼리즘을 일컬어 단순한 예술 사조나 기법이 아니라고 말했다. 루카치의 리얼리즘은 곧 비평가나 예술가의 윤리를 의미했다. 이런 까닭에 루카치는 리얼리즘을 "리얼리티에 대한 태도an attitude towards reality"라고 불렀던 것이다. 물론 여기에서 말하는 리얼리티라는 건 다른 말로 바꾸어 '실재에 대한 열정passion towards the real'이라고 정의할 수도 있을 것이다.

말하자면 문화비평의 미덕은 형식을 통해 내용의 논리를 드러낸다는 데 있다. 우리는 언어나 코드라는 형식을 떠나서 리얼리티를 이해할 수가 없다. 모든 리얼리티는 형식을 갖는다. 따라서 이 형식은 내용에 따라서 논리화하기 마련이다. 문화비평은 이런 형식에 각인되어 있는 내용의 논리를 파악하는 일이라고 하겠다. 마치 도기에 찍혀 있는 도공의 지문 같은 이런 논리를 밝혀내는 것이야말로 정치적인 것이라고 할 수 있다.

정치적인 것이라는 말은 일반적인 정치politics와 구분해야 할 말이다. 여기에서 정치적인 것은 수행적인 것이고 실천적인 것이다. 문화비평은 어떤 정치 이론이나 철학 이론을 '적용'해서 대상을 끼워 맞추는 것이 아니다. 오히려 현실 속에 드러나는 이론적인 측면들을 찾아내서 보여주는 것이다.

문화적인 것과 정치적인 것은 서로 다른 차원에 있는 것이 아니다. 이 둘은 마치 종이의 앞면과 뒷면처럼 하나를 이루는 두 개의 면이다. 문화비평의 목표 중 하나는 대문자 Culture를 해체하는 것이다. 이 대문자 Culture야말로 '고급문화'라고 불리는 형식들이다. 문화비평의 대상은 고급문화라기보다 그 고급문화 현상 자체라고 할 수 있다. 문화비평이 관심을 갖는 건 "왜 특정한 종류의 문화생산물이 다른 것들보다 더 우월한 가치를 가진 것으로 받아들여지는가"라는 문제다. 이를 통해 문화비평은 고급문화와 대중문화 사이에 존재하는 경계를 허물어버린다.

문화비평은 제임스 조이스James Joyce의 『율리시스Ulysses』와 텔레비전 시리즈 〈스타 트렉Star Trek〉을 같은 자리에서 다루는데, 그 이유가 여기에 있는 것이다. 한때 문화비평은 대학제도나 정전canon이라고 불리는 가치체계들을 공격했지만, 요즘은 이런 '좋았던 시절'도 옛말이 되었다. 오히려 대학제도와 정전의 가치를 해체하고 있는 것이 자본의 논리기 때문이다. 이런 새로운 상황에서 문화비평의 역할은 좀 더 복잡해졌다고 할 수 있다.

이 책은 지금까지 기술한 문화비평의 개념에 근거해서 한국 사회의 문화 현상들을 분석한 것이다. 그동안 쓴 다양한 글들이 모여서 하나의 우듬지가 된 모습을 보니, 이렇게 책을 내기로 한 속내가 조금 부끄러워지기도 한다. 과연 이 글들이 얼마나 내 자신이 설정하는 문화비평의 기준에 도달할 수 있을지, 나로서도 부족한 점을 많이 느낀다. 그러나 용기를 내어서 책을 내는 까닭은, 문화비평이라는 행위가 지금 긴급하게 요청되고 있다는 생각이 들기 때문이다.

지금 한국 사회에서 문화비평이야말로 일상에 파묻혀 있는 불편한 정치성을 발굴해서 제 몫을 찾아주게 만들 수 있는 중요한 글쓰기라고 생각하기에 만용을 부릴 수밖에 없었다. 무엇보다도 우리에게 필요한 것은 새로운 것에 대한 사유고, 문화비평은 낡은 것처럼 보이는 잔해더미에서 새로운 것을 발견할 수 있는 혜안을 제공해줄 것이라고 믿는다. 이 혜안을 통해 우리는 까마득하게 잊혔던 정치적인 것의 의미를 다시 읽어낼 수 있을 것이다. 그 정치적인 것은 머나먼 곳에서 오는 것이 아니라, 우리가 발딛고 있는 여기에서 시작한다. 문화비평은 '지금 여기'에 대한 전면적인 사유를 요구하는 행위기도 하다.

이렇게 부족한 원고를 다듬어서 책으로 낼 수 있게 힘써 주신 자음과모음 출판사에게 감사드린다. 특히 인문학에 대한 강병철 대표의 호의에 이 책이 작은 보탬이라도 될 수 있다면 더 바랄 것이 없겠다. 거친 초고를 다듬고, 멋진 장정으로 책의 품격을 살려준 편집부에게도 고맙다는 말을 전한다.

2011. 5. 30.
저자 쓰다

1

철학과   비평 사이

문화비평의 페다고지

문화비평은 계몽을 재계몽하는 전략이다. 문화비평의 난점은 바로 이런 전략에서 발생한다. 어떻게 말하면, 문화비평은 계몽 이전에 존재할 수가 없기 때문이다. 문화비평은 계몽 이후 그 계몽의 물화 자체를 해체하는 것이다. 바로 이 지점은 벤야민과 아도르노가 포착했고, 브레히트Bertolt Brecht가 실천했으며, 후기 루카치가 미흡하게나마 맹아적으로 고찰했던 여러 문제의식들이 파묻혀 있는 곳이다.

바르트의 『현대의 신화Mythologies』야말로 여러 사람의 발길이 스쳐간 이 좁은 영토 위에 솟아올랐던 하나의 기념비였던 것. 그런데 여기에서 잠시 멈추어 위에 내가 기술한 문장들을 보자. 이미 나는 저 짧은 문장들로 장차 몇십 년을 논해도 부족한 논의들을 순식간에 가로질러버리지 않았는가? 앞서 언급한 이론가들을 모르는 독자들의 입장에서 이런 언설은 난센스에 불과할지 모른다. 이런 의미에서 문화비평은 이미 문자로 계몽되어 있는 자들을 재계몽하는 전략일 수밖에 없다.

쉽게 말하면, 나의 문화비평은 나의 장르다. 장르를 이해하려면 그 장르를 지배하는, 또는 구성하는 내적 논리를 파악해야 할 것이다. 이처럼 나의 문화비평은 이런 장르의 논리에 기대어 불가해한 영역을 가해한 매개로 전환시키고자 하는 노력이다. 나는 이런 노력을 통해 철학과 문화비평의 경계가 무너질 수 있다고 생각한다. 그렇다면 강내희 같은 사람이 먼저 말했고, 또한 나도 말했던 문화정치학이란 무엇인가? 문화정치학은 바로 현실에 난무하는 정치적 담론에 대한 대항테제가 아니라 보완테제다. 어떻게 생각하면, 문화정치학은 현실 정치문제를 '인문적'으로 고찰하는 사유 행위의 결과물이다.

이런 맥락에서 나는 문화비평을 가장 '총체적' 장르라고 말하는 것이다. 물론 여기에서 말하는 총체성은 벤야민과 아도르노가 말하는 짜임관계Konstellation에 불과하다. 아도르노는 벤야민의 변증법적 이미지를 매개 없는 인식이라고 비판하고 있지만, 실제로 자신이 차용한 구도라는 개념 자체도 매개를 전제하는 한 총체화일 수밖에 없는 것이다.

좌우파를 막론하고 문화적으로 보수적인 한국 사회에서 문화와 현실의 매개를 찾아서 밝혀내려는 작업들은 어느 쪽에서도 환영받지 못할수 있다. 그럼에도 이런 작업들은 앞으로 인문학이 현실 문제들을 따라잡으려고 한다면 반드시 수행해야 할 일들이다. 이른바 연예인 누드와 한국 사회의 현실적 문제들은 어떤 연관이 있는 것인가 하는 질문들을 문화비평은 적극적으로 던져야 하는 것이다. 레알 마드리드 축구팀과 세계화는 어떻게 매개되어 있는 것인가 이런 사유들을 문화비평은 전략적으로 전개해야 하는 것이다.

실증적 논박에만 익숙한 후기 자본주의 사회의 공론장에서 울퉁불퉁하게 불경한 상상력을 삽입하는 사유들은 저널리즘적 사유로 계몽되어 있는 독자들을 재계몽하는 일이기도 하다. 이런 재계몽의 작업은 브레히트와 벤야민이 말하는 그대로 섬광 같은 "충격의 사유"를 조장하는 행위에 다름 아니다.[1] 바로 이 순간, 내 문화비평이 추구하는 페다고지pedagogy도 하나의 무늬로 자리 잡을 것이니. 그러나 나의 부족한 능력과 화살 같은 시간을 생각한다면, 나는 아직도 저문 강변에 앉아 피곤한 다리를 주무를 여유조차 없다.

---

1   벤야민에게 앎Erkenntnis이라는 것은 '섬광blitzhaft'처럼 오는 '사건'이다. 이에 대한 논의는 다음을 볼 것. Walter Benjamin, *Das Passagen-Werk*, Erster Band, Frankfurt am Main: Suhrkamp, 1982, p. 570.

위반을 위한 변명

내가 한때 머물렀던 영국 워릭 대학은 워릭셔 지방의 코벤트리라는 도시에 있었다. 그곳은 고디바 또는 고다이바라고 불리는 한 영주의 부인에 관한 전설로 유명한 곳이다. 고디바는 작인들의 인상된 세비를 깎아줄 것을 남편에게 호소했는데 남편은 고디바에게 옷을 벗은 채 말을 타고 코벤트리 시를 한 바퀴 돌면 청원을 들어주겠다고 말한다. 고디바는 수치심을 무릅쓰고 벌거벗은 몸으로 말 위에 올라 시장을 돌게 되고 민중들은 자신들을 위해 희생을 감수하는 아름다운 여인을 위해 모두 커튼을 내리고 집안에서 나오지 않는다. 여기까지 본다면 고디바는 자신을 희생함으로써 민중을 구원한 위대한 여인으로 비친다.

그러나 문제는 이른바 고디바 사건이 유일하게 코벤트리에서만 일어났던 것이 아니라는 데 있다. 문화사가들에 따르면 고디바 사건은 당시 봉건 영주들이 민심을 얻기 위한 수단으로 종종 벌였던 정치적 쇼의 하나였다. 그럼에도 왜 많은 고디바 사건들 중에서 코벤트리의 그것만이 지금까지 사람들에게 기억되고 있는 것일까?

코벤트리의 고디바 전설은 다른 지역의 유사 전설들이 가지지 못했던 독특한 요소를 가지고 있다.[2] 그 요소는 피핑 톰peeping Tom이라는 인물이다. 양복 재단사였던 톰은 코벤트리 백성들이 모두 커튼을 내리고 밖을

---

2 Daniel Donoghue, *Lady Godiva: A Literary History of the Legend*, Oxford: Blackwell, 2002, p. 31.

내다보지 않을 때 호기심을 못 이겨 고디바를 엿본다. 여기서 영어로 '피핑 톰'이라는 말은 벌거벗은 상대방을 몰래 훔쳐보는 사람이라는 뜻이다.

그러나 정작 이런 불명예스런 기록과 상관없이 오히려 피핑 톰이 있었기에 코벤트리의 고디바가 유명해질 수 있었던 것은 아닐까? 공동체의 질서를 위해 봉건 영주는 소작료를 인상하고 그의 부인은 그 인상액을 감해줄 것을 청원한다. 그리고 영주는 그의 부인에게 희생의식을 행하도록 하고 공동체의 성원들은 그 자기희생에 감읍하여 지도층을 숭앙한다.

그러나 피핑 톰은 이런 전근대적 희생의식 너머에 있는 것을 보려고 했다. 피핑 톰의 존재는 더 이상 고디바의 희생의식이 공동체적 질서를 도모할 수 없음을 역설하고 있다. 암묵적인 공동체의 금기를 깨고 고디바의 벌거벗음을 훔쳐본 톰. 그 톰이 도덕적 지탄의 대상이 된 것은 지당한 일이다. 이런 의미에서 진정으로 고디바 전설에서 희생양은 고디바가 아니라 피핑 톰이다.

피핑 톰을 희생시킴으로써 고디바는 자기희생의 의미를 존속시킨다. 톰을 통해 사라져가던 자기희생의 고귀함을 더욱 강조할 수 있었던 고디바. 이 모종의 연루는 톰의 엿보기가 기존 질서에 대한 위반의 행위였기에 가능했을 것이다. 말하자면 톰의 위반이 있었기에 고디바의 벌거벗음이 초월성으로 승화될 수 있었다. 이처럼 언제나 위반의 욕망은 초월성에 대한 종교적 경건과 같은 뿌리를 두고 있는 것이다. 그러나 이 행복한 시대도 근대의 등장과 함께 막을 내린다. 근대를 주도했던 과학적 실증주의라는 위반의 호기심은 전통적 질서를 너무나 앞서 가버렸고, 이제 그 과학적 실증주의는 위반되어야 할 그 무엇이 되었다.

이 역사의 아이러니가 전하는 교훈은 간단하다. 위반의 욕망과 종교적 초월성을 서로 이반시키지 말라. 모든 종교의 뿌리가 에로티시즘에 있다고 했던 바타유Georges Bataille의 통찰이 여기에서 빛을 발한다. 지금까지 앞서 간 철학자들은 종교적 초월성을 비웃었지만 그들 역시 자기 신념이란 자기만의 종교들을 가지고 있지 않았던가? 물론 종교적 초월성에서 내가 방점을 찍고자 하는 것은 초월성이지 종교가 아니다. 기존의 질서에 못

박혀 있는 자신의 존재를 초월하고자 하는 노력, 이것이 인문학의 원동력이며 예술의 희망이다. 그 초월의 의지가 바로 위반의 욕망인 것이다.

벤야민

벤야민의 전기 사상과 후기 사상을 꿰뚫는 하나의 사유는 무엇일까? 한마디로 나는 이것을 "베일veil"이라고 본다. 벤야민은 초기 연구에서 낭만주의 비평을 도그마적 이성주의를 넘어가려는 시도로 보았다. 칸트Immanuel Kant의 힘을 빌려서 낭만주의자들이 이성주의에 대항하기 위해 내세운 두 가지 범주가 바로 절대 미와 예술작품. 그러나 낭만주의자들이 칸트 철학의 룰을 순순히 따랐다고 보기는 어렵다. 칸트의 후학들은 형식을 예술미에 대한 판단 기준으로 보았기 때문이다. 낭만주의자들은 이들과 달리 형식을 본질을 구성하는 "반성의 표현the expression of reflection"으로 보았다.[3] 이런 맥락에서 낭만주의자들에게 예술작품은 자기 구성적인 것으로, 객관적 법칙으로 환원될 수 없는 그 무엇이었다.

형식은 예술작품의 중심이며 존재 기반이기도 하다. 이런 맥락에서 낭만주의자들은 칸트의 '비판'을 예술작품의 형식적 가능성을 드러내는 것으로 간주했다. 당연히 자기 구성적인 예술작품에서 이런 '비판'은 예술작품 내에 내재하고 있는 것으로 여겨졌고, 이런 맥락에서 낭만주의자들은 비판이야말로 이 예술작품의 자기 구성을 추동하는 동력이라고 보았다. 따라서 낭만주의적 관점에서 비판은 예술작품의 비밀을 발견하고, 그것의 숨은 의도를 재구성하는 것에 지나지 않았다.

그러나 벤야민에게 이런 낭만주의자들의 비판은 그냥 방법에 불과할 뿐이었다. 벤야민에게 낭만주의자들의 방법은 신비를 담보로 이념을 얻는 것이었다. 결국 낭만주의자들의 비판은 예술작품의 존립 근거 자체를 무너뜨리는 모순을 범하는 것이라고 벤야민은 생각했다. 말하자면, 낭만주의자들에게 중요한 것은 선험적으로 현상을 규정하는 이데아일 뿐이고, 예술작품은 이 이데아를 발견하거나 구성해내기 위해 해체해야 할 희생물이었던 셈이다. 벤야민은 이런 낭만주의적 예술철학의 문제점을 지적하기 위해 괴테Johann Wolfgang von Goethe를 끌고 들어온다. 괴테는 대표적 낭만주의 철학자 슐레겔August Wilhelm von Schlegel과 달리 "예술작품은 비평할 수 있는 것이 아니"라고 말한다.[4] 이런 관점에 서면, 낭만주의 철학이 말하는 예술작품의 존재 가능성인 형식은 그들의 주장과 달리, 그냥 역사적 상황이 빚어낸 우연성에 지나지 않는다. 루카치 식으로 말하자면, 형식은 방법의 물화일 뿐이다.

괴테의 관점에서 보면, 예술작품은 폐허고 토르소torso다. 예술작품이 폐허라는 말은 언제나 역사의 개입으로 낭만주의자들이 말하는 완전한 형식이란 불가능하다는 뜻이다. 이후 벤야민은 이런 괴테의 관점에 철저히 근거해서 괴테의 생각들을 발전시켜 나간다. 내가 생각하기에, 벤야민의 사유체계가 독창성을 갖고 제자리를 잡기 시작한 지점은 괴테의 말년 문제작 '선택적 친화'에 대한 에세이, 『친화력Die Wahlverwandtschaften』에서 발아한다. 여기에서 벤야민은 내용과 형식이라는 이분법적 논쟁을 지루하게 계속하던 당시의 비평계에 야심만만하게 도전하면서, 문제는 형식이 아니라 내용이라고 주장한다. 물론 이렇게 벤야민이 내용에 방점을 찍는 태도는 1930년대를 풍미했던 속류 유물론적 미학과 전혀 다른 것이다. 오히려 벤야민은 "진리내용Wahrheitsgehalt"과 "물질내용Sachgehalt"이라는 내용의 이중적 측면을 제기한다. 벤야민의 말을 들어보자.

---

3   Philippe Lacoue-Labarthe · Jean-Luc Nancy, *The Literary Absolute: The Theory of Literature in German Romanticism*, trans. Philip Barnard · Cheryl Lester, New York: SUNY P, 1988, p. 105.

4   Walter Benjamin, "The Concept of Criticism in German Romanticism" *Selected Writings, Volume 1: 1913-1926*, trans. David Lachterman · Howard Eiland · Ian Balfour, Cambridge, MA: Harvard UP, 1996, p. 179.

우리가 구성 중에 있는 예술작품을 타오르는 장례식의 장작더미에 비길 수 있다면, 주석가는 화학자처럼 그 불꽃을 감상할 것이고, 비판가는 연금술사처럼 그것을 바라보고 있을 것이다. 전자가 분석의 대가로 타버린 목재와 재만 남기는 꼴이라면, 후자는 불꽃 자체를 신비스러운 것으로 보존하는 꼴이다. 바로 그것만이 살아 생동하는 무엇이라고 주장한다는 뜻이다.[5]

내가 여기에서 왜 굳이 '비평가'로도 번역할 수 있는 'Kritiker'를 '비판가'로 번역한 것인지 주목하기 바란다. 여기에서 벤야민이 문제를 제기하고 있는 대상은 칸트적 비판의 개념에서 예술철학을 정초한 낭만주의자들이다. 벤야민은 당시에 신성한 절대적 방법으로 간주되었던 낭만주의적 '비판'을 문제로 삼고 있는 것이다. 비판이 필요로 하는 구도는 세속과 불멸의 이분법이고, 이런 구도를 획득하기 위해 낭만주의자들이 시도한 것은 절대적 형식미의 범주를 이데아로 설정하는 것이었다. 벤야민이 공격하고 있는 것은 바로 이런 절대적 형식미라는 것이 허상일 뿐이라는 점이다. 여기에서 우리는 흥미롭게도, 후일 『독일 애도극의 기원Ursprung des deutschen Trauerspiels』에서 등장할 벤야민의 알레고리론을 눈치챌 수가 있다.

　이런 측면에서 벤야민의 철학은 처음부터 '저기'보다 '여기'에 주목하는 성향을 띠고 있었다고 볼 수 있다. 지극히 형이상학적인 주제를 당대의 형이상학적 어휘로 논하고 있음에도, 벤야민은 이렇게 역사와 예술작품의 긴장 관계에 대한 관심의 끈을 늦추지 않고 있었던 것이다. 그리고 특이하게도 벤야민의 이런 태도는 그 당시에 학계의 주류를 차지했던 신칸트주의적 경향에 비해 더욱 유물론적이었다는 특징을 보인다.

　여하튼 이런 관점에서 벤야민은 주석과 비판 모두를 넘어가는 그 무엇을 궁구한다. 벤야민이 내용의 두 가지 측면을 제기하는 것은 바로 이런 이유다. 벤야민은 "진리내용은 물질내용에서 출현한다"라고 하면서, "최소한 오용되는 것을 방지하는 한, 진리내용과 물질내용 사이를 구분하는 것은 그렇게 문제가 되지 않는다"라고 말한다.[6] 진리내용과 물질내용은 무엇을 의미하는 것일까? 간단하게 말하자면, 전자는 비판가들이 생동하는 것으로 보는 '불꽃'이고, 후자는 주석가들이 분석의 결과물로 내놓는 '재'다. 구체적 작품으로 예를 들자면, 사건의 내러티브나 줄거리, 또는 표면적으로 드러나는 의미들이 물질내용이라면, 진리내용은 이런 표면적 상황들이 숨기고 있는 "심미적 진실"을 의미한다. 벤야민의 탁월성은 이런 단순 이분법을 넘어가고자 하는 그 시도에서 빛을 발한다. 벤야민이 구체적으로 타격을 가하고자 하는 것은 바로 이렇게 진리내용과 물질내용을 전혀 다른 내용의 측면으로 간주하는 이분법적 태도다. 벤야민은 경험을 선행하는 물질성에 대한 분석이 반드시 필요하지만, 이것은 어디까지나 진리내용을 찾아내고자 하는 지향의 단계에 불과하다는 입장을 취한다. 말하자면, 벤야민에게 물질내용은 진리내용의 조건에 다름 아니다.

벤야민은 이런 관점에서 "아름다움"이라는 것은 진리내용이나 물질내용 중 어느 한쪽에 존재하는 것이 아니라, 진리내용과 물질내용 그 사이에 조성되는 "긴장" 자체라는 결론에 도달한다. 따라서 벤야민에게 비평은 주석이나 비판이라기보다, 이 긴장 자체를 에누리 없이 그대로 "그려내는 것"이다. 벤야민의 입장은 이렇다. 아름다움이라는 것은 이데아가 없이 존재할 수 없지만, 그 이데아를 발굴해내기 위해 형식을 해체해버리는 순간 아름다움은 흔적도 없이 사라지게 된다. 이것은 어떤 의미에서 본다면 근대 예술의 딜레마지만, 동시에 근대 예술미의 조건이기도 하다. 이런 의미에서 벤야민은 예술작품의 진리는 비밀의 베일에 싸여 있음으로써 "신비성"을 간직한다고 본다. 이 비밀을 걷어내는 순간, 말하자면 비판이나 주석만을 가하는 순간, 예술작품의 아름다움은 사라지고 우리는 기억 속에서

---

5   Walter Benjamin, "The Concept of Criticism in German Romanticism", *Selected Writings, Volume 1: 1913-1926*, trans. David Lachterman · Howard Eiland · Ian Balfour, p. 333.

6   Walter Benjamin, "The Concept of Criticism in German Romanticism", *Selected Writings, Volume 1: 1913-1926*, trans. David Lachterman · Howard Eiland · Ian Balfour, p. 300.

나 아련한 '불꽃'에 낭만주의자들처럼 애절해하거나, 아니면 합리주의자들처럼 눈앞에 풀풀 날리는 '재'만을 놓고 예술작품에 감 놔라 떡 놔라 하게 된다는 것이다.

이런 벤야민의 견해는 "진리를 시간의 딸Veritas, filia temporis"이라고 보았던 근대 계몽주의에 대한 반기다. 벤야민이 아름다움이 "유사resemblance"에서 획득되는 것이 아니라는 말을 하는 까닭은 바로 여기에 있다. 이 유사의 개념은 칸트가 염두에 두었던 "조응적 반영"과 연관이 있다. 조응correspondence이 가능하려면 절대 시간과 절대 공간에 대한 선험적 규정이 있어야 한다. 벤야민은 이런 선험적 규정에 동의하지 않는다. 물론 이런 벤야민의 주장은 그렇게 독창적이라고 보기 어렵다. 이미 벤야민이 철학 공부를 할 무렵에는 칸트나 낭만주의적 반영 개념이 숱한 사람들의 혓바닥 위에서 비판받고 있었기 때문이다. 벤야민 또한 칸트의 주요 정식들을 전면적으로 개정한 신칸트주의의 영향권 아래 있었다. 특히 근대 도시의 일상생활에 대해 지대한 관심을 보였던 지멜Georg Simmel의 영향은 나중에 벤야민이 초기 문제의식을 선구적으로 근대 도시 연구로 확장할 수 있는 근거를 제공했다.

벤야민의 사유에서 우리가 얻을 수 있는 것은 무엇일까? 나는 이것을 요즘 식으로 고쳐서 이렇게 말해보고 싶다. 쿨하려고 하기보다 서늘하도록 하자. 사실 주석가의 고리타분함에 일찍 지쳐버린 성질 급한 재사才士들은 곧잘 비판의 '쿨'함에 취해 현실의 모든 것을 부정하는 냉소주의에 빠져들기 십상이다. 이런 재사들에게 아름다움이란 '지금 여기'에 있기보다 '과거 저기'에 있는 경우가 다반사다. 쿨하기 위해 발버둥치는 21세기 한국문화에서 쿨하지도 않으면서 쿨한 척하는 모습들을 쉽게 발견하는 것은 내 마음에 깃든 편견 탓일까? 그러나 나는 벤야민이 살았던 그 시대나 우리의 시대나, 모더니티의 문제만을 놓고 본다면 크게 바뀐 것이 없다고 본다. 벤야민한테서 우리가 배워야 할 것은 바로 이런 모더니티에 대한 적절한 응대법이 아닐까? 벤야민의 암시처럼, 모더니티의 판타지는 그것을 쿨하게 단번에 초월하겠다는 꿈이 아니라, 그 비루함과 산만함을 견디며 그

것과 '함께' 넘어가려는 서늘한 꿈을 통해 진정 그 바깥을 우리에게 보여줄 것이기 때문이다. 쿨하기보다 서늘하기를 통해 우리가 잃을 것은 노스텔지어겠지만, 얻을 것은 비루한 현실에서 아름다움을 발견할 특별한 방법일 테니 말이다.

숙명의 트라이앵글

루카치, 벤야민, 아도르노, 이들은 서구 인문학에서도 보기 드문 '숙명의 트라이앵글'이다. 이들은 이론적으로 라이벌이면서도 극진한 동무들이었다. 내가 재미있어하는 것은 루카치를 정점으로 해서 벤야민과 아도르노가 나란히 연합을 하기도 하고, 반대로 아도르노를 정점으로 해서 루카치와 벤야민이 함께 어깨를 겯기도 한다는 사실이다.

아도르노와 루카치가 헤겔Georg Wilhelm Friedrich Hegel을 아버지로 두었다면, 벤야민과 루카치는 낭만주의를 삼촌으로 두었다. 물론 이들을 하나로 묶어주는 어머니는 바로 마르크스Karl Heinrich Marx다. 벤야민은 아도르노와 루카치의 헤겔주의를 탐탁지 않게 생각했다. 헤겔에 대한 벤야민의 거부감은 브레히트와 유태 신비주의에 대한 호감으로 발전한다. 말할 것도 없이 이런 벤야민의 이탈에 대해 가장 강력하게 비판을 해대었던 장본인은 정작 루카치가 아니라 아도르노였다.

연배로 보나, 사상적 영향력으로 보나, 루카치와 벤야민은 아도르노의 스승이었다. 특히 아도르노는 초기 루카치의 에세이 철학과 벤야민의 바로크 연구에서 지대한 영향을 받았다. 그 자세한 내력이야 길게 이야기할 필요는 없을 것 같고, 다만 여기에서 내가 말하고 싶은 것은 루카치와 아도르노의 그 라이벌 관계다.

아도르노는 김나지움을 졸업한 그 푸릇푸릇한 청춘의 여명기에 루카치의 『소설의 이론Die Theorie des Romans: Eingeschichtsphilosophischer Versuch über die Formen der großen Epik』을 읽고 감동을 받을 만큼 조숙한 소년이었다. 물

론 그 역시 뭇 소년과 소녀들을 눈물바다로 몰아넣었던 루카치의 『영혼과
형식Die Seele und die Formen』으로 사춘기의 성장통을 견뎌냈을 것이다. 이 원
초적 영향의 흔적은 아도르노의 걸작이라고 일컬어지는 『미니마 모랄리아
Minima Moralia: Reflexionen aus dem beschadigten Leben』에서 진가를 발휘한다. 실제
로 아도르노의 이 에세이집은 루카치의 『영혼과 형식』을 조목조목 반박한
것이다.

   루카치에 대한 아도르노의 비판은 헤겔에 대한 벤야민의 혐오를 닮
아 있다. 매개를 부정하는 벤야민의 메시아주의를 향해 사상적 동지라고
믿기지 않을 정도로 매서운 질책을 가했던 아도르노가 루카치를 동일한
수위의 말투로 공격하는 것은 놀라운 일이 아닐지도 모른다. 이 또한 오이
디푸스가 되기 위한 살부殺父의 절차일 따름인가?

   그러나 나는 루카치에 대한 아도르노의 비판에서 어떤 징후를 읽는
다. 원래 유태인 혈통의 아버지를 가진 테오도르 루드비히 비젠그룬트가
자신의 성을 독일계 어머니의 성인 아도르노로 바꾸어야 했던 그 '나약함'
과 이 징후는 연관되어 있다. 같은 유태인이었으면서도 당시 반파시즘 전
선에서 강렬한 정치적 목소리를 내고 있었던 루카치, 그리고 스페인 국경
을 넘다가 아편을 먹고 자살해버린 벤야민에 비해 그의 정치적 이력은 한
마디로 당시의 분위기로 본다면 참으로 허약한 것이었다.

   다른 유태인계 급진적 지식인들이 부랴부랴 소련이나 미국으로 나
치즘을 피해 도주하던 그때, 아도르노만이 영국에 남아서 독일 대학의 교
수 자리를 기대하고 있었던 사실도 이런 그의 나약성을 잘 보여주는 것이
다. 교수 자격심사 논문을 준비하면서, 공공연하게 자신을 '유물론자'로 자
리매김했던 관념적 급진성과 이런 실천적 우유부단은 어딘가 앞뒤가 맞지
않는 일이었다.

   이런 그의 삶과 그의 철학적 비관주의는 아무런 관련이 없을까? 사
르트르Jean-Paul Sartre에 대한 아도르노의 떨떠름함과 이런 그의 과거는 아
무런 연관이 없을까? 아도르노가 미국에 건너가서 후기 자본주의를 분석
하면서 파시즘의 책임을 몽땅 계몽 이성에게로 돌리고 있을 때, 사르트르

는 레지스탕스에 가담해서 파시스트들을 향해 총을 쏘고 있었다.

1960년대 말, 사르트르가 점거된 대학 건물에 홀로 들어가서 학생들의 이야기가 전적으로 옳다고 화답을 해주고 환호를 받았던 것과 대조적으로, 아도르노는 대학 건물을 점거한 학생들에게 내내 비판적이었고(심지어 그가 경찰의 대학 진입을 요청했다는 설도 있지만, 최근 연구에서 이에 대한 반론이 제출되기도 했다), 그 결과 강의실에서 여학생 해방대원의 젖가슴으로 성희롱을 당하고 그 충격으로 몇 달 뒤 스위스 요양원에서 심장마비로 사망했다.

이쯤에서 이야기를 끝내면 아도르노는 전형적인 회색빛 지식인의 상징으로 남게 될 것이다. 그러나 아도르노는 이렇게 쉽게 단언해버릴 인간이 아니다. 어떻게 보면 그는 시대를 잘못 타고난 불행한 지식인이었을 뿐이다. 성격적 나약성이 인간적 결함일 수는 없는 법이기에 더욱 그렇다. 오히려 나는 그의 나약한 성격이 그의 이론을 영악하게 만들었다고 생각한다. 나약한 자일수록 꾀가 많은 법.

아도르노의 이론은 무시무시했던 그의 시대가 아니라 지금 우리에게 더 울림을 주는 내용을 간직하고 있다. 물론 나는 그의 이론에 전적으로 동의할 수 없다. 마르크스나 루카치에 비해 그의 이론은 인식론적 집착에 빠져버린 것 같다는 생각도 든다. 자본주의가 스스로 프롤레타리아라는 해방의 계기를 생산한다는 마르크스와 루카치의 존재론적 패러다임을 그는 인식이 곧 해방이라는 인식론적 패러다임으로 바꾸어놓았기 때문이다. 분명 이런 그의 전환은 포스트구조주의적이다. 선진 자본주의 국가의 지식인들은 이런 아도르노의 패러다임을 더 좋아할 것이다. 그러나 나는? 아직은 선뜻 그의 팔을 들어주기가 망설여진다.

방법론의 은하계

방법이란 무엇일까? 학문 분야에 따라서 이 방법에 대한 각양각색의 의견이 있을 수 있지만, 크게 본다면 추상적 세계관을 구체화시키는 체계라고보면 될 것 같다. 이 방법이라는 범주 자체는 '재현'이라는 범주와 마찬가지로 근대의 발명품이라고 할 수 있다. 대개 근대를 지배하는 방법을 우리는 '과학적 방법'이라고 부르고, 이런 과학적 방법의 상징적 창시자로 갈릴레오Galileo Galilei를 염두에 둔다. 러셀Bertrand Arthur William Russell이 『서양철학사 History of Western Philosophy』에서 묘파했듯이, 과학적 방법은 철학의 형제일지도 모를 일이지만, 여하튼 근대는 과장 없이 말해서 과학적 방법론의 시대라고 할 수 있을 것 같다. 이 과학적 방법론이란 지금에 와서 보면 지극히 밋밋하고 맹맹한 것인데, 우리가 익히 초등교육을 통해 배운 것들이 바로여기에 해당한다. 그러니까 가설을 세우고, 실험을 하고, 결과를 도출해서가설의 정오正誤를 증명하는 방법이 이것이다.

　　이런 과학적 방법론에 반발한 일단의 세력들을 우리는 발견할 수가있는데, 그중 대표적인 사람들이 낭만주의자들이다. 칸트를 아버지로 모신 이 남아男兒들의 군단은, 간혹 괴테와 같은 탕아들의 도전을 받기도 했지만, 한 시대의 문화 권력을 독식하기에 충분한 힘을 가지고 있었다. 낭만주의자들의 방법론은 과학적 방법론에 내재한 경험주의적 오류를 '비판'하는 것이었다. 비판을 하기 위해 필수적인 것은 무엇일까? 말할 것도 없이 원근법적 구도다. 일종의 심미적 인식방법론이었던 원근법이야말로 비판이라는 근대적 방법론의 구조였다. 비판은 하나의 소실점을 전제해야만 가능하다. 이 소실점이란 보이지 않는 것이고, 가시성 너머에 존재하는 것이다. 이를 통해서 낭만주의자들의 방법론은 언제나 유토피아적일 수밖에 없다.

낭만주의자들의 비판은 "유토피아"라는 보이지 않는 영역을 설정함으로써 현실에 대한 거리를 확보할 수 있었다. 이런 낭만주의적 방법론의 정수는 신칸트주의Neo-Kantianism로 전승되어 제도화된다. 흥미롭게도 이런 신칸트주의적 방법론은 지멜이나 베버Max Weber를 통해 세계대전 전야의 독일을 풍미했다. 루카치가 유명한 『영혼과 형식』에서 진술하고 있듯이, 낭만주의자들은 높은 산을 먼저 올라간 선지자들로서 일부는 그 산정에 계속 남아 있기를 원했고, 일부는 하산해서 나머지 사람들을 모두 산으로 이끌어오려고 했다. 이 과정에서 신칸트주의는 하산한 사람들 중에서 "산정에 가보니 아무것도 없더라"라는 자각에 도달한 사람들의 선택이었다고 할 수 있다.[7] 물론 여전히 산정의 유토피아에 대한 집념을 버리지 않았던 사람들은 헤겔주의를 선택했지만 말이다.

때문에 신칸트주의는 종교적 신비주의와 유토피아주의를 한곳에 뒤섞어놓았던 낭만주의와 결별하고, 신의 범주를 삭제한 상태에서 인간사회를 설명하려고 했는데, 그래서 이들이 새롭게 설정한 범주가 바로 '문화'다. 칸트는 문명과 문화를 구분하면서, 전자를 문화의 물질적 제반 조건이라고 보았다. 이런 맥락에서 본다면, 문화란 가변적인 것이고 현상적인 것이다. 크게 본다면, 문명과 문화의 관계를 어떻게 보는가에 따라서 방법론의 추세가 달라지는 것도 사실이다. 신칸트주의자들은 칸트의 정식을 전혀 따르지 않았다. 어떻게 보면 신칸트주의는 칸트주의와는 아주 상이하고, 오히려 본질적으로 본다면 반反칸트주의에 가깝다.

신칸트주의적 방법론에서 핵심적인 범주는 "타당성Geltung"이다. 오늘날 이 타당성의 개념을 이론적으로 적절하게 활용하고 있는 사람이 하버마스Jurgen Habermas지만, 어쨌든 타당성이라는 범주는 칸트적인 것이면서도 동시에 그의 주장에 대한 근본적 개정이라고 할 수 있는 신칸트주의를 떠받치는 중심 기둥이다. 도대체 이들 사이에 무슨 변화가 일어난 것일까?

먼저 이 범주를 중심으로 회전하는 칸트의 담론을 보자면 이렇다. 칸트에게 "개념"은 경험적 세계에 "선험적"으로 적용됨으로써 타당성을 획득하는 것이다. 말하자면, 칸트에게 개념은 선험적 비판의 근거들이라고 할 수 있고, 이런 맥락에서 칸트는 개념의 비합법적 사용을 폭로하고 그것의 합법적 사용을 궁구했다. 한편, 신칸트주의자들은 명제의 타당성이라는 것은 이런 경험적 세계와 무관하게 "논리"를 통해서 수립되는 것이라고 주장한다. 이 주장에 따르면, 가치체계나 타당성의 영역은 플라톤의 "아이디어"와 동일한 것으로 간주될 수밖에 없다. 플라톤에게 이런 "아이디어"는 일종의 형식forma이었는데, 이는 절대적 인식의 대상을 의미하는 것이었다.

어떻게 보면, 근대의 합리주의는 이런 플라톤의 정식을 뒤집어놓은 것이라고 봐도 무방할 듯하다. 근대의 인식체계에서 형식은 절대적 인식의 대상이라기보다 절대적 인식으로 과장되어 있는 판타지의 응결 정도로 비치기 때문이다. 오히려 형식은 플라톤의 정의와 반대로, 리얼리티라는 절대적 인식의 대상을 갖는 것에 불과하다는 코페르니쿠스적 인식의 전환이 일어난 셈이다. 물론 신칸트주의는 이런 리얼리티에 대한 인식을 불가능한 것으로 보기에 가치체계와 타당성의 영역을 경험으로부터 분리시켜버린다. 신칸트주의를 가르는 양대 산맥은 빈델반트Wilhelm Windelband와 리케르트Heinrich Rickert로 대표되는 바덴(또는 프라이부르크) 학파와 카시러Ernst Cassirer와 라스크Emil Lask를 앞세운 마르부르크 학파다. 전자는 가치를 타당성보다 우위에 둠으로써 문화과학을 자연과학과 분리시킬 것을 주장했던 반면, 후자는 자연과학 자체도 일종의 상징체계로 봄으로써 양자의 분리를 무의미한 것으로 보았다. 이런 맥락에서 전자는 가치 형식들이 절대적 '당위'로서 진리, 미, 신성에 근거하고 있는 것이라는 태도를 보이는 반면, 후자는 이런 당위적 연관성 자체에 미련을 두지 않는다.

당연히 인식의 문제를 당위에 위치시켰던 신칸트주의의 바덴 학파는

7   György Lukács, *Die Seele und Die Formen*, Berlin: Egon, 1911, pp. 93~95.

1차 세계대전 이후 심대한 타격을 입고 퇴조할 수밖에 없었다. 전쟁이란 기존의 가치체계 자체를 파괴해버리는 거대한 욕망 기계이기 때문이다. 이런 연유로 세계대전을 통과하면서 서구 사회는 엄청난 사상적 혼돈의 시대를 거치게 되는데, 신칸트주의도 예외가 아니었다. 루카치의 『소설의 이론』 서문에서도 암시되듯이, 당시 바덴 학파의 영향권 아래에 있었던 베버와 같은 지식인들은 다분히 낭만적 입장에서 전쟁을 영웅적 행동으로 보고 지지를 보내고 있었다. 그러나 실제로 전쟁이 이들에게 남긴 것은 죽음과 공포로 점철된 비참한 현실이었다. 이런 리얼리티의 '귀환'으로 인해 바덴 학파는 신칸트주의의 주도권을 마르부르크 학파에게 넘겨주고 퇴각할 수밖에 없었다.

다분히 세계 인식에서 유토피아적이었던 바덴 학파의 퇴조 이후에 신칸트주의에 지배적인 경향은 인식론과 미학을 동일한 것으로 간주하는 카시러의 철학이었다. 카시러는 칸트의 순수 인식의 문제를 헤겔주의적 일반화로 재구성해냄으로써 전혀 새로운 이론의 영역을 개척했다. 다시 말해서, 카시러는 칸트의 경험 형식을 선험적인 것이 아니라 헤겔적 개념에서 역사적 형성물로 간주했다. 물론 이런 경험 형식들은 역사적 형성을 마치는 순간 상징적 자율성을 획득하는 것이기도 하다. 이런 카시러의 철학은 문화철학 내지는 독일 문화비평에 지대한 영향을 미치게 되는데, 물론 이는 일정 정도 영국에서 1960년대 이후에 개화한 "문화 연구"와 구분되는 것이기도 하다. 이 둘을 구분하는 가장 큰 차이는 전자가 다분히 문화 영역별 차이를 상쇄할 공통 지반으로서 '상징'을 설정하고 있는 것과 달리, 후자는 문화 형식 자체를 일종의 리얼리티의 효과로서 간주하는 것이기 때문이다. 오히려 카시러의 철학이 심대하게 영향을 미친 쪽은 후설Edmund Husserl의 현상학과 베르그송Henri-Louis Bergson의 생철학이었고, 이를 통해 종국적으로 프랑스의 구조주의와 포스트구조주의까지 영향력을 발휘했다. 여기에서 우리가 짚고 넘어가야 할 몇 가지 사항들만 간추려보도록 하겠다.

카시러가 갱신한 신칸트주의는 지금 우리에게 자명한 것처럼 보이는 몇 가지 사항들의 원천을 제공하는 것처럼 보인다. 예를 들어서, 우리가 문화의 핵심으로서 예술을 간주하는 태도 같은 것이 여기에 해당한다. 또한 리얼리즘의 명제처럼 일반화되어 있는 '예술은 삶의 정수를 담아내야 한다'라는 주장 또한 다분히 신칸트주의적인 것이기도 하다. 실제로 브레히트를 제외하고, 루카치와 벤야민, 또는 아도르노와 같은 많은 마르크스주의 미학자들이 내세운 명제들은 많은 부분 신칸트주의의 영향권 아래 놓여 있다. 기본적으로 『자본Das Kapital』에 예시되어 있는 자본주의에 대한 마르크스의 분석은 인간의 주체 범주를 제외한 구조적인 것이었다. 이런 까닭에 자본의 분석을 통해 필연적으로 논증될 수밖에 없었다는 공산주의는 주체의 매개에 대한 구체적 논증을 통해 필연적으로 도출된 것이 아니다. 말하자면, 이것이야말로 바로 마르크스주의의 딜레마고, 다분히 이런 마르크스주의의 반휴머니즘에 초점을 맞추고 있는 구조주의나 포스트구조주의의 한계이기도 하다.

　여하튼 이런 신칸트주의적 범주에 따르면, 모든 문화 형식은 특정 시대의 특정 세계관을 구체화하고 있는 상징 형식symbolischen Formen들이다. 당연히 이 상징 형식들은 상호 호환을 전제하는 것이고, 이를 통해서 철학과 예술, 심지어 대중문화 사이의 근원적 차별성은 존재하지 않는 것으로 받아들여진다. 포스트구조주의나 포스트모더니즘에 대한 일정한 독서가 되어 있는 사람들에게 너무도 익숙한 주장이다. 한때 이들 이론이 마치 하늘에서 뚝 떨어진 새로운 것이라도 되는 양 약을 팔아대던 약장수들은 다 어디로 간 것일까? 모든 새로움은 항상 낡은 것으로부터 나온다는 괴테의 충고를 받아들여야 할 필요가 여기에 있는 것이다. 어떻게 보면 첨단의 어휘로 화려하게 포장되어 있다는 것을 제외한다면, 포스트구조주의나 포스트모더니즘은 기존의 담론들과 구분될 만한 그 어떤 '새로운' 전제를 발견하거나 만들어내지 못했다.

　이런 신칸트주의의 전제들은 상당히 설득력 있는 것이고, 문화 형식이나 특정 시기의 문명사 고찰에 훌륭한 방법론을 제공할 수 있는 것도 사실이다. 이런 까닭에, 루카치나 아도르노 같은 마르크스주의적 미학자들은 헤겔의 매개 범주를 통해 신칸트주의적 전제들을 재구성해내려고 했던 것이다. 물론 이들은 인식과 미학을 구분 짓고, 윤리와 존재론을 엄연히 다른 영역으로 간주함으로써, 개념Begriff을 모순의 해결로 보았던 신칸트주의와 달리, 개념을 모순의 변증법적 대치 상황으로 볼 것을 주문했다. 이런 측면에서 본다면, 신칸트주의적 미학의 전제와 달리, "균질 공간"과 같은 텍스트의 단일성은 존재할 수가 없다. 여기에서 데리다Jacques Derrida가 무엇 때문에 극구 자신을 마르크스의 적자라고 주장하는지 이해가 갈 것이다. 데리다에게 텍스트는 세계관이라는 추상적 보편성의 구체화가 아니라 지금 이 자리에서 벌어지고 있는 사건 그 자체기 때문이다. 말할 것도 없이, 이런 전제는 분명 신칸트주의적이라기보다 마르크스주의적이다.

이런 까닭에 겉으로 보기와 달리, 만하임Karl Mannheim이나 푸코Michel Paul Foucault보다 데리다가 훨씬 마르크스에 가까운 철학자다. 물론 마르크스에 더 가깝다고 해서 더 정당하고 옳다는 뜻은 아니다. 이런 친근성은 옳고 그름의 문제가 아니라, 리얼리티와 얼마나 적절하게 싸우고 있는가 하는 존재론적 문제기 때문이다. 리얼리티와 싸운다는 것은 결국 실패의 확률이 더 높다는 것을 뜻한다. 그러나 리얼리티와 정당하게 싸우는 사상가는 그 실패를 통해 '성공적'으로 메시지를 전달한다. 지면서 이기는 인문학의 역설이 바로 이 지점에서 굳건하게 터를 잡는 것이다.

신칸트주의적 경향은 기본적으로 개별적 문화 현상들을 보편적 체계의 산물로 본다. 이에 비해 헤겔주의적 경향은 체계의 존재를 인정하기는 하되, 거기에 개입하는 매개의 범주에 더 관심을 기울인다. 물론 이런 요약은 상당히 거친 것이다. 카시러나 가다머Hans-Georg Gadamer처럼 헤겔주의를 신칸트주의적 경향으로 재구성해내는 경우도 있고, 헤겔 철학 내부에 체계 지향적 요소가 다분히 상존하고 있기 때문이다. 이런 맥락에서 다시 말하자면, 앞서 내가 말한 헤겔주의적 경향이란 "헤겔 마르크스주의"를 의미한다고 봐야 할 것이다.

공개적으로 천명한 적도 없고, 또한 자신이 그렇게 불리는 것도 거부했지만, 헤겔 마르크스주의의 창시자 정도로 취급받을 만한 사람이 루카치다. 루카치와 비슷한 연배이면서도, 나이로 본다면 한참 후학이었던 아도르노와 각별한 친분을 유지했던 벤야민은 헤겔 변증법 자체에 대한 거부감을 가지고 있었다. 물론 그렇다고 해서 벤야민이 변증법 자체를 거부했던 것은 아니다. 벤야민에게 변증법은 '충격'을 의미했다. 이 충격을 통해 역사적 상황은 순간적으로 동결된다. 동결의 변증법. 벤야민에게 변증법은 매개를 전제하지 않는 일종의 계시illumination와 같은 것이다.

넓게 보아 변증법을 변화라는 현실 법칙을 의미하는 것이라고 보았을 때, 이런 주장을 통해 벤야민이 말하고자 하는 바는 명확한 것처럼 보인다. 벤야민에게 중요한 것은 주체의 의지라기보다 그것과 무관하게 주체에 틈입해오는 객관의 물질성이었다. 벤야민이 포스트구조주의나 포스트모더니즘과 연결될 만한 구석이 여기에 있는 것처럼 보인다. 그러나 벤야민이 과연 주체의 범주 자체를 아예 부정하고 있는가 하는 물음에 대해서는 나는 회의적이다. 벤야민의 철학에서 주체가 다소 소홀하게 취급당하는 것은 그냥 단순한 편향일 뿐이지, 의도적 배제가 아니기 때문이다.

벤야민의 변증법 개념에 내재한 문제점을 끊임없이 지적한 인물은 아도르노였는데, 주로 아도르노는 '매개'의 범주를 벤야민이 누락시킴으로써 자칫 허무주의적 정태성에 철학을 가두어버릴 가능성이 높다는 취지로 이런 비판을 제기했다. 실제로 후기 벤야민의 작업에 이런 아도르노의 영향은 아주 강력한 것이었다. 그러나 여전히 벤야민은 해방의 가능성을 계시성에서 찾는 것을 포기하지 않았고, 절대적 유토피아 범주를 고수했다. 이들 사이에서 논란이 되었던 매개란 도대체 무엇일까? 벤야민은 무엇 때문에 이 매개의 범주를 수용하지 않았던 것일까? 매개는 헤겔적 범주로서, 객관에 개입하는 주관의 행동을 의미한다. 크게 보아 일반적으로 우리가 사용하는 실천이라는 말을 매개로 보면 된다. 이렇게 본다면, 벤야민의 의도는 명확해진다. 과연 벤야민이 포스트구조주의나 포스트모더니즘처럼 인간의 실천의지 자체를 불신했던 것이 아니라면, 벤야민이 취할 수 있는 태도는 몇 가지를 넘지 못한다.

벤야민은 이때 이데올로기의 물질성을 직관적으로 성찰했던 것이 아닐까 하는 것이다. 벤야민의 『역사의 개념에 대하여Über den Begriff der Geschichte』

에 등장하는 터키 옷을 입은 체스 두는 기계 이야기가 이를 암시한다.[8] 벤
야민이 짧게 언급하는 이 체스 기계는 단순한 은유라기보다 일종의 상징
적 의미를 가지고 있다. 이 체스 기계는 1770년 헝가리인 발명가 바론 볼
프강 폰 켐펠렌Baron Wolfgang von Kempelen이라는 사람이 처음으로 만들었는
데, 이후 19세기 초반까지 유럽과 미국을 돌면서 각종 유명인들과 체스를
둬서 연전연승을 거둔 것으로 기록되어 있다. 그러나 중요한 것은 이런 역
사적 기록이 아닐 것이다. 벤야민이 굳이 이 특이한 체스 기계에 대한 역사
적 기록을 자신의 테제 서두에 올려놓은 것은 여러 의미가 있을 것이기 때
문이다.

처음에 사람들은 이 기계가 완전한 자동장치인 줄 알았지만, 나중에
밝혀진 바로는 실제로 체스 기계는 거짓이고, 난쟁이가 기계 상자 안에 숨
어 있었던 것으로 판명이 난다. 오늘날로 치면 이른바 희대의 사기 사건이
었던 셈인데, 문제는 이런 폭로를 통해 간단하게 해결되지 않았다. 오히려
이때부터 이 체스 기계는 더욱 세인의 관심을 끌게 되었기 때문이다. 말하
자면, 역설적으로 학자들은 이 체스 기계야말로 기계공학과 인간을 적절
하게 결합한 모범적 사례로 평가했던 것이다. 벤야민이 이 체스 기계를 자
신의 테제 첫머리에 올려놓고, 역사 발전의 원동력으로서 사적 유물론과
신학을 동시에 언급하고 있는 까닭이 여기에 있다. 이로써 벤야민은 알튀
세르Louis Pierre Althusser보다 앞서 이데올로기의 이중적 기능에 대해 선구적
으로 언급한 철학자임이 분명해진다. 나는 바로 이런 벤야민의 관점이야말
로, 매개를 강조하는 헤겔적 관점과 체계에 방점을 찍는 신칸트주의적 관
점이 적절하게 조화될 수 있는 '매개mediation-system'라는 개념의 처소라고 본
다. 허위를 통해서 진실에 대한 인식을 획득하는 것, 바로 여기에서 개념을
통한 새로운 사유가 발생할 수 있는 것이 아닐까?

8   Walter Benjamin, *Gesammelte Schriften*, Frankfurt am Main: Suhrkamp, 1972,
pp. 693~694.

생존지상주의

2009년은 진화론의 창시자 다윈Charles Robert Darwin 탄생 200주년이었다. 한국은 비교적 조용하게 지나간 편이지만, 다윈주의의 본고장이라고 할 영국은 떠들썩하게 다윈 탄생과 진화론의 의미를 되짚어보는 행사들을 많이 가졌다. 단순하게 200주년이어서 이렇게 다윈의 사상을 재조명한 것은 아닐 것이다. 과연 무엇이 이렇게 다윈주의에 대한 세속의 관심을 시들지 않게 만드는 것일까? 다윈주의의 의의는 '신'이라는 절대적 기원을 상정할 수밖에 없었던 자연신학적 과학관을 완전히 종결시켰다는 사실에서 찾을 수 있겠다.

2007년 출간되어 한국에서도 베스트셀러에 올랐던 리처드 도킨스 Richard Dawkins의 『만들어진 신The God Delusion』은 다윈주의를 통해 신의 부재를 증명하고 다윈주의적 무신론을 재천명한 것에 불과했다. 과학계에서 논란을 유발했던 다니엘 데닛Daniel C. Dennett의 『다윈의 위험한 생각Darwin's Dangerous Idea』에서도 비슷한 논리를 볼 수 있다. 이른바 창조론자들이 주장하는 것과 달리, 어떤 외부의 동인이 없다고 해도 생명은 자체적으로 복잡성을 획득할 수 있다는 것이 이런 주장의 핵심이다. 이들이 자신의 주장을 뒷받침하기 위해 중요한 '과학적 근거'로 제시하는 것이 바로 다윈의 자연선택론이다.

생명 진화의 원리를 자연환경에 적응한 개체 생존으로 설명하고자 했던 것이 다윈의 자연선택론인데, 이 말은 역으로 자연선택을 통해 살아남은 개체야말로 진화에 성공한 존재라는 사실을 암시한다. 다윈이 이런 생각을 할 수 있었던 것은 '우연히' 접한 맬서스Thomas Robert Malthus의 인구론 때문이었다. 맬서스의 인구론은 18세기 이래로 서구 사회를 지배했던 유토피아주의를 근본에서 뒤집어놓는 견해였다고 할 수 있다. 물질적 발전과 사회적 진보가 인류에게 풍요로운 미래를 가져다줄 것이라는 낙관주의는 맬서스의 이론을 통해 반박당했다. 인구 증가에 대한 적절한 통제가 없다면 인류는 멸망할 것이라는 묵시록적 전언이 역사에 대한 관점을 근본적으로 바꾸어버린 것이다.

이론적으로 맬서스와 다윈은 '최적자생존'이라는 관점에서 상부상조했다고 말할 수 있다. 맬서스의 영향을 받은 다윈의 진화론을 통해 맬서스 자신의 인구론 또한 과학적 근거를 획득했기 때문이다. 이를 증명하는 것이 바로 스펜서Herbert Spencer의 사회진화론이라고 할 수 있다. 사회진화론의 기본 개념은 사회적 진보와 자연적 진화를 하나로 보는 것이다. 물론 스펜서는 맬서스와 달리 인구 문제를 비관적으로 본 것이 아니라, 오히려 인구가 많아지면 더 치열한 경쟁을 통해 더 나은 개체들이 살아남는 사회 선택의 진화 과정을 거칠 것이라고 내다봤다.

이런 관점에서 스펜서는 자유방임 이데올로기를 지지하면서 생존경쟁을 통해 사회 부적자의 제거와 계급화의 심화를 당연한 것으로 받아들였다. 사회에서 모든 개인이 고유한 능력을 자유롭게 발휘할 수 있는 사회야말로 가장 완벽한 평등주의를 구현한 것이라고 스펜서는 생각했던 것이다. 확실히 이와 같은 스펜서의 주장은 오늘날 우리가 보기에도 낯설지 않다. 놀랍게도 21세기 한국 사회를 살아가는 우리에게 익숙한 말을 스펜서의 주장에서 발견하기란 어렵지 않다. 스펜서의 이론에서 핵심적인 것은 바로 "살아남을 자만 살아남아야 한다"라는 논리다.[9] 그렇지 않았을 때 사회는 공멸에 이를 수 있다. 맬서스의 인구론이 다윈의 진화론을 만나서 만들어낸 놀라운 발상인 셈이다.

사회적 최적자생존을 설파하는 스펜서의 논리를 한국 사회에서 발견할 수 있는 까닭은 무엇일까? 1997년 경제위기 이후 한국 사회를 종횡무진으로 재편해온 신자유주의적 경제 개혁과 이에 따른 일상생활의 변화

때문일 것이다. 개인의 능력을 최대로 발양시키기 위해 정부 불간섭주의를
천명했던 스펜서의 사회 이론은 오늘날 신자유주의적 경제체제의 우월성
을 증명하는 사상적 토대 노릇을 톡톡히 하고 있다. 21세기에 사는 우리가
여전히 19세기적 과학주의의 그늘을 벗어나지 못했다는 사실에 씁쓸하다.

---

9   적자생존론에 대한 스펜서의 논의는 다음을 볼 것. Herbert Spencer, *Political
Writings*, Cambridge: Cambridge UP, 1993, p. 127.

프랑스 철학

언제부터인가 철학 하면 프랑스를 떠올리는 시대가 되었다. 미국 듀크 대학 교수이자 안토니오 네그리Antonio Negri와 함께 『제국Empire』이라는 베스트셀러를 집필한 마이클 하트Michael Hardt는 오늘날 국제적인 지성사를 구성하는 세 축으로 미국 경제학, 프랑스 철학, 이탈리아 정치학을 꼽았는데, 이런 풍경은 영국 경제학, 독일 철학, 프랑스 정치학이 주도하던 19세기나 20세기 초반의 분위기와는 사뭇 다른 것이다. 여기서 주목할 것은 프랑스 철학이다. "독일 철학은 프랑스 잡담을 가져가서 심각하게 만든 말에 불과하다"라는 농담이 있을 정도로, 프랑스 문화는 진지한 형이상학적 분위기와 관계없는 것처럼 보였다. 오죽했으면 루카치조차도 독일의 지식인들이 라인 강 저편에 펼쳐진 자유분방한 프랑스의 정치적 상황을 부러워해서 만들어낸 것이 독일 철학이었다고 했을까?

　이런 결핍의 보상심리가 철학의 기원이다. 비록 현실의 독일은 파시즘의 상처를 품고 전쟁에서 패배했지만, 관념의 독일은 3H—헤겔, 후설, 하이데거Martin Heidegger—라는 거대한 철학적 원류를 형성하면서 프랑스의 지성계를 지배한다. 흑림에 은거하던 하이데거를 찾아간 프랑스 병사가 『존재와 시간Sein und Zeit』을 배낭에서 꺼내 저자의 사인을 청했다는 이야기는 전쟁의 폭력이라는 심각성을 넘어선 철학적 유머를 선사하는 에피소드다.[10] 그러나 반세기가 지나면서 프랑스 철학은 독일 철학의 영향력을 뛰어넘어 새로운 지성사의 시원을 형성했다. 독일 철학에서 초월적이었던 것이 프랑스 철학에서 내재적인 것으로 바뀌는 발상의 전환이 여기에 있다.

 프랑스 철학이 단순하게 독일 철학을 받아들이는 수준을 넘어서서 독창적인 차원을 획득할 수 있었던 까닭은 여럿이었겠지만, 무엇보다 활발하고 자유로웠던 지식인 공동체 때문이었다고 볼 수 있다. 이 공동체의 중심에 에콜 노르말이라는 대학이 있었고, 거기에 30여 년간 루이 알튀세르 같은 이가 둥지를 틀고 있었다. 최근 알튀세르의 제자 중 한 명인 발리바르Étienne Balibar는 그 당시를 회고하면서, 앞으로 이런 공동체를 다시 경험할 수 있을지 모르겠다고 아쉬워했는데, 그만큼 에콜 노르말과 알튀세르라는 존재는 프랑스 철학의 발전에서 빼놓을 수 없는 요소들이다. 물론 에콜 노르말과 알튀세르가 무슨 특별하고 결정적인 사건을 만들어낸 것은 아니다. 알튀세르가 에콜 노르말에서 한 일은 해당 학계의 권위자들을 불러서 초청 강연을 하고 세미나를 연 것뿐이다.

 알튀세르는 이런 활동을 지칭해서 "개념의 당"이라고 이름 붙였다. 과학과 철학의 개념들이 서로 부딪히고, 예술과 정치학이 서로 조우하는 갈등과 종합의 과정이 이런 초청 강연과 세미나를 통해 자연스럽게 이루어졌다. 지금 우리가 새로운 철학자로 언급하는 알랭 바디우Alain Badiou나 자크 랑시에르Jacque Ranciere, 또는 조르지오 아감벤Giogio Agamben 같은 이론가들의 철학에서 발견할 수 있는 그 통합성이 어디에서 온 것인지를 이런 사실에 비추어 짐작할 수 있다. 이들 철학에서 수학·철학·정치·예술·신학, 심지어 사랑까지도 공평하게 자신의 입장과 진리를 주장하고 있는 것을 발견하기란 어렵지 않다. 에콜 노르말의 분위기는 지적인 한계뿐만 아니라 성차의 한계도 넘어서는 사상의 용광로였다고 발리바르는 회상한다. 이런 분위기를 "유니섹슈얼"이라고 부름직하다는 발리바르의 말[11]에서, 새로운 사상이 출현할 수 있는 조건은 기존의 한계들을 극복하는 상상력의 확장

---

10 당시 프랑스 젊은이들의 하이데거 숭배에 대한 내용은 다음을 볼 것. David Pettigrew · François Raffoul, eds. *French Interpretations of Heidegger: an Exceptional Reception*, New York: SUNY P, 2008.

11 Etienne Balibar, "Althusser and the Rue d'Ulm", *New Left Review 58*, 2009, p. 168.

이라는 사실을 다시 한 번 확인할 수 있다.

　'세계화'로 통칭되는 신자유주의 경제체제의 출현은 국가나 공동체에 '쓸모 있는 존재'라는 개인에 대한 의미 규정을 '능력 있는 존재'라는 범주로 바꾸고 있다. 이런 상황에서 성찰적 메타 담론에 근거한 인문학은 무용한 것으로 취급받을 수밖에 없다. 처세술이나 교양, 또는 언어능력이라는 도구적 기능을 제외하고 인문학의 본질이라고 할 비판적 사유는 푸대접을 받는 게 현실이다. 그러나 이럴 때일수록 우리가 가는 길의 지도를, 그리고 조망할 통합적 사고가 필요하다는 요구가 높다. 이런 요구를 현실화하기 위한 방안은 막연하게 인문학의 가치를 주장할 것이 아니라, 지금 현재 우리가 발 딛고 선 자리에 지성의 네트워크를 만들어내는 것이라고 할 수 있다. 이런 맥락에서 '다른 지식'을 추구하는 상상력은 인문학적 공동체의 존재 여부와 무관하지 않다는 것을 프랑스 철학의 과거와 현재가 잘 보여주고 있다.

냉소주의 시대의 인문학자

지식인의 종언이라는 말은 꽤 오래전부터 운위되었지만, 한국에서 나타나는 현상은 서구에서 출현했던 그 근대적 지식인의 종언이라는 문제의식과 사뭇 다른 것이다. 한국에서 지식인의 종언은 인터넷 문화와 무관하지 않다. 인터넷 글쓰기의 출현은 '글 쓰는 존재'로서 권위를 부여받았던 지식인의 존재를 무의미하게 만든 측면이 강하다.

조금 복잡하게 말하자면, 지금 '생각하는 주체들'은 인터넷이라는 사유 기계를 통해 사유하는 인터넷 주체들이라고 할 수 있다. 기존의 세대, 특히 사회과학적 개념 훈련을 통해 세계관을 획득했던 386세대와 다른 방식으로 살아가는 세대다. 인터넷을 통해 얻은 지식으로 책을 찾아보는 세대지 책을 통해 인터넷에 들어오는 세대가 아닌 것이다. 책을 통해 공부하고 관념 세계를 만든 다음 인터넷에서 글을 쓰는 세대와 다른 세계관을 이들에게서 발견할 수가 있다. 말하자면, 이제는 인터넷을 통해 학습하고 자기의 세계관을 정립하는, 완전히 다른 세대들이 나타난 셈이다.

이런 문제로 인해 소통의 문제가 발생하는 측면이 있다. 인터넷 세대와 이전 세대가 글을 독해하는 방식이 다른 것이다. 사유가 다르니 당연히 독해의 방식도 다를 수밖에 없겠지만, 인터넷 세대는 문어체의 글을 잘 읽어내지 못한다는 것이 중론이다. 그래서 여러 가지 충돌들이 일어나지만, 어떻게 생각하면 이 때문에 오히려 사유의 계기들은 더 많이 발생할 수 있는 것인지도 모르겠다. 문제는 이런 차이를 인터넷 세대들이 인정하지 않는다는 사실에 있는 것 같다.

글이 어렵게 느껴지는 것은 대체로 사전 지식체계에 글의 내용이 부합하지 않기 때문이다. 이럴 경우 택할 수 있는 방식은 사전을 찾아보거나, 아니면 조언을 구하는 것이다. 인터넷이라는 다중매체는 과거에 불가능했던 이런 쌍방향 소통에 유리한 조건이기도 하다. 따라서 인터넷 때문에 읽고 쓰는 능력이 떨어지게 되었다는 주장은 적절한 현상 진단이긴 하지만, 그렇다고 전적으로 옳은 것은 아니다. 왜냐하면 근본적으로 인터넷에서 발생하는 소통의 문제는 독해 방식의 차이라기보다 글에 대한 냉소적 태도에서 기인하는 경우가 더 흔한 것 같기 때문이다. 이 냉소는 다분히 글이나 그 글을 쓰는 지식인에게 국한하는 것이 아니라, 정치인까지도 포괄하는 경향성을 드러낸다. 이런 상황은 한국의 근대화 과정에서 생존의 공포를 통해 체화된 측면도 있지만, 지난 10년간 한국 사회에서 일어났던 정치적 변화의 결과이기도 하다.

내용이야 어떠하든 절차적인 차원에서 한국의 정치는 좌·우파의 권력 교체를 경험했다. 그 이전까지 민주화 운동 세력의 기본적인 정치 의제는 바로 정권을 평화롭게 교체하는 것이었다. 그래서 평화로운 정권 교체 이후 어떤 내용을 만들어야 하는지에 대한 대안이 없었다고 할 수 있다. 한국 민주주의의 지향이 무엇인가, 이념은 어떠해야 하는가, 이런 문제들에 대한 구체적인 합의들이 이루어지지 않았던 것이다. 따라서 그 내용들은 고스란히 과거의 습속을 되풀이하거나, 아니면 겉으로 드러나는 형식과 다른 괴리들을 노정시킬 수밖에 없었다. 이런 과정을 통해 대중들, 특히 인터넷으로 소통하는 새로운 세대의 대중들은 정치인과 지식인 전반에 대한 냉소주의를 체현하게 되었던 것이다. 마치 현실사회주의를 체험한 동유럽인들이 보여주는 것과 비슷한 냉소주의를 한국 사회에서도 발견할 수 있는 것이다. 한국의 대중들은 지난 10년을 거치면서 너무 많은 진실을 알아버린 사람처럼 되어버렸다.

이런 상황은 정치인과 지식인을 혐오하면서도 동시에 이들로부터 무엇인가를 요구하는 모순적 상태를 만들어내고 있다. 냉소주의가 만들어낸 현실은 모든 것을 다 알고 있는 대중들의 세계다. 이 세계는 존재할 수 없지만, 존재하고 있는 이상한 공간이다. 공간만이 남아 있고, 세계가 존재하지 않는다고 해야 마땅한 이 모순의 조건에서 지식인의 글쓰기는 아무런 위력을 발휘할 수가 없다. 결국 지금 한국 사회에 필요한 것은 이런 앎을 넘어선 앎, 또는 계몽에 대한 재계몽이 필요한 것일지도 모른다. 21세기 한국에서 인문학자가 할 일이 있다면 이런 냉소주의를 해결하기 위한 고군분투일 것이다.

철학

학술대회 참석차 들렀던 인도에서 한 흑인 철학자를 만났다. 그는 처음 철학을 공부할 무렵에 항상 들었던 의문에 대해 말했는데, 그 말이 내 폐부를 찔렀다. 그 의문은 "도대체 흑인이 철학을 한다는 게 가능한 일인가"라는 것이었다. 이런 질문은 그렇게 새삼스럽지 않았다. 처음에 철학을 공부하겠다는 생각으로 유학길에 올랐을 때, 나를 괴롭혔던 화두와 비슷했기 때문이다. 당시 나는 비서구인으로서 철학을 한다는 게 무엇을 의미하는지 끊임없이 되묻지 않을 수 없었다. 후일 나에게 박사과정 진학 추천서를 써준 한 노교수는 솔직하게 "너 같은 비서구인 학생을 처음 만났다"라는 말로 자신의 곤혹감을 표현했다. 차라리 속내를 감춰놓고 아무 말도 하지 않는 것보다 이 노교수처럼 있는 그대로 드러내는 것도 나쁘지 않은 일이다. 노교수의 말은 나에게 과연 비서구인에게 서구 철학은 무엇인가라는 질문을 되새겨보게 하는 계기를 제공했기 때문이다.

우리는 아무 의심 없이 '철학'을 보편적인 것으로 받아들이지만, 이런 철학의 보편성은 결코 자명한 것이라고 보기 어렵다. 철학의 기원은 밀레토스라는 그리스의 소도시에서 출발했지만 그 열매는 서구에서 거둬들였다. 오늘날 우리가 인정하는 그 철학의 사유는 그리스의 철학을 서구가 받아들여 발전시킨 것이라고 보는 게 타당하다. 그러므로 그리스에서 서구로 이동한 철학의 '여행'에서 우리는 지정학의 경계를 초월한 '앎에 대한 사랑'이라는 철학적 사유의 동시성을 확인할 수 있다. 철학이 '앎에 대한 사랑'이라고 한다면, 이 사랑은 굳이 서양이라는 지정학적 위치나 유럽 백인이라는 인종에 국한할 수 있는 게 아닐 테다. 이런 근거에서 보편적 사유를 수행할 수 있는 흑인 철학자나 동양인 철학자의 가능성을 논증하는 게 타당하겠지만, 그렇다고 이 말에서 당장 흑인 철학자나 동양인 철학자의 사유와 언어가 서구 백인 철학자의 언어와 동일한 것이라는 결론을 도출하는 것은 다소 조급한 느낌이다. 동일성보다는 차이에서 우리는 흑인 철학자와 동양인 철학자의 가능성을 발견할 수 있을 것이기 때문이다.

실제 서구의 철학사는 흑인과 동양인이라는 타자의 영역을 배제하면서 지정학적 특수성을 위장했다고 할 수 있다. 동양에 철학이 없다고 했던 하이데거의 언술은 동양인에 대한 폄하를 내포하고 있긴 하지만, 동시에 서구 철학이라는 것이 궁극적으로 유럽 백인의 사유방식이라는 사실을 인정하는 것이기도 하다. 따라서 철학은 그리스에서 발원해서 서구에서 발전했기 때문에 '서구 철학'인 것이라는 생각은, 보편타당한 것으로 받아들여졌던 철학사에 대한 전면적인 해체를 뜻한다. 이를 통해 새롭게 드러나는 것은 서구 철학사가 은폐하고 소거시킨 '타자'의 존재들이다. 예를 들어, 최근 관심의 대상으로 떠오른 안톤 빌헬름 아모Anton Wilhelm Amo라는 18세기 흑인 철학자의 존재는 지금까지 철학사에서 정전正典으로 받아들여졌던 '철학의 아버지들'에 대한 생각을 다시 가다듬게 만든다. 지금까지 밝혀진 사료들을 토대로 몇몇 학자들은 칸트의 세 가지 비판서가 흄David Hume을 겨냥한 게 아니라 아모를 대상으로 삼고 있는 것이라고 주장한다.[12]

해석학의 출현이 근대적 공간의 확장으로 인한 타자의 언어를 '이해'하기 위한 것이었다는 사실은 잘 알려졌다.[13] 그러나 서구 철학이 인정해온 이런 막연한 타자의 범주는 외부에 존재하는 그 무엇을 의미하는 것이기도 하다. 말하자면 외부의 타자를 설정해놓고 내부는 순수하다는 생각을 은연중에 깔아놓고 있는 것이다. 그러나 아모라는 흑인 철학자의 존재

12   Georg Schilling, *Who was Anton Wilhelm Amo?*, Vienna: Grin Velag, 2009.
13   해석학과 타자의 발견과 관련한 논의는 다음을 볼 것. Friedrich Schleiermacher, *Hermeneutics and Criticism*, ed. Andrew Bowie, Cambridge: Cambridge UP, 1998.

는 서구 철학의 내부가 그렇게 순수하지 않았다는 사실을 암시한다. 아모는 서구 철학의 아버지 중 한 명인 칸트가 감춰놓은 사유의 기원이었다. 이 기원은 외부였다기보다 내부였고, 아모의 존재가 없었다면 지금의 칸트를 생각할 수가 없는 상황이다. 인문학의 위기를 운위하는 언술이 이제는 식상할 지경에 이른 한국이지만, 결국 이 위기 상황은 우리의 언어로 우리를 설명해줄 철학을 여전히 발견하지 못하고 있기 때문에 불거지는 것이라고 할 수 있다. "도대체 한국어로 철학이 가능한가"라는 질문이 곧 이 위기를 해결하기 위해 우리가 붙들고 해명해야 할 화두라는 사실을 새삼 되새겨야 할 것 같다.

인문좌파란 무엇인가

새로운 개념이 필요할 때가 있다. 새로운 사유를 요청할 때 새로운 개념이 필요하다. 인문좌파라는 '새로운' 개념 역시 그렇다. 인문좌파라는 개념의 필요는 '좌파'에 대한 새로운 사유가 필요하기 때문이다.

한국에서 좌파라는 말만큼 남용되고 있는 용어도 없을 것이다. 한국의 보수는 '전통적'으로 북한에 대한 태도에 따라서 좌파를 규정해왔다. 그래서 통일을 주장하는 민족주의자들을 좌파라고 생각했던 것이다. 그러나 이런 구분법은 이제 별반 효력을 발휘하기 어렵다. 민족주의자가 좌파 노릇을 할 수 있었던 시절은 1980년대에 국한시키는 것이 옳다.

우파와 달리, 한국의 진보 내에서 일반적인 진보개혁 세력과 구분해서 좌파라는 규정을 사용하는 경우가 있다. 이 경우 좌파는 기성의 운동권과 변별성을 가지는 '신사회 운동'을 지칭하는 용어로 쓰이기도 한다. 생태나 문화, 또는 여성이나 동성애 운동을 통칭해서 좌파라고 부르기도 하는 것이다.

그러나 우파나 좌파라는 규정은 상대적인 것이기 때문에, 이런 식으로 특정 사회의 정치적 경향성을 구분하는 것은 언제나 임의적일 수밖에 없다. 문제는 존재론적인 관점에서 좌파와 우파를 규정하려고 드는 것이다. 좌파와 우파는 존재론적이라기보다 윤리적인 것이기 때문에 이런 규정 자체는 언제나 논란을 불러일으킬 수밖에 없다. 말하자면, 좌파와 우파는 언제나 '주체의 범주'를 포함하는 것이고, 주체화의 과정을 내포하고 있는 것이다.

정확하게 말하자면, 완전한 우파나 좌파는 없다. 이 둘은 언제나 대자적 관계로서 존재하는 것이지, 우파만 존재하거나 좌파만 존재하는 세계는 있을 수 없다. 한국에서 우파를 자처하는 이들 중에 진지하게 '좌파척결'을 일생의 신조로 삼고 살아가는 이들은 별로 없을 것이다. 우파는 좌파라는 거울상에 비친 자신의 모습을 통해 주체화를 이룩하는 것이기 때문이다. 한국에서 좌파가 사라진다면 우파도 무사할 수 없다. 왜냐하면 좌파라는 거울이 사라지면 우파는 자신을 우파로서 확인시켜줄 타자를 잃어버리는 것이기 때문이다.

보편적인 기준에서 나는 좌파나 우파라는 기준보다도, 특정 개인이나 주장을 뒷받침하는 이론적 배경들을 살펴보는 것이 타당하다고 생각한다. 한국은 좌파라고 해서 좌파적 발언만을 할 수 있거나, 우파라고 해서 우파적 발언만을 할 수가 없기 때문에 더욱 그렇다. 한국 사회에서 대다수 좌파나 우파는 자유주의에서 이론적 근거를 가져오는 경우가 허다하다. 자유주의 좌파와 자유주의 우파가 서로 각축을 벌이는 것이 한국의 이념 지형이라고 볼 수 있는 것이다.

자유주의 좌파는 대체로 유럽식 자유주의를 주장의 근거로 삼는 경우가 많고, 자유주의 우파는 미국식 자유주의, 푸코 식으로 말하자면, '신자유주의'에 논리적 젖줄을 대고 있는 경우가 다반사다. 시장에 대한 사회의 보완을 이야기하는 쪽이 진보좌파라면, 사회를 시장 논리로 재편성하자고 이야기하는 쪽이 보수우파라는 사실에서 이를 확인할 수 있다. 물론 여기에서 미국식 자유주의를 주장하는 보수우파는 요즘 '합리적 보수' 또는 '건전 보수'라고 개명을 시도하는 신진우파들이라고 할 수 있다. 이들과 구분해서 이른바 '수구'라고 불리는 '오래된 우파'들이 있는데, 이들 중에 파시스트들도 있지만, 대다수는 반공주의와 자유주의를 결합시킨 한국형 자유주의자들로 분류할 수 있을 것이다. 이런 낡은 자유주의는 반공이라는 '국가적 과업'을 위해 개인의 자유를 제한할 수 있다는 전제를 내포하고 있다는 특징을 갖는다.

두 부류에 포함되지 않는 소수들 중에 마르크스주의자들이 있는데,

현장보다는 주로 학계에 많이 포진을 하고 있어서 한때 '강단좌파'라고 불리기도 했다. 이 마르크스주의자들은 1980년 광주를 거치면서 알튀세르주의를 받아들였고, 정서나 이념에 근거해서 세계를 파악하기보다는 마르크스주의라는 '과학적 사유방식'을 통해서 현실을 이해하고자 했다. 물론 한국 시민사회의 형성과 맞물려서 이런 마르크스주의자들의 역할은 미미했고, 앞으로도 그럴 공산이 크다.

다만 본인들이 마르크스주의자라고 생각하는 많은 이들이 알고 보면 스미스주의자인 경우가 많다는 사실을 지적할 필요가 있다. 무슨 말인가 하면, 아직 한국에 마르크스주의는 '풍문'이나 '스캔들'로 회자되고 있을 뿐, 그 적실한 이론적 의미들이 제대로 대중화된 적이 없다는 것이다. 한때 대학 다닐 때 학생운동을 기웃거린 명문대학 졸업생들이 대기업 입사원서에 '전향한 마르크시스트'라고 자랑스럽게 쓰는 것이 유행을 타기도 했는데, 이런 에피소드에서도 확인할 수 있듯이, 마르크스주의는 진지한 탐구의 대상이었다기보다 경력을 장식하기 위한 액세서리 정도로 취급당해온 측면이 없지 않아 있었다.

그러나 이런 이념 지형도나 좌우파에 대한 규정은 2008년 촛불을 기점으로 급격하게 새로운 국면을 맞이했다고 볼 수 있다. 촛불은 우파에게 공포를, 좌파에게 무기력을 선사한 사건이었다. 촛불은 상부상조하던 기존의 좌우파 구도에 일대 균열을 초래했다. 우파는 촛불을 '좌파 세력의 준동'으로 판단했지만, 좌파는 좌파대로 촛불에서 자신들을 배척하는 '시민들'을 발견해야 했다. 촛불이라는 '이상한 사건'에서 우리는 세계를 이해하기 위한 새로운 관점을 정립해야 할 필요를 느낄 수밖에 없었던 것이다. 촛불의 주체는 '운동'에서 출몰한 것이 아니라, '생활'에서 등장했다는 점에서 기존의 좌우파가 말해왔던 이념의 범위를 훌쩍 뛰어넘었던 것이라고 할 수 있다.

인문좌파라는 개념이 필요한 까닭이 여기에서 드러난다. 인문좌파는 '좌파도 인문학을 공부하자'거나 '인문학을 공부하면 좌파가 된다'는 의미가 아니다. 인문좌파에서 '인문'은 '인간-무늬'이면서 동시에 '인간-텍스트'라는 함의를 갖는다. 여기에서 '인간'은 르네상스적 인문주의에서 말하는 그 전일적 완전체로서의 인간을 의미하지 않는다. 오히려 여기에서 '인간'은 데카르트René Descartes가 발견하고 스피노자Benedict de Spinoza와 라캉 Jaques Lacan을 거쳐 정식화한 '주체의 범주'를 뜻한다. 인문좌파에게 중요한 것은 '주체'가 아니라 '주체의 범주'다. 실제로 주체는 있는 것이지만, 또한 없는 것이기도 하다. 실재의 대상이 바뀔 때마다 주체의 위치는 변하는 것이기 때문이다. 따라서 인문좌파는 좌파적인 문제를 주체화의 관점에서 사유하자는 취지를 담고 있는 용어법이라고 할 수 있다.

지금까지 한국에서 좌파의 문제는 정치적 기획agenda과 관련한 것이었다. 사회주의이든, 사회민주주의이든, 어떤 구체적인 대안적 사회시스템을 제시하는 것에 집착했다고 할 수 있다. 그러나 세계사적으로 보았을 때, 이런 기획은 신자유주의의 출현과 함께 막을 내리는 것이다. 스튜어트 홀 Stuart Hall이 지적했듯이, 신자유주의는 좌파의 전유물이었던 '혁신'을 가져가서 우파의 것으로 만들어버렸다. 게다가 시장의 혁신성은 복지국가라는 제도에 비해 상대적으로 공평하고 역동적인 것으로 보이기도 했다. 이런 상황에서 마르크스주의는 자본주의의 경제 원리를 설명하는 하나의 경제 이론으로 환원되어버리고, 우파의 신자유주의 개혁을 '기술'하는 담론으로 전락해버렸다.

오늘날 누구도 마르크스의 상품 분석을 틀렸다고 말할 사람은 없다. 문제는 상품 분석이나 축적 체계의 법칙에 대한 설명에 있는 것이 아니라, 그것을 가능하게 만드는 '과잉'이다. 마르크스가 상품 분석에서 지적하고 있는 것도 이 문제다. 마르크스의 논점은 아무리 많은 상품을 만들어낸다고 하더라도 그것이 팔리지 않으면 아무런 가치도 만들어낼 수 없다는 사실에 있다. 잉여가치라는 것이 가능하려면 거기에 언제나 이미 과잉이 투여되어야 한다. 그것은 바로 필요를 뛰어넘는 욕망의 차원에서 상품의 교환이 작동한다는 뜻이다.

여기에서 주체화의 문제가 중요하게 제기된다. 자본주의적 주체는 자본주의의 상품 구조가 만들어낸 부차적 생산물이지만, 이 생산물은 언제나 그 속에 과잉을 기입하고 있다. 이 과잉은 자본주의적 상품 구조에 내재하는 것으로서, 주체화의 과정에 체현되어 있다. 마르크스가 말했듯이, 자본주의 사회에서 상품화의 범주를 벗어난 주체는 있을 수 없다. 자본주의 사회에서 모든 주체화는 상품화를 전제한다. 인문좌파의 문제의식은 여기에서 출발하는 것이라고 할 수 있다. 상품화는 하나의 재현 체계로서 합의된 즐거움 이외의 것은 '가치 없는 것'으로 규정해버린다. 인문좌파는 이렇게 가치 없는 것으로 제거되어버린 것에서 어떤 정치적 가능성을 찾아내는 입장이라고 할 수 있다.

이런 맥락에서 인문좌파는 하나의 위치로서 출현하는 주체화의 과제다. 보이지 않는 것을 보이게 하고, 합의된 정치체제에서 불일치를 조장하는 '정치적인 것'을 찾아내는 것이 인문좌파의 역할이다. 이 좌파적 주체는 대의제 민주주의로 수렴할 수 없는 정치적인 것에 근거한다. 이런 인문좌파에 대한 요청이 현실화한 것이 바로 2008년 촛불이었던 것이다.

마르크스의 귀환

시절이 시절이니만큼 마르크스 읽기가 다시 붐을 일으키고 있다. 세계적인 경기침체 상황이 마르크스의 유령을 다시 불러내고 있는 것이다. 마르크스야말로 자본주의 사회에서 우리가 넘어갈 수 없는 사유의 절대 지평이라는 말이 실감나는 대목이다. 마르크스 읽기의 붐은 기왕에 존재했지만 이제는 좀 더 구체적으로 이루어지고 있는 것 같다. '마르크스로 돌아가자'라는 구호가 등장한 것은 새천년을 맞이하던 지난 2000년이었다. 하지만 이제는 이런 구호가 작은 마르크스 읽기 모임들로 구체화해서 나타나고 있다.

『역사 유물론Historical Materialism』이라는 정통 마르크스주의 저널에서 주최하는 마르크스의 『자본』 읽기 강좌가 2008년 12월 18일에 진행됐는데, 피터 토머스Peter Thomas가 『자본』 1권을 매우 꼼꼼히 읽었음을 알 수 있었다. 이보다 앞서 데이비드 하비David Harvey가 『자본』 강좌를 실시했는데, 유투브에 관련 동영상이 올라 있어서 많은 이들의 인기를 끌었다. 이런 강좌의 특징은 대중을 마르크스에 친숙하게 만들기 위해 기획되고 있다는 점에서 찾을 수 있을 것이다.

최근 동향이 마르크스로 점점 기울어지는 것은 일련의 포스트모던 정치학에 대한 회의와 무관하지 않다. 경험주의적이고 실천주의적 전통에 깊이 뿌리박은 유럽의 마르크스주의는 여전히 검질긴 생명력을 과시한다. 에드워드 파머 톰슨Edward Palmer Thompson이 『영국 노동계급의 형성The Making of the English Working Class』에서 묘파한 거대한 노동운동의 흐름은 마르크스주의가 영국인의 내면과 의식을 지배하는 하나의 세계관이라는 사실을 여실히 보여주는데,[14] 학계 또한 이와 무관하지 않다. 무엇을 하든 영국의 학계는 계급과 자본을 이야기하지 않으면 발을 붙이기 곤란한 것이다.

그래서 페미니스트도, 정신분석학자도, 포스트구조주의적 이론가들도 마르크스주의를 벗어난다면 '대중성'을 확보하기 어렵다. 신자유주의 자본 축적을 설명하기 위해 고전적인 로자 룩셈부르크Rosa Luxemburg의 『자본 축적론Die Akkumulation des Kapitals』을 다시 읽는 것이 바로 영국 학계의 특징이다. 모든 자본주의가 축적을 중요한 내적 동인으로 포함한다는 고전적인 명제는 『자본』을 다시 읽는 분위기를 가능하게 만든다.

착취 없는 자본주의가 불가능하다면, 이런 생각은 단순하고 고리타분한 한계에 갇혀 있는 것만은 아닐 것이다. 게다가 요즘 영국을 비롯한 유럽에서 목격할 수 있는 마르크스 읽기는 학문적인 탐구심을 넘어서는 측면이 있다. 말하자면 마르크스가 이제는 하나의 유행처럼 대중들에게 다가오고 있는 것이다. 자본주의의 부침을 마르크스보다 더 적절하게 설명할 수 있는 이론가가 없다는 확신은 영국의 대중들을 지배하는 오래된 믿음인 셈이다.

흥미롭게도 이런 반응은 마르크스주의 관련 서적의 판매량으로 등장한다. 한자릿수에 근근이 머물던 마르크스의 『자본』 판매량은 2005년 이래로 꾸준히 성장해서 이제는 두자릿수를 맴돌게 됐다. 역설적으로 자본주의의 위기가 마르크스 책을 출판하는 출판사에게 대박을 선사하고 있는 것이다. 한쪽에서 돈을 잃으면 한쪽이 돈을 버는 아이러니는 여기에서도 재연되고 있다. 그러나 이런 현실은 농담 이상의 의미를 부여한다.

데리다의 『마르크스의 유령들Spectres De Marx』이라는 책으로부터 촉발된 마르크스에 대한 재인식 바람은 곧 이어진 벤야민에 대한 재평가, 그

---

14   E. P. Thompson, *The Making of the English Working Class*, London: Penguin, 1963, pp. 781~915.

리고 최근 네그리의 제국론과 아리기Giovanni Arrighi의 세계체제론에 대한 마르크스주의적 반격과 서로 관련을 맺고 있는 것이라고 할 수 있다. 이것은 단지 새로운 칼이 잘 들지 않으니 오래된 칼을 끄집어내는 것과는 다른 차원이다. 네그리나 아리기가 근거를 삼고 있던 그 토대이기도 한 마르크스를 다시 읽음으로써, 이론의 재구성을 도모하고자 하는 구상이 깊이 깔려 있는 것이다.

2

사회와   정치 사이

연쇄살인범의 발견

연쇄살인범은 나타남으로써 존재한다. 유영철 사건도 마찬가지였다. 한때 유영철이라는 평범한 이름은 '희대의 살인마'라는 악마의 수식을 이마에 붙인 채 신문지상과 인터넷 온라인 게시판을 오르내렸다. 이런 광경을 물끄러미 쳐다보면, 그는 한 명의 범죄자라기보다 하나의 구경거리인 듯하다. 스펙터클 말이다.

누구는 사회구조적 불평등을 나무라며 그를 옹호했다. 죄는 미워하되 사람은 미워하지 말라는 고전적 명제를 들먹이기도 했다. 또 누구는 그 반대편에서 열심히 이런 범죄를 저지른 그의 책임을 강조했다. 구조 결정성에 앞서 도덕적 판단의 몫은 인간의 자유의지기도 하기 때문이다. 들어보면 둘 다 일리가 있는 말이다. 이 말을 들으면 이게 옳은 것 같고, 저 말을 들으면 저게 옳은 것 같다.

그런데 묘한 것을 목격한다. 유영철을 놓고 논하는 이런 말들 속에 정작 유영철 본인은 사라지고 없다. 우리는 유영철이라는 개인에 대해 아

+ **유영철 연쇄살인 사건**
2003년 9월부터 2004년 7월까지 약 10개월 동안 유영철이라는 이름의 30대 남성이 서울 지역에서 부유층 노인 및 윤락 여성 등 총 21명을 연쇄로 살해한 사건. 유영철은 2004년 7월 18일 체포에 이어 같은 해 8월 13일 구속 기소, 2005년 6월 대법원에서 사형 확정 판결을 받았다. '사이코패스'라는 용어를 세상에 알린 이 사건은 이후 2008년 〈추격자〉로 영화화되었다.

무엇도 아는 게 없다. 우리는 오직 경찰 진술과 그걸 잽싸게 옮겨놓은 언론 보도만을 믿고 있을 뿐이다. 그래 '믿고' 있다. 처음에 밝혀진 것과 달리 유영철은 간질환자가 아니었고, 범행 횟수도 경찰이 발표한 것과 판이하다는 게 속속 드러났다. 일이 이렇게 된 건 분명 경찰의 무능함, 아니면 범인의 교활함 둘 중 하나 때문일 것이다. 전자를 조심스럽게 지적하는 사람도 있지만 대개는 후자에 더 열광하는 분위기다. 새로운 사실들이 드러날 때마다 사람들은 잔인하면서도 교활하기까지 한 살인마의 행각에 치를 떤다. 아니, 치를 떨면서도 재미있어한다. 참으로 묘하다.

과연 유영철은 그토록 잔인하고 교활했을까? 그는 인간의 범주를 벗어난 괴물일까? 아니, 오히려 이런 일련의 과정들이 현상 너머 무엇을 우리에게 암시하고 있는 건 아닐까? 결론부터 말하자면, 유영철 주변을 맴돌고 있는 숱한 말들은 실재의 유영철, 우리의 관심을 끌기 전에 존재했던 '평범한' 그 사내와 아무런 관련이 없다. 바꾸어 말하자면, 굳이 이런 말들은 '유영철'이라는 특정 개인을 필요로 하지 않는다. 희대의 살인마라는 말은 항상 유령처럼 우리 주위를 떠돌다가 유영철이라는 대상을 발견했을 뿐이다.

우리는 이미 희대의 살인마라는 이야기를 가지고 있었고, 유영철은 이 이야기를 위한 새로운 주인공으로 '발견'된 것이다. 유영철의 추가 범행 사실이 점점 드러나면 드러날수록, 실재의 유영철은 오리무중으로 빠져들지만, 살인마의 이미지는 더욱 선명해진다. 말하자면, 추가 범행 사실은 유영철의 범행 동기를 더욱 복잡하게 만든다. 사회적 불만을 해소하기 위해 부유층을 살해했다는 동기는 그늘의 존재들이라고 할 성매매 여성들도 같이 살해함으로써 전혀 동기 구실을 못한다. 이혼으로 빚어진 상처 때문에 여성들에 앙심을 품고 이런 일을 저질렀을 거라는 추측도 그가 버젓하게 남성 노점상도 살해한 것을 감안한다면, 그다지 설득력이 없다.

그의 범행은 우발적 동기에 따라 지속되었다. 다만 우리가 그를 발견하지 못했다. 이 말은 달리 말해서, 우리가 그를 발견하지 못했다면, 지금도 그의 우발적 범행은 계속되고 있을 거라는 뜻이기도 하다.

유영철은 교활하고 주도면밀한 범인이 아니다. 다만 그는 그를 통해

'살인의 추억'을 반추하고자 하는 우리를 위해 주도면밀하게 발견되었을
뿐이다.

우익 이데올로그 조갑제가 고독한 이유

2004년 10월 4일 이른바 구국집회라는 것을 지켜본 많은 사람들은 유령처럼 떠도는 한 가지 의문에 사로잡혀야 했다. 그 의문이란 바로 한국 교회 옆에는 왜 항상 보수단체가 나란히 있는 것일까 하는 것이다. 이들이 시청 앞에서 외친 구호도 해괴하기 그지없다. 대체로 이들 집회에 다소 관심을 보였던 시민들조차도, 국가보안법 철폐를 주장하는 건 이해가 가는데, 무슨 일로 사립학교법 개정 반대를 함께 외치는 것인지 알다가도 모르겠다는 표정이다.

정말 알다가도 모를 일이다. 실제로 10월 4일 구국집회는 우익 이데올로그 조갑제가 평가하는 것과 달리 '국민대회'도 아니었고, '국민 저항의 시작'도 아니었다. 안타까운 일이지만, 이 집회에서 이른바 조갑제가 염두에 두었을 국민은 한 명도 없었다. 실체 없는 국민대회에 국민 비슷한 게

+ **나라와 민족을 위한 구국집회**
2004년 10월 4일 서울 시청 앞 서울광장에서 국가보안법 폐지 반대와 사립학교법 개정을 반대하는 보수종교계의 '비상구국기도회(나라와 민족을 위한 구국기도회)'가 열려 '노무현 정권 타도', '국가보안법 사수', '사립학교법 개정 반대' 등의 구호를 외쳤다. 한국기독교총연합회와 반핵반김 국민협의회가 진행한 이 기도회는 경찰 추산 약 4만 명의 보수단체 회원들이 운집했고 북핵저지시민연대, 대령연합회, 한국기독교청년협의회 등 보수단체 소속 회원 수십 명이 인공기 3개와 김정일 사진 등을 불태우기도 했다.

있었다면, 그건 개신교인들이었다. 조갑제도 이를 무의식적이나마 인지했던지, "한국 교회 일어나라, 대한민국 지켜내자"를 대회 어록에 올려놓았다.

수십만이 모인 그 집회에 어떻게 국민이 없을 수 있을까. 그래도 명색이 '반핵반김 국민대회'인데 말이다. 물론 이건 공식 집회 명칭에 지나지 않는다. 데모는 이렇게 하는 게 아니다. 공식 명칭은 그냥 사탕발림이다. 다 알다시피 진짜 목적은 따로 있지 않은가. 1980년대에 많이 당해본 조갑제도 이를 모를 리 없을 것이다. 10월 4일 구국집회는 공식 명칭만 북한의 핵과 김정일을 반대한다는 명분을 내세웠을 뿐, 도대체 이 집회의 목적이란 게 참으로 애매모호하다.

이 집회를 시작이 아니라 끝으로 봐야 할 이유가 첩첩이다. 조갑제에게는 정말 알다가도 모를 일일 것이다. 자기가 보기에 명확하기 그지없는 일인데, 자꾸 애매모호하다고 하니 말이다. 진부한 의미에서 국민은 없다는 말장난을 하고 있는 게 아니다. 진짜 10월 4일 구국집회에서 국민은 없었다. 예를 들어서, 국민이라는 개념이 성립하려면, 이들은 뭔가 국가에 대해 합의하는 상이 있어야 할 것이다. 구체적인 상이 아니라고 하더라도, 막연하나마 무슨 국가 정도는 합의가 되어야 하는 게 아닐까. 당연히 이런 국가상이 만들어지려면, '민족'이라는 하나의 범주가 존재해야 한다.

이제는 유명한 말이 되어버린 '상상 공동체'처럼, '떼거리'에 지나지 않는 근대적 주체가 민족이라는 집단적 주체로 거듭나려면, 합의된 상상력을 확보해야 한다. 도대체 10월 4일 시청 앞에 모인 떼거리들은 무슨 상상력을 함께 공유했던 걸까. 과연 이들은 동일한 장소에 모여 같은 백일몽을 꾸었던 걸까. 아니면, 함께 잠자리에 누워 제각각 다른 꿈들을 꾸었던 걸까. 여기에서 하나의 덩어리처럼 보이는 10월 4일 구국집회는 균열을 드러낸다.

겉으로만 봐도, 10월 4일 집회를 구성하는 집단들은 다양하다. 무엇을 하는지도 모르고 동원된 내레이터 모델로부터, 성심성의껏 하늘에 계신 아버지를 향해 대한민국을 구해줄 것을 간구했을 순박한 신앙인들까지, 그 형형색색을 맛보기로 치면 오곡밥이다. 그러나 이런 다양성은 겉모습일 뿐이다. 이런 겉모습의 다양성은 이렇게 각계각층의 국민들이 국가의 위난을 맞아 국가보안법 철폐와 사립학교법 개정을 반대하고 있다고 말할 빌미를 주기 때문이다.

그러나 이런 다양성을 발현시키는 다른 본질적 다양성이 겉모습 아래 숨어 있다. 그 본질적 다양성은 다양성이라기보다 이질성이다. 이런 이질성은 '국가보안법 폐지 반대'와 '사립학교법 개정 반대'라는 두 구호에서 노골적으로 드러난다. 국가보안법과 사립학교법 사이에 가로놓인 현실적 간격을 매끄럽게 이어놓는 그 무엇이 구국집회에 있었던 것이다. 21세기 대한민국 우익 이데올로그 조갑제는 이런 현실적 간극을 뛰어넘게 만드는 그 무엇을 '구국'이라고 말한 것 같다. 위난에 빠진 국가를 구하기 위해 모두 분연히 떨쳐 일어섰기에 현실적 균열은 문제가 되지 않는다고 생각할지도 모른다.

크게 틀린 말은 아니다. 하지만 조갑제는 이런 구국 이데올로기의 효과를 이제부터 시작이라고 보고 있기 때문에 자기 논리의 꼬리를 물고 맴돌 뿐이다. 10월 4일 구국집회는 신앙과 보수라는 이름으로 억압되어왔던 괴물이 더 이상 못 참고 밖으로 튀어나온 사건이다. 이 스펙터클의 주인공을 마땅히 우리는 '계급'이라고 불러야 한다. 말하자면, 10월 4일 구국집회는 한국 부르주아의 '해방 선언'이었던 것이다.

드디어 한국에도 공권력에 맞서 피 흘리며 투쟁하는 혁명적 부르주아의 출현을 목도하게 되었다. 그러나 안타깝게도 이 계급은 너무 늦게 본색을 드러냈고, 그래서 영웅이 될 수 없다. 이들은 스스로 역사를 만들어야 함에도 너무 능력이 없다. 이들을 계도할 철학도 이념도 존재하지 않는다. 이들은 지금 철 지난 영화관에서 2본 동시 상영에 목숨 걸고 있을 뿐이다. 이런 까닭에 이들의 아우성은 비극이 아니라 희극이다.

우리 우익 이데올로그 조갑제를 고독하게 만드는 건 이런 희극성이다. 그는 웃을 줄 모르는 눈먼 수도사이기에 아리스토텔레스의 『희극론』을 불태우면 모든 일이 잘될 것이라고 믿는다. 그러나 벌써 세상은 그따위 『희극론』 같은 것이 필요 없을 정도로 희극적이다. 순진한 좌파보다 더 순진한 조갑제는 이걸 깨닫지 못하고 있다. 10월 4일 구국집회는 기뻐하는 조갑제에게 미안하게도 좌파들 손에 놀아나는 대한민국을 구하고자 우익이 총궐기한 집회도, 북핵과 김정일 정권에 반대하는 양심적 시민들이 그가 평소에 외쳐온 슬로건에 화답한 집회도 아니었다. 한마디로 그 집회에 '이념'은 존재하지 않았다. 그곳에서 절실하게 외쳐진 구호는 '국가보안법 폐지 반대'가 아니라 '사립학교법 개정 반대'였다.

아이러니하게도 10월 4일 구국집회에 대한민국의 우익은 없었다. 다만 우익의 탈을 뒤집어쓴 교회 권력이 있었을 뿐이다. 우익이 교회를 이용하는 게 아니다. 실상은 교회가 우익 이데올로기를 이용하고 있는 것이다. 교회 권력은 우익 이데올로기를 이용해 음란한 대상을 은폐한다. 그 음란한 대상은 바로 교회 권력의 경제적 이권이다. 음란한 대상을 은폐하는 판타지는 '국가보안법-사립학교 개정법-자유민주주의'라는 이질적 요소들을 매끄럽게 연결시킨다. 서로 이질적인 세 축은 존재하지 않는 '국민'을 존재하도록 만드는 환상의 트라이앵글이다.

조갑제의 바람과 달리, 한국 교회는 일어나서 대한민국을 구하지 않는다. 한국 교회는 자기 자신을 구할 뿐이다. 실제로 이들이 뜻한 바는 이것이다. 나머지는 이들의 말처럼, '주님의 뜻대로' 될 일들이다. 한국 교회가 떨쳐 일어난 건, 한국의 우익이나 국가가 위기에 빠졌기 때문이 아니다. 이들에게 애당초 우익이나 국가 같은 건 '썩어지고 불결한 장소'에서 일어나는 해프닝일 뿐이다. 이들을 시청 앞에 모이게 만든 건, '사립학교의 건학이념 구현과 신앙교육의 자유와 권리'가 위협받고 있기 때문이다. 말하자면, 한국 교회는 지금 상황을 신앙의 자유마저 위협받는 공산화의 징조로 보고 있다. 물론 이런 말을 액면 그대로 믿을 수는 없을 것이다. 이건 집회를 주도한 한기총 관계자들도 뻔히 아는 일이다. 공산주의 국가가 천연기념물로 변해가고 있는 마당에 대한민국이 하루아침에 공산화될 것이라는 생각은 좌파들조차도 하지 않기 때문이다.

이들이 때늦은 시각에 이토록 절실하게 공산주의를 호명하는 까닭은 북한이라는 실체가 존재하기 때문이다. 어떻게 보면, 북한은 이들의 적군이 아니라 우군이다. 북한이 없다면, 이들의 판타지는 논리적 일관성을 획득할 '실재의 응답'을 확보하지 못한다. 제각기 놀고 있는 이해관계의 균열을 메워주기 위해서 북한은 이들에게 절대적으로 필요한 존재다. 이래서 더더욱 조갑제에게 10월 4일 구국집회는 영문 모를 일이 되어간다. 역설적으로 구국집회를 종교가 나서 주도한다는 것 자체가 대한민국 우익의 부재를 증명하는 것이기도 하기 때문이다. 이제 대한민국의 우익은 자신의 정체성을 규정할 담론조차 종교에서 빌려올 수밖에 없는 것이다. 비합리적인 것도 합리적인 것으로 탈바꿈시키는 이 초합리주의의 시대에 말이다.

만약 북한의 짓이 아니라면, 도대체 누가 이토록 처참하게 한국의 우익을 사라지게 만들었을까. 조갑제는 도통 모를 일이겠지만, 그 의문에 대한 힌트 또한 10월 4일 구국집회가 우리에게 말하고 있다. '시장경제의 원칙 유지'가 바로 그것이다. 안타깝게도 고독한 조갑제는 이 수수께끼를 영원히 풀지 못할 것 같다.

우리의 중세

때는 바야흐로 중세다. 사람들은 곳곳에 '캐슬'을 짓고, 거대한 교회당들은 저마다 천국 갈 면죄부를 헐값에 팔아넘기기에 바쁘다. 중세는 여전하다. 누구는 농담이라고 했지만, 21세기 한국에서 중세는 농담이 아니다.

과연 한국이 중세가 아니라면 어떻게 헌법재판소가 『경국대전』을 들 먹이며 행정수도 이전을 위헌으로 판정할 수 있었겠는가. 이른바 '관습 헌법'에 따른 이런 판정은 분명 희극적인 일이지만, 오히려 이런 일련의 징후들이 우리에게 한국 사회에 실재하면서도 인식되지 못하는 그 무엇을 암시해주는 것이다.

대통령을 '임금'이라고 지칭한 국회의원이나, 행정수도 이전의 위헌성 근거를 관습법에서 찾은 헌법재판관들이 한낱 우스갯소리나 할 요량은 아니었을 테다. 이들은 참으로 진지하게 사태를 봤고, 또 진지한 결정을 내렸

+ **대한민국 행정수도 이전 위헌 판결**
2004년 대한민국 행정수도 이전은 행정수도를 서울에서 충남 연기·공주시로 이전하는 것을 주요 골자로 한 계획이었다. 2002년 노무현 대통령의 "수도권 집중 억제와 낙후된 지역경제를 해결하기 위해 청와대와 정부부처를 충청권으로 옮기겠다"라는 공약에서 출발, 취임 후 대통령 산하 신행정수도건설 추진기획단을 발족, 2003년 신행정수도건설을 위한 특별조치법을 통과시키면서 진행되었으나, 2004년 10월 21일 헌법재판소가 "대한민국 수도는 서울이라는 관습헌법을 폐지하기 위한 헌법 개정 절차를 거치지 않았다"며 위헌 판결을 내렸고, 이후 행정중심복합도시 건설안으로 재구성되었다.

을 것이다. 광인은 자신을 광인으로 생각하지 않을 정도로 진지하다. 문제의 본질은 바로 이 같은 희극적 진지성에 똬리를 틀고 있다. 말하자면, 자기 자신에 대한 반성의 거울을 애초부터 가지지 못한 한국 부르주아 계급의 문제를 이런 일련의 사태는 명확하게 드러내 보이고 있는 것이다.

한국 사회가 물질적 발전에도 불구하고 여전히 중세적 징후로 넘실대고 있는 것은 바로 이 때문이다. 이것은 상처의 문제가 아니라 나태다. 베네딕트 앤더슨Benedict Richard O'Gorman Anderson의 말처럼, 근대 집단은 대개 과거 사회에 빗대어 자기네 집단의 정체성을 상상한다.[1] 이런 맥락에서 민족은 상상 공동체인 것인데, 이 말은 잦은 오해와 달리 민족 자체가 허구라는 뜻이 아니다. 오히려 이 말이 지칭하는 건 민족의 형성이 이런 허구적 상상력을 기반으로 한 '상징 행위'라는 사실을 암시한다. 이런 까닭에 민족은 없고 민족주의는 있는 것이다. 여기에서 중요한 것은, 없는 민족이 아니라 있는 민족주의다. 민족주의는 '탈'할 수 있는 것이 아니라, 그 탈할 바깥 공간을 허락하지 않는 이데올로기다.

겉으로 보기에 민족주의는 단일하게 보이지만, 실제로 민족주의는 민족과 조우할 수 없다. 민족은 매끄럽게 환상을 직조해내는 민족주의와 달리 지리멸렬한 실재이기 때문이다. 민족이라는 범주 내에 얼마나 다양한 인간 군상들이 존재하고 있는가. 이런 이질적 흐름들을 단일하게 수렴시키는, 또는 하나의 상징으로 모든 차이를 빨아들여버리는 게 민족주의라는 이데올로기적 환상이다. 이런 이데올로기적 환상은 외설적 대상을 감추기 위해 발생한 것인데, 이 끔찍한 대상은 다름 아닌 '계급'이다.

한국 사회에서 무자비하게 통용되는 '동포同胞'라는 말은 계급의 분열을 회피하기 위한 진통제다. 미국에 별장을 서너 개씩 가지고 있는 한국 사람과 집도 절도 없이 길거리에서 헤매고 다니는 한국 사람이 어떻게 동일한 세포로 이루어진 사람이라고 할 수 있는가. 없다. 이렇게 서로 이질적인 차이를 하나로 묶어버리는 것이야말로 이른바 '관습'이라는 말로 통용되는 신념체계다. 이 장엄한 거짓 신념체계, 여기에 우리의 중세는 완강하게 뿌리를 내리고 있는 것이다.

우리가 관습이라고 미리 먹고 들어가는 그곳이야말로 놀라운 착란
이 시작되는 지점이다. '한국성'이라고 명명될 수 있는 이런 착란은 습관적
으로 우리가 현대 한국에 접착시키는 조선 시대의 이미지와 아무런 인연이
없다. 현대 한국은 과거 조선의 가치관을 명개 먼지 한 톨만큼도 남겨놓지
않은 신자유주의 국가다. 조각나서 흩어진 민족의 현실을 은폐하기 위해
우리의 중세는 계속 조선 시대라는 유령을 현실 속으로 불러들여야 하는
것이다.

1   Benedict Anderson, *Imagined Communities: Reflections on the Origin and Spread of Nationalism*, London: Verso, 2006, p. 22.

불륜 드라마, 우리 시대의 리얼리즘

불륜 드라마는 어제오늘 일이 아니다. 보도에 따르면 지금 텔레비전에서 방영되고 있는 전체 드라마 편수의 65퍼센트가 불륜을 소재로 하거나, 아니면 최소한 불륜을 드라마 전개의 요소로 설정하고 있다고 한다. 이렇게 드라마만 놓고 봐도 한국에서 '불륜'은 한국 사회를 읽어낼 주요한 코드 중 하나일 것 같다. 그러니까 이 열쇠로 한국 사회 내부에 숨어 있는 비밀들을 열어볼 수 있을지도 모른다는 생각을 충분히 할 만하다.

그러나 이런 식으로 불륜 드라마를 이해하는 건 일정한 한계를 미리 상정할 수밖에 없다. 이는 마치 한국 영화에 난무하는 '욕설'이나 '폭력'으로 현실의 한국 사회를 재단하는 것과 마찬가지다. 이런 방식으로 특정한 문화 현상이나 형식을 분석하는 건 필요 이상의 재미를 주지만, 정작 이런 문화 현상을 출현하도록 만든 근본 원인에 대한 사유를 차단한다.

그러므로 불륜이라는 것은 단순한 코드가 아니다. 이건 불길한 징조에 맞물려 있는 무엇이다. 그래서 불륜은 가볍게 징후의 독법을 넘어간다. 이 징조는 결코 발설할 수 없는 그 무엇에 닻을 내리고 있다. 이런 징조가 머무는 망망한 '낯선 곳'은 등대도 무적도 갖고 있지 않다. 불륜이라는 징조는 접안할 적절한 부두를 찾지 못하고 그저 수면 위를 떠돌고 있을 뿐이다.

그리하여 하나의 징조로서 불륜은 상식적 판단과 달리 현실의 '불륜 공화국'과 아무 연관이 없다. 곳곳에 솟아 있는 디즈니풍 모텔이나 러브호텔의 키취kitsch는 징조에 숨 가빠하는 우리의 불륜을 지시할 수 없다. 우리 시대의 징조인 이 불륜은 쉴 새 없이 소박한 지시 관계를 빠져나간다. 이

말은 징조로서 부글부글 끓고 있는 불륜이라는 문화 현상을 우리가 이해
할 수 없다는 뜻이 아니다.

텔레비전에 방영되는 불륜 드라마의 편수를 들먹이며 한국 사회의
부도덕성을 질타하는 것은 다소 우스꽝스럽다. 또한 반대로 불륜 드라마
를 만드는 방송국의 드라마 작가나 피디의 말처럼 불륜 드라마를 "현실의
반영"으로 옹호하는 것도 별반 의미가 없다. 이런 이해 방식은 모두 '드라
마=현실'이라는 원시적 예술관에 뿌리를 내리고 있는 듯하다. 예술작품의
현실성을 강조하기에 여념 없었던 마르크스주의 미학자들조차도 이렇게
용감한 주장을 펼치지 못했다.

대체로 한국 사회에서 특정 문화 현상을 놓고 대결 국면을 조장하는
담론의 상황은 불륜 드라마가 좋은가 나쁜가 하는 식에서 그치기 일쑤다.
"불륜 드라마가 현실의 불륜을 조장한다"라는 믿음은 "강남 유부녀치고 애
인 없는 경우가 없다"라는 풍문과 뒤섞여 스캔들의 회전력을 만든다. 이 재
빠른 회전에 말려드는 순간 우리는 불륜이라는 현상에 숨어 있는 징조의
순간을 놓쳐버린다.

문제는 불륜이 부도덕한가 아닌가 하는 문제에 있지 않다. 이미 불륜
이라는 말 자체에 '부도덕하다'는 가치 판단이 들어 있기 때문이다. 말하자
면 불륜에 대한 윤리 논쟁은 '낙태'라는 말의 경우처럼 습관적으로 불륜을
부도덕하다고 인식하는 가치체계 자체에 대한 반성으로부터 출발해야 적
절하다. 이런 반성이 우리를 데려가는 곳은 바로 불륜 드라마의 찬반 논쟁
을 넘은 자리, 말하자면 불륜 드라마의 풍미를 가능하게 만든 매트릭스다.

오늘날 불륜 드라마는 현실의 가부장제를 넘어가려는 중간계급의
(여성) 판타지다. 이때 중간계급의 (여성) 판타지라는 건 그리 중요한 문제
가 아니다. 오히려 중요한 건 이런 드라마가 차마 드러낼 수 없는 무엇을
감추기 위해 발명된 스크린이라는 것이다. 그 차마 드러낼 수 없는 것을
감추려는 상황이 불륜의 징조를 유발한다. 그 차마 드러낼 수 없는 상황이
란 '사랑의 부재'를 증언하는 자본주의의 물질주의다. 이건 계급투쟁이라는
생경하면서 외설적인 대상이 적나라하게 드러나는 순간이다. 불륜 드라마

와 계급투쟁, 언뜻 보면 전혀 무관한 듯한 별개의 범주가 어떻게 서로 엮이며 조우하는가? 이것을 해명하는 게 문화비평의 사명이라면, 우리는 불륜이라는 징조에 숨어 있는 그 정치경제적 측면을 주목해야 한다.

불륜의 징조는 소박한 차원에서 지금 현재 개인이 처한 현실을 넘어가려는 바람뿐만 아니라 좀 더 복잡한 차원에서 다른 사회적 체제에 대한 열망을 담고 있다. 불륜 드라마는 이 열망의 물화가 빚어낸 하나의 징후다. 이런 바람과 열망은 현실의 일부일처제나 가족 이데올로기를 강화하기 위해 재투여되기도 하지만, 이 재투여의 과정을 빠져나가는 무엇이 항상 이들 속에 존재하기 마련이다. 이 과정을 빠져나가는 것이야말로 실재와 과감하게 부딪혀 생을 소진해버리려는 내재적 충동이다. 이건 에로스가 아니라 타나토스에 더 가깝다. 쾌락 원칙의 버릇을 과감하게 넘어가는 '진정한 사랑'은 이렇게 고통스럽다. 이렇게 재투여되지 않고 포획의 그물망을 벗어나 도주하는 것이야말로 불륜이라는 징조의 정치적 맥락인 것이다. 이런 불륜의 정치적 맥락은 '자본주의 너머'라는 구체적 전략을 은폐하면서도 드러내는 것이기에 더욱 의미심장하다.

낯선 윤리의 출현

대학수학능력시험 부정 사건으로 세상이 떠들썩했던 때를 기억하는가? 어른 뺨치는 십대들의 조직범죄라는 표현을 넘어서서 사건은 지역감정이라는 해묵은 뱀파이어를 호출하기도 했다. 심층에 잠복한 본질을 불러내는 이런 현상들. 그래서 이 사건은 한국 사회의 겉모습을 비추는 거울이 아니라 오히려 그 내부를 드러내는 내시경이다.

　이 사건은 휴대폰이라는 첨단 이동통신 기술의 발전 없이 가능할 수 없는 일이었다. 하나의 메시지에 대한 힌트가 여기에 숨어 있다. 이동통신은 시공간의 거리를 소멸시켜버림으로써 개별적 시공간을 하나로 통합시

+　**대학수학능력시험 부정 사건**
2004년 11월 17일 치러진 2005학년도 대학수학능력시험에서 다수의 수험생들이 휴대폰을 이용하거나 대리시험을 통해 조직적으로 부정행위를 계획, 시험 부정행위를 저지른 사건. 이들은 'bar'형 휴대폰 수십 대를 우편으로 구입, 수능시험일 몇 달 전부터 분담과 협업을 통해 조직적으로 부정행위를 계획했고, 시험 하루 전 고시원에서 합숙하면서 이른바 공부를 잘하는 선수 집단, 공부가 조금 뒤떨어지는 일반 수험생 집단, 후배 수십 명으로 이루어진 도우미 집단 등으로 분담해 예행연습을 실시했다. 시험 당일, 선수들은 송신용과 수신용 휴대폰 2개를 어깨나 허벅지 등에 부착하고 정답 번호 숫자만큼 부착 부위를 두드려 고시원에 대기 중인 도우미들에게 신호음을 전달, 도우미들이 각각 선수들로부터 전달받은 답안 가운데 다수의 답을 정답으로 보고 정리해 선수들과 일반 수험생들에게 문자 메시지를 전송했다. 이들의 성적은 모두 무효처리 되었고 부정을 주도한 일부는 징역 8개월 집행유예 1년, 나머지는 가정법원 송치가 선고되었다.

킨다. 사건에 가담한 당사자들은 이런 통신 기술의 특성을 지금 한국 사회의 어떤 계층보다 민감하게 감지하고 있는 세대들이었다. 1분에 손가락 하나로 3백 타를 거뜬히 친다는 이야기는 이제 전설 축에도 끼지 못한다. 당시 경찰 발표가 밝혔듯이 이들에게 거사를 실행에 옮기도록 만든 건 누구보다 능숙하게 휴대폰을 사용할 수 있다는 자신감이었다. 이 자신감 넘치는 손가락의 위력이야말로 이 사건을 가능하게 한 하나의 매트릭스였다.

그러나 이런 기술이 아무런 매개 없이 곧바로 수능 부정을 발생시킨 것은 아니다. 시험장에서 휴대폰을 소지하지 못하게 한다거나 수능 시간대에 시험장이 위치한 지역의 송수신 전파를 차단하는 방식은 미봉책에 불과하다. 중요한 건 기술이 아니라 그 기술을 활용하는 인간의 조직력이다. 이 사건에 숨겨진 또 다른 메시지가 바로 이것이다. 10대들은 특정 기술을 입체적으로 조직함으로써 그 효과를 극대화시키고자 했다. 호텔에 작전방을 설치하고, 선수와 도우미, 관객으로 이어지는 긴밀한 연락망을 구축해서 시험 부정을 조직적으로 시도한 것은 이런 효과를 현실로 불러들이기 위해서 무엇이 필요한지를 이들이 잘 알고 있었다는 이야기가 된다.

대체로 경찰 수사나 언론 보도의 초점이 이런 문제들에 쏠려 있었다는 것은 부정할 수 없다. 경찰과 언론은 부정행위 가담자들이 얼마나 능숙하게 기술을 활용했고, 얼마나 치밀하게 조직적 범행을 계획했는지를 우리들에게 알리려고 열심이었다. 물론 이런 열성을 중심축으로 이들의 부정행위에 대한 한국 사회 특유의 잔인한 군중 재판과 이에 대응하는 온정주의가 소란스럽게 회전하고 있는 것은 두말할 필요도 없다. 이런 소란의 와중에서도 이 사건을 '구조'의 차원에서 볼 것을 주문하는 진지한 주장도 있었다. 부정행위에 가담한 학생들을 부조리한 입시 제도의 희생양으로 보는 시선이 그것이다. 그러나 이 사건은 더 이상 이런 시선이 전제하는 '순수한 희생양'이 존재할 수 없다는 사실을 보여주고 있을 뿐이다.

이 수능 부정 사건은 철부지 10대들의 불장난이 아니다. 누가 보더라도 이 사건은 어른들 뺨치게 세상물정을 잘 알고 있는 '아이어른들'의 치밀한 작전이었다. 이들을 '철부지'로 만드는 건 어른들의 판타지다. 이미 우리들이 함부로 순진한 학생들이라고 부를 그 존재들은 사라지고 없다. 10대들의 배반은 이런 판타지를 뚫고 출현한 생경한 외설성이다. 한국 사회가 참담해하는 것은 바로 이 외설성 때문이다. 이 외설성이 드러내는 건 후안무치한 가담자들의 부도덕성이 아니다. 오히려 사건이 말려들어 가 있는 그 지점에서 적나라하게 드러나는 지옥도다.

이 사건의 핵심은 부정행위 가담자들에게 아무런 윤리적 거리낌이 없었다는 사실에 있다. 아니 정확하게 말하면, 이들은 자기들만의 윤리의식을 가지고 있다. 금전적 대가보다 '친구의 부탁'으로 이번 일에 가담했다는 진술이 이를 뒷받침한다. 말하자면 이들은 친구들 간의 윤리를 위해 세상의 윤리를 위반한 것이다. 이것은 흔하디흔한 어른들의 부정행위와 다른 차원에서 작동한다. 정작 우리가 관심을 기울여야 할 것은 바로 이렇게 자기들만의 윤리체계를 구성하고 있는 내면세계다. 이들을 '범죄자'나 '희생양'으로 간편하게 대상화시키는 건 이들 자신의 미래로 보나 우리 사회 전체로 보나 적절하지 않다. 그러나 경찰의 발표나 언론 보도에서 공히 사건 가담자들의 목소리가 깨끗이 소거되어 있다는 점은 이 긴박한 외설성마저 외면하려는 기제가 여전히 한국 사회에 강력하게 작동하고 있다는 걸 증명하는 것이다.

이순신, 그 불멸의 분열

이순신은 불멸이다. 아니, 정확하게 말하면 이순신은 분열이다. 다시 고쳐 말한다면 이순신은 불멸의 분열이다. 우리에게 하나의 이순신은 없다. 과거 박정희 정권은 '이순신 이야기'를 완벽한 영웅 서사시로 만들어냈다. 흥미롭게도 이 서사시에서 악은 조선을 침공한 왜적이 아니라 원균이다. 왜적은 이순신과 원균의 대립 상황을 초래한 하나의 조건이자 상황일 뿐이다. 강인한 이순신과 비굴한 원균의 대립 구도는 그대로 파시즘 담론의 윤리 코드를 이룬다. 우리가 닮아야 할 존재는 비굴한 약자 원균이 아니라 강인한 영웅 이순신이다.

　물론 박정희 정권이 만들어낸 전쟁 영웅 이순신을 탈우상화하고자 하는 시도는 여럿 있었다. 『구리 이순신』에서 『자결고』에 이르기까지 이데올로기가 만들어낸 이순신 상을 탈신화화하고자 했던 시도는 빈번했던 것이다. 넓게 보아 비겁자 원균을 '용장'으로 재해석했던 노력들도 이런 탈신

<hr>

+ **드라마 〈불멸의 이순신〉**
이순신의 삶을 그린 소설 『불멸』과 『칼의 노래』를 원작으로 제작하여 2004년 9월부터 2005년 8월까지 총 104부작으로 방송된 KBS 주말 대하드라마. 전쟁 장면의 특수 효과와 거북선의 재현 등을 위해 KBS가 260억, 부안군 50억 등 총 310억 원의 제작비를 투자하는 등 수개월의 제작 기간이 소요되었다. 임진왜란 이전에는 저조한 시청률을 보였으나, 반일감정 극대화로 옥포해전 방영분에서 33.1퍼센트라는 최고 시청률을 기록하기도 했다.

화화의 일종으로 볼 수 있을 것 같다. 그러나 이런 노력들이 무색하게 이순신 이야기는 끊임없이 현실의 모순을 해결하려는 유토피아 담론으로 호출되곤 했다.

역사 드라마가 역사적 사실에 별반 관심을 기울이지 않게 된 것은 〈허준〉[2] 이후다. 〈용의 눈물〉[3]처럼 현실의 정치판과 유비類比해서 텍스트의 의미를 적극적으로 읽어내는 시청자들의 개입도 있었지만, 실질적으로 드라마 자체가 현실의 처방책으로 등장하기 시작한 것은 〈허준〉이 처음이었다고 봐야 할 것이다. 역사적 사실을 현재의 요구에 따라 마음대로 재창안해내는 일은 이제 텔레비전 역사 드라마의 특징처럼 보인다.

2005년에 인기리에 방영되었던 〈불멸의 이순신〉 또한 이런 새로운 역사 드라마의 경향을 노골적으로 내재화하고 있다. 그러나 이 드라마에서 그려지는 이순신은 과거의 이순신과 다르다. 박정희 정권을 통해 만들어진 성웅 이순신도, 그에 대항해서 만들어진 탈신화화된 인간 이순신도 아니다. 이 이순신은 개혁의 화신이다. 중세를 살았던 역사적 인물 이순신은 졸지에 현대의 글로벌 경쟁 시대를 헤쳐 나갈 모범적 인물로 등장한다.

더욱 흥미로운 건 〈불멸의 이순신〉에서 영웅의 대척점에 위치해야 마땅한, 비열한 악한은 존재하지 않는다. 원균은 이순신의 라이벌일 뿐, 과거의 이야기에 등장했던 것처럼 비겁한 간신이 아니다. 오히려 이 드라마에서 원균은 이순신이라는 인물을 탐구하는 관찰자의 시선으로 등장해서 시종일관 이순신의 행적을 시청자들에게 친절하게 중계방송한다.

말하자면 〈허준〉의 경우처럼 〈불멸의 이순신〉은 현실의 모순을 상징적으로 해결하기 위해 발명된 계몽주의 드라마인 것이다. 이런 이야기가

---

2   천첩 태생이 신분으로 조선시대 회고의 명의의 자리까지 오른 『동의보감』의 저자 허준의 인생 역전과 동양의학의 신비한 세계를 다룬 역사물로, 1999년 11월부터 2000년 6월까지 방송된 MBC 월화드라마.

3   월탄 박종화의 소설 『세종대왕』을 원작으로 하여 이성계의 조선 개국에서부터 세종군에 이르기까지의 파란만장한 시대의 역사를 재조명한 역사물로, 1996년 11월부터 1998년 5월까지 방송된 KBS 주말 대하드라마.

궁극적으로 추구하는 바는 '조화로운 공동체'의 이미지를 제시하는 것이기에 드라마의 논리상 절대적 악인은 등장할 수 없다. 다만 주인공과 갈등을 일으키다가 나중에 주인공의 의지와 통합되는 인물이 등장할 뿐이다.

이런 드라마에서 적은 그 무엇도 아닌 원리원칙을 지키는 주인공을 좌절하게 만드는 '사회구조'다. 말하자면, 〈불멸의 이순신〉이 대중의 관심을 끄는 건 장대한 스펙터클도, 손에 땀을 쥐게 만드는 이야기의 극적 효과도 아니다. 정작 이런 종류의 드라마가 시청자의 시선을 사로잡는 요소는 부조리한 사회구조와 주인공의 원리원칙주의가 빚어내는 갈등이다.

이런 맥락에서 〈불멸의 이순신〉은 역사적 사실의 재현과 아무 관련 없지만, 그렇다고 전혀 리얼리즘과 무관하다고 할 수 없다. 오히려 〈불멸의 이순신〉은 모방의 차원이 아니라 상징의 차원에서 실재를 내포하고 있는 징후로서 드러나는 것이다. 이 징후의 메시지는 다분히 유토피아적이지만, 또한 이순신 이야기를 반복적으로 호명하는 집단 강박이 무엇을 의미하는지를 암시한다.

몸짱-얼짱 신드롬은 무엇인가

얼짱이니 몸짱이니 부박한 느낌만을 자아내는 것 같다. 그러나 이 느낌을 잠시 억누르면 이 현상에서 의미를 발견할 수 있을 것이다. 2004년 2월 무렵 논란이 되었던 강도 얼짱 사건의 모범 답안은 하나였다. 엄연한 범죄자를 예쁜 얼굴 때문에 미화하는 일은 외모지상주의로 인한 병리 현상이라는 것. 비판이 편한 건 언제나 그 비판의 도마 위에 비판자 자신은 놓여 있지 않기 때문이다. 비판자가 그 비판의 대상에서 빠진, 반성 없는 비판이야말로 또 다른 병리 현상이다.

실제로 외모지상주의는 그럴듯한 신화다. 외모는 인간관계에서 필수적인 것이다. 문제는 외모지상주의가 아니라 일방적으로 만들어진 표준으로 외모를 마구 재단해버리는 풍조다. 외모는 하나의 이미지고, 이미지 없이 남을 알아본다는 건 불가능하다. 이미지는 관계의 전제다.

+ **강도 얼짱 사건**
2004년 승용차를 훔친 후 부녀자를 납치해 현금과 신용카드를 빼앗는 등 3차례의 강도와 12차례의 절도 행각을 벌인 혐의로 전국에 수배된 특수강도 용의자가 얼굴이 이쁘다는 이유로 강도 얼짱으로 알려져 화제를 모았던 사건.
한 네티즌이 수배 전단에 나온 20대 여자 용의자 사진을 디지털카메라로 찍어 인터넷에 올린 후 네티즌들 사이에서 '강도 얼짱' 신드롬이 일었다. 회원 수가 6만 명에 이르는 팬 카페가 생기는가 하면 "미녀가 오죽하면 강도 행각을 했겠냐?"는 동정론이 일기도 했으나, 그로부터 1년 뒤에 공범인 남자친구와 함께 체포되었다.

따라서 외모지상주의는 없다. 다만 "이것만이 예쁜 외모다"라고 믿게 만드는 그 무엇이 있을 뿐. 우리가 문제 삼아야 할 것은 얼짱이나 몸짱을 두고 열광하는 그 '병리 현상'이 아니라 이 현상의 또 다른 면, 현상과 하나를 이루는 현실이다. 얼짱-몸짱 신드롬은 그냥 불려나온 배우에 불과하다. 강도 얼짱 사건과 유사한 사례가 1920년대에도 있었다고 한 재판 기록은 말한다. 미녀 살인 혐의자에게 쏟아졌던 세간의 관심과 그에 대한 감형 청원 해프닝은 얼짱-몸짱 신드롬이 급조된 괴물이 아니라는 것을 보여준다.

역사적으로 '멋진 외모'에 대한 염원은 짐작보다 더 오래되었다. 물론 그 염원의 뿌리는 우리 고유의 것이라기보다 서구의 것이다. 외모에 대한 동양적 이상미는 대부분 소멸했고, 그나마 남은 것도 서서히 사라져가고 있다. 놀랍게도 얼짱-몸짱 신드롬이 드러내는 것은 서구 고전주의다. 서구의 고전주의는 완벽한 육체에 대한 찬미에 지나지 않았다. 아름다운 신체를 유지하기 위해 모든 수단을 동원하는 것이야말로 최고의 예술 행위라고 18세기 독일의 미학자 빈켈만Johann Joachim Winckelmann이 주장했지만, 우리는 예쁘고 잘생긴 외모라면 무얼 해도 용서받는 21세기 한국의 현실에서 18세기의 미학을 떠올리지 않을 수 없다.

이상적 외모를 미의 표준으로 설정한 고전주의는 히틀러Adolf Hitler를 만나 타락한다. 그 타락은 그러나 인류 역사상 가장 파괴적인 자본주의 체제에 대한 대중의 공포로 인한 것이다. 히틀러를 긍정하자는 뜻이 아니다. 그 히틀러에게 지지를 보낸 그 대중의 불안과 공포를 이해하자는 것이다. 이렇게 보면 얼짱-몸짱 신드롬은 이런 불안과 공포를 잊기 위한 무의식적 반응이다. 불안과 공포는 알 수 없는 상황에 사로잡힐 때 나타난다. 그냥 의사소통을 위한 수단에 불과한 외모는 이런 불안과 공포에 사로잡혀 얼어붙는다. 이제 시장은 '외모'를 상품으로 포획한다. 외모가 바야흐로 돈이 되는 순간이 도래한 것이다.

결국 외모에 대한 찬미는 부에 대한 동경과 다를 바가 없다. 따라서 얼짱-몸짱 신드롬이 우리에게 말해주는 것은 외모지상주의가 아니다. 이건 가혹한 경쟁 사회를 견디고자 발명된 환상이다. 이런 환상은 현실의 혼란으로부터 도피해서 질서와 안정을 얻고자 하는 염원이 다른 모습으로 뛰어나온 것이다. 그러나 안타깝게도 얼짱-몸짱 신드롬은 이 염원의 출구를 갖고 있지 않다. 우리는 이 신드롬을 벗어나기보다 즐기기를 갈망한다. 얼짱-몸짱 신드롬이 고전주의는 고전주의되, 공허하게 요란한 빈껍데기인 것은 이 때문이다.

강준만을 위하여

"강준만은 누구인가?"라는 질문을 던지는 건 적절하지 않다. 오히려 "강준만은 무엇인가?"라고 물어야 한다. 그러나 이 질문은 강준만이라는 개별 인물에 대한 것이 아니다. 강준만이라는 개인에 집중하는 순간 질문은 초점을 잃는다. 강준만은 일종의 현상이자 신드롬이었기 때문이다. 현상이나 신드롬이라고 해서 중요하지 않다는 것은 아니다. 강준만 현상은 그 자체가 본질이기도 하다.

강준만은 1990년대 한국 사회가 요구하는 것이 무엇인지를 정확하게 알았다. 1980년대를 통과해온 운동권들이 이른바 '사회주의자 선언'으로 구별 짓기를 시도할 때, 그는 난데없이 '자유주의자 선언'을 들고 나왔다. 이런 강준만의 시도는 성공했다. 이념적 급진성에 집착했던 사회주의자들에게 강준만의 선언은 현실 원칙을 깨우치는 것이기도 했다. 현실 원

+ **강준만-진중권 옥석 논쟁**
2002년 지자체 서울시장 선거 때 민주노동당 당원으로서 이문옥 후보의 사이버 대변인을 맡았던 진중권이 민주당과 김민석 후보에 대한 무차별적 공격을 서슴지 않으며 민주당 지지층이었던 강준만을 끌어들여 논쟁을 벌였던 사건.
그러나 선거 결과 민주노동당은 2퍼센트 지지율밖에 얻지 못했고, 이에 진중권 이름 하나 알리고 끝난 2퍼센트 정당이라는 오명을 뒤집어썼다. 당시 이문옥이냐 김민석이냐를 놓고 벌어진 이른바 '옥석 논쟁'은 당선 가능성이 높은 진보 성향의 민주당과 당선 가능성이 낮지만 선명한 좌파 성향의 민주노동당이 한 선거에서 맞붙었을 때, 유권자들에게 어떻게 다가갈 것인지에 대한 논점을 상기시켰다.

칙을 거부하며 자본주의라는 상징 질서를 우습게 여겼던 '좌파'의 입장에
서 보자면, 강준만의 실용주의 노선은 자본주의를 현실로 받아들일 것을
강요하는 지배 이데올로기의 변종이었다.

그러나 강준만의 파괴력은 이런 비판을 당혹스럽게 만들었다. 강준
만으로 인해 자유주의란 말은 자유총연맹을 연상시키던 그 꼴통 이미지를
벗어던지고 눈부시게 환생했다. 이제 자유주의는 우중충한 1980년대와 서
둘러 결별하고 싶은 세대들을 위한 세련된 핑곗거리가 되었다. 이런 강준
만 효과는 곳곳에서 드러났다. 가장 인상적인 건 더 이상 냉전수구 세력의
빨갱이 사냥이 효력을 발휘할 수 없도록 만든 것이다.

사실 냉전수구 세력의 이데올로기 공세는 신자유주의로 급격하게 선
회하던 당시 한국 자본주의의 논리로 봐도 여간 성가신 게 아니었다. 북한
을 척결해야 할 주적이 아니라 세계 자본주의 체제에서 남한 자본의 이윤
을 창출하기에 가장 유력한 지역으로 봐야 할 필요성은 그때부터 제기되
고 있었다. 자본의 합리화는 세계적 대세였고, 현실 사회주의권의 붕괴는
무의식의 영역에나마 남아 있던 역사에 대한 부채의식을 한국의 지식인들
로부터 깨끗이 탈색시켜버렸다. 강준만은 바로 이런 격동의 시기에 '발견'
되었다.

강준만이 '성역과 금기'를 무시하며 비판의 예봉을 휘두를 수 있었던
것은 바로 이런 시대적 변화를 절묘하게 읽어냈기 때문이다. 아니 정확히
말하자면, 그는 이미 준비되어 있었고 때는 무르익었던 것이다. 스스로를
시장 자유주의자로 규정함으로써 강준만은 구태의연한 사상 논쟁을 무력
화시킬 수 있었다. 어떻게 보면 강준만으로 인해 그보다 더 왼쪽에 있는
담론들도 제 빛깔을 선명하게 낼 수 있었다고 볼 수 있다. 그러나 솔직히
이런 강준만의 미덕을 좌파적 관점에서 제대로 읽어낸 이들은 드물었다.
그의 자유주의는 자본주의의 심화 이후에 사회주의가 온다는 거시적 관점
의 좌파 담론을 조우하기에 너무 일찍 편견에 노출되었다.

물론 이런 편견을 확대 증폭시킨 데는 그의 직설 화법도 한몫을 했
다. 2002년 서울시장 선거를 둘러싸고 진중권과 벌였던 논쟁에서 그는 군

이 하지 않아도 될 말을 해서 일을 망쳤다. 진중권의 주장을 쓸모없는 것이라고 일갈해버린 것이다. 강준만의 관점에서 본다면 이 논쟁은 강준만이 옳을 수도 있다. 그러나 중요한 건 이 논쟁에서 이기고 지고, 또는 누가 옳고 그르고 하는 문제가 아니었다. 아이러니하게도 그는 1990년대 내내 자신을 중심으로 형성되었던 모종의 연대의식을 이 논쟁에서 '승리'함으로써 단박에 무너뜨려 버렸다.

어떻게 생각하면, 강준만은 자신의 행위가 어떤 의미를 갖는 것인지 몰랐을 수 있다. 평소 그의 주장을 놓고 봐도 그가 자신의 비판을 순진하게 언론 운동 영역에 한정지으려고 했던 건 아니었을 것이다. 강준만의 한계는 단점이 아니라 장점에서 기인한다. 그가 말하는 '인물론'이 바로 그렇다. 그의 인물론은 '언행일치'라는 도덕적 기준을 통해 주체의 모순을 폭로했다는 점에서 의미를 갖는다. 그러나 이런 장점에도 불구하고 인물론은 끈질긴 빨갱이 시비로부터 그를 해방시키면서 동시에 그를 옭아맨 굴레였다.

인물에 매몰됨으로써, 아니 정확하게 말하면 진정성의 범주로만 인물을 봄으로써 강준만은 윤리적 차원을 떠나서 작동하는 구조적 지형도를 제대로 읽어내지 못했다. 그는 전략적 사고를 하기보다 그냥 진정성이라고 믿는 것을 실천하는 데에만 골몰했다. 그에게 전략은 그 진정성을 드러내는 방식 정도였을 뿐이다. 이런 면에서 그는 진짜 자유주의자다. 아니 정확히 말하면, 진정성 없이 근대로 진입한 한국에서 진정성의 힘을 믿는 진짜 근대인이다.

강준만을 비판하는 사람들이나 옹호하는 사람들은 강준만의 한 면만을 침소봉대하기 십상이다. 그러나 강준만은 상당히 모순적이다. 강준만의 모순은 그의 진정성 결여에서 발생하는 게 아니다. 말하자면 구조적인 것이다. 강준만의 모순은 그의 의지와 무관하게 무의식적 차원에서 발생한다. 오해를 피하기 위해 이 말을 다시 설명하면 이렇다. 강준만을 평가한다는 건 강준만 개인에 대해 말하는 게 아니다. 강준만 개인이 아니라 그를 둘러싼 그 현상, 또는 그의 행위로 인해 발생한 효과에 대해 논한다는 것이다. 그러나 강준만은 이런 논의를 모두 인간 강준만에 대한 것으로 받아들인다.

상당히 흥미로운 대목이다. 강준만은 결코 세계를 정태적으로 파악하지 않는다. 그만큼 세계를 역동적으로 파악하는 능력을 가진 이도 드물다. 그럼에도 그를 향해 선악 이분법에 빠졌다는 비판이 제기되는 것은 이런 강준만의 인물중심주의 때문이다. 달리 말하자면, 이건 방법론적 한계다. 강준만에게 인물은 텍스트다. 그러나 과연 인물이 텍스트인가. 인물을 텍스트로 간주하는 강준만의 인물론은 심리주의와 경험주의를 초월할 수 있을까. 이런 질문은 분명 강준만에게 중요한 것임에도 한 번도 진지하게 누군가를 통해 제기된 적이 없다. 하기야 제기되었다고 할지라도 이 질문을 강준만 스스로 진지하게 받아들였을지는 미지수다.

이렇듯 강준만을 비판하거나 옹호하는 사람 모두에게 강준만은 항상 불완전한 대상일 뿐이다. 강준만에게 중요한 것은 제도고 그 제도의 불합리한 사용에 대한 분노다. 강준만의 설득력은 이런 원리원칙을 들소처럼 밀고 나가는 진정성에 있었다. 그의 무기는 진정성이었던 것이다. 열린우리당과 민주당이 분당 사태를 맞았을 때 강준만이 보여준 태도는 이런 원리원칙을 지탱하는 그의 진정성을 재확인시켰다. 이 사건은 강준만 신드롬의 종언을 고하는 중대한 고비이기도 했다. 결과적으로 본다면, 이 사건은 오늘날 우리가 목격한 강준만의 퇴거를 결정적으로 예비한 것이기도 했다.

당시 강준만은 끝내 열린우리당의 분당을 지지하지 않음으로써 많은 비난을 감수해야 했다. 그러나 분당을 지지하지 않은 강준만의 논리는 세간에서 쉽게 회자되는 수준, 말하자면 그가 민주당 골수지지자이거나 호남 옹호론자이기 때문이었다고 보기 어렵다. 강준만에게 중요한 것은 원리원칙이고 그것을 수행하는 진정성이다. 그의 논리는 간단했다. 어차피 같은 이념과 지향을 공유한 사람들끼리 사소한 이유로 서로 갈라선다는 건 옳지 않다는 것이었다. 겉으로 보면 이런 논리는 아주 단순하게 보인다. 그러니까 적전 분열을 하는 건 자해 행위라는 지극히 상식적인 주장 같은 것 말이다.

그러나 강준만의 논리는 이 정도에서 그치지 않는다. 중요한 것은 그가 의지적으로 행하지 않는 그 지점이다. 강준만은 그 지점에 항상 '강준만다움'을 감추어놓는다. 이것이야말로 앞서 말한 진정성의 자리이기도 하다. 이런 진정성은 전략 전술을 초월한 것이다. 강준만에게 중요한 것은 항상 진정성을 담고 있을 그릇 '인물'이다. 인물은 행위자가 아니라 그릇이기에 텍스트다. 강준만은 아무리 지금 옛 그릇의 이가 빠져 볼품없더라도 그 그릇에 담겨 있는 진정성을 봐야 한다고 주문하고 있는 것이다.

그는 극단의 자리를 기피하는 중간자의 자리를 스스로 택하고 있는 것인지도 모른다. 중간자의 자리와 직설 화법은 어딘가 어울리지 않는다. 그가 중간자의 자리로 자신의 포지션을 옮겨간 것은 여러 가지 이유가 있겠지만, 무엇보다도 예전처럼 그가 진정성이라는 선명한 잣대로 세계를 읽어낼 수 없다는 무력감도 한몫을 했을 것이다. 말하자면 지금은 진정성 같은 것은 쓰레기통에나 처박아버리고 있는 시대다. 강준만이 곤혹스러워하는 이유는 바로 이런 사실 때문이겠지만, 어떻게 보면 이런 이념의 세속화는 시장 자본주의의 당연한 귀결이다. 시장 자유주의자 강준만을 살렸던 바로 그 논리가 이제 강준만을 죽이고 있는 것이다.

부정과 부인

2005년 한나라당 정형근 의원이 호텔에서 발각된 일이 있었다. 40대 여인과 단둘이 호텔방에 있다가 들이닥친 방송기자와 카메라 앞에서 곤욕을 치른 것이다. 과거 안기부 고문 피해자들의 폭로로 고문 사실 여부를 놓고 세간의 시선을 한 몸에 받던 정 의원이 이제 새삼스레 다른 일로 관심의 표적이 되었다.

고문 사실을 완강하게 부정했던 정 의원이 웬일로 이번 일에는 별반 반응이 없었다. 그의 침묵을 어떻게 봐야 할까. 서로 상충하는 것처럼 보이지만, 기실 호텔 사건에 대한 그의 침묵은 고문 사건에 대한 그의 강변과 같은 논리 위에 서 있었다. 정 의원이 고문 사실을 부정하는 논리는 '니가 봤나'였다. 아무도 볼 수 없는 밀실에서 이루어지는 고문의 속성상 이런 논리만큼 강력한 자기 방어 수단은 없다. 그러나 흥미롭게도 이런 자기 방어의 수단이 호텔 사건에 이르면서 무시무시한 자기 파괴의 무기로 돌변해

+ **정형근 의원 묵주 사건**
과거 5공화국 시절 국가안전기획부 대공수사국에서 대공 사건을 처리하면서 고문을 직접 지시하는 등 강압적인 수사 경력이 문제가 된 바 있는 정치인이 2005년 40대 여인과 호텔방에 있다가 언론에 발각되면서 세간의 입방아에 오르내렸던 사건. 당시 정형근은 주문한 필리핀산 묵주를 받기 위해 만났을 뿐이라고 해명했으나, 네티즌들은 "왜 하필 묵주를 호텔방에서 받느냐?"며 '묵사마'라는 별명을 지어주었다.

정 의원의 목을 옥죈 것이다.

결국 호텔 사건은 '니가 봤나'를 '니가 봤다'로 역전시킨 계기였기 때문이다. 두 사건은 서로 다른 층위에서 발생한 것처럼 보이지만, 이처럼 하나의 현실성 위에 견고하게 서 있다. 이 현실성은 바로 정 의원의 세계를 구성하고 있는 환상이다. 환상을 현실로 믿는 구조, 이것이야말로 지금까지 정 의원을 지켜온 요새였다. 그런데 호텔 사건은 이런 정 의원의 요새를 무너뜨려 버렸다.

잔해 더미에서 정 의원이 할 수 있는 건 엄연한 사실에 대한 부정negation이 아니라 이에 대한 부인disavowal이다. 부정은 계속해서 억압된 욕망을 방어하면서 자기 것이 아니라고 강조하는 행위인 반면, 부인은 정신적 고통을 주는 현실 자체를 인정하지 않는 행위다.

정 의원은 고문 사실에 대해 줄곧 "고문은 말이 안 된다"라거나 "고문은 전혀 없었다"라고 말해왔다. 한마디로 정 의원에게 고문은 '있을 수도 없었던 일'이다. 정 의원은 고문 진상을 둘러싼 진실게임에서 '진실'을 말하기보다 '음모'를 말해왔다. 그는 고문 사건에 대한 조사를 환영한다고 말해놓고 곧 바로 "조사하는 사람들의 과거 행적이나 이념 성향을 봤을 때 그렇게 (조사를 철저히) 할지 의문"이라고 토를 달았다. 이 말은 결국 "고문은 없었다"라는 자신의 주장과 다른 결과는 음모이기에 모두 거짓이라는 뜻을 함축하고 있다. 정 의원의 진실게임은 오직 정 의원의 말만이 참이라는 결론으로 수렴된다. 이것은 무엇인가를 억압하고자 하는 강박의 표현이다.

이 강박은 바로 고문 사실에 대한 부정으로 드러난다. 정 의원에게 고문은 억압시켜야 할 무엇인데, 이런 억압을 해소시켜 사실을 드러내려는 폭로 행위에 대해 그는 그 '억압된 사실'을 방어하면서도 동시에 그 사실과 자기 자신이 무관하다는 주장을 계속하고 있다. 이에 반해 호텔 사건에 대한 그의 침묵은 이런 논리의 붕괴를 초래한 고통스러운 현실을 인정하지 않으려는 부인의 행위다. "고문은 없었다"라는 자기 방어를 정당화해주었던 '니가 봤나'라는 논리는 너도 나도 모두 봐버린 호텔 사건으로 인해 무력화되어버렸다. 결국 이것은 정 의원 스스로가 만들어놓은 덫이다. 사실의 문제를 오직 '눈에 보이는 것'에만 국한시키고자 했던 그는 자기 스스로 만들어놓은 시스템의 요구로 인해 희생당하는 그 자신의 모습을 묵묵히 지켜볼 수밖에 없는 것이다. 이처럼 정 의원 호텔 사건은 고문 사건을 둘러싼 정치적 진실게임을 문화적 차원에서 이해할 수 있는 길을 열어준다.

박정희, 그 반복의 자리

박정희 향수는 없다. 박정희는 과거가 아니라 현재이기 때문이다. 유령은 과거에서 오는 게 아니라 현재에서 온다. 햄릿의 유령이 그랬듯이, 박정희의 모습으로 출현하는 이 유령도 불행하게 살해당한 아버지의 원혼이 아니다. 원한은 없다. 오직 있다면, 간절한 바람이 있을 뿐이다. 따라서 유령은 햄릿을 부르지 않았다. 반대로 햄릿이 유령을 불렀다. 유령은 위기의 자아를 통합하기 위해 햄릿이 불러낸 하나의 기표다. 그래서 유령은 반복적으로 출현한다.

반복의 자리에 항상 실재가 숨어 있다. 여기에 아이러니가 있다. 유령을 사라지게 한다고 실재가 드러나지 않는 것이 아니라는 사실 말이다. 유

+ **드라마 〈영웅시대〉**
2004년 7월부터 2005년 3월까지 방송된 대한민국의 경제사를 그린 MBC 월화드라마. 원활한 스토리 진행을 위해 현대 쪽은 이명박의 자서전 『신화는 없다』를, 삼성 쪽은 이맹희의 자서전 『묻어둔 이야기』를 참고하기도 했으나 역사 왜곡, 현직 정치인을 미화한다는 논란 속에서 조기 종영되었다.

+ **영화 〈그때 그 사람들〉**
박정희 전 대통령이 암살된 사건인 10·26 사건을 다룬 2005년 임상수 감독의 블랙 코미디. 당시 박정희의 아들 박지만은 영화가 "아버지의 명예를 훼손했다"며 서울중앙법원에 상영 금지 가처분 신청을 내기도 했으나 끝내 기각되었고, 그 후 제11회 부산국제영화제에서 삭제 장면을 모두 복구한 영화가 상영되었다.

령이 없다면 실재도 없다. 박정희를 둘러싼 찬반 논쟁이 놓치고 있는 건 바로 이것이다. 박정희의 유령은 이데올로기와 다른 차원에서 출현한다. 이 차원에서 문화는 정치에 개입한다.

누구는 반문한다. "박정희가 경제를 발전시켜서 이만큼 잘살게 만들어준 공은 인정해야 하는 것 아닌가?" 여기에 대한 대응은 "현재의 경제적 모순을 낳은 주범이 박정희이기에 경제 발전을 제대로 시켰다고 보기 어렵다"라는 것이다. 옳은 말을 한다고 항상 옳은 효과를 낳는 건 아니다. 이런 대응은 인식론적 정당화 이상의 효과를 발휘하지 못한다. 박정희가 경제 발전을 이룩해서 잘 먹고 잘살게 되었다는 건 과학적 주장이 아니다. 이것은 종교적 신념이다. 종교적 신념을 과학으로 퇴치할 수 있다고 생각하는 건 순진한 계몽주의적 발상일 뿐이다.

물론 경제 발전의 공을 박정희 개인으로 환원하는 것을 비판할 수도 있다. 그러나 문제는 지금 현재 우리 주변을 떠도는 박정희의 유령은 비판이라는 범주 너머에서 우리에게 나타난다는 사실이다. 말하자면 지금 호명받고 있는 박정희는 '역사적 개인'이라고 보기 어렵다. 오히려 박정희는 이런 역사적 사실성을 탈색시킨 채, 위기에 처한 증상의 임계 상황에서 출몰한다. 박정희는 더 이상 쾌락을 주지 못하는 증상을 표현한다. 박정희가 고통스러운 증상이라는 뜻이 아니다. 대중이 원하는 건 증상이 예전처럼 다시 쾌락을 주는 것이다. 박정희는 쾌락을 주지 못하는 증상으로부터 다시 쾌락을 얻어낼 수 있다고 믿는 대중의 요구가 다른 모습으로 튀어나온 것에 불과하다.

그리하여 지금 호명 받고 있는 박정희는 개인의 차원을 넘어간다. 박정희를 불러내면서 대중은 자본주의가 다시 예전처럼 자기들에게 즐거움을 선사하기를 바란다. 당연히 이런 믿음을 현실성으로 만들어줄 무엇이 필요하다. 다시 말해서 이런 시나리오를 완벽하게 만들어줄 서사가 있어야 하는 것이다. 이것이 바로 드라마 〈영웅시대〉다. 조기 종영 마지막회에서 이 '비정치적' 드라마는 박정희가 재벌의 이기주의를 꾸짖는 장면을 끝으로 내보냈다. 이 드라마의 마지막 장면이야말로 현재 박정희가 무엇을 드러내는 것인지 정확하게 보여준다. 박정희는 독재자도 구원자도 아니다. 오히려 박정희는 독재자 또는 구원자라는 자기 정체성을 해체한다. 이 지점에서 역사적 인물로서 박정희는 존재할 수 없다. 영화 〈그때 그 사람들〉은 이런 박정희를 거꾸로 세워놓은 것뿐이다. 작가와 감독 자신이 〈영웅시대〉와 〈그때 그 사람들〉을 가리켜 역사적 사실과 아무 관련이 없다고 주장하는 것은 이 때문이다.

"박정희 때문에 잘 먹고 잘살게 되었다"는 말과 "박정희가 없어서 못 먹고 못산다"는 말은 같은 동전의 앞과 뒤이지만, 여기에서 박정희는 항상 비어 있는 무엇이다. 박정희라는 기표가 점유하고 있는 지점은 그 어떤 기표로 대체되어도 좋은 텅 빈 결여의 자리다. 결여로 인해 분열의 위기에 놓인 주체성을 통합시키고자 하는 건 '먹고사는 문제'다. 이 먹고사는 문제야말로 윤리를 결정짓는 최종심급이다. 그런데 이 최종심급이 윤리를 혼란시키고 있는 게 오늘의 현실이다. 뭔가 정체성의 혼란이 일어나고 있는 것이다. 정체성의 규정은 공동체에 대한 도덕적 의무의 문제다. 이런 맥락에서 박정희의 유령은 위기를 맞이한 공동체의 자기 정체성을 통합시키고자 불려나온 사물이다. 이것이 바로 〈영웅시대〉의 마지막 장면이 그들에게 필요했던 이유다.

독도라는 아이러니

독도는 아이러니다. 실질적으로 독도가 대한민국의 영토라거나, 실질적으로 독도가 국가 간 경제적 이해관계의 첨예한 대립 지점이라거나, 실질적으로 독도가 근대국가적 민족 이데올로기가 충돌하는 격전지라고 할지라도, 확실히 독도는 아이러니다. 물론 이 아이러니는 상징적인 것이다. 독도라는 상징 공간은 그래서 반복적으로 우리에게 무엇인가를 암시한다.

굳이 이것을 '강박'이라고 부르지 않아도 좋다. 민족주의는 강박이라서 미안한 게 아니다. 민족주의에게 강박은 존재적 운명 같은 것이기 때문이다. 민족주의의 서사는 기본적으로 로망스다. 그래서 이토록 강고해 보이는 서사는 이행기의 공포와 염원을 그대로 담고 있어서 문제적이다. 민족주의는 타자를 규정함으로써 자기 정체성을 확보하는 담론이기에 겉보기와 달리 그 내부는 취약하다. 문제는 이 강박을 불러오는 원인에 있지 민족주의 자체에 있는 게 아니다. 증상을 꾸짖는다고 임상학적 치유가 가능한 게 아니다. 문제는 그 증상의 근본 원인부터 밝혀야 한다.

그리하여 독도는 상징과 실재가 뫼비우스의 띠처럼 하나로 꼬여 있는 저 아이러니의 바다에서 파도를 맞고 있다. 일본인 일부가 '다케시마'라고 부르는 독도는 갑자기 민족의 정체성을 규정하는 지렛대 노릇을 톡톡히 하고 있다. 초국가적으로 민족의 경계를 넘나들던 자본조차도 이 민족주의 선언에 동참하고 있다. 아니, 적어도 동참하고 있는 것처럼 보인다. 한국호라는 파란 많은 배를 함께 타고 좌와 우에서 서로 조타수를 잡겠다고 으르렁거렸던 진보와 보수도 하나가 되어 "독도는 우리 땅"을 외쳤다.

아니, 외치는 것처럼 보였다.

독도 문제는 아이러니하게도 한국의 민족주의가 지배 담론으로 기능하지 못한다는 것을 보여주는 증거다. 독도를 둘러싸고 분출하는 '민족적 의분'은 그러므로 한국이 충분히 민족주의적이어서 발생하는 것이 아니다. 오히려 독도는 한국이 충분히 민족주의적이지 않다는 사실을 보여주는 것이다. 한국의 민족주의는 냉전 이데올로기를 통해 억압되어온 쾌락이다. 말하자면 한국인에게 민족주의는 금지된 욕망이다.

지만원 같은 극우 논객들이 친일파를 옹호하는 행태들은 이런 거세된 쾌락의 출몰에 대한 공포에 지나지 않는다. 이들을 두렵게 만드는 것은 북한도 친북좌파도 아니다. 오직 이들은 쾌락의 분출을 통해 기성의 상징 질서가 무너지는 것을 무서워할 뿐이다. 이들은 이렇게 말한다. "독도 되찾겠다고 손가락 자르고 남의 나라 국기 불태우는 것을 선진국 사람들이 본다면 한국을 야만 국가라고 생각할 것이다." 이건 대타자의 상징 질서를 내세워 쾌락을 통제하려는 시도다.

그러나 과연 이런 시도가 과거처럼 지금도 성공할 수 있을지는 미지수다. 바야흐로 탈냉전시대를 맞이한 세계체제의 변화는 이제 한국인에게 '쾌락의 평등주의'에 눈뜨도록 만들고 있다. 2002년 월드컵은 바로 이 가치 체계를 상징적으로 한국인에게 각인시켰다. 붉은 악마 현상은 마침내 민족주의를 절대적 쾌락 원칙으로 승인한 '근대적 한국인'의 출현을 의미하는 것이다. 독도 문제를 둘러싼 민족주의의 분출이 과잉의 결과가 아니라 결여의 효과인 것은 이런 까닭이다.

21세기 한국의 민족주의는 당위에 근거한 근대적 쾌락 원칙이다. 민족주의는 모든 쾌락의 해방을 뜻하지 않는다. 민족에 대한 도덕적 책임을 다하는 범위에서 이 쾌락은 허락된다. 그러므로 민족주의의 쾌락은 이 쾌락 원칙을 넘어가는 향락의 거세를 전제하는 것이다. 건전한 쾌락을 위해 비정규직이나 여성, 그리고 외국인 노동자의 병리학적 쾌락은 제거되어야 한다. 독도는 이런 병리학적 쾌락을 지워버린 자리에서 솟아오른다. 이 자리에서 독도는 민족주의자들에게는 너무 부족하고, 냉전 세력들에게는 너무 과잉이다. 그리하여 독도는 통합된 민족이 존재할 수 없다는 사실을 부정하는 민족주의와, 좋았던 과거가 다시 올 수 없다는 사실을 부인하는 냉전 세력 모두에게 부족함을 채워줄 수 없는 아이러니한 대상이다.

신성 가족의 몰락

한국에서 붐을 일으키고 있는 신흥 종교가 있으니 이른바 '가족교'다. 이 신흥 종교에서 가족은 절대적으로 신성하다. 가족은 생존을 위한 최후 수단이고 행복한 삶을 위한 마지막 보루다. 신성한 가족의 가치를 지키기 위해서라면 개인의 안위를 위협하는 것쯤은 대수롭지 않은 일이다. 가족은 모든 사회생활에서 우위에 놓이는 것이며, 이 가치 기준에 도전하는 쾌락 원칙은 '마땅히' 금지되어야 한다.

게다가 가족은 상징적 차원에서 고삐 풀린 쾌락에 금지를 명령할 수 있는 핑곗거리로 작동한다. 쾌락의 해방이 초래할 무질서에 대한 두려움을 제어하기 위해 가족은 하나의 상징으로 호명 당한다. 그러면서도 동시에 가족은 사회적 규율이나 공공적 도덕률을 위반하는 것을 허용하는 도피처로도 기능한다. 말하자면, 가족은 상징적 법을 초월하는 핑계를 제공하는 동시에, 그 법을 어기는 것을 금지하는 근거다.

+ 개정 국적법 논란

해외에서 태어나 이중국적을 가진 사람의 경우, 병역의무를 마치거나 면제가 된 후가 아니면 한국 국적을 이탈할 수 없도록 하는 개정 국적법이 2005년 5월 4일 국회를 통과, 24일부터 발효되었다. 당시 이와 같은 발표로 인해 국적 이탈을 신청한 자가 무려 1,820명에 달했으며, 이중 병역 면제가 불가능하게 된 원정출산자와 외교관, 기업의 해외주재원 자녀 등이 전체의 80퍼센트를 차지한 것으로 조사되기도 했다.

곧잘 신문지상에 오르내리는 "자기 자식이라면 그렇게 했겠느냐"라는 말은 아이러니하게도 "내 자식은 그렇게 해도 괜찮다"는 말의 다른 면이다. 결국 이 말은 가족이라는 범주가 매끄럽게 보편화될 수 없다는 사실을 증명한다. 가족 범주의 신성화는 가족 사이에 발생하는 이해관계의 대립으로 균열을 일으킨다. 이처럼 가족이라는 범주는 신성한 만큼 근본적 모순을 그 원-기록에 내장하고 있다. 특히 한국의 경우는 마땅히 근대 민족국가에 존재해야 할 공공성의 자리를 가족이 대체하고 있는 형국이어서 가족을 둘러싼 담론은 더욱 격렬한 리얼리티의 모순을 가감 없이 드러낸다.

새롭게 제정되는 국적법을 둘러싼 소동은 바로 이런 모순이 적나라하게 드러나는 사건에 지나지 않는다. 병역 기피를 위해 자식이 한국 국적을 포기하는 것을 묵인하는 행위나 그 한국 국적 포기자를 비난하는 행위 모두가 신성한 가족의 범주를 중심으로 회전한다. 물론 여기에서 가족의 자리는 마땅히 공동체의 자리로 대체되어야 하지만, 한국은 그렇지 않기에 문제가 증폭되는 것이다. 이처럼 공동체가 가치 판단의 기준이 되지 못하는 상황에서, 내 자식이라서 부조리한 의무 복무 제도가 없는 나라를 조국으로 선택하는 것을 용인해야 한다는 생각은, 내 자식도 그렇게 하고 싶지만, 그렇게 할 수 없다는 다른 가족의 이해관계와 부딪혀 소용돌이친다.

자식에게 더 좋은 삶의 조건을 마련해주겠다는 부모의 자식 사랑이나 사람이라면 더 나은 조건에서 더 좋은 삶의 질을 획득할 권리가 있다는 개인의 행복 추구권이 비난받을 이유는 없다. 게다가 실정법의 테두리 내에서 한국 국적을 포기하는 행위는 위법이 아니다. 그러나 이런 행위가 실정법상 위법은 아닐지라도 민족주의라는 상징적 법을 위반하는 건 사실이다. 이 지점에서 한국 국적 포기라는 행위는 민족주의가 내재한 '쾌락의 평등주의'를 부정하는 행위다. 따라서 이들은 아무런 위법 행위를 저지르지 않았다는 명백한 사실에도 불구하고 도덕적 비난을 감수할 수밖에 없는 것이다.

물론 이러한 일련의 과정은 아이러니를 동반하고 있다. 이런 아이러니는 민족주의의 판타지가 계급적 적대를 봉합하기 위한 발명품이고, 이런 발명품 중 하나가 가족의 신성화라는 사실에 이르러 제 모습을 드러낸다. 민족주의가 기본적으로 남성 판타지라는 걸 감안한다면, 여기에서 가족의 신성화가 무엇을 의미하는지 짐작할 수 있다. 가족은 남성의 위계적 권력이 접지하는 지점으로서, 이로 인해 가부장적 상징 권력으로부터 신성불가침의 영역으로 승인받는다.

따라서 가족의 이름으로 '국가의 부름'을 위반하는 행위는 의미심장한 것이다. 이런 행위는 새로운 국적법의 제정이라는 '유사 계급투쟁'에 현실적 질감을 부여하는 것이자 동시에 가족을 신성불가침의 영역으로 설정했던 그 체계의 불안을 암시하는 것이기 때문이다. 이런 현실적 질감은 초월적 경험에 근거하는 것처럼 보였던 가족이라는 범주를 돌연 세속화시키는 효과를 발휘한다. 결국 가족이라는 신성한 범주는 그 생성의 시기에 내장되어 있던 기원적 모순으로 인해 내부로부터 붕괴하기 시작한다.

행복한 가족이라는 판타지는 자본주의 사회가 강제하는 긴장을 무마하기 위한 유토피아적 이미지임에 틀림없다. 그러나 이런 기능 못지않게 가족이라는 유토피아적 이미지는 사회적 차원에서 계급적 갈등이 일어나는 지점을 가시적으로 지시한다. 국적법을 둘러싼 때아닌 소동을 제대로 이해하기 위해 필요한 건 이런 가시성을 제대로 읽어내는 눈일 것이다.

전두환

이미지는 때로 사실을 압도한다. 드라마 〈제5공화국〉으로 인해 전두환을 사랑하는 모임을 표방한 인터넷 카페가 생겼다는 소식은 이런 생각을 더욱 부추긴다. 이미지를 가짜라고 여기는 해묵은 믿음은 '정신 똑바로 박히지 않은' 불특정 다수를 향해 분노를 터뜨리도록 만든다. 여론은 들끓고, 실체 없는 '철부지 요즘 것들'은 온갖 비난의 십자포화를 맞는다. 그러나 문제는 그리 단순하지 않다. 아무리 역사를 전면에 내세웠지만, 〈제5공화국〉이라는 드라마가 재현한 역사는 이미 '이야기'로 기록된 것이다. 전두환을 악인으로 보는 것이나 정반대로 그를 영웅으로 보는 것이나 모든 판단은 이 기록을 통해 좌우된다.

기록이라고 해서 그냥 개개인의 취향에 따라 무슨 사건을 마음대로 취급할 수 있는 게 아니다. 기록을 좌우하는 건 개인의 기억이나 사실에 대한 증언이 아니라, 이런 기억이나 증언을 읽는 태도다. 말하자면, 드라마

+ **드라마 〈제5공화국〉**
제5공화국을 배경으로 2005년 4월부터 9월까지 총 41부작으로 방송된, MBC의 전통적인 공화국 시리즈를 잇는 정치드라마. 1979년 10·26 사건부터 12·12 쿠데타, 1980년 광주 민주화 운동, 1987년 6월 항쟁과 6·29 선언 그리고 제6공화국의 성립까지 다뤘다. 드라마 초반 전두환 역을 맡은 이덕화의 극중 모습에 반해 전두환 팬클럽이 생기는 등 이슈를 몰고 왔으나, 제5공화국 인사들로부터 수정 요구를 받는 등 내외적으로 많은 어려움을 겪다 축소 종영되었다.

〈제5공화국〉은 전두환과 그로 인해 빚어졌던 역사적 사실에 대한 읽기일 뿐이다. 그러나 이것이 읽기라고 해서 가볍게 보고 넘길 수 있는 건 아니다. 이 드라마가 기록 영화를 목적으로 하지 않는 한, 대중문화로서 시청자들에게 재미를 선사할 의무가 있다. 한국의 역사 드라마는 이 지점에서 딜레마에 빠진다. 역사적 사실에 충실하자니 재미가 없고, 재미를 주자니 역사적 사실이 희석되는 것이다.

그래서 역사 드라마를 보는 사람들은 서로 티격태격한다. 그 드라마에서 다뤄지는 '역사'가 자신의 경험, 또는 이해관계와 연관된 당사자들이라면, 더욱더 드라마의 사실성을 강조할 것이고, 그렇지 않은 제삼자의 입장이라면, 재미있으면 그만이지 뭘 그렇게 따지냐고 별반 사실성을 중요하게 생각하지 않을 것이다.

그러나 가만히 뜯어보면, 결국 우리는 무엇이 역사적 '사실'인지 확인하기 어렵다. 앞서 말했듯이, 우리는 기록된 역사를 알고 있을 뿐이고, 기록 이전의 역사에 대해 알 길이 없다. 다시 말해서, 신군부와 이해관계를 밀착시키고 있는 사람들이라면, 이 드라마가 '사실적'으로 전두환과 그 추종 세력을 그려내지 않았다고 불만을 토로할 것이지만, 반면 신군부로부터 피해를 본 사람들이라면, 반대의 이유를 들어 이 드라마가 역사적 사실을 왜곡하고 있다고 비난할 것이다. 이처럼 상대방을 어떻게 생각하는지 여부에 따라 '사실'에 대한 판단도 달라진다. 대개 사람들은 '정의로운 판단'에 따라 사실과 왜곡을 가려낸다. 말하자면 언제나 역사적 사실은 '정의'에 따라 심판받는다. 그래서 우리는 항상 "이것이야말로 올바른 역사적 사실"이라고 말해야만 한다.

전두환 미화 논란은 이렇게 역사를 '사실대로' 또는 '올바르게' 재현하고자 하는 열망으로부터 출발한 것이다. 일반적으로 전두환 체제는 천박한 대중문화를 통해 탈정치화를 획책했다는 비판을 받는다. 그러나 과연 대중문화가 탈정치화를 유발하는 것인가 하는 문제는 여전히 논란거리다. 대중문화는 분명 긍정적이든 부정적이든, '교육적' 기능을 수행하기 때문이다. 문제는 이덕화라는 걸출한 배우를 통해 전두환이 생생하게 재현되는 것이 아니라, 오히려 이덕화라는 이미지의 소비를 통해 시청자들이 자신의 처지를 극중 인물에 비추어 위안을 받고자 한다는 사실에 있다. 분명 이런 종류의 전두환은 역사적으로 실존하는 전두환과 아무런 관계가 없다. 우리가 문제 삼아야 할 건 바로 이런 동일화의 정체일 것이다.

김 일병

연천 최전방 경계초소 총기 난사 사건은 무엇인가. 이 사건은 낮은 목소리로 무엇인가를 우리에게 말하고 있다. 과연 이 재잘대는 소리가 전하는 메시지는 무엇인가. 우리가 "총기 난사 사건"이라고 내뱉는 순간 이 사건은 '광기'가 덧칠해진다. 분명 김 일병은 총을 난사하지 않았음에도, 우리는 무의식적으로 이 사건을 이렇게 부르는 것이다. 모든 사건은 가치 판단을 전제한다. 그러나 이런 가치 판단은 겉으로 드러나는 합리성과 달리 무의식의 영역에 의미를 등록하기 일쑤다. 이 사건은 노골적으로 합리성에 그늘을 드리우고 있는 신경증을 폭로한다.

처음부터 이 사건의 진실은 매끄럽게 재현될 수 없었다. 누구도 김 일병이 무엇 때문에 총을 쏘았는지 알 수 없다. 아니, 더 정확히 말하자면, 김 일병 자신조차도 그 이유를 모를 것이다. 우리가 알 수 있는 건 오직 하

+　**연천 530GP 총기 난사 사건**
2005년 6월 19일 오전 2시 30분경 경기도 연천군 중면 최전방 530GP에서 28사단 81연대 수색중대 1소대 소총수 김동민 일병이 후방 초소에서 근무하던 중 수류탄 1발과 K-1소총 실탄 44발로 GP장인 중위 1명을 포함해 총 8명을 살해하고 2명에게는 중상을 입힌 사건. 당시 군 당국은 사건 수사 후 내성적 성격의 김 일병이 일부 선임병의 욕설 및 질책에 앙심을 품고 범행을 저질렀다고 발표했으나, 사건 후 5년이 지난 지금도 유족들은 몇 가지 풀리지 않는 미스터리를 언급하며 군에서 진실을 숨기고 있다고 주장, 진상규명촉구협의회를 구성해 사건의 재조사를 요구하고 있다.

나, 최전방 경계초소에서 '끔찍한 사건'이 일어났다는 그 사실이다. 우리가 사건에 대해 알고 있는 것은 이렇게 사건이 발생했다는 사실에 대한 주석들일 뿐이다.

이 주석들은 제각각이다. 그러나 이것들이 아무렇게나 채택되는 건 아니다. 사건에 주석달기를 지배하는 논리는 이렇다. "죽은 자는 말이 없고, 김 일병의 말은 필요 없다." 이 논리는 그대로 죽은 이은주와 산 전인권 사이에서 되풀이된다. 죽은 이은주는 말이 없고 산 전인권의 변명은 들을 필요도 없다. 그럼에도 전인권은 말한다. "사랑한 것도 죄인가?" 그러나 한국에서는 사랑한 것도 죄다. 왜냐하면 이은주를 욕망의 대상으로 삼는 (남성) 판타지의 외설성을 전인권이 적나라하게 폭로했기 때문이다. 상징적 법을 어기는 행위야말로 외설적이다. 마찬가지로 김 일병의 죄는 '우리 아들이야말로 세상에서 가장 착한 남자'라는 판타지를 위협하기 때문에 발생하는 것이다.

효자이자 자상한 애인이기도 한 착한 전우들을 무자비하게 죽여버린 김 일병은 씻을 수 없는 죄를 저질렀다. 천인공노할 만행을 저지른 김 일병은 뻔뻔하게 아무런 죄의식도 없다. 이런 공식은 한국 경찰 수사력의 구조적 부실에서 기인하는 유영철 같은 우발적 살인범을 '주도면밀한 연쇄살인범'으로 둔갑시키는 완벽한 알리바이다. 우리에게 필요한 건 절대 악이다. 아니, 절대 악이라는 서사적 판타지에 응답하는 실재다. '세상은 살만하다'는 고정관념을 확신하기 위해 휴먼다큐멘터리가 필요한 것처럼 절대 악이라는 믿음을 추인하기 위해 절대 악을 닮은 실제적 대상이 필요한 것이다. 절대 악은 우리를 불안하게 하면서 동시에 정체성을 부여한다. 우리는 절대 악에 분노하고 치를 떨면서, 그 절대 악과 다른 차선의 악에 물들어 있는 자신을 용서한다. 이는 마치 절대 악을 해소하지 못한다면 그 차악을 선택해서 추후를 도모하자는 한국적 정치 지형의 실용주의를 연상시킨다. 그러나 이런 실용주의는 말만 실용주의지 사실은 정략적 담합에 지나지 않는다.

우리를 압도한 여론은 자연스럽게 마치 이 모든 걸 예상했다는 듯이 김 일병을 '또라이'로 몰고 갔다. 마치 지하철에 애완견의 배설물을 방치한 대가로 '개똥녀'라는 별명을 부여받은 한 젊은 여성이 전후 맥락을 거두절미당한 채 졸지에 '공공의 적'으로 매도당한 것처럼, 김 일병 역시 아무런 성찰의 여지도 허락받지 못한 상태에서 '정신 상태가 똑바로 박히지 못한 군대 부적응자'로 낙인 찍혔다. 김 일병을 제외한 모든 이들은 지극히 '정상'이었다. 아니, 김 일병이 그 사건을 일으키기 전까지 그 소대는 지극히 정상적인 집단이었다. 정말 이런 상황이 웃기지 않은가.

　"소대 분위기가 좋았다"라는 생존자들의 진술은 그 분위기 좋았던 소대를 일순간에 아수라장으로 만들어버린 김 일병의 행위를 어떻게 정당화할 수 있는가. 김 일병의 행위를 부정하기 위해 발화된 이런 진술은 분명 '정상성'의 범주를 내부로부터 붕괴시키는 아이러니다. 생존자들과 그의 가족들이 분위기 좋았던 소대를 강조하면 할수록 김 일병의 행위는 오리무중에 빠지기 때문이다. 이런 까닭에 김 일병이 이번 사건을 일으키기 전 문제의 소대에 아무런 문제도 없었다는 강변은 이번 사건의 원인과 연루된 모종의 정서적 반발일 수밖에 없다. 이번 사건의 진실은 바로 이런 정상성을 강화하고 유지하고자 하는 시도의 징후로서 각인되어 있는 것이다. 이런 징후는 확실히 징병제라는 한국 군대의 구조적 문제에서 기인하는 것임에도, 많은 이들은 여기에 대해 침묵한다. 이 거대한 침묵의 카르텔을 깰 용기는 과연 우리에게 없는 것인가.

정치 자금의 추억

2005년 여름 하나의 블록버스터가 터졌다. 이름 하여 '도청의 추억'. 그런데 정작 대박은 '도청의 추억'이 아니라 그 속에 액자 소설처럼 들어 있던 '정치

+ **안기부 'X파일' 보도 사건**
  2005년 7월 MBC 이상호 기자가 안기부 도청 파일을 입수, '옛 안기부 직원들이 지난 1997년 이학수 당시 삼성그룹 회장 비서실장과 홍석현 중앙일보 사장이 정치권 동향과 대권 후보들에 대한 정치자금 제공 등을 논의한 대화를 도청해 만든 테이프'를 언론에 보도하면서 불거진 사건. 이 사건으로 이 기자는 통신비밀보호법 위반 혐의로 기소되었고, 당시 『월간조선』에 'X파일' 녹취록 전문을 공개했던 김연광 전 월간조선 편집장(현 청와대 정무비서관) 역시 같은 혐의로 기소되었다. 이에 대해 대법원은 2009년에 MBC와 월간조선의 보도가 '정당한 행위로 받아들여질 요건'에서 벗어났다며 유죄 판결을 내렸다.

+ **초원 복국집 사건**
  14대 대선을 3일 앞둔 1992년 12월 11일 부산 남구 대연동 초원 복국집에서 김기춘 전 법무부 장관의 주선으로 모인 부산 지역 기관장들이 당시 여당인 민자당의 김영삼 후보를 위해 지역감정 조장 방안 등을 모의했다고 알려진 사건. 선거 당일 국민당 김동길 선거대책위원장이 긴급 기자회견을 갖고 대화 내용이 담긴 녹음테이프를 증거로 제시하면서 세상에 알려졌다. 국민당 측은 이를 계기로 김영삼 후보의 추락을 기대했으나, 상황은 정반대로 흘러 불법 선거 문제보다 도청 행위의 불법성과 부도덕성이 쟁점으로 떠올랐고, 도리어 지역감정을 자극하면서 결국 김영삼 후보를 대통령에 당선시켰다. 이를 계기로 "권력은 복국집에서 나온다"라는 말이 유행했고, 예상을 벗어나 엉뚱한 결과가 나오는 현상을 가리켜 '초원 복국집 효과'라는 신조어가 등장하기도 했다.

자금의 추억'이다. 1997년 대선 무렵 국내 유수의 언론사 사장이 세계 초일류 기업을 표방하는 재벌 회사로부터 불법 정치 자금을 받아서 여당 대선 후보에게 몸소 전달했다는 불법 행위가 국내 거물급 인사들의 언행을 도청하기 위해 안기부에서 비밀 도청팀을 운영했다는 또 다른 불법 행위를 완전히 압도해 버렸다.

겉으로 보면 이번 사건은 1992년 초원 복국집 사건과 유사하다. 그래서 당사자들에게 다소 착각을 불러일으켰던 모양이다. 이들은 처음에 자신들을 '나쁜 엿듣기'의 피해자인 것처럼 보이고자 했기 때문이다. 그러나 1992년 '나쁜 엿듣기'와 '나쁜 정치인'의 대립에서 전자를 비난하고 후자를 지지했던 여론은 그로부터 13년 뒤에 '나쁜 엿듣기'와 '나쁜 언론인(기업인)'의 대립에서 정반대의 양상을 보여주고 있다.

뭔가 변화가 있었던 것이다. 도청은 관음증의 다른 형태다. 금지된 것을 보고 싶다는 욕망은 부끄럽기 때문에 쉽사리 실현되지 않는다. 그래서 이런 욕망이 부끄럽지 않게 정당화되려면 다른 차원의 논리가 필요하다. "불법 도청을 통해 기록된 내용이지만 국민의 알 권리를 위해서 공개해야 한다"라는 게 이런 논리다. 이 말은 "모두가 공평하게 즐기는 쾌락은 불법이 아니다"라는 상징적 의미를 깔고 있다. 혼자 보면서 즐기는 건 나쁜 일이지만, 여럿이 함께 보며 즐기는 건 나쁜 일이 아닌 것이다.

물론 1992년 초원 복국집 사건이 일어났을 때도 국민의 알 권리라는 말이 있었지만, 이때는 군사 정권의 잔재가 여전히 금욕주의를 '국민'의 무의식에서 호출했고, 그래서 자연스럽게 엿듣기의 즐거움은 금지되었다. 삼성이 MBC를 상대로 법적 대응을 호언했지만, 피해자 만들기 전략은 그렇게 성공한 것처럼 보이지 않는다. 오히려 은밀하게 비자금 폭로의 당사자들에게 복수를 감행하는 '숨은 권력'으로 자리매김해버린 것이다. '국민의 알 권리'는 이렇게 왕을 벌거벗게 만드는 법이다. 금욕주의를 벗어던진 '알 권리'는 평등주의를 거스르는 행위를 용납하지 않는다는 사실을 다시 한번 확인할 수 있다.

2006년 월드컵

하나의 스펙터클이 뭔가 일을 낸 것처럼 보였다. 문구용 칼날을 든 자객. 지충호라는 사내는 아무런 거리낌 없이 당시 야당 대표였던 박근혜의 얼굴을 10센티미터가량 그었다. 세상은 경악했다. 아니, 이런 표현은 너무 구태의연하다. 사람들은 이 사건의 의미를 누구보다 잘 알고 있었다. 누구는 "배후가 있다"라고 했고, 누구는 "성형을 해서 괜찮다"라고 했다. 얼굴에 반창고를 붙인 야당 대표는 병원을 나서자마자 박빙의 승부를 펼치는 총선 격전지를 찾았다. 야당 대표에 대한 습격은 예상 밖이었지만, 그 야당 대표의 행보는 예상대로였다. 그리고 마침내 5월 31일, 예상했던 그 괴물이 관객들 앞에서 물살을 가르며 솟아올랐다. 아무도 놀라지 않았다.

지충호는 실재의 응답이었을까. 그렇게 볼 수도 있을 것이다. 우리는 이미 '여당 참패'의 시나리오를 알고 있었고, 지충호의 문구용 칼은 그 시나

+ **지충호 사건**
2006년 5월 20일 지충호라는 이름의 남성이 박근혜 한나라당 전 대표에게 커터 칼로 상해를 입힌 사건. 제4회 전국 동시 지방 선거가 한창이던 당시 한나라당 서울시장 후보였던 오세훈 후보 연설회장에서 이를 지원하기 위해 온 박 대표에게 흉기를 휘둘러 전치 4주의 상처를 입혔다. 경찰 조사에 따르면 장기간 형무소 생활 등의 억울함을 풀려는 의도로 벌인 사건일 뿐, 박 전 대표에 대한 특별한 감정은 없다고 밝혔다. 이후 원심에서 징역 11년, 항소심에서 징역 10년을 선고받았고, 대법원은 징역 10년을 선고한 원심을 확정했다.

리오를 입증한 것처럼 보였기 때문이다. 참패에 직면한 여당이 야당을 겁주기 위해 이런 일을 사주했다는 음모 이론은 다소 해괴하지만 한나라당이라면 충분히 가능한 상상이다. 그러나 이것은 너무 유권자를 우습게 보는 태도다. 지충호를 실재의 응답으로 보는 사람은 전여옥 정도였을 뿐이다.

중요한 것은 어떤 유권자도 지충호를 진지하게 생각하지 않았다는 사실이다. 사건이 발생했던 당시에 텔레비전 뉴스는 하루에 수십 번도 넘게 지충호가 박근혜에게 다가가 문구용 칼로 얼굴을 긋는 장면을 반복해서 보여줬다. 어디 텔레비전뿐인가. 인터넷은 박근혜 피습 장면을 무한 반복시키는 3본 동시 상영관이었다. 박근혜의 얼굴에 문구용 칼이 가 닿는 그 장면을 느린 화면으로 선명하게 보여주는 영상들. 9 · 11 테러 때 세계무역센터를 다채로운 각도에서 재구성해서 보여주던 그 영상들. 그리고 다소 생뚱맞지만, 2002년 월드컵의 하이라이트를 입체적으로 끊임없이 무한 반복해서 보여주는 그 영상들. 정말 생뚱맞지만, 지루한 성교 장면들을 지속적으로 반복해서 보여주는 포르노의 영상들. 이 모든 영상들이 순간적으로 겹쳐 보이는 것은 단순한 착시 현상 때문일까.

한국의 통일 전망대를 일컬어 슬라보예 지젝Slavoj Zizek은 "현실의 스펙터클을 감상하기 위한 극장"이라고 했다.[4] 남향의 벽에만 페인트칠을 한 건물들은 무대 세트고 남쪽을 항상 의식할 수밖에 없는 주민들은 관객의 응시를 내재화한 배우들이다. 이 '위험한' 현실의 스펙터클을 보기 위해 외국인들은 DMZ 관광 상품을 구매한다. 한반도의 극장화. 우스운 모순 어법이지만, 이건 이제 현실이다. 현실이 극장이고 극장이 현실이다. 이 우스꽝스러운 모순을 잠시라도 잊어보기 위해 사람들은 월드컵을 기다리는 걸까. 아니, 잊어버리기보다 더 실감나게 느껴보기 위해 월드컵을 기다리는 걸까.

사람들은 더 스펙터클하고 더 박진감 넘치는 실감의 순간을 열망한다. 이 열망의 근원에 2002년 월드컵이 유령처럼 서 있다. 놀랍게도 월드컵은 정치를 압도했다. 실제로 2006년 총선을 지배한 것은 지충호의 습격이 아니라 월드컵의 귀환이었다. '○○동의 아드보카트', '꿈★은 이루어진다'

따위를 선거용 표어로 쓰는 것은 애교 수준이었다. 놀랍게도 어떤 후보는 월드컵을 앞둔 국가대표의 평가전을 홍보용 차량으로 방영하기까지 했다. 이를 두고 모 우파 신문은 "월드컵에 완패한 총선"을 운운했다.

모범 답안에 따르면, 유권자들이 총선에는 관심 없고 축구에나 신경 쓰는 현상에 쓴소리를 뱉는 것이 옳을 것이다. 물론 이런 모범 답안만 있는 것은 아니다. 정반대로 정치인들이 정치를 월드컵처럼 재미있게 만들었으면 사람들이 선거를 외면하지 않을 것이라는 주장도 모범 답안이라고 할 수 있다. 이 둘은 극단처럼 보이지만 사실은 같은 동전의 양면이다. "사람들이 선거에 관심을 가져야 한다(갖게 해야 한다)"라는 주장에서 책임 주체만을 바꿔놓았을 뿐이기 때문이다. 같은 말을 다르게 하고 있다는 뜻이다.

이런 주장을 하는 이들에게 미안한 말이지만 월드컵은 현실 정치와 직접적으로 관계를 맺고 있는 것이 아니다. 월드컵은 월드컵이고 정치는 정치라는 의미가 아니다. "그냥 스포츠니까 즐겨주세요"라는 말만큼 '정치적'인 것도 없다. 월드컵의 정치성은 현실 정치인들이 아전인수해서 이해하는 차원에서 작동하는 것이 아니라는 말이다. 월드컵은 그냥 극장이다. 지난 10년간 난폭한 한국 자본주의의 심연을 통과해온 대중들은 누구보다 이 사실을 잘 안다. 비극은 여기에서 시작된다. 월드컵이 극장이라는 사실을 대중들이 잘 안다는 것, 그래서 이 극장에서만 눈물짓고 환호하고 감격한다는 것. 여기에서 현실을 넘어선 진실이 우리에게 뭔가를 일러주고 있다.

누구는 이런 상황을 두고 거드름을 피우며 문화의 문제로 정치가 전환되었다고도 한다. 일견 맞는 말이지만, 이런 주장을 순진하게 이해하면 정치인도 붉은 악마가 되어야 한다거나, 아니면 히딩크를 대통령 후보로 추대하자 같은 우스개를 진실로 믿게 된다. 문화는 그냥 징후일 뿐이다. 문화가 정치를 주도할 수는 없다. 다만 우리가 알 수 있는 것은 강렬한 정

4   Slavoj Žižek, *The Parallax View*, Cambridge, MA: MIT P, 2006, p. 28.

치적 시도가 좌절되었을 때 문화가 출몰한다는 사실이다. 이런 관점에서 본다면 월드컵은 정치에서 해결하지 못한 무엇을 대신하기 위한 상징 행위다. 주체는 쾌감을 끝까지 밀어붙여 실재로 나아가려고 한다. 쾌감을 지속시키고자 하는 열망은 끊임없이 '다시 한 번'을 외치도록 한다. 이 반복의 열망이야말로 유토피아 충동이다. 문화 형식을 일러 유토피아 충동의 봉쇄라고 하는 것은 이런 맥락이다. 월드컵은 이런 유토피아 충동을 봉쇄해서 하나의 논리로 만들어내는 문화 형식이다.

흥미롭게도 한국에서 월드컵이라는 문화 형식에 내재한 논리는 '기적'이다. 다시 한 번 그 기적이 임하도록 사람들은 갈구하고 있는 것이다. 현실에서 불가능한 기적이 가능한 곳은 극장뿐이다. 노무현 정부는 바야흐로 정치를 극장으로 보기 시작한 대중들이 만들어낸 또 하나의 기적이었다. 그러나 이 정치판의 기적은 월드컵의 쾌락 원칙을 위반함으로써 관객들을 배반했다. 노무현 정부는 21세기 정치의 극장성을 전혀 파악하지 못했다. 간판만 참여정부로 달았을 뿐, 정작 사유하는 대중의 영악함을 이해하지 못했던 것이다. 지식인만이 사유한다는 것은 너무도 고전적인 믿음이다. 후기 자본주의 사회에서 사유하는 주체는 지식인이 아니라 대중이다. 지식인조차도 대중의 사유를 내면화할 때만 생존할 수 있다. 기적을 바라는 대중, 아니 기적을 창조하려는 대중이 향하는 곳은 어디일까. 정치의 실감을 잃어버린 이들이 지금 신화를 찾아 떠나고 있다. 역사의 교훈을 되새겨보건대, 참으로 불길하다.

북핵의 정신분석

2006년 북에서 핵이 터졌다. 몇몇 언론들은 금방 전쟁이라도 날 듯 호들갑을 떨었고, 주식시장은 요동쳤다. 조야한 허수아비와 인공기를 불태우는 반북 시위가 되풀이되었고, 유엔의 대북 제재 결의안이 신속하게 채택되었다. 한반도는 다시 위기 상황을 맞는 듯했다. 그런데 자고 일어나니 아무것도 변한 게 없었다. 이 소동으로 득을 본 사람들만 뭔가 달라졌을 뿐이다.

　　그들은 누굴까? 정작 이 소동을 불러일으킨 북한은 얻거나 잃은 게 거의 없다. 북한 입장에서 보면 이미 제재는 당할 만큼 충분히 당하고 있었기 때문이다. 그렇다면 미국은? 미국 역시 '사치품' 반입을 금지시킨 것을 제외하고 별반 제재할 게 없다. 군이 잃은 걸로 치자면 부시 정부의 외교정책이 실패했다고 보는 여론이 좀 강해진 것 정도다. 여하튼 이렇게 따져보면 이 소동에서 가장 이득을 본 이들은 외국인 투자자들인 것 같다. 북핵이라는 공포의 귀환 때문에 개인 투자자들이 팔아치운 주식을 열심히 사들여서 시세 차익을 엄청 얻었으니 말이다. 또 있다. 할 일 없던 한국의 냉

+　　2006년 북한 핵실험

조선민주주의인민공화국이 한국 표준시로 2006년 10월 9일 10시 35분 풍계리 핵실험장에서 지하 핵실험을 성공적으로 시행했다고 주장하면서 국제적으로 큰 이슈가 되었던 사건. 이로 인해 같은 해 10월 15일 유엔의 대북 제재 결의안 1718이 채택되었으며, 북한의 핵실험을 국제사회의 평화와 안전을 위협하는 행위로 규정, 무력 제재 하겠다는 가능성을 열어놓았다.

전 세력과 일본의 극우파들이 북핵 때문에 아쉬웠던 취미생활을 다시 회복했으니 이들도 수혜자라면 수혜자다.

그러나 이 모든 것보다도 나에게 흥미로웠던 것은, 북핵에 대한 한국 대중의 반응이었다. 세계 언론들이 북핵 문제를 너도나도 앞다투어 보도할 때 한국 사회의 여론을 좌지우지하는 포털사이트 최고 인기 검색어가 '문근영 미니스커트'였다. 이를 두고 이른바 '양식 있는 지식인들'은 포털사이트의 탈정치성을 개탄하거나 한국 사회의 안보 불감증을 비판할지도 모른다. 이에 대해 어떤 판단을 하든 자유다. 다만 나의 관심은 이런 도덕적 판단에 있는 게 아니라 왜 이런 일이 벌어졌는가 하는 것이다.

물론 잊을 만하면 한 번씩 이런 일들이 터지니까 이제 웬만한 자극에는 눈 하나 깜짝하지 않게 되었다고 볼 수도 있다. 이런 주장은 부분적으로 사실이지만 크게 신빙성은 없다. 여전히 자극에 반응할 사람은 그 어느 때보다도 더 격렬하게 반응을 하고 있기 때문이다. 그리고 이런 주장은 다소 낡은 자연과학적 선입견에 근거하고 있는 것처럼 보인다. 그러니까 신경세포를 자꾸 자극하면 그 세포의 반응이 약해진다는 지극히 일차원적 논리에 입각하고 있는 것이다. 칸트가 도덕에 비겨 쾌락을 하수로 취급할 때 써먹던 논리다. 그러나 사회적 현상은 이런 생물학적 자극이 아니다. 이건 욕망의 무늬를 수놓는 문신 같은 것이기도 하다.

한국의 대중문화는 철저하게 북핵 문제를 은폐한다. 텔레비전 드라마나 오락 프로그램 어디에도 북핵에 대한 언급은 없다. 이를 대중 조작이라고 볼 수도 있겠지만, 반대로 대중이 이 '엄중한 시국'에 이따위 것을 원한다고 볼 수 있다. 대중의 욕망은 모순적이고 분열적이라서 종잡을 수 없다. 흥미롭게도 여론 조사 결과는 한국 사회가 대북 포용 정책을 문제 삼으면서도 이 문제를 군사적으로 해결하는 것에 반대하고 있다는 것을 보여준다. 이런 분열 현상은 세금 올리는 건 반대하면서 복지 정책 확대를 지지하는 것과 같은 맥락에서 발생한다고 볼 수 있다.

정신분석을 끌고 들어온다면, 이게 '한국적' 자아의 도착증을 드러내는 증상이다. 굳이 이것을 '한국적'이라고 불러야 하는 까닭은 도착증이라

는 것이 다분히 법률적 규범을 결정하는 사회적 규범과 관련이 있기 때문
이다. 아무리 얻고 싶어도 얻을 수 없는 것을 신성한 것으로 만들어버리는
행위(부자나 연예인에 대한 신비화), 또 무엇을 취하고 무엇을 취하지 말라
고 명령하는 법에 대한 반발(인터넷 댓글에서 드러나는 우상 파괴), 그리고
절대 악이나 권력에 대해 관대하면서도(박정희에 대한 향수와 강력한 권위
에 대한 갈망) 이런 악과 권력에 자신이 귀속되는 걸 원하지 않는 것(미국
적 개인주의와 민주주의에 대한 지지), 이런 모순이 바로 도착증의 구조다.

　　이런 모순적 욕망은 북핵 문제에 대한 대중의 반응을 자신들의 정치
적 목적에 유리하게 이용하려는 정치 세력의 바람을 민망하게 만든다. 대
북 포용 정책이냐 국지전을 불사한 대북 제재냐 하는 것은 정치가들의 관
심 사항일 뿐이다. 솔직히 말해서 대중은 여기에 대해 아무 관심이 없다.
대중에게 정치는 극장에 지나지 않는다. 이 극장에 북핵이라는 새로운 출
연자가 나왔다고 해서 별로 놀라지 않는다. 대중은 지루한 연극을 보며 관
객석에서 졸고 있는 것처럼 보이지만, 이 문제가 '자본'이라는 실재를 호출
하는 순간 돌연 잠에서 깨어난다. 포용 정책을 재고하도록 주문하면서도
전쟁이 발발하는 것을 경계하는 건 이런 이유 때문이다. 자본주의의 실재가
정치가 아니라 경제라는 사실을 대중은 경험적으로 깨닫고 있는 것이다.

　　IMF 구제금융 시기를 거친 한국의 대중에게 전쟁보다 더 가까운 공
포(더 무서운 게 아니다)는 파산의 경험이었다. 이런 경험은 한국 전쟁 세
대와 구제금융 세대를 서로 갈라놓는다. 이들을 일시적으로 합일시켰던
사건이 월드컵이었고, 한국 사회의 10대와 20대는 이런 월드컵의 경험을
토대로 새로운 주체성을 탄생시켰다. 전쟁이 자기 파멸이라는 부정적 경험
이었다면, 전쟁 이후 한국 자본주의의 경험은 자본의 법칙에 개인의 의지
를 복속시키는 과정이었다. 이걸 상징화의 과정이라고 부를 수 있을 것인
데, 지금 상황은 이 상징체계가 깨어졌을 때 맞닥뜨릴 분열의 공포가 북핵
의 공포를 압도하고 있는 것이다.

　　겉으로 보기에 북한의 핵실험은 핵무기라는 절대적 파멸 수단을 이
용해 자본주의의 상징체계를 위협하고 있는 것처럼 보인다. 그러나 누군가

이미 언급했지만 테러는 현실성에 개입할 수 없는 이들이 자행하는 '상징적 행위'다. 말하자면 테러 자체가 항상 어떤 메시지를 전제하고 있다는 뜻이다. 핵실험을 통해 북한이 보내는 메시지는 자명해 보인다. 이런 메시지의 자명성이 대중의 공포를 자명하지 않게 만들고 있는 것이다. 진정한 공포는 어떤 행위에서 어떤 메시지도 읽어낼 수 없을 때 출몰한다. 아직은 그 공포가 오지 않았다고 한국의 대중은 본능적으로 느끼고 있는 셈이다.

아파트라는 증상

집값이 올라 난리법석이란다. 그런데 이 말에 비밀이 있다. 거리낌 없이 모두 집이라고 하지만 엄밀하게 말하자면 여기서 집이라는 것은 아파트다. 곧 집이 아파트인 것이다. 누가 앞서 말을 꺼내진 않았지만 '아파트=집'이라는 등식에 대한 암묵적 동의가 이루어진 것 같다. 언제부터인가 주택이라는 말은 곧 아파트와 동일시되기 시작했고, 급기야 이제는 아파트 없는 한국의 풍경은 상상조차 할 수 없을 정도가 되었다. 도시든 시골이든 아파트가 무슨 기념비처럼 우뚝 서 있다.

"도시에 대해 쓰는 것은 추억에 대해 쓰는 것"이라는 독일의 철학자 벤야민의 말이 옳다면 우리 후손들은 모두 아파트의 모양처럼 동일한 기억들을 갖게 될 것이다. 그 도시에서 나고 자란 이가 자신의 도시에 대해 쓰기 위해 필요한 것은 유년의 기억이다. 한국의 아파트에서 나고 자란 아이들에게 이 기억은 아파트처럼 규격화되어 있지 않을까? 그나마 이 규격화에서 차이를 만들어내는 기준은 얼마짜리 아파트에 살았는가 하는 것 정도일 테다.

몇 년 전 일본인 친구가 나를 방문했을 때 일이다. 시내 구경을 시켜준답시고 이리저리 데리고 다니던 내게 그는 눈이 휘둥그레져서 저게 뭐냐고 물었다. 그가 가리킨 것은 빽빽하게 들어찬 고층 아파트들이었다. 아파트라고 하니 또 눈이 휘둥그레졌다. 일본에도 아파트가 있긴 하지만 저렇게 생기지 않아서 자기는 사무실인 줄 알았다는 것이다. 그러고 나서 아파트를 저렇게 높게 많이 짓는 이유가 뭐냐는 질문이 이어졌다. 그때 나는 그 질문에 대한 대답을 적절하게 궁리하지 못했다. 그저 막연하게 아마 한국 사람들이 아파트에 사는 걸 좋아해서 그렇다고 했던 것 같다.

　그런데 여기에서 진짜 의문은 시작된다. 한국 사람들은 왜 아파트를 좋아할까? 겉으로는 '웰빙'을 생활신조처럼 생각하면서 실제로는 환경 호르몬으로 꽉꽉 채워진 성냥갑 같은 답답한 감옥 속에 들어가 살려고 하는 걸까? 인간도 동물인 이상 밀집 환경에 사는 것 자체로 스트레스를 받을 수밖에 없다. 이런 걸 감안한다면 아파트라는 주거 환경은 아무리 생각해도 잘 먹고 잘사는 것과 별반 관련이 없어 보인다. 그러나 이런 엄연한 사실에도 아랑곳없이 사람들은 아파트가 편리하기 때문에 주거 양식으로 선택한다고 말한다. 이구동성으로 많은 사람들이 이렇게 말하는 까닭은 분명 무엇에 홀린 탓만은 아닐 테다. 아파트는 단순한 가상이라기보다 욕망의 변증법을 체현하고 있는 증상이다. 보기에도 아찔하고 흉물스러운 한국적 아파트의 모습은 건설 자본의 욕망을 자신의 욕망으로 내재화한 우리의 증상을 적나라하게 드러내는 건축 양식이다.

　『표준국어대사전』에 보면 편리는 "편하고 이로우며 이용하기 쉬움"이라고 되어 있다. 편하다는 것은 마음이나 몸이 괴롭지 않다는 것인데 이건 주관적이라서 판단할 수 없다고 해도, 이롭다는 것이나 이용하기 쉽다는 건 아파트에 딱 들어맞는 말인 것처럼 보인다. 아파트에 살면 여러 가지 이익이 생긴다. 아파트값이 올라서 눈앞에 보이는 금전적 이익이 생기는 것도 있겠지만 교육 여건이나 상권이 잘 갖춰지게 되고 대중교통망 확충 같은 정부 시책들도 좌지우지할 수 있게 되어 여러 가지 이로운 점이 발생한다. 이런 사실로부터 우리는 "아파트가 주거 공간으로 썩 좋은 건 아니지만 편리하기 때문에 어쩔 수 없이 아파트에 살 수밖에 없다"라는 그럴듯한 논리를 만들어낸다. 이런 논리적 구성이 아파트라는 증상을 지탱한다. 우리는 왜 이런 논리를 만들어서 증상을 유지하려는 걸까? 왜냐면 증상은 즐겁기 때문이다. 우리는 이 증상을 치유하기보다 이것으로부터 계속 즐거움을 얻고자 한다. 이 때문에 우리는 죽는 소리를 하면서도 빚을 내 아파트를 사는 것이다. 이런 행위는 그 무엇과 바꿀 수 없는 자본주의 최고의 즐거움이다.

자본이라는 대타자Other는 우리에게 항상 '즐겨라'라고 명령한다. 이 명령을 거스르는 순간 우리는 불쾌해진다. 아니 정확하게 말하면 이 명령을 실행할 수 없는 자기 자신에 불쾌감을 느끼게 되는 것이다. 이 불쾌감을 현실로 받아들이고 잘 견뎌내면 '건전한' 신경증자로 살아갈 수 있겠지만, 제대로 극복을 못하면 우울증에 빠져 급기야 자살하거나, 아니면 반대로 폭력적 본성을 드러내서 범죄자가 되기 십상이다. 아파트라는 증상은 이 불쾌감을 견디기 위해 발명된 것이지만 언제까지나 이런 역할을 해줄 것이라고 기대하는 건 순진한 생각이다. 언젠가 증상은 즐거움의 원천이 아니라 고통의 원인으로 변화한다.

아파트는 대타자의 욕망을 드러내는 기표다. 물론 이 기표가 우리를 무슨 로봇처럼 조종하는 것은 아니다. 우리는 이 기표를 소비함으로써 쾌락을 얻는다. 감우성이 연인이라도 만나러 가는 듯 즐겁게 노래 부르며 달려가는 그 자리에 "나의 아파트"가 있다. 이렇게 우리는 같은 아파트에 사는 것만으로 서로를 알아보고 김남주처럼 프리미엄을 "느낀다". 어디 그뿐인가? 아파트라고 해서 격이 같을 순 없다. "당신이 사는 곳이 당신을 말해준다"는 철칙을 믿는다면 이영애의 고품격 아파트에서 "보다 특별하게 사는 법"을 배울 수 있다. 광고에 나오는 동일 브랜드의 아파트를 사는 것만으로 이 모든 것을 이룰 수 있을 것 같지만 기실은 누구도 이런 걸 기대하지 않는다. 우리는 바보가 아니다. 다만 우리가 기대하는 건 우리가 산 아파트의 가격이 올라서 계속 즐거운 만족감을 느끼는 것이다.

우리는 가족과 다른 입주민들을 위해 아파트값이 올라야 한다고 말하지만 기실은 그렇지 않다. 오직 바라는 건 내 자신의 만족감이다. 이게 욕망의 법칙이다. 우리에게 필요한 것은 '나'의 아파트지 '우리'의 아파트가 아니다. 아파트라는 기표는 이런 외설적 사실을 감추고자 하는 역설적 스크린이다. '나'의 공간에 '우리'는 끼어들 틈이 없다. '나'의 즐거움을 위해 '우리'는 "20년 한을 풀어보자"라고 가끔 담합할 뿐이다.

재개발이라는 명목으로 기존의 주거지를 헐어내고 일사분란하게 솟아오르는 아파트는 과거와 싸워 이긴 현재의 기념비다. 이 기념비는 기억의 소멸을 기념하는 아이러니한 조형물이다. 한국의 아파트는 주거 공간의 극단적 상품화를 노골적으로 보여준다. 그 누구보다 우리 자신이 잘 알고 있듯이 우리는 살기 위해 아파트를 사려는 게 아니다. 사고팔기 위해 아파트를 사려고 한다. '마빡이'처럼 우리는 아무 의미도 없이 오직 사고파는 행위를 위해 이마를 칠뿐이다. 완벽한 가치 전도가 일어난다. 개그를 위해 개그맨이 필요 없듯이 아파트 거래를 위해 입주자는 필요 없다. 사정이 이러하니 입주할 필요도, 생각도 없는 다주택 소유자들과 건설 자본만이 미소를 짓는다.

그러나 애석하게도 이들에게 아파트라는 증상이 더 이상 즐거움을 주지 못할 때가 다가오고 있다. 이건 헛소리가 아니다. 자본주의가 계속 쾌락을 줄 것이라고 믿고 있는 이들에게 불행한 시절이 다가오고 있는 것이다. 그 불행의 시작이 바로 지난 몇십 년간 그들에게 불패의 쾌락을 선사했던 그 증상이라는 사실은 자본주의 욕망의 역설을 고스란히 드러내는 하나의 사건이다.

한국 중간계급은 무엇을 욕망하는가

〈쩐의 전쟁〉이라는 드라마가 있었다. 당시에 인터넷에 올라온 시청 소감들은 대개 박신양의 연기력과 실감나는 상황 설정을 언급했다. 보통 한국에서 '연기력'이라고 일컬어지는 건, 잘나가는 배우의 '망가지는 모습'과 관련이 있다. 이런 연기자의 모습에서 시청자들은 자신과 동일한 모습을 찾아내고 만족감을 얻는 것이다. '몸을 사리지 않는 연기' 운운하며 칭찬을 쏟아내는 연예 기사들을 심심찮게 발견하는 건 이 때문이다. 〈무한도전〉은 이런 '연기력'을 개그로 만들어서 인기를 끈 것인데, 여하튼 모두 탈권위주의하고 무관하지 않다.

한국 사회 전체가 탈권위주의를 쾌락의 기표로 받아들이는 분위기이긴 하지만, 특히 대중문화에서 이런 특징은 두드러지게 나타난다. 한국에서 대중의 리얼리즘 충동은 사회에서 작동하는 상징 질서를 모두 뒤엎어버리고 싶은 욕망을 내재하고 있는 것이다. 그러나 이건 어디까지나 드러나는 모습일 뿐이다. 노숙자 연기를 '실감'나게 하는 박신양을 보기 위해 텔

+ **드라마 〈쩐의 전쟁〉**

박인권의 연재만화 『쩐의 전쟁』을 원작으로 2007년 5월부터 7월까지 16부작으로 방송된 SBS 수목드라마. 돈에 복수하려다 돈의 노예가 되어버린 한 남자의 휴먼 스토리로 비정상적인 대출과 빚 독촉 등 사채업을 정면으로 다루며 현 세태를 풍자했다. 방송 3회 만에 시청률 20퍼센트를 넘었고, 중반 이후 35퍼센트의 높은 시청률로 사랑받았다.

레비전 스위치를 켜는 이도 있겠지만, 박신양을 통해 노숙자의 모습을 '실감'하기 위해 이 드라마를 보는 이도 있을 것이기 때문이다. 나는 두 번째 욕망에서 독특한 면모를 발견한다. 대체 무슨 헛소리인가 할 이도 있겠지만, 지금부터 차근차근 짚어보겠다.

성질 급한 이를 위해 결론부터 말하자면, 〈쩐의 전쟁〉은 구약성서에 나오는 「욥기」 같은 드라마다. 주인공 금나라는 신의 시험에 들어 모든 것을 다 잃어버린 현대 한국의 욥이다. 욥이 누구인가? 누구보다 잘나갔던 사람이다. 그런데 신의 장난으로 모든 걸 잃는다. 〈쩐의 전쟁〉에 나오는 금나라 역시 그렇다. 욥이나 금나라나 자신의 의지와 상관없이 몰락과 대면해야 한다. 종교적 관점에서 본다면 욥은 수난을 당하면서도 신앙을 잃지 않는 사람이다. 〈쩐의 전쟁〉에서도 이런 신앙의 구조는 있다. 모든 것을 다 잃은 금나라에게 구원은 '쩐'이다. 이 '쩐'은 '돈'과 다른 그 무엇, 말하자면, 금나라를 수난에 빠뜨렸다가 다시 구원할, 세속적 차원을 넘어선 '사채-신'이다. 금나라에게 이 신에 이르는 구원의 사도는 바로 독고철이다.

중요한 건 〈쩐의 전쟁〉이나 「욥기」가 모두 무언가를 가졌던 이가 한순간 모든 것을 다 잃어버리는 사건에 관한 이야기라는 사실이다. 물론 이런 몰락은 잃었던 모든 것을 되찾는 결말을 전제하기 마련이다. 이런 것을 감안해서 생각해보면 〈쩐의 전쟁〉이나 「욥기」는 '무언가를 가졌던 이'를 위한 이야기다. 처음부터 아무것도 없는 이는 해당 사항이 아니다. 아무것도 가진 게 없는 이는 잃을 것도 없다. 이게 이야기가 되려면, 노숙자가 길에서 주운 로또 복권에 우연히 당첨되어서 갑자기 인생이 바뀌는 걸로 가야 한다. 그러나 〈쩐의 전쟁〉은 이런 이야기를 채택하지 않았다. 하기야 원래 원작 만화가 있었으니, 이야기를 바꿀 이유도 없었을 것이다.

여하튼 현대적으로 말한다면 〈쩐의 전쟁〉은 자신의 소유물을 잃어버릴지도 모른다는 공포를 표현하고 있다. 그렇다고 해서 〈쩐의 전쟁〉이 부르주아의 서사시라는 것은 아니다. 오히려 이 드라마는 중간계급의 욕망에 관한 것이다. 부르주아라고 해서 몰락의 공포가 없을 수는 없지만, "부자는 망해도 삼 년 간다"라는 말처럼 중간계급만큼 극적이지 않다. 오손

웰스George Orson Welles의 영화 〈위대한 엠버슨가The Magnificent Ambersons〉나 박완서의 소설 『미망』이 잘 보여주듯이 부르주아의 몰락은 웅장하다. 〈쩐의 전쟁〉은 이런 웅장한 최후를 보여주는 게 아니라 처절한 중간계급의 전락을 묘사한다. 부르주아와 프롤레타리아 사이에 끼인 중간계급은 자본주의가 심화될수록 프롤레타리아에 가까워지게 마련이다. 〈쩐의 전쟁〉은 이런 낙오한 중간계급의 운명을 적나라하게 보여준다. 이 드라마가 잘 보여주듯이 중간계급이 떨어질 저 나락은 노숙자의 자리다. 금나라는 너무도 자연스럽게 노숙자의 자리로 이동한다. 마치 예상하고 있었다는 듯이! 아니 더 정확하게 표현하자면, 마치 그 자리에 가는 것을 욕망하고 있었다는 듯이 '자연스럽게' 노숙자로 바뀐다. 시청자들이 박신양의 연기가 훌륭하다고 하는 까닭은 그가 이런 변신 과정의 자연스러움을 보여주고 있기 때문이다.

욕망은 자연스러운 것이 아니지만 모든 걸 자연스럽게 만든다. 우리가 바라는 게 이루어지는 순간 우리는 그 성취를 자연스러운 것으로 받아들인다. 칸 영화제에서 전도연이 여우주연상을 수상하자, 한국의 언론들은 '자연스럽게' 한국 영화에 아직 희망이 있다고 앞다투어 보도했다. 불과 몇 주 전에 〈스파이더맨 3〉의 개봉에 맞춰 '자연스럽게' 한국 영화에 희망이 보이지 않는다고 부르짖던 목소리는 전부 어디로 갔는지 알 수가 없다.

그래서 〈쩐의 전쟁〉은 자본이라는 대타자와 섭동하는 한국 중간계급의 판타지를 보여주는 흥미로운 드라마다. 그럼 이렇게 물어볼 수 있다. 파멸을 보여준다는 측면에서 〈쩐의 전쟁〉은 중간계급의 공포 장르인가? 그럴지도 모른다. 그러나 한국의 중간계급은 이미 〈쩐의 전쟁〉이 어떻게 끝날지 알고 있다. 최소한 결말의 금나라는 지금보다 나을 것이라는 걸 시청자들은 알고 있는 것이다. 결말이 뻔한 드라마를 본다는 건 이것을 보고 무슨 교훈이나 얻겠다는 게 아니다. 말하자면 이건 극단적 즐거움, 조금 고상하게 말해서 '주이상스Jouissance'의 문제다. 금나라의 파산은 빙산에 부딪힌 타이타닉의 침몰과 같은 것이다. 물속으로 가라앉는 타이타닉의 잔해를 보면서 우리는 얌전한 만족만을 선사하는 쾌락 원칙을 넘어가는 지극한 즐거움에 대한 갈망을 확인한다. 이 죽음과 같은 공포는, 그러나 어쨌든 판타지의 만족을 위해 잠깐 고안된 것에 불과하다. 마치 롤러코스터처럼 〈쩐의 전쟁〉은 잠시 시청자들을 유사 주이상스의 체험 속으로 밀어넣지만 이 느낌은 진짜가 아니다. 진짜보다 더 진짜 같은 실감이다.

조금 더 추상적으로 말하자면, 〈쩐의 전쟁〉은 신자유주의 이데올로기에 반응하는 한국 중간계급의 판타지를 보여준다. 그 이데올로기의 틈을 메우는 게 투명한 시장 자유주의의 '자본'이 아니라 초법적 사채업자의 '쩐'이라는 사실에서, 한국 중간계급이 지금 바라고 있는 것이 드러난다. '쩐'이야말로, 한국 자본주의에 숭숭 뚫린 구멍을 암시하는 음란한 대상인 것이다. 금나라는 바로 이 초법적 아버지의 거세 공포 앞에 장렬하게 자신의 즐거움을 저당 잡히고 싶은 한국 중간계급의 무의식을 처절하게 드러내고 있다.

신정아와 아프가니스탄 피랍 사건

신정아 학위 위조 사건과 아프가니스탄 피랍 사건은 겉으로 보면 아무 관련이 없는 것처럼 보이지만, 실제로는 밀접하게 관련되어 있다. 두 사건은 한국 사회를 지배하는 하나의 담론을 드러낸다. 선입견이랄 수도 있겠지만, 단순하게 특정 사물에 대한 편견 정도로 이걸 파악하기는 어려운 것 같

+ **신정아 학력 위조 사건**
  전직 큐레이터 출신으로 2005년 동국대 조교수로 특채 임용되었던 신정아가 2007년 재임 당시 박사 학위를 위조했다는 논란이 불거지면서 파장을 몰고 온 사건. 같은 해 광주비엔날레 공동 감독으로 선정되었다가 중도 하차 후 잠적했으나, 동국대와 광주비엔날레 재단이 이를 고발하면서 다시 수면 위로 떠올랐다. 그 후 변양균 전 청와대 정책실장의 비호 사실이 보도되면서 권력형 비리 사건으로 비화되었고, 기업 후원금 횡령 사실까지 드러나며 유죄 판결을 받아 2009년 4월까지 1년 6개월간 복역하였다. 한국 사회의 학력 위조 풍토에 이슈를 불러왔고, 사건 보도 과정에서 지나친 선정주의로 개인의 인권보호에 대한 여론을 불러일으키기도 했다.

+ **아프가니스탄 피랍 사건(탈레반 한국인 납치 사건)**
  2007년 7월 19일 아프가니스탄 카불에서 칸다하르로 향하던 23명(여자 16명, 남자 7명)의 대한민국 국민이 탈레반 무장 세력에게 납치되었던 사건. 경기도 성남시 분당샘물교회 배형규 목사를 비롯한 교회 청년회 신도들이 단기 선교와 봉사 활동을 목적으로 출국하였다가 탈레반에게 피랍되면서 국제적 이슈가 되었다. 이 중 목사와 신도 한 명이 살해되었으나, 정부가 협상을 통해 다른 인질 21명을 구해냈고, 피랍 사태는 8월 31일, 발생 42일 만에 종료되었다. 이 사건으로 피랍자들과 해외 위험 지역에 선교를 나간 기독교도들이 비판을 받기도 했다.

다. 먼저 신정아 사건부터 보자.

언론의 모범 답안은 이 사건을 간단하게 "학벌 중심 사회의 폐해"로 몰고 가지만, 내가 보기에 별반 설득력이 없다. 일단 이런 진술이 논리적으로 맞으려면, "학벌 없는 신정아가 실력은 있었다"라는 명제가 참으로 성립해야 한다. 그런데 이것을 무슨 수로 증명할 수 있을까. 형식 논리만을 논리로 믿고 있는 바보가 아니라면, '신정아의 실력'이라는 범주를 둘러싸고 있는 복잡한 내력을 이해할 수 있을 것이다. 도대체 신정아가 실력 있다는 평가는 어떤 기준에서 내릴 수 있는가에 대한 의문이 들지 않을 수 없다는 뜻이다.

신정아를 출세가도에 올려놓은 상징적 요인은 금호미술관에서 쌓은 경력과 동국대에 임용된 이력이었다. 최소한 겉으로 드러난 것은 이렇다. 물론 그 아래에서 작동한 요인도 있다. 원로들에게 잘 보였다든가, 서울대와 예일대 학력을 사칭했다든가, 논리 정연한 달변이었다든가, 여타 다양한 요소들이 이를 뒷받침했다고 볼 수 있다. 그러나 이와 같은 모든 과정이 가능했던 결정적 요인에 대한 언급은 거의 없다. 바로 언론의 역할이 그것이다. 내가 보기에 이번 신정아 사건에서 언론, 그중에서도 특히 신문의 역할은 금호미술관 경력이나 동국대 임용 못지않게 중요했다. 아니 어떻게 보면, 이 둘을 가능하게 만든 이른바 '뽐뿌질'이 바로 언론이었다고 볼 수 있다.

이건 어디까지나 담당기자들의 무지 때문에 발생한 일이지만, 이 또한 기자 개인의 잘못이라기보다 부서별 뺑뺑이 돌기를 할 수밖에 없는 한국 언론 특유의 구조적 문제 때문이기도 하다. 이러니 전문성이라는 측면에서 본다면 한국의 언론은 한심할 정도로 함량 미달일 수밖에 없다. 한국의 정론지라는 신문들도 이른바 선진국 기준으로 보면, 타블로이드판 정도의 기획력과 선정성에 부합한다. 우석훈처럼 "『조선일보』가 『르몽드』처럼 되기는 불가능하지만, 『르피가로』 정도는 될 수 있을 것"이라고 말하는 게 지금 한국 신문에 대한 가장 적절하고 현실적인 판단일 것이다. 그런데도 이런 신문들이 이번 신정아 사건을 계기로 '전문성'을 탓하며 학계나 예술계를 훈계했으니 알다가도 모를 일이다. 여기에서 주제넘게 내가 목청 높여 한국 언론을 개혁하자고 외칠 생각은 없다. 강준만도 잘 보여줬듯, 그게 화나서 소리만 지른다고 해결될 문제가 아니기 때문이다. 이건 구조적인 문제다. 나는 그 구조를 한번 더듬어보고 싶은 것뿐이다.

여하튼 나는 "가짜 신정아가 진짜 큐레이터보다 더 실력이 있었다"라는 진술이 흥미로운 것이다. 이 '실력'이 뭔가. 바로 '대중성'이고, 정확하게 말하면 '시장성'이다. 이 때문에 어려운 미술을 쉽고 친근하게 대중에게 다가가게 만들었다는 지극히 구태의연한 수사가 신정아 뒤에 따라다녔다. 이런 치장이 가능했다는 사실이야말로 신정아 사건을 발생하게 만든 중요한 요인인 것이다. 묘한 일이지만, 이 같은 치장은 신정아라는 개인이 홀로 출중하다고 해서 만들어지는 게 아니다. 뭔가 있어야 한다. 이 뭔가가 바로 시장주의라는 주박이다. 이 때문에 신정아 사건은, 낸시랭이나 한젬마의 경우와 마찬가지로, 지금 목격되고 있는 한국 사회의 문제점을 외설적으로 드러낸 징후에 지나지 않는다.

물론 이런 현상이 꼭 한국이라서 발생하는 것은 아니다. 모더니즘의 종언이라는 중대한 예술사적 사건 때문에 예술이 무엇인가라는 질문에 대답하기 곤란한 건 다른 나라도 마찬가지다. 자본주의로부터 탈주하고, 이를 극복하는 기획이 사회적으로나 미학적으로 실패한 지금, 예술성과 예술 생산에 대한 기존의 이론들이 위기를 맞고 있는 것은 엄연한 현실이다. 그렇지만 지금 한국에서 벌어지고 있는 상황은 이런 심각한 주제를 논하기에 무안한 느낌이 드는 게 솔직한 심정이다. 이런 공백을 틈타 아무런 성찰도 없이 마구 난입하는 시장주의에 속수무책으로 예술계가 나가떨어지고 있기 때문이다. 문제는 이런 현실을 심각하게 받아들이지 않는 예술계의 태도다. 시장만을 가치 평가의 잣대로 삼을 때, 어떤 일이 벌어질 수 있는지 신정아 사건은 명쾌하게 그 답을 보여주고 있는 것이다.

바로 이 지점이야말로 신정아 사건이 아프가니스탄 피랍 사건과 연결될 수 있는 곳이다. 아프가니스탄 피랍 사건이 일어나기 일 년 전 『동아일보』에 실린 한 칼럼은 한때 앞다투어 벌어진 한국 교회의 해외 선교가 어떤 욕망을 감추고 있는지를 명쾌하게 드러냈다. 이 칼럼을 기고한 최한우 한반도국제대학원대 총장은 이라크나 아프가니스탄 같은 국가를 위험 국가로 규정해서 해외 선교를 규제한 행위를 "행정편의주의"라고 비판했다.[5] 이런 논지를 뒷받침하는 게 바로 정부는 전문성이 없다는 믿음이다. 위험 국가에 대한 정부의 규정을 신뢰할 수 없다는 것이다. 사건에 적절하게 대응하는 전문성을 키워야 할 정부가 귀찮으니까 규제와 통제라는 '가장 쉬운 방법'을 택한다는 주장이다. 당시 봉사단을 파견한 한민족복지재단의 관계자도 방송 인터뷰에서 "외교부보다 현지 봉사단의 정보에 더 의존했기 때문에 이들을 파견했다"라고 진술했는데, 이는 정확하게 칼럼에 개진된 생각을 반영한다. 정부보다 국민들이 훨씬 많은 정보를 갖고 있다는 이런 믿음은 한국 사회를 지배하는 견고한 시장주의적 포퓰리즘의 양분이 되고 있다.

이 칼럼은 외교부에서 규제와 통제를 풀고 해외 선교를 당사자의 자율적 판단에 맡겨야 하는 근거로 '경쟁력 강화'를 들고 있는데, 정부가 해외 선교를 통제하면, 이슬람 국가에 "서구 백인 국가들보다 빨리 진출할 기회를 잃게 될 것"이고, "중장기적으로 대외 경쟁력을 상실하게 될 것"이라는 게 요지였다. 이 지점에서 우리는 해외 선교가 대외 경쟁력으로 곧바로 치환되는 극적 장면을 목격할 수 있다. 말할 것도 없이 종교의 영역에 속하는 선교를 시장의 영역에 속하는 경쟁과 자연스럽게 연결시키는 이 발상이 증언하는 게 바로 종교의 죽음이다. 해외 선교가 기실은 종교 시장에서 우위를 차지하기 위한 성장주의의 한 단면에 불과하다는 것을 이 사건은 민망하게 보여주고 있는 것이다.

근대사회로 진입했을 때, 인류는 예술과 종교로 사회의 병폐를 다스리고자 했다. 우리에게도 이런 행복한 시절이 있었지만, 신정아 사건과 아프가니스탄 피랍 사건은 더 이상 이런 행복이 우리에게 불가능하다는 것을 재차 확인시켜주었다는 생각이 든다. 그래서 나는 쓸쓸한 느낌 한편으로, 장엄하지도 않게 몰락해버린 한 시절을 생각하며 쓸쓸해하는 것이다.

5 최한우, 「위험국가 여행 규제법안 행정편의적 발상 아닌가」, 『동아일보』, 2006년 6월 26일.

반지성주의

한국 사회의 특징을 설명할 수 있는 여러 개념 중에 '반지성주의'라는 것이 있다. 지금 목도하고 있는 한국 사회와 그 문화를 설명하기 위해 이보다 더 적절한 말은 없을 것 같다. 물론 'anti-intellectualism'으로 표기하는 영어를 한국어로 '반지식인주의'가 아니라 '반지성주의'라고 옮기는 건 이 개념에 담겨 있는 복합적인 의미 때문이다. 반지성주의는 지성과 이성을 부차적인 것으로 여기거나 지력으로 사물의 본성을 이해할 수 있다는 사실을 부정하는 철학적 태도를 뜻하는 한편으로, 지식인에 대한 직접적인 반감과 불신을 의미하기도 한다.

물론 여기에서 황우석 사태나 영화 〈디 워〉를 둘러싸고 벌어졌던 현상에서 확인할 수 있었던 한국 사회의 특성에 들어맞는 의미는 두 번째 항목일 것이다. 그러나 첫 번째와 두 번째 항목은 서로 동떨어진 것이 아니라 일정하게 관련성을 갖고 있다. 첫 번째에서 언급된 그 '철학적 태도'가 자의

+ **영화 〈디 워Dragon Wars〉**
이무기가 용이 되는 한국 전설을 소재로 미국에서 벌어지는 선악의 싸움을 그린 2007년 심형래 감독의 판타지 액션물. 미국을 비롯한 세계 각국에 수출되는 등 큰 성과를 거두며 특수효과로 주목받아 16일 만에 700만 관객을 동원했으나, 얼마 못 가 작품성 논란을 불러일으켰다. 영화평에 비해 예매율이 높게 나오자 한국 영화계의 관행인 '애국주의 마케팅' 문제가 부각되었으며, 한 토론 프로그램에 출연했던 진중권의 발언이 파장을 몰고 오기도 했다.

반 타의반 두 번째에 제시된 '지식인들에 대한 적대감과 불신'을 합리화하게 만들기 때문이다. 이 문제에 대한 우려와 경고로서 루카치는 『이성의 파괴Die Zerstörung der Vernunft』라는 큼직한 책을 썼다. 요즘은 누구도 이 책을 거들떠보지 않지만, 각론의 차원은 그렇다고 쳐도, 이 책에서 제기한 문제는 큰 틀에서 여전히 우리에게 유효한 것이다.

루카치가 다소 과격했다면, 리처드 호프스태터Douglas Richard Hofstadter 같은 경우는 차분하게 반지성주의의 렌즈를 통해 미국 사회의 문제점을 들여다본다. 사실 한국 사회를 반지성주의라는 개념 틀로 이해할 수 있는 건 호프스태터 같은 선례가 있기 때문이다. 그의 책『미국인의 삶에 나타나는 반지성주의Anti-Intellectualism in American Life』는 미국의 반지성주의가 기독교 복음주의에서 발원하는 것이라는 분석을 내놓고 있는데, 미국의 반지성주의에서 한국 사회에 만연한 반지성주의와 유사한 측면들을 발견하는 건 흥미로운 일이다. 이것은 그렇게 놀라운 일이 아니다. 메시아주의적 성격이 강한 '민족'이라는 개념을 처음으로 한국에 유입한 장본인이 미국의 기독교 복음주의였고, 1970년대 이후 이른바 파시즘에 대한 대항 이데올로기가 다분히 기독교적 자유주의에 기초하고 있었다는 역사적 사실은 이런 유사성의 근거를 충분히 제공하는 것이다.

말하자면, 한국의 반지성주의는 경제학이나 사회과학으로 해결할 수 없는 어떤 주이상스의 문제를 숨기고 있는 것이다. 이 금지된 쾌락, 쾌락 원칙을 넘어가는 고통스러운 향락의 체험을 공유하는 관계에서 출발하는 게 바로 한국의 공동체 의식이고, 이런 맥락에서 한국의 반지성주의는 민족주의와 뫼비우스의 띠처럼 서로 연결되어 있는 것이라고 할 수 있다. 〈디 워〉 현상에서 드러났던 계급을 초월한 '연대의식'은 이 사실을 명쾌하게 보여준다. 〈디 워〉는 어떻게 한국인들이 향락의 체화를 공유하고 있는지를 극명하게 보여주는 사례였다. 이건 분명 착시지만, 동시에 엄연한 '현실'이다.

이런 현실에 어떻게 대응해야 할까? 진중권처럼 반지성주의가 목을 빼고 기다리는 그 대상, 그 '오브제 아object a'는 '없다'는 사실을 직접적으로 폭로하는 방법이 있을 것이고, 지젝처럼 반지성주의가 끊임없이 들이대는

'오브제 아'의 논리를 교란시키면서 농담으로 만들어버리는 방법이 있을 것이다. 나는 후자를 선호하지만, 여전히 전자도 유효하다. 〈디 워〉 현상에 대한 진중권의 개입은 이런 사실을 적확하게 보여준 실례다. 이건 한국 사회의 수준을 말해주는 것이기도 하지만, 사실은 한국 사회가 반지성주의를 통해 무엇을 욕망하고 있는 건지를 보여주는 것이기도 하다. 따라서 반지성주의라는 말은 속류화의 위험이 있긴 하지만, 한국 사회를 설명하기 위해 유효한 개념이다. 이런 관점에서 본다면, 특정한 누군가를 '반지성주의자'라고 낙인찍는 건 의미가 없다.

반지성주의는 말 그대로 징후고, 이건 구조의 문제지 개인의 취향 문제가 아니다. 따라서 중요한 것은, 반지성주의는 한국에 '참다운 지식인'이 있느냐 없느냐, 여부와 다른 차원에 놓인 사안이다. 21세기 한국 사회에 그람시Antonio Gramsci가 언급한 의미에서 존재하는 그 '유기적 지식인'은 존재하지 않는다. 존재하고 싶어도 존재할 수 없는 조건이 되어버린 것이다. 한국에서 지식인 비슷하게 남아 있는 것은 '지식경영인' 정도다. 제도권과 비제도권의 구분이 없어져버렸고, 기성과 재야의 변별이 무색해져버린 상황에서 오직 횡행하는 건 프로젝트형 지식기능인들이다. 이게 한국판 '지식인의 종언'인 셈이다.

여기에서 아이러니가 발생한다. 반지성주의는 이런 부재하는 지식인에 대한 적대감이자 불신이다. 한국 사회에서 '지식인'이라는 기표는 부재의 자리를 채우고 있는 일시적 대상일 뿐이고, 반지성주의는 민족주의와 마찬가지로, 어떤 숭고 대상을 소유할 수 없는 '구조'에서, 이 불가능성의 이유를 설명하기 위해 발명된 '합리적 설명'일 뿐이다. "영화비평가들 때문에 〈디 워〉와 심형래 감독이 불이익을 당하고 있다"라는 '집단적 체화의 공유'는 이런 분석을 뒷받침하는 유력한 증거다. 이 말은 결국 "○○○ 때문에 우리의 향락이 실현 불가능하게 되었다"라는 공식을 되풀이한 것에 지나지 않는다.

이런 어법의 반복은 사안과 맥락에 따라 전혀 다른 의미를 획득한다. 아프가니스탄 피랍 사건과 〈디 워〉를 둘러싼 현상은 서로 닮아 있으면서도 각기 다른 '정치적' 의미를 갖는다. 된장녀와 신정아 사건에서도 마찬가지다. 두 사안에 대한 대중의 태도는 비슷하면서도 의미가 다르다. 이런 아이러니, 이 균열에서 반지성주의는 '진리'를 드러낸다. 이 순간적인 진리의 현신은 무얼 의미하는가? 반지성주의는 '먹고사니즘'이라는 대한민국 유일의 이데올로기와 섭동하는 판타지라고 할 수 있다. '오직 경제가 제일'이라는 이런 믿음은 지난 1997년 경제위기 이후 한국 사회가 습득한 경험의 산물이다.

　　나름대로 약육강식의 경쟁 구조에서 살아남기 위한 맹렬한 생존의 논리지만, 슬프게도 한국 사회는 더 이상 이 불평등한 구조를 바꿀 생각을 하지 않는다. 다만 이 불평등의 구조를 더욱 완벽하게 만들고 싶을 뿐이다. 왜냐하면 이 내부 경쟁의 구조야말로 고통스러운 향락의 반복을 끊임없이 가능하게 해줄 것 같기 때문이다. 반지성주의는 바로 이 향락의 지속을 방해하는 '지식인'에 대한 대중의 분노다. 문제는 이런 분노가 오해와 달리 '보수주의적인 것'이 아니라는 사실에 있다. 그렇다고 자본주의를 넘어가자는 좌파적 전망에 동의하는 것도 아니다.

　　결국 한국 사회의 대중이 선택할 수 있는 것은 '한국식 자본주의'를 더 완벽하게 돌아가도록 만드는 일이다. 이것을 이명박 후보가 해줄 수 있다는 믿음이 2007년 대선 정국에서 요지부동의 지지율로 나타난 것이라고 할 수 있다. 이처럼 한국 사회에서 흔하게 목격할 수 있는 반지성주의라는 건 특정 세력이 드러내는 불특정 지식인에 대한 반감과 불신의 문제가 아니라, 유토피아의 꿈마저 상실한 한국 사회의 생존 논리가 다른 모습으로 튀어나온 것에 불과하다.

추기경의 죽음

2009년 김수환 추기경의 '선종'에 대한 한국 사회의 반응은 다소 놀라운 일이었다. "명동 기적"이라는 말이 등장할 정도였다. 수많은 인파들이 명동 성당으로 몰려들어 추기경의 죽음을 애도했다. 이 추모의 물결은 가톨릭이라는 특정 종교에 국한하지 않았다. 때맞춰 방한한 힐러리 클린턴Hillary Diane Rodham Clinton 장관의 행적이 묘연하게 느껴질 지경이었다. 스페인이나 이탈리아처럼 전통적인 가톨릭 국가도 아닌 한국에서 이런 분위기는 특이한 현상이라고 할 수 있다.

추기경의 죽음에 대한 추모 열기는 계층과 진영을 초월한 것처럼 보였다. 보수나 진보 모두 '큰 어른'의 떠남을 애통해하면서 사랑과 화해를 역설했다. 김수환 추기경이 남긴 "고맙습니다, 사랑하세요"라는 유언을 실천하고자 하는 자발적 움직임도 일었다. 너도나도 망막 기증 서약서를 작성한 것도 이와 무관하지 않다. 김수환 추기경의 장례는 종교적 차원을 넘어서서 '국민장'을 방불케 했다. '국민이 만든 국민장'이라는 표현은 추기경에 대한 한국 사회의 존경심을 방증하는 것이기도 했다.

언론의 환대 때문에 이런 추모 열기가 발생했다고 생각할 수 있겠지만, 근본적으로 대중의 열망이 없었다면 불가능한 사건이었다. 도대체 그 열망은 무엇이었을까? 추기경의 선종에 대한 범국민적 추모 현상은 '김수환'이라는 개인이 남긴 족적 때문이라는 생각이다. 이 족적은 물론 인간 김수환의 특이성과 밀접하게 관련해 있는 것이지만, 또한 '보수적' 가톨릭이 '진보적' 역할을 담당할 수밖에 없는 아이러니한 한국적 특수성에서 발생하는 것이다.

키에르케고르Soren Aabye Kierkegaard의 말을 빌려온다면, 이런 아이러니한 상황은 부정성에 거주하는 주체를 만들어내는 것이고, 절대적 부정성이라는 유토피아적 충동을 기입하는 것이다.[6] '민주화'한 한국 사회에 만연한 '탈정치성'과 '공격적 평등주의'는 이런 유토피아 충동의 발현이기도 하다. 김일성의 북한이 주창한 '주체사상'이나 박정희의 남한이 추진한 '토착적 민주주의'는 이런 아이러니에 대한 저항이었다고 할 수 있다. 맥락 없는 이념의 이식은 필연적으로 기원적 맥락에 근거한 비판을 야기할 수밖에 없는데, 남북의 체제는 이와 같은 구조 자체를 '극복'하는 것이 곧 근대화이고 선진화라고 생각했던 것이다.

이 과정에서 평범한 '국민'의 욕망은 억압당할 수밖에 없었다. 한국의 경우는 지난 민주화 과정을 거치면서 억압을 상당 정도 해소했는데, 그러나 이 과정은 또한 만족하는 만큼 더 많은 결여를 느낄 수밖에 없는 '욕망의 정치'를 불러들였다. 김수환 추기경에 대한 애도의 물결은 이렇게 한국 사회가 당면한 새로운 국면에 처한 대중의 혼란을 드러내고 있는 것이다. 추기경이 남긴 말은 근대적 공동체라면 너무도 당연한 '상식'에 속하는 것이라고 할 수 있다. 그러나 이토록 상식적인 발언에 대한 뜨거운 호응은 역설적으로 한국 사회에 이런 상식이 부재하다는 사실을 아프게 증언한다.

가톨릭의 이미지가 한국 사회에서 좋게 받아들여진 까닭은 민주화에 대한 든든한 후원자였다는 역사적 사실 때문이다. 그러나 김수환 추기경의 증언을 들어보더라도, 가톨릭의 '정치 참여'가 그렇게 교회 내에서 환영받았던 건 아니다. 한국 사회에서 특수한 가톨릭교회의 진보성은 세속의 권력에 맞서 '양심'을 강조한 비타협적인 김수환 추기경의 윤리에서 발생하는 것이다. 이 윤리야말로 기독교에서 진화한 근대국가의 법치주의를 구성하는 근간이기도 하다.

그는 군사 정권을 '양심과 도덕'이 없는 세력이라고 규탄했던 것이지 악의 세력이기에 타도하려고 했던 것이 아니다. 진짜 보수주의자였던 셈이다. 김수환 추기경의 보수화에 대한 비판은 이런 맥락에서 조금 다른 각도

에서 볼 필요가 있다. 추기경이 보수로 바뀌었다기보다 한국 사회가 김수
환 추기경 식으로 '보수화'한 것이라는 뜻이다. 김수환 추기경에게 우선적
인 것은 민주화 자체라기보다 양심과 도덕이었다. 그 양심과 도덕의 기준
이 가톨릭주의였다.

　이런 의미에서 김수환 추기경의 가톨릭주의야말로 제2차 바티칸 공
의회의 이념에 충실한 사상이었다고 할 수 있다. 따라서 추기경의 선종에
대한 범국민적 애도는 아직도 우리 사회가 완성하지 못한 '양심과 도덕'에
대한 열망의 분출이라고 볼 수 있을 것이다.

6　다음을 볼 것. Soren Kierkegaard, *The Concept of Irony/Schelling Lecture Notes*, trans.
　　Howard V. Hong · Edna H. Hong, Princeton: Princeton UP, 1992.

스포츠와 정치인

한나라당이 김연아 선수를 이용한 홍보포스터를 제작해서 논란을 불러일으킨 적이 있었다. 스포츠를 정치에 이용한다는 상식적인 비난이 쏟아졌다. 이런 반응이 발생하는 것은 당연하다. 한국 사회의 구성원들이 공평하게 소유했다고 믿는 김연아라는 아이콘을 특정 정치 세력이 건드렸기 때문이다. 한나라당의 홍보포스터가 암묵적으로 전달하는 것은 이런 메시지다. "김연아는 우리 거거든, 이것들아." 한나라당을 떠받치고 있는 기득권 세력의 무의식이 적나라하게 드러나는 순간이다.

이들에게 공공성이라는 건 기본적으로 자기들의 소유권을 의미한다. 이 소유권을 보호하고 유지하는 것을 공적인 것이라고 생각하는 것이다. 의미만을 따지고 본다면 틀린 말은 아니다. 공공성이라는 것이 절대적이고 신성한 것이 아니라고 한다면, 결국 내재적인 것에서 만들어져야 한다. 원래 서양에서도 공적인 것은 부르주아의 이해관계를 공동으로 충족시키기 위한 합의적 공간을 의미하는 것이기도 했으니 한국의 부르주아가 자신의 사익을 공적인 것이라고 말한들 크게 틀린 말은 아닐 것이다.

그러나 한국의 부르주아에게 지난 역사 동안 사익의 추구를 통해 사회적인 차원을 달성했는지 반문한다면 과연 자신 있게 대답할 수 있을까? 자본주의는 궁극적으로 노동의 사회화를 전제하는 것인데, 한국의 부르주아도 스스로 자본주의화에 충실했다면 사회적인 공공성 개념을 체득할 수밖에 없었을 것이다. 왜냐하면 그게 바로 베버가 말한 "자본주의 정신"이기 때문이다. 하지만 내가 과문해서 그런지 한국의 부르주아에게서 이런 것을 발견하기란 참으로 어려운 것 같다.

　　1987년 체제가 결국 군사 파시즘으로부터 부르주아를 해방시킨 '중간계급 혁명'의 산물이라고 한다면, 한국의 부르주아가 해놓은 일은 거의 없는 것처럼 보인다. 한때 마누라 빼고 다 바꾸라고 열렬히 외치던 재벌 회장은 금쪽같은 자식에게 재산을 상속하기 위해 탈법을 일삼고, 이를 지지하며 국민개조론을 소리 높이 외치던 언론사 사주는 찌들대로 찌든 과거의 습속이라고 볼 수밖에 없는 성 상납 혐의로 따가운 눈총을 받고 있는 지경이다. 말하자면, 도대체 아무리 잘 봐주고 싶어도 한국의 부르주아나 이들에 빌붙어 있는 언론이나 정치인의 이해관계가 사회적인 차원에서 보편성을 획득했다고 보기 어렵다는 것이다.

　　한국의 정치인에게 대단히 불행한 일이지만, 이것은 비극적 현실이다. 물론 몇몇 정치인들은 도대체 이게 왜 비극인지도 모르고 있는 것 같지만, 어쨌든 이건 한국에 태어나서 훌륭한 정치가가 되겠다는 꿈을 꾸는 것 자체가 희극적일 수밖에 없는 상황을 조장하고 있다. 당연히 사정이 이러하니 정치 혐오증이 대세고 정치인 보기를 벌레 보듯이 하는 것 아니겠는가? 이런 판국에 '국민 요정' 김연아를 '더러운' 정치판을 위한 홍보 수단으로 써먹었으니, 비난을 듣지 않을 수가 없는 것이다. 설령 한나라당 지지자라고 해도 이 장면에서 어떻게 외설성을 느끼지 않을 수 있었겠는가?

　　해프닝은 또 있었다. 유인촌 문화체육관광부 장관이 프로야구 개막전 시구를 하겠다고 나서서 스포츠 뉴스 톱에 오르는 기염을 토했던 것이다. 유인촌 장관은 이런 비난에 대해 현 정부를 반대하는 세력의 불만쯤으로 받아들이고 대수롭지 않게 생각할지도 모르겠다. 하지만 이것은 누구에게도 유쾌하지 않을 풍경이다. 한국인 대다수에게 이 광경은 마치 남의 잔치에 와서 자기 밥 그릇 챙기는 꼴로 보이기 때문이다. 이 사유의 구조에서 중요한 것은 '나의 잔치'를 '정치(인)'에게 빼앗긴다는 생각 자체다. 한국의 구성원들에게 정치가 무엇인지를 극명하게 보여주는 게 바로 이것이다.

　　말하자면 한국은 부르주아만 그런 것이 아니라 부르주아가 아닌 이들도 정치(공적인 것)와 '나의 잔치(사적인 것)'를 구분해서 이 둘을 완전히 화해할 수 없다고 굳게 믿는 것이다. 한국에서 공공성의 부재는 나의 것을 곧 공적인 것의 토대로 생각하는 사회화의 증발에서 기인하는 것 같다. 이런 것을 바로잡고 개선해야 할 정치인이 이 분열을 더욱 공고하게 만들고 이분법을 더욱 조장하는 것이 슬픈 한국 정치의 현실이다. 한국에 존경받는 정치인이 없다고 개탄할 것이 아니라 진짜 정치부터 하는 게 중요하다. 그 진정한 정치라는 건 이처럼 뿌리 깊은 공적인 것과 사적인 것의 분리를 극복하도록 노력을 다하는 것이다.

이명박과 노무현

노무현은 단순한 '정치인'이었다기보다 불가능한 것을 가능하게 만든 기적의 기표였다. 노무현이라는 기적 앞에서는 어떤 정치공학 예측도 통하지 않았다. 노무현이 대통령 후보로 떠오른 시기는 김대중 정부를 수립하는 데 한몫했던 '지역등권론'이 여전히 기세를 떨치면서, 호남·충청 연대를 통한 민주당 재집권이라는 시나리오에 모두 빠져 있을 때였다. 이때 노무현 카드는 강준만을 비롯한 민주당 지지자들에게 영남의 유권자와 부동층을 공략하기 위한 변수로 던져졌다. 그리고 예상을 뒤엎고 '서민 대통령'의 이미지가 강했던 노무현이 마침내 대통령에 당선되었다.

이전과 달리 노무현이라는 정치인을 대통령으로 만든 것은 '킹 메이커'가 아니었다. '희망돼지'와 '노사모' 같은 자발적인 시민 참여가 노무현 정부 출현에 중요한 힘으로 작용했다. 이를 기념하기 위해 노무현 정부는 스스로를 '참여정부'라고 명명했다. 참여정부 내내 '노무현'이라는 기표는 기독교의 예수처럼 보수 정치인을 질타하는 기준으로 작동했다. 민주당의 분열과 열린우리당의 창당, 그리고 탄핵 정국은 이를 정확하게 증명하는 사건이었다.

이처럼 그는 선과 악, 적과 아, 보수와 진보를 갈라 치는 척도였기에 노무현에 대한 국민의 호불호도 선명했다. 그러나 지지자든 반대자든, 노무현이 '새로운 원칙'이라는 사실은 부정하지 못했다. 열린우리당이 '도로민주당'으로 바뀌어도, 친인척과 측근의 비리가 불거져도, 노무현이라는 기표는 여전히 위력을 발휘했다. 이에 힘입어 자연인 노무현은 퇴임 이후에도 여전히 언론의 조명을 받으며 정치 이슈를 생산하는 새로운 존재로 떠오를 수 있었다. 이 모든 일이 가능했던 게 바로 노무현 전 대통령이 재임 시절에 그토록 강조한 '돈을 받지 않는다'는 원칙 때문이었다.

노 전 대통령의 금품 수수에 대해 몇몇 언론은 도덕성에 치명적 상처를 입었다고 논평했다. 그런데 이 문제를 도덕성의 관점에서 보자면 일부 지지자처럼 "그래도 역대 대통령 중에서 제일 적게 받았다"는 식의 옹호가 가능하다. 어쩌면 노 전 대통령이 이를 노리고 돈을 받았다고 시인했을지도 모른다. 이명박 대통령의 후보 시절에 발생한 도덕성 시비에서 확인할 수 있듯이, 한국의 유권자는 대체로 도덕적인 흠에 대해 관대한 태도를 보이는 편이다. "털어서 먼지 안 나는 사람 있나"라는 자조적 발언이 이를 잘 드러낸다.

그러나 문제를 '원칙의 붕괴'라는 차원에서 들여다보면 상황은 심각하다. 노무현 정부는 끊임없이 자신들을 진보 세력으로 이미지화했고, 실제로 보수 세력과 국민도 그렇게 생각했다. 노무현 세력이 아무리 부정하려고 해도, 이번 사건은 국민으로 하여금 진보 세력이 집권해도 부정부패의 고리를 끊지 못한다는 인식을 심어주기에 충분하다. 노무현 정부를 풍자하는 말 중에서 가장 정곡을 찌르는 촌철살인의 표현이 바로 "좌측 깜빡이 켜고 우회전"이었다. 그럼에도 노무현 정부는 임기가 끝나는 순간까지도 자신들의 '우회전'을 인정하지 않았다. 자연인 노무현의 금품 수수가 개인의 불법 행위에 그치지 않고, 한 시대의 종언을 예시하는 사건으로 보이는 까닭은 국민에게 '원칙에 대한 배반감'을 안겨줬기 때문이다.

노무현 정부는 자신들을 진정한 '진보 세력'이라고 믿었다. 이런 생각은 확실히 '민주화 운동의 관성' 때문이라 할 수 있다. 이와 같은 관성은 결국 노무현 정부의 핵심 인사들로 하여금 자신들의 행위에 대해 공정한 판단력을 가지지 못하게 만들었다. 이를테면 이들이 말한 '민주화'는 결국 시장의 민주화였고, 시장 자유주의를 도입해 재벌과 보수 언론을 시장 경쟁의 논리에 맡기는 것이었다. 실제로 노무현 집권에 가장 중요한 주춧돌 노릇을 한 '조선일보 반대 운동' 같은 것도 넓게 본다면 시장주의 원리에 따라 움직였다고 할 수 있다. 조선일보 등 거대 신문사가 구독자 수를 늘리기 위해 시장 원리를 지키지 않는다는 것이 이런 '소비자' 운동을 가능하게 만든 근거였다.

따라서 노무현 정부는 '민주 정부'이긴 했지만, 그 민주주의는 '소비자'의 범주에 한정할 수밖에 없는 것이었다. 사회 변혁이 아닌, '시장 내 소비자주의'를 노무현 정부는 '진보'로 간주했다고 보인다. 임기 말기에 급속하게 추진한 한·미 FTA 협상이 이를 증명하는 것이라고 생각한다. 노무현 정부는 정치적인 차원에서 기득권 세력을 통제할 역량을 처음부터 갖추지 못했다. 따라서 이들이 '경제 개혁을 통한 반대 세력의 무력화'를 시도하기 위해 신자유주의를 받아들인 것은 자연스러운 일이었다. 이처럼 정치 논리로 경제 패러다임을 바꾼 결과는 경제주의 강화와 그에 따른 급속한 탈정치화였다. 이런 탈정치화는 영국 신노동당의 싱크탱크에 참여했던 제프 멀건Geoff Mulgan의 말처럼 "정치인 없는 시민의 일상"을 가져왔다. 한국에서 이런 '시민의 일상'이란 정치 혐오에 동반되는 '먹고사니즘'이었다.

결론적으로 이명박 정부가 오직 경제만을 외치며 집권할 수 있었던 토대를 노무현 정부가 마련해주었다고 말해도 크게 틀리지 않다. 랑시에르 식으로 말하면 노무현 '진보 세력'은 '미래에 대한 약속'이 실패하더라도 아무도 책임질 필요가 없음을 보여줬다. 이는 결국 좌파의 특권인 '유토피아에 대한 전망'을 우파에게 넘기는 계기가 되었다.

이런 면에서 보자면 이명박 정부야말로 노무현 정부의 계승이고 완성이다. 물론 이명박 정부는 아직까지도 이 사실을 모르거나, 아니면 인정하지 않는 것처럼 보이지만 말이다. 노무현 시대의 종언은 이명박 정부나 한나라당에게도 좋은 일만은 아니다. 이제 정치 혐오증을 등에 업은 탈정치화의 기세는 더욱 거세질 것이고, 여야를 막론하고 정치인은 모두 부정부패의 화신이라고 도매금으로 넘어갈 공산이 커졌기 때문이다.

부자 신드롬

18세기 자본주의 상승 단계를 밀고 갔던 것이 천재 신화였다면, 21세기 자본주의를 밀고 가는 것은 부자 신화라고 할 만하다. 바야흐로 지금은 부자 신화가 천재 신화를 효과적으로 대체해버린 형국이라고 하겠다. 이런 상황은 일정하게 지난 시기에 대립적 이데올로기를 구성해왔던 '부르주아/프롤레타리아'라는 이중 구도의 해체를 전제하는 것이기도 하다. 무엇보다도 이런 전제를 밀고 가는 새로운 이데올로기는 '자유주의'다. 물론 자유주의 역시 자본주의 못지않은 역사를 가진 만큼 이것에 '새로운'이라는 수식어를 갖다 붙이는 것은 일견 합당하지 않은 것처럼 보인다. 그러나 오늘날 작동하는 자유주의라는 하나의 이데올로기 형식은 과거 천재 신화를 기반으로 구성되던 그것과 사뭇 다른 모양새를 하고 있다.

모든 이데올로기가 '주입'의 과정을 거쳐 주체로 스며드는 것이라고 할 때, 우리가 지금 대면하는 자유주의의 강제성은 불가항력적인 폭력이기도 하다. 한때 구조의 문제로 치부되어 제도 개선과 사회 변혁으로 급회전이 걸렸던 문제들이 이제는 한낱 개인의 자질이나 능력 문제로 범주 전환되어 감행되고 있는 것이다. 선진 자본주의 국가의 거리에 즐비한 홈리스들은 선량한 시민을 잘살지 못하게 만든 사회구조의 탓이라기보다 그 당사자들의 무능력과 게으름으로 인한 것으로 인식하게 되는 것이 이런 범주 전환의 결과다. 부자는 부지런한 사람이고 가난뱅이는 게으른 사람이라는 이분법적 도식에 근거한, 오래전에 폐기 처분되어 정치학 사전에나 나올 법한 이런 낡은 이데올로기가 여전히 '새로운 것'으로 각광을 받고 있는 현실은 무엇을 말해주는 걸까? 물론 단순하게 여기에서 자유주의를 '나쁜 사상'으로 규정하는 건 의미가 없다. 오히려 이런 낡은 이데올로기의 귀환이 설명하고 있는 것은 표면의 변화와 긴밀하게 연관된 리얼리티의 변동 자체기 때문이다.

　　명의名醫가 환자를 진단하는 것처럼 우리에게 필요한 것은 '관찰' 너머로 우리의 관심을 밀어붙여 징후의 원인을 찾아내는 것이다. 한국에서 몰아치고 있는 '부자 신드롬'의 원인은 다른 그 무엇도 아닌, 바로 '부자'라는 상징을 중심으로 회전하는 담론 자체를 분석함으로써 추측할 수 있다. 리얼리티가 은폐된 그 자리에서 상징이 탄생하는 것이니만큼 지금 우리 앞에 낙인처럼 선명하게 찍힌 '부자'는 텅 빈 이미지 자체라고 할 수 있다. 그러나 이렇게 비어 있는 형식이라고 해서 이것을 무시한다면 우리는 더 이상 이런 부자 신드롬에서 알아낼 수 있는 것이 전혀 없을 것이다. 오히려 우리는 형식을 내용의 논리로 봤던 루카치의 전례를 따라, 부자 신드롬이라는 중심이 비어 있는 형식을 통해 거기에 새겨진 리얼리티의 흔적을 찾아낼 수 있기 때문이다.

　　가볍게 일별을 해봐도, 오늘날 우리 주변을 떠도는 부자의 이미지는 과거의 그것을 단순히 반복해서 보여주는 것 같지 않다. 지금 우리 앞에 출현하고 있는 부자 이미지는 새로운 차원에서 리얼리티를 상징화하고 있다. 과거 금이빨을 드러내고 탐욕스런 배를 두드리던 부자의 이미지는 이제 깨끗이 사려졌다. 오히려 이제 부자는 '자유'와 '교양'을 상징하는 이미지로 전환되었기 때문이다. 도대체 왜 이런 일이 일어난 것일까? 분명히 부자 이미지의 전환은 모종의 현실적 변동과 연관이 있을 터이다. 어떤 현실 변동이 이런 이미지의 변화를 강제하고 있는 것일까?

　　이런 부자 신드롬의 원인을 단순하게 말해서 '일확천금'을 꿈꾸는 일부 몰지각한 집단에 의해 발생한 것으로 치부해버릴 수도 있을 것이다. 그러나 윤리적 판단으로 쉽사리 직행하는 것은 현실의 총체성을 달성하지 못하기에 발생하는 궁여지책이기도 하다. 현실을 판단하는 가장 간편한 방법이 바로 윤리적으로 어떤 대상을 나쁘다 좋다 이렇게 규정짓는 것이다. 물론 이런 윤리적 판단의 가치는 충분히 존중할 만하다. 선명한 문제 의식을 설정함으로써 집단적 행동을 달성하기 위한 수단으로 이만한 것이 없기 때문이다. 그러나 결과를 위해 과정을 경시하는 태도는 필연적으로 패배주의를 낳게 마련이다. 따라서 부자 신드롬 또는 신화에 대한 윤리적 판단을 넘어서서 사유하는 것은 이런 현상을 통해 리얼리티의 변동을 추적하는 가장 효과적인 방도다.

부자 신드롬은 1990년대 들어 본격적으로 진행된 계급의 은폐와 연관이 있다. 계급이라는 리얼리티를 효과적으로 은폐하기 위한 판타지로서 새로운 부자 이미지가 활용되고 있는 것이다. 1997년의 경제위기 동안 잠시 주춤했던 이런 판타지는 이제 말끔한 양복을 입고, 화려한 화술과 높은 교양을 뽐내는 '자유인'의 이미지로 부자를 설정하도록 만들고 있다. 물론 이런 부자 이미지는 한때 미국 신경제의 거품을 타고 전파되었던 관리형 신흥 계급의 마지막 물결이기도 하다. 부르디외Pierre Bourdieu가 일찍이 지적했듯이, 신고전주의적 경제학이나 신자유주의는 합리적이고 과학적인 수치로 위장한 거대한 형이상학에 불과한 것인데, 이런 맥락에서 부자 신드롬 역시 계급적 대립의 리얼리티를 은폐하는 판타지인 것이다. 말할 것도 없이, 이런 판타지는 현실의 모순을 상상적으로 해결하려는 유토피아 충동의 결과물이기도 하다. 따라서 일방적으로 부자 신드롬이라는 판타지를 과거처럼 '가상假想'으로 치부하고 소홀히 취급하는 것은 다소 문제가 있다. 오히려 여기에서 주의를 기울여야 할 것은 이런 판타지에 새겨진 리얼리티의 지문을 찾아내는 일이다.

부자 신드롬을 통해 우리는 노동으로부터 자유롭기를 갈망하는 대중의 욕망을 읽어낼 수 있다. 비단 부자라는 직설적 상징이 아니더라도 한국에서 이런 대중적 갈구를 발견하는 것은 그렇게 어렵지 않다. 예를 들어 영화 〈자카르타〉[7]를 보더라도, 은행을 터는 것과 스위스행은 영화의 내러티브를 밀고 가는 자유에 대한 희망으로 설정된다. 이런 설정을 단순하게 배금주의를 부추기는 선동이라고 단정할 필요는 없다. 이런 영화는 현실적 모순을 상상적으로 해결하려고 하는 대중의 유토피아적 희망과 매개되어 있다. 그러나 언제나 강인한 자본주의의 리얼리티는 이런 희망을 좌절시킨다.

어떻게 본다면, 부자 신드롬이라는 판타지의 좌절이 실제로 현실 속에서 벌어지는 은행 강도라는 범죄 행위를 발생시키는 것인지도 모른다. 은행털이라는 영화의 판타지가 현실화했을 때 남는 것은 부자라는 공허한 이미지를 중심으로 회전하는 현상들의 종언이다. 미국형 신경제의 몰락과 신흥 계급의 몰락은 '모두 부자가 될 수 있다'라는 자본주의의 행복 담론을 무의미한 것으로 만들고 있다. 모두 부자가 되는 사회보다는 가난하지만 모두 행복한 사회가 분명 더 실현 가능한 일임에도 부자의 판타지는 오늘도 리얼리티에 대한 우리의 인식을 완전히 소거시키기 위해 지속되고 있는 것이다.

---

7   두 형제가 신생 투자사인 은행을 털기로 결심하고 탈취할 계획을 세우면서 벌어지는 해프닝을 그린, 2000년 정초신 감독의 블랙 코미디.

모든 것은 이명박 탓인가?

촛불은 꺼졌다. 오래전에. 이제 이것을 부정할 수 있는 사람은 없을 것 같다. '닭장차 투어'나 '명박산성'이라는 신조어를 만들어냈던 열기는 사라지고 그 자리에 남은 건 매서운 차들만이 질주하는 차가운 아스팔트뿐이다. 거리는 다시 일상에 자리를 내어주고 사람들은 모두 제자리로 돌아갔다.

+ **2008년 촛불 집회**
  쇠고기 수입 재개 협상에 반대 의사를 표시하기 위한 학생과 시민들의 모임으로 출발한 비폭력 평화 시위로, 첫 집회 때 구성원의 60퍼센트 이상이 여고생들이었으나, 100일 이상 집회가 계속되면서 교육 문제, 대운하·공기업 민영화 반대 및 정권 퇴진 등으로 점차 쟁점이 확대되었다. 5월 2일 첫 집회 후 2개월간 연일 수백~수십만 명이 참가, 6월 10일 6·10 민주화 항쟁 100만 촛불 대행진을 정점으로 주말마다 계속되었다. 시민들 대부분 자발적으로 참여하였고, 자녀를 동반한 가족 단위의 참가도 많았으며, '문화제'적인 모습을 띠기도 했다. 2008년의 촛불 시위는 '정치권과 시민 간의 의사소통' 문제를 제기한 것으로 평가받으며 '민주주의 학습의 장'의 의미를 부여받기도 했지만, 비인터넷 계층의 거리감, 무분별한 허위 사실 유포 등의 문제점을 드러내기도 했다.

+ **2005년 방리유 사태**
  2005년 10월 27일 프랑스에서 대도시 외곽에 사는 이주민들이 오랫동안 만연된 차별 대우와 경제적 빈곤 등을 이유로 대규모 시위를 벌인 사건. 아랍계 청년 2명의 사망을 계기로 전국 274개의 '방리유'에 사는 이주민들이 그간의 정책에 분노하며 화염병과 돌을 들고 거리로 뛰쳐나왔고, 전국 차량 1만여 대와 건물 300여 채가 불탔으며, 3,000여 명이 체포됐다. 이후 한 달여 간 프랑스 전역이 방화와 폭력으로 얼룩졌으며, 프랑스의 통합적 이민정책의 실패를 알리는 신호탄이 되었다.

이 사건의 종결에 대한 숱한 후일담들을 뭉게구름 피어나듯 자주 목격할 수 있는 건 당연한 일일 것이다. 그만큼 촛불은 그 결과야 어떠했든, 다시 한 번 되돌아보아야 할 의미를 새겨놓았다고 할 수 있겠다.

촛불과 관련해서 다양한 의견들이 나왔고 그 의의를 새롭게 하고자 하는 시도들이 있었지만, 대체로 촛불을 '실패'로 보는 입장이 지배적인 것 같다. 물론 촛불은 다시 돌아올 것이라는 '예언'도 없지 않아 있지만, 이런 말은 '약속'이라기보다 '기대'에 가까운 것이다. 약속하는 자가 없는 기대감은 사실 대상 없는 욕망이나 마찬가지다. 한마디로 있으나 마나 하다는 뜻이다. 그리고 설령 이런 기대의 예언을 충족시킨다고 하더라도, 그것은 올바른 '정치적인 기획'이라고 보기 어렵다.

중요한 것은 촛불의 출현 과정이다. 운동으로서 촛불은 실패했지만, 상징으로서 촛불은 여러 가지 메시지를 타전하고 있다는 생각이다. 촛불은 한국 사회를 구성하는 정치의 성격을 노골적으로 드러내는 사건이었다. 촛불이 전면화할 당시에, 진보적 지식인들은 한국 사회의 보수화와 탈정치화의 분위기를 우려하고 있었다. 그러나 이런 '상식적 합의'를 깨뜨리며 출몰한 것이 바로 촛불이었다. 오늘날 돌아보는 촛불은 이기적 욕망의 실현이었지만, 탈정치화를 개탄하던 지식인들에게 이것은 정치의 귀환으로 비쳤다고 할 수 있다. 물론 진보적 지식인의 입장에서 돌아와야 할 정치라는 건 '정치 운동'이고 궁극적으로 '대안'이었겠지만, 촛불의 양상은 이런 진보적 가치 기준에 썩 들어맞는 것 같지 않았다.

사실 탈정치화의 배후에 도사리고 있는 것은 탈이데올로기의 시대라고 할 수 있는데, 촛불은 이 시대의 정체에 대한 명확한 예시를 보여줬다고 할 수 있다. 도대체 우리가 살고 있는 세계가 어떤 곳인지에 대한 중요한 각성을 촛불은 제공했던 것이다. 우리를 이루고 있는 환경에 대한 낯선 풍경을 보여줬다는 점, 그리고 그 풍경이 실상은 우리 내면의 다른 모습에 지나지 않았다는 걸 드러냈다는 점에서 촛불은 지금까지 발생했던 정치적 사건들과 다른 무엇을 품고 있는지도 모른다. 물론 이 상황은 한국 사회에서 유독 도드라진 것이 아니다. 이것은 쇠고기 파동으로 돌출했다기보다,

훨씬 더 장기적이고 구조적인 변형이 촛불의 파도를 밀고 왔다고 하겠다. 다시 말해서 이 모든 것은 오직 '이명박' 탓이라고 보기 어렵다.

프랑스의 경우도 상황은 비슷하다. 2005년 방리유 사태는 교외의 이민자 주거지를 중심으로 발생한 사건으로 촛불보다 훨씬 과격하고 대립 전선이 선명했지만, 마찬가지로 아무런 정치적 기획이나 성과를 도출하지 못한 채 소멸하고 말았다. 슬라보예 지젝은 이 상황을 정치적 행동과 다른 "원한의 몸짓"[8]으로 봤는데, 촛불도 크게 다른 것이라고 보기 어렵다. 프랑스 폭동은 자신들에게 불평등을 강요하는 체제 자체에 대한 저항이나 반대였다기보다 그 체제의 일원으로 받아들여줄 것을 요구하는 행위였다. 이런 행위는 공동체의 구성원으로서 사회라는 전체에 기여하는 자신들의 존재를 인정받고자 하는 욕망의 발로기도 한 것이다. 따라서 촛불에서 폭력과 비폭력을 둘러싼 논란은 큰 의미를 갖는다고 보기 어렵다.

촛불이 비폭력에 머물렀기 때문에 정치적이지 못했다는 것은 너무 순진한 생각이다. 프랑스 폭동의 경우처럼, 설령 폭력을 수반하는 행위였다고 해도 충분히 탈정치적일 수 있기 때문이다. 촛불은 처음부터 탈정치적인 '극장'이었다. 촛불이 내세운 '반MB'는 이데올로기였다기보다 기호에 불과했다. 내용 없는 소비의 형식이었다는 뜻이기도 하다. 촛불의 시민들에게 '이명박 반대'라는 구호는 공동체의 일원으로서 제 몫을 다하는 자신의 정체성을 확인하고자 하는 축제의 음악이었던 셈이다. 흥미롭게도 촛불을 밝혀 들고 '시민'이 요청한 것은 바로 '소통'이었다. 적절한 소통이 이루어지지 않은 책임을 이명박 정부의 무능으로 인식하면서 촛불의 시민들은 도덕적 우월감과 자긍심을 획득할 수 있었다.

따라서 모든 것을 '이명박 탓'으로 돌리는 논리는 겉보기와 다르게 전혀 정치적인 것이 아니다. 이명박 정부의 문제점은 '평화적'이지 않았기 때문에 발생했다. 물론 여기에서 언급하는 '평화적'이지 않았다는 것은 이명박 정부가 권위적이고 폭력적이었다는 뜻이 아니다. 정부가 미리미리 알아서 촛불을 든 시민들의 주장에 귀 기울이고 그 마음을 헤아려서 공동체의 안정을 보장해주지 못했기 때문에 문제가 된 것이다. 말하자면, 정부는 더욱 많은 '권력'을 가질 필요가 있고, 그래서 시민들의 제 몫을 적절하게 유지시키는 역할을 해야 한다는 생각이 이런 인식에 깔려 있다. 이게 바로 촛불의 시민들이 그토록 원했던 '소통'이지 않을까? 정부가 소통할 수 있는 능력을 갖고 있지 못하다는 인식은 국가의 안전과 시민의 안정을 도모할 권력의 작용을 제대로 수행하지 못한다는 생각과 일맥상통한다.

"지금 자율학습을 하고 있어야 하는데, 정부가 제대로 못해서 이렇게 어린 우리들이 나섰다"라고 발언하는 10대들이나, "원래 정치 같은 것에 관심 없었는데 정부가 자존심을 상하게 해서 집회에 참석했다"라는 20대 직장인 여성들이나, 사실은 강력한 정부 아래에서 다양한 각자의 몫을 지키는 이상적 공동체를 갈망했다고 할 수 있다. 이런 의미에서 진정으로 자기 몫을 주장할 수 있는 자는 아예 몫이 없는 자라기보다 어느 정도 그 몫을 가진 자일 수밖에 없다. 우리가 탈정치라고 부르는 현상은 일정하게 자기 몫을 가진 자들이 보여주는 무기력한 이데올로기다. 이 이데올로기를 발생시키는 소실점에 '모든 게 이명박 탓'이라는 발화가 도사리고 있다.

결국 모든 문제를 이명박에서 출발시키는 논리는 이명박으로부터 해결책을 내올 수 있다는 생각을 뒤집어놓은 것에 불과하다. 역설적으로 이명박 반대는 더 강력한 (또는 더 효율적인) 이명박에 대한 갈망이기도 하다. 물론 여기에서 강력한 이명박의 의미는 공동체의 구성원들에게 자기 몫의 긍지를 되돌려줄 수 있는 존재에 대한 염원이기도 하다. 그러나 이런 메시아적 존재는 현실적으로 불가능하다. 현실성 없는 기획에서 탈정치성과 무기력한 이데올로기가 발생한다. 이 상황은 정치적 목적의식을 품어줄 수 있는 세계의 소멸을 의미하는데, 이와 같은 세계의 부재는 대중적 저항을 무의미하게 만들어버리는 원인이기도 하다. 한마디로 선취해야 할 정치적 목적보다 공동체 구성원의 자존심이라는 가치의 문제가 중심에 놓인다.

물론 이런 조건은 좌우파를 막론하고 위기 상황이다. 지만원의 고백

---

8   Slavoj Žižek, "Divine Violence and Liberated Territories: SOFT TARGETS talks with Slavoj Žižek", *SOFT TARGETS Journal*, 2007년 3월 14일.

처럼, 우파도 냉전 시대를 그리워한다. 그때는 그래도 하나의 '세계'가 있었다. 우파는 '빨갱이'를 제거하면 천년 왕국이 펼쳐질 것이라고 생각했다. 가치 평가를 떠나서 선명한 정치적 기획이 가능했다는 말이다. 그러나 상황은 전혀 달라졌다. '먹고사니즘'이라는 이데올로기가 사회 전체를 곰팡이처럼 뒤덮었다. 이 곰팡이는 아예 세계의 존재 자체를 부정하는 이념을 먹고 자랐다. 이데올로기적 존재 기반 자체를 허물어버리는 자기 해체적 이데올로기인 셈이다. 모든 것을 이명박 탓으로 돌리며 타오른 촛불은 '이명박인 것과 이명박 아닌 것'이라는 분법을 생산했지만, 그로 인해 아이러니하게도 구체적인 정치적 대상을 상실하는 결과를 낳았다. 모든 것을 이명박 탓으로 돌리는 것은 그러므로 전혀 정치적인 전략이었다고 볼 수 없다. 그렇게 촛불은 자신의 환상에 도취한 나르시스의 메아리였던 건지도 모른다.

촛불에 대한 다섯 가지 테제

1. 촛불은 합의제에 기초한
부르주아 정당 민주주의의 위기로 인해 발생했다

촛불의 발생은 부르주아 민주주의의 위기로 인한 것이라는 명제는 어떻게 증명할 수 있는가? 촛불이 요구한 것은 기본적으로 '소통'이었다. 그러나 이 소통에 대한 요구는 실현 불가능한 것이다. 촛불은 '부분 집합'을 셈하고 관리하고 정리하면서 재현하는 국가에게 개별자들 모두를 셈해줄 것을 요청했다. 확실히 이것은 소통과 무관하지 않다. 그러나 중요한 것은 국가는 언제나 사회와 분리되어 있다는 사실이다. 물론 한국에서 이 분리의 양

+ **용산 참사**
2009년 1월 20일, 서울 용산 재개발지역 철거민들의 점거 농성에 대한 경찰의 진압작전이 이루어지던 중 화재로 6명의 사망자가 나오는 참사가 발생한 사건. 사고 당시의 폭력 문제, 용역 직원, 안전 대책, 과잉 진압 여부 등에 대한 논란과 함께 검찰의 수사가 이어졌고, 검찰은 농성자와 용역업체 직원 등 27명을 기소, 경찰에 대해서는 법적 책임을 묻기 어렵다는 결론을 내렸으나, 청와대 행정관이 '용산 참사 홍보지침 이메일'을 보낸 사실과 발화 지점에 대한 철거민의 진술이 왜곡되었음이 밝혀지면서 검찰 수사에 대한 공정성 의혹이 제기되었다. 같은 해 8월 조합 측이 사망자 1인당 위로금 3억 원씩을 지급하고, 남은 세입자 23가구에게 영업보상금을 150퍼센트로 지급하는 등 합의를 제시했으나, 철거민 측은 "정부의 책임 있는 사과"를 요구하며 장례를 미뤄왔다. 결국 이에 대해 조합과 유가족 간이 민·형사상 책임을 묻지 않는 것으로 합의, 사망자 장례식을 2010년 1월 9일에 치르면서 일단락되었다.

상은 특이하다. '시민사회'로부터 도래한 부르주아가 안착한 서구의 '국가'
와 다르게, 한국의 부르주아는 이 과정을 제대로 밟지 않았다. 오히려 한국
의 경우, 이 시민사회는 중간계급의 '운동'으로 등장했고, 따라서 아직도 국
가에 적절하게 진입하지 못했다. 이 중간계급의 시민사회가 국가에 자리
잡을 수 있었던 계기가 바로 노무현 정부였지만, 이명박 정부의 집권으로
이 시민사회의 국가화는 다시 보류될 수밖에 없었다.

　한국에서 부르주아 민주주의의 위기는 '언제나' 이 때문에 발생한다.
알랭 바디우의 주장을 차용한다면, 국가는 "상황상태l'état de la situation"의 사
회역사적 양상이다.[9] 상황이 얼어붙은 것이 상황상태. 상황에서 발생한
공백(공집합)을 고정시키는 것, 여기에서 상황상태가 발생한다. 이런 맥락
에서 시민사회(운동)가 상황이라면, 국가는 상황상태다. 국가는 원소, 다시
말해서 구체적인 무한성의 체현자인 개인과 상대하는 것이 아니라 특정
한 지위나 자질로 규정된 개인을 상대한다. 이렇게 국가는 항상 부분의 특
성을 가늠할 수 있는 '부분 집합'과 관계를 맺는 것이다. 이 과정에서 개인
은 '국민'이라는 일자l'Un로 환원된 무한성으로 국가에서 재현된다. 이 재현
에서 개인은 국민으로 빨려 들어가서 사라진다. 이런 의미에서 국가에 개
인은 없는 것이다. 있다면 오직 특정 집단, 다시 말해서 부분 집합으로 국
가와 마주하는 '국민' 또는 '시민'이라는 특정한 존재뿐이다. 그러나 이 특정
한 부분 집합은 항상 공집합을 포함할 수밖에 없다. 마치 1이라는 숫자가
$1+0$을 의미하듯이 말이다.

　국가는 이렇게 부분 집합으로 개인들을 재현하면서, 사회라는 기원
적 상황에 속해 있는 다수들의 '안정'을 보장하고 '일자'의 수립을 가능하게
만든다. 이것은 흡사 집합을 구성하는 {1, 2, 3, 4……}라는 특정한 부분 집
합만을 우리가 인지하고 그 집합이 포함하고 있는 공집합을 볼 수 없는 것
과 같다. 그러나 공백은 항상 그 집합 속에 존재한다. 이 공백은 곧 상황상
태를 발생시킨 기원적 상황의 흔적이다. 국가라는 상황상태가 흔들릴 때,
'국민'은 '시민'으로 돌아간다. 평소에 국가의 기능은 관리다. 지금 사회가
부르주아 사회인 까닭은 이 관리로 인해 사회적 일체성과 일자의 작용을

보증할 수 있기 때문이다. 이 관리를 통해 중간계급은 부르주아의 욕망을 갖는다. 그러나 이 일체성이 흔들릴 때, 다시 말해서 공백이 다시 방황하기 시작할 때, 국가는 강제를 통해 상황과 상황상태를 분리하려고 한다. 국가는 흔들리는 일자를 최초의 상황에서 분리해서 고정시키려고 하는데 이것이 강제다.

이런 관점에서 국가는 '정치'라고 보기 어렵다. 역사적 공산주의의 오류는 국가권력의 장악을 정치적인 것이라고 생각했기 때문이다. 국가는 구조화의 필연성을 체현하고 있는 재현의 재구조화일 뿐이다. 따라서 국가는 누군가 장악할 수 있는 것이 아니라, 그 자체로 객관성이라고 할 수 있다. 따라서 국가는 단순하게 지배계급의 이해관계를 관리하는 장치에 머무는 것이 아니라, 모든 구성원의 집단적 통일성을 보장해주는 장치다. 국가의 목적은 서로 다른 집단의 이해관계를 조정하는 것이다. 이런 까닭에 국가는 새로운 질서, 또는 주체의 출현을 허용하지 않는다. 이처럼 국가는 지배계급의 이해관계를 관리하는 기능과 새로운 질서를 강제하는 기능을 동시에 갖는다고 할 수 있다.

따라서 "촛불은 부르주아 민주주의의 위기를 통해 출현했다"라는 명제는 이 국가에게 구성원들이 자신의 공백을 셈해줄 것을 요구했다는 뜻이다. 이 공백은 안정적 삶을 위한 위협이고 일자의 작용을 무화시키는 방황이다. "대한민국은 민주공화국이다"라는 주장은 인민 권력을 표현하는 말이긴 하지만, 문제는 그 주어가 '대한민국'이라는 사실에 있다. 이 국가는 누구의 것도 아니다. 다시 말해서 정치가 아닌 국가 대한민국에게 '민주공화국'이라는 정치를 요구하는 것, 이것이 바로 촛불이었다.

---

9   사건과 상황상태의 관계에 대한 바디우의 진술은 다음을 볼 것. Alain Badiou, *L'être et L'événement*, Paris: Seuil, 1988, p. 203; 국가에 대한 바디우의 논의는 다음을 참조할 것. Alain Badiou, *Metapolitics*, trans. Jason Barker, London: Verso, 2005, p. 145.

2. 촛불은 1987년 체제를 유지해온 '운동권'의 종언을 의미했다

촛불은 과거에 정치적인 것이라고 받아들여지지 않았던 것이 정치의 모습으로 드러난 사건이었다. '소울드레서'나 '쌍코'처럼 인터넷 카페에서 활동하던 20대 여성들이 촛불을 들고 광장에 모인 것이나, 연예인 팬클럽을 주축으로 동질감을 형성한 10대 소녀들이 청계천으로 모여든 것은 기존의 관점에서 본다면 이해할 수 없는 현상이었다. 도대체 이 상황을 어떻게 받아들여야 할지에 대해 이른바 '운동권'은 뚜렷한 판단을 내릴 수가 없었다. 촛불은 보수 진영 못지않게 진보 진영에도 당황스러운 것이었다. 촛불이 한창일 무렵, 인권운동가 미류는 『한겨레21』의 대담에서 다음과 같이 말했다.

> 프락치라는 말이 우리와 그들의 경계를 만드는 키워드가 된 거죠. 프락치가 엉뚱한 곳으로 사람들을 데려가서 연행된다는 얘기가 있으니까요. 저도 얼마 전 행진을 하다가 길에서 '민증(주민등록증)'을 까서 실명을 확인하자는 분들을 만나서 당황했죠. 서로를 믿으려면 어쩔 수 없다, 이런 분위기였어요. 거리로 함께 나가야 하는 사람들이니까요. 전의경은 민증을 반납해서 가지고 다니지 않으니까 구분된다는 얘기였어요.[10]

분명히 촛불은 기존의 운동권에게 낯선 풍경이었다. 지도부가 시위대를 주도하거나 조직할 수가 없다는 사실 하나만으로, 더 나아가서 메가폰을 잡고 '운동권스러운' 분위기만 연출해도 시위대에서 추방당하는 상황은 황당하다는 말밖에 적절한 표현이 없었다. 처음에 인터넷 카페를 중심으로 촛불문화제가 개최되고 난 뒤, 이 행사를 처음으로 기획한 이들은 자신들의 한계를 깨닫고 이른바 운동권에게 도움을 요청했다. 그러나 이 운동권이 촛불에 개입해서 시도한 것은 전형적인 운동권식 행사 진행 방식이었다. 메가폰을 들고 행사 진행 순서와 투쟁가를 가르쳐주는 것이 이른바 운동권의 '개입'이었는데, 이런 '도움'은 보기 좋게 거절당했다. 운동권은 여전히 촛불을 '낡은' 방식으로 재현하고 있었고, '지도'와 '조직화'에 대한 문제의식은 있었지만, 어떻

게 그것을 촛불에서 실현할 수 있을지 가늠할 수 없었다. 어떤 이념과 배후
도 받아들이지 않는 사건이 바로 촛불이었던 것이다.

　말하자면, 촛불은 이념적인 구호보다 '쾌락'을 전면적으로 드러내는
'즐거운 광장'이었다. 흥미로운 것은 이명박 정부의 집권 초기에 발생한 촛
불에서 발견할 수 있는 낯선 정치성이다. 소울드레서나 쌍코, 그리고 연이
말(연예인!? 이제 그들을 말한다)이라는 비정치적인 카페 회원들이 촛불을
들었던 까닭은 '분노' 때문이었다. 이 분노는 '소통하지 않는 권위주의적 정
권'에 대한 것이었다. 소통을 거부하는 권위주의적 태도를 보인다는 사실
에서 이명박 정부는 부도덕했다. 촛불의 가치 판단은 이렇게 권위와 관련
한 것이었다고 볼 수 있다. 이런 탈권위주의적인 동기부여로 인해서 촛불
은 운동권의 지도마저 권위적인 것으로 받아들였다고 하겠다.

3. 촛불은 이중적인 중간계급의 욕망을 표현했다

기본적으로 한국의 중간계급은 노무현 정부를 거치면서 완전하게 신자유
주의를 진보의 패러다임으로 받아들인 집단이다. 부르주아가 시민사회라
는 상황을 국가라는 상황상태로 안착시키는 과정을 거친 적이 없었던 한
국의 특수성은 중간계급에게 정치적 역동성과 혁명성을 부여했다. 물론 여
기에서 중간계급은 중산층을 포괄하는 넓은 의미에서 바라보아야 하는 이
데올로기적 범주다. 태생적 신분이나 자산의 총량을 기준으로 설정할 수
있는 것이 아니라, 중간계급 의식을 생산하는 이데올로기적 매트릭스로서
'중간계급'을 인식할 필요가 있다. 따라서 중간계급은 이데올로기적인 주체
지 존재론적인 처지를 뜻하는 것이 아니다.

　중간계급은 한국 사회에서 부르주아도 프롤레타리아도 아닌, 중간
정도에 위치해 있다고 의식하는 이데올로기적 주체의 효과다. 문제는 이

10　「임시직이 생겼어요, 시민이라는」, 『한겨레21』, 2008년 6월 5일.

주체가 어떤 방식으로 세계를 바라보고 사유하고 있는지에 대한 증거들을 촛불에서 발견할 수 있다는 사실이다. 그것이 바로 '쾌락의 평등주의'다. 이 평등주의는 칸트적이라기보다 사드Marquis de Sade적인 '억압의 극장화'를 전제한다. 근대적 도덕의 주체를 위해 칸트가 제거해버린 그 주이상스(향유이면서 동시에 향락인 금지된 즐거움)를 끊임없이 요청하도록 만드는 것이 바로 쾌락의 평등주의다. 쾌락의 평등주의는 자본주의적 시장의 논리가 만들어낸 평등의 이데올로기다. 앤디 워홀Andy Warhol이 말하듯이, 부자든 가난뱅이든 코카콜라를 마시려면 1달러를 지불해야 하는 평등을 승인하는 것이 바로 쾌락의 평등주의다.

물론 이 쾌락의 평등주의는 삶의 안정을 희구하는 중간계급의 이상에 대한 위협을 상징적으로 해소하기 위한 측면도 포함하고 있다. 그래서 쾌락의 평등주의는 아버지의 억압을 극장화해서 보여주는 촛불의 스펙터클을 낳는 것이다. 이명박 정부에 대한 거부는 '아버지의 이름'에 대한 부정과 맞물려 있지만, 근본적으로 촛불이 이런 아버지법에 대한 단절을 의미한 것인지는 되새겨봐야 할 일이다. 촛불은 "내 자식에게 병든 쇠고기를 먹일 수 없다"라는 중간계급의 이기적 욕망을 표현하는 것이지만, 동시에 국가에게 중간계급이라는 부분 집합의 공백을 셈해줄 것을 요구하는 '상황'이었다.

촛불이라는 중간계급의 판타지에 내재한 역설은 여기에서 발생한다. 신자유주의로 인해 발생한 문제점을 신자유주의적 패러다임을 통해, 다시 말하면 신자유주의에 더욱 충실한 논리로 해결하고자 하는 문제가 드러나는 것이다. 이명박 정부를 '무능한 정권'이라고 부르는 그 동기는 신자유주의적 가치를 적절하게 구현하고 있지 못하기 때문이다. 물론 내가 지칭하는 신자유주의는 이데올로기적인 차원에서 인식의 범주로 작동하는 신자유주의의 원리 개념이다. 말하자면, 지금 한국 정부가 추진하고 있는 신자유주의적 경제 개혁과 이데올로기로서 작동하는 신자유주의는 엄연히 다른 차원을 갖는다. 정부가 주장하는 것이 경제적 측면의 신자유주의라면, 중간계급은 정치적 측면에서 신자유주의적 이데올로기를 세계관으로서 체현하고 있는 것이다. 이런 이데올로기의 작동 방식으로 인해 현실적 신자유주의의 효과를 인식하지 못하게 만드는 구조가 지금 한국 사회에서 일어나고 있는 탈정치화의 실체고, 그 결과가 '좌파'의 위기로 나타나고 있는 것이다.

4. 촛불은 국가와 조우하는 것을 회피하면서 법의 지배를 드러낸 사건이었다

촛불을 논의할 때 단골로 등장하는 것이 폭력/비폭력을 둘러싼 논쟁이다. 이른바 운동권들은 촛불의 비폭력성 때문에 한계에 봉착했다고 말한다. 이들은 '명박산성'을 넘어가는 그 '의지'가 부족했다고 촛불을 평가하는 것처럼 보인다. 그러나 이런 발상은 "양적 축적이 질적 전환을 이룬다"라는 1980년대식 변증법적 유물론을 연상시킨다. 1980년대식 발상이라고 해서 모두 틀린 것은 아니겠지만, 촛불은 이런 방식으로 세계를 단순하게 인식할 수 없다는 사실을 보여준다.

대체로 촛불 옹호론자들은 명박산성을 국가권력, 또는 국가 폭력의 상징이라고 보고 있지만, 이런 '합의' 자체를 의심할 수밖에 없다. 사실 일부 촛불을 비판하는 입장도 명박산성을 국가의 출현으로 이해하기는 마찬가지인 것 같다. 명박산성을 국가권력으로 보았을 때, 국가를 거부하지 못한 촛불의 한계는 더욱 분명해지기 때문이다. 물론 촛불이 명박산성을 넘지 못했다는 사실을 촛불의 한계를 드러낸 증거로 보는 것은 크게 틀린 판단은 아니다. 그러나 나의 입장은, 촛불은 처음부터 명박산성을 넘어설 수 없는 조건 위에서 피어났다는 사실을 강조하고 싶은 것이다.

다시 말하면 촛불은 명박산성을 넘어갈 수 없는 탈정치성의 상황 자체가 상징적으로 드러난 것이다. 따라서 폭력/비폭력 논쟁 자체가 촛불의 한계를 보여주는 징후라고 볼 수 있다. 폭력/비폭력 논쟁은 촛불이 주이상스에 대한 금지를 스스로 만들어냈다는 증거기도 하다. 촛불이 처음부터 탈법적이고 반자본주의적이었다면, 명박산성 앞에서 넘을 것인가 말 것인가를 놓고 토론을 벌이지는 않을 것이다. 말하자면, "양적 축적을 통한 질적 전환" 같은 '법칙'은 없는 것이다. 이른바 개혁 세력이 약속한 '점진적 개혁을 통한 혁명'이라는 사기극이 지난 세월 동안 남겨놓은 후과들을 성찰하지 못하는 이들이나 비폭력을 통한 폭력의 전화 같은 믿음에 몸을 맡기는 셈이다. 중요한 것은 이미 구조의 차원에서 단절의 주체들이 만들어져야 한다는 사실이다. 이 단절의 주체야말로 삶이 곧 죽음인 '헐벗은 자'다. 이 부정성의 저항에서 새로운 주체가 나오는 것이다. 촛불은 이런 맥락에서 단절과 부정이라기보다 연속과 긍정의 선상에서 발생한 사건이었다.

명박산성은 국가권력의 현시라기보다 법의 출현이었다고 보아야 한다. 명박산성은 이명박 정부의 권력을 보여준 것이 아니라, 부르주아 정권조차 국가권력의 현시를 반기지 않는다는 역설적 상황을 증명한 것이다. 다시 말하면 명박산성은 이명박 정부의 '불법성'을 보여준 것이 아니라, 법을 준수하는 이명박 정부의 실체를 보여준 것이라고 할 수 있다. 명박산성은 명확하게 시민사회를 거쳐 국가에 안착하지 못한 한국 부르주아 계급의 실상을 보여준 상징이다. 역설적으로 국가가 자기 것일 수 없다는 사실을 '이명박'이라는 부르주아의 '관리인'은 잘 알고 있었기 때문에 명박산성을 쌓은 것이다. 이들은 '폭력'을 통해 촛불을 진압한 것이 아니라 '법'을 통해 촛불을 소환하고자 했다. 촛불이 명박산성을 넘지 못했다는 것은 바로 이렇게 법의 지배를 인준한 상태에서 촛불이 발생했기 때문이다. 따라서 촛불이나 이명박 정부나 모두 '80년 광주'와 같은 폭력적인 국가권력의 현시를 회피하고 있었던 것이라고 할 수 있다. 촛불보다 오히려 용산 참사야말로 국가권력의 현시를 적나라하게 보여주었던 사건일지도 모른다. 촛불과 용산 참사는 서로 다른 사건이라기보다 한 사건의 다른 면이라고 볼 수가 있다. 촛불의 어둠이 곧 용산 참사인 것이다.

5. 촛불은 불평등을 인준한 평등이었다

촛불은 중간계급의 것이었기 때문에 우리에게 한계만 남겼는가? 그렇지 않다고 나는 생각한다. 촛불은 시민사회와 국가라는 대립적이면서도 협력적인 관계에 대한 전면적 사고를 가능하게 만들어주었다. 이것을 다른 말로 한다면, 탈정치성에서 정치적인 것을 발현시켰다고 할 수 있다. 물론 이것을 가능하게 만드는 힘은 시장 민주주의에 기반을 둔 '중간계급의 역동성'이었다. 시민사회가 중간계급의 상황이라면, 이 상황을 사회역사적으로 고정시켜줄 중간계급의 국가는 아직 도래하지 않았다. 물론 노무현 정부가 이들의 '국가'를 만들어줄 수 있는 가장 유력한 후보였지만, 모든 개인의 몫을 셈해주기를 바라는 중간계급의 요구는 처음부터 불가능한 것이었다. 그래서 중간계급은 이명박 정부를 선택했지만, 결과는 더 참담했다. 촛불은 이런 참담한 결과에 대한 항의였다고 볼 수 있다.

실제로 탈정치성의 문제는 정치와 경제의 분리 정책과 무관하지 않다. 노태우 정부 이후로 한국 사회는 정치와 경제를 분리해내고자 했고, 이런 시도는 김대중 정부와 노무현 정부를 통과하면서 일정하게 성과를 올렸다고 할 수 있다. 정치와 경제의 분리는 중성국가a neutral state에 대한 판타지를 만들어냈고, 이에 따라 자율적 시장에 대한 정부의 개입을 '나쁜 것'으로 인식하는 도덕체계가 만들어졌다. 한국의 중간계급에게 이 중성국가야말로 '정상국가'지만, 실제로 중성국가는 국가의 역할을 통해 국가의 존재를 소멸시켜야 하는 자체 모순을 내장하고 있다. 이런 상황은 국가를 소멸시키기 위해 국가권력을 장악해야 한다고 생각했던 구좌파의 생각과 닮아 있는 것이다. 한국의 중간계급에서 이념적 세력을 형성하고 있는 이른바 386세대가 현실의 삶을 구성하는 신자유주의 이데올로기와 지난 과거에 획득했던 1980년대의 경험 사이에서 아무런 모순점을 발견하지 못하는 까닭 중 하나를 여기에서 발견할 수 있을 것 같다.

'중성국가=정상국가'라는 공식에 따라, 시장 논리는 도덕적으로 옳은 것이고 반시장 논리는 시대착오적이고 도덕적으로도 옳지 못한 것이라는 판단 범주가 작동하기 시작했다. 시장 논리는 탈권위주의에 대한 지지를 낳았고, 한국 사회를 주도하는 중요한 인식체계를 만들어냈다. 그러나 이런 탈권위주의적인 경향이 전일적으로 관철되는 것은 아니었다. 신자유주의적 시장 논리에 근거한 탈권위주의는, 일상의 권위주의를 용인하면서 상징적 권위주의를 부정하는 기이한 현상을 등장시켰다. 일상의 권위주의는 인맥과 학연을 구성하는 중요한 요소고, 따라서 시장에서 부분 집합의 이해관계를 국가에 관철시키기 유리한 입지를 확보하게 해줄 수 있다. 이런 맥락에서 일상의 권위주의는 시장 논리의 비판을 피해 갈 수 있는 것이다.

중간계급이 추구하는 쾌락의 평등주의는 겉으로 보기에 평등하지만, 구조적으로 결코 평등하지 않다. 이 평등주의는 실재와 조우하는 것을 가로막고 있는 판타지일 뿐이다. 달리 말한다면, 이 평등주의는 시민사회라는 상황에서 발생한 공집합(공백)을 국가라는 상황상태에 고정시켜서 보이지 않게 만들지만, 그렇다고 그 공집합이 사라지는 것은 아니다. 언제나 셈하기는 공백을 전제한다. 마찬가지로 촛불이 발현시킨 중간계급의 쾌락들은 평등주의적인 것처럼 보이지만, 실제로 불평등의 구조를 인준하고 있는 것이다. 이주민 노동자나 비정규직에 대해, 그리고 용산 참사에 대해 촛불의 평등주의가 침묵한 것은 이 때문이었다.

이상에서 살펴본 것처럼, 촛불을 통한 중간계급의 정치성은 국가권력을 현시시키지 못했다는 측면에서 정치를 전면적으로 출현시킨 '새로운 사건'이라고 보기는 어렵다. 이는 촛불이 중간계급의 것이기 때문에 혁명적이지 않았다는 뜻이 아니다. 국가에 대한 한국 중간계급의 사유는 상당히 마르크스주의적이다. 그래서 중간계급은 국가를 '지배계급의 것'이라고 '자연스럽게' 받아들이고 있는 것이라고 할 수 있다. 이렇게 국가를 지배계급의 것이라고 말하는 것은 국가가 이미 사회역사적으로 현시된 사물을 다시 현시(재현)한다는 것을 강조해서 국가의 허구성을 폭로할 수 있다는 이점을 확보할 수 있다. 그러나 이런 공식은 부르주아적 '정상국가'가 제대로 작동하는 서구 자본주의 국가에서나 가능한 일이다. 한국처럼 부르주아가 시민사회를 가져본 적이 없고, 중간계급이 시민사회의 상황을 접수하고 있는 상황에서 (정상)국가에 대한 요청은 이율배반적인 것이라고 할 수 있다. 지금까지 이런 구조에서 한국 사회의 중간계급은 정치적 역동성을 획득했는데, 어떻게 보면 촛불의 교착 상태에서 확인할 수 있듯이, 우리는 이제

이 구조를 벗어난 새로운 상황을 어떻게 만들어내야 할지를 고민해야 하는 단계에 와 있는 것인지도 모른다. 그것을 알려주는 하나의 신호등이 바로 촛불이었지 않을까?

따라서 촛불의 민주주의는 국가에 대한 요청의 변형에 지나지 않는 것인지도 모른다. 이 요청은 1987년 6월 항쟁에서 시작해서 노무현 정부에서 일정하게 정치적 성취를 맞보았다고 할 수 있다. 그러나 이명박 정부는 출범 이후 지금까지 이런 중간계급의 판타지에 대한 중대한 도전으로 작용하고 있다. 이 판타지가 깨어지는 순간에 새로운 정치성이 출현 가능하지 않을까? 과연 그것이 깨어진다는 것이 현실적으로 어떤 정치적 형태로 나타날 것인가? 촛불은 비록 중간계급의 운동이었지만, 그것의 한계를 염려하는 모든 이들에게 충분한 정치적 메시지를 던져주는 것이라고 할 수 있다.

미디어법

미디어법이 국회 단상을 통과하던 그 광경을 상기해보자. 예상했던 대로 한나라당은 활극도 마다하지 않았다. 정국은 급랭했고 분위기는 노무현 정부 시절의 '탄핵 정국'을 연상시켰다. 상황을 중계하는 텔레비전 화면으로 고성과 욕설이 오가는 국회 본회의장의 광경을 보면서 한 가닥 의구심이 스치고 지나갔다. 도대체 왜 이토록 정부 여당이 미디어법을 둘러싸고 무리수를 두는지에 대해 궁금증이 생겼던 것이다.

직권 상정이 가져올 후폭풍에 대해 이들이 몰랐을 리 없다. 촛불 정국부터 노무현 전 대통령의 서거까지 점증해온 현 정부에 대한 불만이 정부 여당에게 무시할 수 없는 정치적 부담으로 작용하고 있는 상황에서 미

+   **미디어법 통과**

편의상 미디어에 관련된 여러 법(방송법, 신문법, IPTV법, 정보통신망법, 언론중재법, 디지털전환법 등)을 포함하는 개념으로 이명박 정부가 취임 후 '미디어법 개정안'을 추진하면서 한동안 끊임없는 찬반 논쟁을 불러일으켰다. 여당인 한나라당이 신문과 방송의 겸영을 허용, 대기업과 일간 신문이 방송사 지분을 소유하는 개정을 주장했으나, 언론의 독과점을 우려한 야당과 진보 세력의 큰 반발을 야기했다. 2009년 7월 3일 세 야당은 헌법재판소에 방송법의 효력정지가처분 및 권한쟁의심판청구를 신청하였으나 기각되었고, 크고 작은 진통 끝에 7월 22일 국회에서 통과되었다. 개정안에서 허용된 방송사 지분 한도는 지상파 방송 10퍼센트, 종합편성 채널 30퍼센트, 보도 채널 30퍼센트며 외국인도 종합편성과 보도 채널을 60퍼센트까지 소유할 수 있다. 또한 지상파, 종합편성 및 보도 채널을 한 개인이 가질 수 있는 최대 지분도 66퍼센트로 상향 조정되었다.

디어법 강행 처리는 이런 부담을 덜어주기는커녕 더욱 가중시키는 계기를 제공하는 일이었다고 할 수 있다. 정부 여당은 현 상황에 대한 정치적 판단력을 전혀 갖고 있지 않는 무능한 세력인 것일까?

미디어법 통과가 정치인의 입장에서 본다면 아주 불리한 상황을 조성할 수밖에 없다는 건 분명한 사실이었다. 박근혜 전 대표가 보여준 행보는 바로 이 점을 암시하는 것이라고 볼 수 있다. 어떤 정치인이 여론을 무시하고 정치를 할 수 있을까? 불가능한 일이다. 그런데도 정부 여당이 대다수 여론을 거슬러 직권 상정이라는 마지막 카드를 빼든 것은 '정치'를 버리는 행위였다. 말하자면, 정치인의 손으로 정당 정치의 기능을 정지시키는 짓을 자행한 것이다. 한마디로 미디어법 통과는 정치인의 이해관계에서 본다면 자살 행위였다.

따라서 반복해서 묻는다면, 도대체 왜 정부 여당은 정치적 이해관계에 반하는 이런 짓을 망설임 없이 실행에 옮긴 것일까? 확실한 것은 하나다. 이들을 움직이게 한 동기가 결코 '정치적인 이해관계'가 아니었다는 사실 말이다. 지금까지 한국 사회에서 정치인의 이해관계는 자기 자신의 권력을 유지하는 것에 있었다. 한국의 정치인은 누구를 대변하는 것이라기보다 자기 자신의 권력을 드러내는 존재였다. 그래서 국회의원 금배지는 '국민을 위한 것'이 아니라, 자기 자신을 위한 출세의 상징이었다. 이 사실을 누구보다도 '국민'이 잘 알고 있었다.

그런데 미디어법 통과를 주도한 정부 여당의 행태는 이런 기존의 믿음을 배반했다. 미스터리한 일이 발생한 것이다. 당시 김형오 국회의장은 미디어법을 민생 관련 법안이 아니라고 인정했으면서도 직권 상정이라는 강경수를 두어서 법안을 처리했다. 자신의 정치 행로에 적잖은 오점을 남길 게 자명한 이런 결단을 내린 까닭은 무엇일까? 정부 여당에 대한 충성심에서 기인한 것일까, 아니면 보수 세력에 아부하기 위한 순진한 제스처일까?

김 의장은 미디어법을 민생과 관련한 법안이 아니라고 규정하면서 미디어법을 둘러싼 소모적 논쟁으로 다른 민생 법안이 희생되는 것은 옳지 않다고 생각했다는데, 이런 발화는 그 자체로 자승자박이다. 김 의장의 '의중'이야 무엇이든, 이 발화를 뒤집어서 보면 확연하다. 다시 말해서, 그러면 민생과 아무 관련 없는 미디어법을 극구 밀어붙여서 민생 관련 법안 처리를 원천적으로 봉쇄하는 정부 여당의 집착은 어떻게 변명할 수 있겠는가? 우리의 의문은 여기에서 출발해야 한다. 다시 물어보자. 도대체 왜 정부 여당은 눈만 뜨면 목소리를 높이던 민생 문제마저 과감하게 외면하면서 그와 아무 관련 없는 미디어법을 강행 처리하기 위해 혼신의 노력을 기울인 것일까? 해괴하지 않은가? 상식적으로 생각해봐도 답은 하나다. 이들은 지금까지 한국 정당 정치의 정치인들이 으레 그래 왔던 것과 달리, 정치인이라는 자기 이해관계의 논리에 따라서 미디어법에 목을 매었던 게 아니다. 결론적으로 말하자면, 정부 여당의 정치인들이 미디어법 처리에 열을 올린 것은 '정치인'의 이해관계 때문이 아니라, 다른 이해관계 때문이었다. 그게 무엇일까?

　　누구는 '조중동'이라는 3대 보수 신문들에게 방송 겸업을 허가해주기 위해 이런 무리수를 두었다고 생각할 것이다. 그러나 과연 이게 설득력 있는 얘기인가? 아무리 여당 정치인들이 세 신문사의 도움을 많이 받았다고 해도, 혈연관계로 엮여 있지 않는 한, 이들을 위해 초개와 같이 자신의 정치적 생명을 던질 것 같지는 않다. 또한 자세히 들여다보면, 신문사의 방송 겸업을 세 신문사 모두 찬성하고 있긴 하지만, 일정한 온도차를 충분히 감지할 수가 있다. 세 신문사 중 가장 열성을 올리는 곳은 중앙일보다. 조선일보는 처음에 열성을 올리다가 국면이 그렇게 호락호락하지 않다는 것을 깨닫고 망설이는 분위기가 역력하다. 물론 동아일보처럼 섶을 지고 불에 뛰어들고 있다는 사실조차 모르는 경우도 있지만, 조선일보는 그래도 똥인지 된장인지 대충은 눈치를 채고 있는 것 같다.

　　미디어법은 단순하게 신문사에게 방송 겸업만을 허가해주기 위해 만들어진 것이 아니다. 물론 불은 '조중동'이 질렀지만, 불길은 대기업 방송 진출이라는 지붕으로 옮아붙었다. 신문사와 대기업이 나란히 경쟁한다면 아무리 거대 신문사라고 하지만, 자본의 규모에서 밀리는 신문사가 살아남을 수가 없다. 세 신문사 중에서 중앙일보가 미디어법에 가장 관심을 많이 보인 까닭은 굳이 설명하지 않아도 그 이유를 짐작할 수 있을 것이다. 미디어법이 전면에 내세운 '시장주의'는 결국 방송 시장에서 가장 강한 자만이 살아남는다는 '최적자생존의 논리'에 지나지 않는다. 이 새로운 시장에서 과연 조선일보는 삼성 같은 대기업의 자본력을 이길 수 있을까? 과연 이 상황에서 SBS처럼 보도 능력이 떨어지는 지상파 방송이 중앙일보의 보도 방송을 능가할 수 있을까? 바야흐로 공룡들의 전쟁이 시작된 것이고, 여기에서 공룡들은 서로 싸우다 공멸할 가능성이 더 크다.

이번 미디어법 통과를 지켜보면서, 과거 삼성이 포화 상태에 처해 있던 자동차 시장에 뛰어들었던 악몽을 떠올리지 않을 수가 없다. 그때도 삼성은 시장의 논리를 내세웠지만 그 선택은 시장 자체의 궤멸을 예고하는 것이었다. 마찬가지로 이번 미디어법 강행 처리도 비슷한 결과를 낳을 수 있다. 시장의 이름으로 포화 상태에 처한 시장의 경쟁을 가속화하는 것, 결국 피해자는 시청자들일 수밖에 없다. 극심한 경쟁 시스템으로 인해 방송 제작환경의 구조적 모순이 더욱 격화한다면, 그나마 일선의 방송 제작인들이 열악한 환경에서도 고군분투하며 만들어내던 좋은 프로그램들마저 종적을 감출 공산이 크다. 각 방송사의 예능 프로그램들이 재정의 압박을 해결하기 위해 그 나물에 그 밥인 연예인들의 잡담으로 일관하는 건 어제오늘 일이 아니다. 앞으로 정부 여당이 주도한 미디어법이 열어 보일 세상은 이런 상황을 더욱 악화시키면 시켰지 개선시킬 수는 없을 것이다. 대기업의 자본이 투여되면 방송 시장의 파이가 커질 것이라는 장밋빛 예측도 이런 우려를 불식시켜줄 만큼 확실한 게 아니다. 이것이야말로 냉혹한 진짜 시장주의의 원칙이다.

게다가 더욱 심각한 문제는, 공룡들의 전쟁에 한겨레나 경향신문 같은 작은 신문사들은 낄 수조차 없다는 사실이다. 말하자면, 미디어법은 처음부터 '될 놈만 밀어주자'는 원리에 충실한 불평등한 이념을 구현하고 있다. 여론의 다양성을 지금보다 더 구현하기 어려울 것이라는 건 불을 보듯 뻔하다. 이번 미디어법 통과는 자본과 공공성 사이를 조절해야 할 정치인들이 대기업의 편을 일방적으로 들어줌으로써, 국가의 관리 기능을 일거에 해제시켜버린 사건이었다고 결론 내릴 수 있다. 부르주아의 이해관계가 관리를 통하지 않고 일방적으로 국가권력을 통해 집행된다면, 그건 '거리의 저항'이라는 직접적 힘의 충돌을 초래할 수밖에 없다. 정당 정치라는 완충 지대를 스스로 사라지게 만든 정치인들은 별것도 아닌 미디어법을 과감하게 통과시킴으로써 자신의 권력을 유지하기 위해 필수적인 '정치'를 매장해 버린 것이다.

이명박식 민주주의

이명박 정부에 대한 비판이 드높다. 민주주의가 후퇴하고 있다는 개탄을 넘어 이제는 독재 정권이 부활했다는 말까지 나온다. 과연 이런 주장은 얼마나 실효성이 있을까? 문제는 이런 발언이나 주장에서 이명박 정부의 실체에 대한 진지한 성찰을 찾아보기 어렵다는 사실이다. 이명박 정부를 독재나 파시즘 같은 '절대 악'으로 규정하고 비판하는 것은 복잡한 사안을 선명하게 만들 수는 있겠지만, 정작 중요한 사안을 덮어버릴 소지가 있다. '이명박 반대'라는 가시적 구호에 편승해서 여러 권력의 복합체이자 갈등의 구현체인 이명박 정부의 문제를 '이명박'이라는 '얼굴마담'의 흠결로 환원할 수 있을 뿐만 아니라, 나아가 이명박 정부가 출현할 수밖에 없었던 객관적인 맥락을 소홀히 할 수 있다는 것이다.

　　미디어법 사안에서 확인할 수 있듯이, 이명박 정부는 '정치'에 관심을 보이지 않는 정부다. 대화와 협상이라는 가장 중요한 관리 능력의 부재를 적나라하게 드러낸 사건이 바로 미디어법 강행 처리다. 근대국가 이래로 합의제 정치는 다양한 세력의 이해관계를 조절해서 직접 충돌을 가능한 한 회피하도록 만드는 것이다.

　　물론 이명박 정부의 무능력으로 인해 이런 비판이 발생한다는 사실을 무시할 수 없다. 거리에서 발생하는 요구를 국회의사당이라는 물리적 공간으로 끌어들여 해소하는 것이 부르주아 정치의 기능인데, 이명박 정부는 국가 안정이라는 중요한 전제를 위해 최소한으로 보장해야 할 부르주아 정치의 기본마저도 지키지 않기 때문에 정파와 이념을 초월해서 안팎으로 비판의 도마 위에 오르고 있다.

이 미디어법 처리 과정은 이런 이명박 정부의 실체에 대한 하나의 암시를 제공한다. 절대 다수의 여론이 반대하는 미디어법을 직권 상정하는 '용기'는 과거 군사독재 정권 시절에나 가능했던 일이다. 노무현 정부가 여대야소라는 유리한 조건에서도 4대 개혁 입법을 밀어붙이지 못했던 까닭을 상기해보라. 그때 한나라당에서 제기한 반대의 논리는 발등에 불인 '민생 법안'을 제쳐두고 국론 분열의 우려마저 있는 이념적 법안에 집착한다는 것이었다. 그러나 그 4대 개혁 입법은 미디어법처럼 강행 처리로 결판난 것이 아니라, 한나라당과 열린우리당의 '합의'로 귀결했다. 진보·개혁 세력은 '누더기법'이라고 비판했지만, 4대 개혁 입법 처리 과정은 노무현 정부의 정체를 정확하게 보여준 과정이었다.

논란은 있을 수 있지만, 노무현 정부가 추구한 것은 근대적 민주주의 개념에 충실한 국가 운영의 합리화였다고 할 수 있다. 일부 보수 세력의 주장처럼, 노무현 세력이 일방적으로 반재벌 정책을 추진했다고 보기는 어렵다. 노무현 정부는 이 합리화의 철학을 고전적 자유주의가 아니라 신자유주의에서 가져왔다. 결국 이런 면에서 보면 노무현 정부나 이명박 정부나 다른 입을 가졌지만 내뱉는 말은 같은 것이다. 그러나 노무현 정부와 이명박 정부의 차이는 이런 합리화의 중심에 무엇을 두는지에 따라 발생한다. 노무현 정부는 이명박 정부에 비해 훨씬 신자유주의 세계화의 흐름에 충실했다고 볼 수 있다. 말하자면, 노무현 정부의 재벌 비판은 신자유주의적 경제구조 재편의 논리와 무관하지 않았다. 신자유주의적 개혁·개방을 위한 재벌 규제는 정당한 것이라고 생각했다.

이명박 정부의 목적은 이런 기조를 뒤집는 것이었다. 따라서 말로는 신자유주의를 말하고, 다른 정책은 신자유주의적 지향성을 견지하면서도 재벌 정책은 보호주의 방침을 취하는 것이 이명박 정부의 특징이라면 특징이다. 노무현 정부가 '재벌 불화' 정책이었다면, 이명박 정부는 '재벌 친화' 정책인 셈이고, 크게 본다면 이런 기조는 세계화의 흐름에 역행한다. 한국 자본주의를 구성하는 특수한 자본 축적 형태라고 할 재벌을 둘러싼 문제는 사회 갈등과 이념 대결의 잔재를 끌어안고 있다. 이명박 정부가 이 문제를 해결하기 위해 낡은 권위주의 정권 시절의 좌우 이념 대결 구도를 너무 자주 써먹는 것은 사회 갈등을 정치적으로 조정할 능력이 없는 스스로의 아마추어리즘을 드러내는 것이기도 하다.

이처럼 합의제 민주주의의 절차를 효과적으로 운용하지 못하는 이명박 정부에 대해 '소통'하지 않는다고 비판하는 것은 자연스럽다. 그러나 어디까지나 이런 비판은 수사적인 차원에 그칠 뿐 이명박 정부를 둘러싼 문제에 근본적으로 접근하는 것은 아니다. 사회는 원래 소통보다 불통에 근거한다. 이 불통의 갈등을 관리하는 것이 바로 정치다. 그러나 처음부터 '경제'를 중심에 놓을 수밖에 없었던 이명박 정부에서 이 문제에 대한 명쾌한 해결책을 내놓기를 기대하는 것은 앞뒤가 조금 맞지 않는다.

반발이 거세지자 이명박 정부가 이른바 '서민 행보'를 취하고 민생 해결에 주력하겠다고 정책 기조를 '수정'하는 인상을 풍기는 것은 이 때문이다. 게다가 의도했든 의도하지 않았든, '친재벌주의'는 신자유주의로 인해 발생한 경제위기를 해소하기 위한 가장 이명박 정부다운 경제정책이라고 볼 수도 있다. 지금 쌍용자동차 문제가 불거져서 이명박 정부가 특별히 노동 탄압을 자행하는 것처럼 보이는 착시 현상이 있지만, 이런 문제는 김대중·노무현 정부 시절부터 잠재해 있었다. 노동자 처지에서 보면 과거 '민주적' 정권이라고 해서 딱히 더 나은 삶의 조건을 보장받았다고 말하기 어렵다.

이런 상황에서 이명박 정부를 반민주 세력 또는 독재 정권으로 쉽게 규정하는 것은 그다지 눈에 띌 만한 정치적 효과를 발휘할 수 없다. 민주 대 반민주라는 낡은 구도를 다시 들고 나오는 순간, 이명박 정부에 대한 비판은 도덕적 판단의 문제로 환원할 수밖에 없는 것이다. 이에 대한 이명박 정부의 대응은 이른바 자칭 '민주 세력'의 도덕성에 흠집을 내는 것인데, 환경운동연합 간부 횡령의혹 사건이나 한국종합예술학교 문제에서 보여준 '언론 플레이'는 이를 간접적으로 증명한다. 이명박 정부에 대한 도덕적 비판은 결국 동일한 방식의 맞불 대응만을 만들어낼 뿐이라는 뜻이다.

이 과정에서 '국민'은 정치로부터 더욱 멀어질 수밖에 없다. 이런 정황이 새로운 정치적 대안을 이야기해야 할 사람들에게 유리하다고 말하기는 어렵다. 이명박 정부를 반민주 세력으로 포장하기에 급급해하기보다 이들이 말하는 민주주의가 누구의 민주주의고, 어떤 민주주의인지를 문제 제기하는 방식으로 방향을 전환해야 한다. 이명박 정부의 문제는 한국 민주주의 제도 자체의 한계일 수 있다는 사실을 인정하고 근본 대안을 제시하는 것이 지금 우리에게 주어진 과제일지도 모른다.

쌍용자동차

누구도 쌍용자동차 노동자들이 여기까지 투쟁을 끌고 올 것이라고 예상하지 못했다. 이른바 개혁 세력은 말할 것도 없고 진보 세력도 마찬가지였다. 전혀 기대하지 않았던 사태가 발생하자, 좌우의 이념 차이를 떠나서 모두 당황하는 빛이 역력했다. 당시 『미디어오늘』의 이정환 기자가 이 문제를 정

+ **쌍용자동차 노조원 평택 공장 점거 농성 사건(쌍용차 사태)**
2009년 5월 22일부터 8월 6일까지 약 76일간 쌍용자동차 노조원들이 사측의 구조조정 단행에 반발해 쌍용자동차의 평택 공장을 점거하고 농성을 벌인 사건. 이 사건으로 민주노총 쌍용차 지부의 지부장을 비롯한 64명의 노조원들이 구속되는 과정에서 경찰의 과잉진압 문제가 비난을 받았고, 이 사태를 촉발한 상하이 자동차 공업 그룹의 '먹튀' 논란이 불거졌으며, 경영 악화에도 불구하고 사측이 모든 책임을 근로자들에게만 떠넘겼다는 지적과 함께 노조원들이 인권을 심각하게 침해했다는 비판이 일었다. 결국 노사는 파업 대상자를 중심으로 '1년 무급휴직, 영업 전직' : '희망퇴직, 분사'를 4.8 : 5.2로 합의, 향후 생산계획에 따라 현 파업 농성자를 최우선적으로 재고용하기로 하는 협상안을 극적으로 타결했으나, 추후 해결 과제는 남아 있다.

+ **2006년 평택 대추리 사건**
2006년 5월 4일, 경기도 평택 대추리·도두리에 군과 경찰 병력 1만 5,000명이 미군기지 확장을 위한 강제 철거 집행에 투입되면서 반대하는 주민들과 맞섰던 사건. 당시 군사 시설 보호 구역을 설정하기 위해 투입된 군은 윤형 철조망을 설치하고 민간인 출입을 막는 과정에서 반대 시위 집회를 마치고 돌아가는 시민들을 무차별 수색하고 연행했다. 계속되는 공권력의 감시와 수색으로 공포 분위기가 조성됐고, 정든 고향을 등지고 떠나는 주민들이 속출했다.

확하게 짚어서 보여줬다.[11] 사측도 잘못했지만, 노조도 잘못하고 있다는 입장이 팽배해 있었다.

비단 이런 혼란은 상대적으로 진보를 표방하는 특정 언론의 문제만은 아니다. 전반적으로 쌍용자동차 투쟁에서도 이른바 진보개혁 세력은 지리멸렬한 무기력증을 적나라하게 드러냈다. 진보신당 게시판에 노동자를 위해 쌍용자동차 투쟁을 당장 중단해야 한다는 엄포가 올라온 것이 대표적이었다. 당시 『프레시안』에 실린 쌍용자동차 문제에 대한 홍성태 교수의 칼럼은 2006년 평택 대추리 상황과 2009년 쌍용자동차 상황을 대비시키면서 이명박 정부와 사측의 책임을 이끌어냈다. 상당히 징후적인 결론이다. 특히 다음과 같은 주장은 쌍용자동차 투쟁이 진보 진영에게 어떤 혼란을 주고 있는지를 잘 보여주었다.

> 지구화에 따라 경쟁이 계속 격렬해지면서 종신 고용은 이미 오래전에 옛이야기가 되었다. 노동자들에게 정리 해고는 언제나 나의 일이 아닐 수 없게 되었다. 고용 안정과 임금 인상을 위한 노력만으로는 노동자들이 사람답게 사는 것이 갈수록 어려워지고 있다. 사회 전체적으로도 해고자, 실업자, 비정규직의 증가는 엄청난 불안의 증대로 이어질 수밖에 없다. 노동자들을 주체로서 존중하는 기업과 사회 개혁을 위해 헌신하는 노동운동이 갈수록 절실해지고 있다. 그러니 이명박 대통령과 한나라당은 어설픈 '기업 프렌들리'로 더 이상 나라를 혼란 속으로 몰아넣지 말라. 쌍용차는 우리에게 진지한 성찰의 기회를 제공하고 있다.[12]

홍성태 교수의 취지에 공감하지 않는 것은 아니지만, 행동과 실천에 앞선 면밀한 분석이 아쉬운 것도 사실이다. 최종적으로 칼럼의 주장을 요약하자면 '노동자를 주체로서 존중하는 기업'과 '사회 개혁을 위해 헌신하는 노동운동'이 없어서 쌍용자동차 사태가 발생했다는 말이다. 이런 생각은 최근 한국 진보 세력 사이에서 떠돌고 있는 '합리적 좌우의 소통'이나 '합리적 진보와 보수의 대화합'에 대한 '담론'을 연상시킨다. 장하준 교수의 영향 때문인지, 이제 기업과 노동운동의 대화합은 '진보적 대안'으로 기정사실화한 것처럼 보인다. 이런 논리들을 뒷받침하는 가장 큰 기조는 바로 시장과 국가를 대립적인 것으로 파악하는 것이다. 이런 관점에서 한국의 진보 세력들은 대체로 신자유주의를 가리켜 국가의 힘을 약화시키고 시장의 힘을 극대화하는 '탈규제'의 경제체제라고 주장하는 것이라 볼 수 있다. 그러나 패니치Leo Panitch와 코닝스Martijn Konings가 지적하는 것처럼, 신자유주의는 정부의 퇴거를 의미하는 게 아니다. 오히려 신자유주의는 국가의 기능을 통해 새로운 규제를 시장에 강제한다.[13]

　　이런 규제의 방식은 딱히 신자유주의 이데올로기의 관철이라기보다, 오히려 실용주의적인 것이다. 이런 사실을 감안한다면, 진보 세력의 신자유주의 이데올로기 비판이 왜 한국 사회에서 아무런 힘을 발휘할 수 없었는지 그 까닭을 짐작할 수 있다. 실용주의에 대한 선호도가 강렬한 한국에서 이데올로기적인 측면만을 부각해 신자유주의를 비판하는 진보 세력의 주장은 공허할 수밖에 없었던 것이다. 말하자면, 김대중 정부 이래로 한국의 '민주 정부'는 신자유주의 이데올로기를 표방했다기보다 실용주의적 개혁을 통해 규제를 재조정했던 것이라고 볼 수 있다. 따라서 김대중 정부와 노무현 정부를 두고 복지정책에 많은 예산을 썼기 때문에 신자유주의 정부가 아니라고 주장하는 것은 신자유주의 체제의 작동 방식을 잘 모르기 때문에 가능한 일이다.

　　쌍용자동차의 문제에서 혼란을 느끼는 것은, 이데올로기적인 차원에서 재현하는 신자유주의와 실제로 작동하는 신자유주의 사이에 가로놓인 괴리를 정확하게 인식할 수 없었기 때문이다. 현실에서 본다면 신자유

11　이정환, 「쌍용차 파산하면 노조의 책임일까」, 『미디어오늘』, 2009년 8월 3일.

12　홍성태, 「쌍용차 진압은 제2의 '광주 학살'이다」, 『프레시안』, 2009년 8월 5일.

13　여기에 대한 논의는 다음을 볼 것. Leo Panitch · Martijn Konings, eds. *American Empire and the Political Economy of Global Finance*, London: Palgrave, 2008. 특히 1장 "Demystifying Imperial Finance"를 참조할 것.

주의는 실용주의의 모습으로 나타나기 때문에, 이데올로기적 비판을 통해 신자유주의에 대한 문제의식을 대중화할 수가 없었던 것이다. 이런 무력한 상황에서 '이명박 반대=신자유주의 반대'라는 공식을 붙들고 이길 수 없는 게임을 벌이고 있는 게 지금 진보 세력이 처해 있는 현실이다. 쌍용자동차 사태에서 주목해야 할 것은 바로 노사 간의 협상을 결렬시킨 하나의 사안에 숨어 있다고 생각한다. 결정적으로 노사의 대화를 어긋나게 만든 그 사안이 무엇인가? 바로 쌍용자동차 직원이라는 신분을 유지하게 해달라는 노조 측의 주장이다.

물론 이게 '진실'이지만, 진리는 이 진실의 배면에 뫼비우스의 띠처럼 엮여 있는 것 같다. 이 진리를 인지하기 위해 우리는 질문을 뒤집어서 사측에게 되물어봐야 한다. 도대체 사측은 왜 노조 측의 안을 수용하지 않은 걸까? 과연 노조 측이 제시한 안이 그렇게 부당한 것인가? 전혀 그렇지 않다. 노조 측은 "이미 8개월 무급 휴직과 유급 순환 휴직 등에 합의한 상태"였다. 그렇다면 회사로서 손해 볼 일은 없다. 그런데 왜 사측은 이런 노조 측의 안을 거부한 것일까?

이것은 한나라당이 정치적 생명을 걸고 미디어법을 통과시킨 사건과 무관하지 않다. 신자유주의는 이데올로기적인 측면에서 복지국가를 공격하고, 국가에 대한 시장의 우위를 주장하지만, 실제로 이런 주장과 다르게 작동하는 것이 신자유주의의 실체라고 할 수 있다. 일반적인 의미에서 신자유주의가 관철시키고자 하는 것은 궁극적으로 미국 금융 자본의 이해관계고, 이에 대한 제도적인 연결고리들을 만들어내는 것이다. 미국을 살찌워서 거기에서 떨어지는 떡고물을 얻어먹겠다는 것, 다시 말해서 미국 금융 자본을 중심으로 피라미드적인 위계 구조를 만들어내는 것이 신자유주의 개혁의 목적이라고 볼 수 있다.

금융위기를 통해 재편되고 있는 미국 중심 자본주의 체제의 입장에서 본다면, 쌍용자동차는 청산해야 할 과잉 투자의 잔재다. 이런 논리에서 이명박 정부는 쌍용자동차 청산 방침을 굳힌 것이고 사측은 이를 따르는 것이라고 볼 수 있다. 사라져야 할 회사를 붙들고 있는 건 정부도 회사도 아닌 노동자들이다. 현실은 이렇다. 유럽인들이 '복지국가'를 지키기 위해 투쟁하듯이, 쌍용자동차를 지키기 위해 한국의 노동자들이 싸우고 있는 것이다. 지금 쌍용자동차 노동자들이 싸우고 있는 대상은 사측도, 정부도, 경찰도 아닌, 바로 이 괴물 같은 미국 중심의 금융 자본주의 체제 자체다. 이 체제의 이해관계를 위해 사측과, 정부, 그리고 이들을 재현하는 직접적 물리력인 경찰이 대리 투쟁을 벌이고 있는 것이다. 진보 세력은 지금 벌어지고 있는 쌍용자동차 투쟁의 중요성을 재인식해야 한다. 한국 노동운동의 동력이 급격히 중간계급화하고, 이른바 진보지식인들이 기업과 노동운동의 대화합을 이야기할 때, 신자유주의적 규율권력의 규제를 직접적으로 감당해온 그 노동자들의 '주체'가 포기할 수 없는 욕망의 '예외 상태'를 보여주고 있는 것이다.

쌍용자동차 사태가 남긴 것은 분명하다. 이것은 패배냐 승리냐 왈가왈부하는 이분법적인 판단을 넘어선 그 무엇이다. 첫째, 쌍용자동차 사태는 정규직 노동자를 비정규직으로 내몰고 해고시킨 원인이 무엇인지, 다시 말해서 진정한 노동자의 적이 무엇인지를 노동자 자신들에게 강렬하게 각인시켰다. 정부는 이번에 '법치'를 위해 개입하지 않았다고 말했지만, 이 자명한 사실을 통해 노동자를 압박하는 것이 선거를 통해 선출된 정부라기보다 '선출되지 않은 권력'이라는 사실을 보여준 것이다. 이 권력은 신자유주의라는 이데올로기적 규율화와 병행해서 미국 중심으로 재편되어온 세계 금융 자본주의 체제의 구현이기도 하다. 이 권력은 특정 세력이라기보다 이 체제의 논리를 내화하고 있는 주체의 재생산 구조라고 할 수 있다.

둘째, 쌍용자동차 사태는 '민주당으로 대동단결'이나 '기업과 노동운동의 대화합', 더 나아가서 '합리적 진보와 보수의 소통'이라는 중간계급 이데올로기의 허구성을 적나라하게 폭로했다. 결국 신자유주의적 세계체제에서 정규직 노동자의 이해관계를 대변해주거나 관철시킬 수 있는 자리는 존재할 수 없다는 사실을 쌍용자동차 사태는 대단위 사업장 노동자들에게 새삼 확인해주었다. 이런 문제들을 감안한다면, 주대환 같은 이들이 주장하는 "대한민국을 긍정하자"는 구호들은 궁극적으로 금융 자본주의의 재편 과정에 효과적으로 대응할 수 없는 체제 순응주의에 지나지 않는다는 사실을 여실히 보여주는 것이기도 하다.

셋째, 쌍용자동차 사태는 진보 세력의 전략 전술에 대한 전면적인 수정을 요구하는 것이기도 하다. '총고용 보장'이나 '공적 자금 투입'이라는 대안을 제시하고 지지 단식을 하는 게 앞으로 밀어닥칠 새로운 국면을 타개할 수 있는 효과적 투쟁 방식이 아니라는 사실을 깨달을 필요가 있다. 말하자면 진보 세력에게 발상의 전환이 필요한 것이다. 국가를 시장의 대안으로 제시하고 국가 기능의 강화를 내세우는 폴라니주의나 케인즈주의의 망령에서 좌파들은 과감하게 벗어나야 한다. 한국은 선진 자본주의 국가와 달리 '복지국가'의 경험을 갖고 있지 않다. 이런 상황에서 '복지국가 수호'라는 유럽식 대안을 일방적으로 차용하는 것은 적절한 정치적 효과를 기대하기 어렵다. 진보 세력의 위기를 낳고 있는 것은 전망의 부재 때문이지 대안의 부재 때문이 아니라는 사실을 자각해야 한다.

김대중

2009년 김대중 전 대통령이 세상을 떠났다. 노무현 전 대통령의 서거 이후 민주화를 대표하던 또 다른 상징적 인물이 역사 속으로 사라졌다. 물론 김 전 대통령의 죽음을 일방적으로 노 전 대통령의 죽음에 비교하는 것은 적절하지 않지만, 여하튼 정치를 인물 중심으로 사고하는 한국 사회의 특성상 김 전 대통령은 노 전 대통령과 필연적으로 겹쳐질 수밖에 없는 것 같다. 이건 '정상국가'를 향한 한국 시민사회의 유토피아 충동이 국가의 관리를 벗어나서 떠돌고 있기 때문이기도 하지만, 동시에 1987년 체제로 지칭할 수 있는 한국 민주화 운동의 제도화를 상징적으로 구현하고 있는 두 인물이 더 이상 곁에 존재하지 않는다는 상실감을 표현하는 것이기도 하다.

이 상실감은 심리적으로 죄책감을 불러일으키고 부채의식으로 작동한다. 지금까지 한국 사회를 주도한 '정치'는 이 부채의식과 무관하지 않았고, 이런 측면에서 두 전직 대통령의 서거는 향후 한국 사회의 정치 상황에 중요한 변수로 작용할 가능성이 크다. 이번에 장례 절차를 두고 일어났던 국장 논란은 이런 사실을 예비하는 것이라고 할 수 있다. 얼핏 보면 사소한 것처럼 보이지만, 김 전 대통령의 장례가 국장으로 치러진 것은 중요한 의미를 갖는다. 그리고 형평성 논란을 잠재우면서 이명박 대통령이 이번 결정에 중요한 역할을 했다는 보도는 현 정부를 신뢰하지 않는 이들에게 기만처럼 들리겠지만, 거시적 관점에서 본다면 상당히 흥미로운 사건이라고 할 만하다.

이런 결정은 궁극적으로 이명박 정부도 민주주의의 기초를 닦은 김

전 대통령의 '업적'을 인정할 수밖에 없었다는 사실을 암시한다. 일부에서 이명박 정부를 독재 정권 또는 파시스트 집단이라고 부르고 있지만, 이들이 집권을 할 수 있었던 까닭은 아이러니하게도 김 전 대통령이 일궈놓은 '절차적 민주주의' 덕분이었다. '평화적 정권 교체'야말로 한국 사회의 정치 상황을 진일보시키고 절차적 민주주의의 기초를 닦는 계기였던 것이다. 김대중 정부의 출현은 냉전 시대의 종언을 의미했으며, 반공 이데올로기의 우물에 빠져 있던 한국이라는 '섬 사회'를 세계 무대에 데뷔시키는 중요한 역할을 했다. 김 전 대통령의 노벨상 수상은 바로 이 점을 각인시키는 일이었다.

　냉전 시대가 가져다준 특권에 안주하고자 했던 이른바 수구 세력들은 김 전 대통령을 '빨갱이'로 색칠하기 바빴고, 몰상식하고 개념 없는 일부 한나라당 의원들도 사익에 연연해 그의 노벨상 수상을 폄하하기 위해 여념이 없었지만, 이런 편협하고 고루한 세계관은 곧 이어 밀어닥칠 금융 자본주의적 세계체제 재편과 시장주의의 파고 앞에서 아무런 힘을 발휘할 수 없는 노릇이었다. 조갑제나 지만원은 군사 정권 아래에서나 특권을 누릴 수 있었지, 세계화가 만들어낸 새로운 경제구조에서 한낱 허경영보다 못한 광대로 전락해야 했다. 새로운 상황에 제대로 적응하지 못하는 수구 세력에 대한 조롱은 국민 스포츠가 되었고, 금융 자본주의의 논리로 재편되고 있던 현실을 제대로 파착하지 못했던 조갑제나 지만원 같은 이들은 이 모든 변화의 원인을 '빨갱이' 탓으로 돌리면서 입에 거품이나 무는 게 최선의 방책이었다.

　김 전 대통령은 근대적 시민의식을 갖추지 못한 한국의 부르주아 세력에게 아픈 가시 같은 존재였다. 그의 일대기가 보여주듯이, 김 전 대통령은 민족과 인권이라는 두 가지 범주에 충실한 정치인으로서 유일한 '근대인'이었다. 말하자면 김 전 대통령이라는 '개인'은 한 사람의 정치인이라는 차원을 넘어서서 한국 사회가 갈구하는 '선진국'의 미래를 대표하는 상징성을 가졌다고 할 수 있다. 그의 일대기가 증명하듯이, 김 전 대통령은 기독교적 신앙에서 근대적 윤리의 경험을 추출했던 서구 근대 시민의 삶을 살아낸 인물이기도 하다. "하느님이 주신 것이기에 인권은 초국가적인 것"이라는 그의 발언이나, 사형제 폐지에 적극적인 정책을 실시한 것, 그리고 그 당시에 불모지에 가까웠던 문화정책의 개념을 정부기관에 도입한 것에서 확인할 수 있듯이, 여러 모로 그가 이끈 정부는 이른바 선진국이라는 기표로 한국 사회에 기형적으로 운위되었던 '보편 상식'을 본격적으로 제도화했다고 할 수 있다.

　한마디로 그야말로 한국 사회에 합리적 보수의 의미를 각인시키고 실천했던 인물이었던 셈이다. 그의 정부가 신자유주의적 개혁을 수용할 수밖에 없었던 것은 이런 보수주의에 내재한 한계 때문이었지만, 또한 '민족'이라는 범주를 매개로 북한을 배제의 대상이 아니라 세계체제에서 함께 해야 할 '형제'로 받아들이도록 만들었다는 점에서 김대중 정부는 진보 세력이 일방적으로 비판하는 것과 다른 차원의 신자유주의를 실천했다고 볼 수 있다. 그러나 김대중 정부가 분명히 합리적 보수주의에 근거한 우파 정권이었음에도, 냉전 세력은 이 모든 것을 김대중 개인의 '빨갱이 사상'으로 인한 '좌경화'로 치부했다. 이 세력들은 냉전체제에서 명예와 부를 회득한 존재들이었고, 자신들의 이권을 수호하기 위해 소수의 특수한 이해관계를 옹호하기 위한 이데올로기를 보편화하기 위해 발버둥쳤다. '잃어버린 10년'이라는 수사는 이런 관점에서 탄생한 것이다.

　그러나 세상은 그렇게 호락호락하지 않다. 근대의 보편 상식은 변화를 수용하지 못하는 낡은 세력이 사라지는 것을 '진보'라고 불러왔다. 이것이 바로 '진화론'을 체득한 과학적 세계관의 핵심이고, 자본주의의 시장 원리도 이런 원리를 닮아 있다. 자본주의의 합리화가 가속화하면 할수록 진화의 논리는 늙고 병든 것들을 경쟁에서 도태시켜버릴 것이다. 이 경쟁에서 조갑제와 지만원은 살아남을 수 있을까? 불가능하다. 시장 원리를 벗어난, 진화라는 철의 법칙을 뛰어넘는 '특권'이 없다면, 이들은 살아남을 수 없다. 미디어법 통과가 보여주는 것이 이것이다. 금융지주회사법과 미디어법은 결국 하나의 결과를 낳겠지만, 사실은 숱한 갈등을 내포한 긴장관계를 드러낸다. 미디어법이야말로 지금 현재 재편되고 있는 새로운 세계 경제체제에서 과거 냉전 이데올로기 장사로 일관하던 몇몇 거대 신문사들이 일시적이나마 연명할 수 있는 특권을 부여해줄 수 있을 것이기 때문이다.

　이명박 대통령이 김 전 대통령의 장례를 국장으로 결정한 것은 국가가 정작 누구의 것도 아니라는 사실을 인정한 것이기도 하다. 적어도 자신을 민주주의의 적이라고 생각하지 않는다면, 이명박 대통령이 할 일은 '잃어버린 10년'이라는 망상에서 한시바삐 벗어나서 김 전 대통령이 제시한 합리적 보수주의의 비전을 수용하는 것이다. 김 전 대통령의 존재는 세계에서 칭송해 마지않는 한국의 민주주의가 수구 세력이나 부르주아의 업적이 아니라는 것을 증명한다. 합리적 보수주의를 정착시킬 수 있는 이른바 '소통'이나 '통합'은 이 엄연한 사실을 인정하고 수용하는 이명박 대통령의 '결단'을 통해 가능한 것처럼 보인다. 이것이야말로 이명박 대통령을 '민주주의적 진화'에서 도태되지 않도록 만들어줄 유일한 방책이다. 생애의 마지막에 성공한 대통령으로 평가받기를 원한다면, 산 이명박 대통령은 죽은 김대중 전 대통령의 메시지에 귀 기울여야 한다.

김길태와 한국 사회

한국은 복수의 사회다. 정적을 제거하고 씨족을 멸하는 습속이 정의처럼 받아들여지는 것이 다반사다. 법은 멀고 주먹은 가깝다는 생각이 심오한 철학처럼 운위되는 곳도 한국이다. 특히 그 대상이 공동체의 윤리에 들어맞지 않거나, 개전의 여지가 없는 악으로 규정되었을 때, 복수는 진정 나의 것으로 승인받는다.

부산 덕포동 중학생 사건도 마찬가지다. 조사가 이루어지고 있고, 법원의 판결이 남아 있을 때에도 이미 '용의자' 김길태는 더 이상 '용의자'가 아닌 의심할 까닭 없는 '범인'이었다. 오직 필요한 것은 김길태라는 악의 화신을 처단하는 스펙터클이었다. 중국과 북한의 공개 처형을 비난하던 국가에서 똑같이 벌어졌던 이 외설적 장면은 '공공의 적'은 법보다 주먹을 통해 직접 제거해야 한다는 세속의 믿음을 아무런 의심 없이 되풀이하는 것

+ **김길태 사건**
2010년 2월 24일경 김길태라는 30대 남성이 부산광역시 사상구 덕포동에서 집안에 있던 예비 중학생을 납치·성폭행·살해하고 유기한 사건. 부산에서 실종된 한 여중생이 집 부근의 가정집 물탱크 안에서 나체로 숨진 채 발견되면서 세상을 경악시켰으며, 시신에서 성폭행 흔적과 함께 DNA가 검출되면서 전국에 지명수배가 내려졌다. 그로부터 20일 만인 3월 10일에 검거되었고, 흉악범의 인권보다 국민의 알 권리가 우선되어야 한다는 측면에서 이례적으로 얼굴과 신상이 모두 공개되었다. 2010년 6월 사형을 선고받았으나 같은 해 12월 항소심 재판에서 무기징역으로 감형받았다.

이었다.

당시 초동 수사에서 보여준 실수를 만회하기 위해 경찰이 택한 방법은 여론 재판이었다. 아무런 사전 설명도 없이 경찰은 그동안 피의자의 인권을 존중한다는 합의를 깨고 김길태의 얼굴을 공개했다. 몰려든 군중을 막지도 않았다. 한 시민이 김길태의 머리를 때리는 촌극은 그래서 벌어졌다. 언론은 흉악범에 대한 공분을 여과 없이 전했고, 상황은 경찰에게 유리하게 바뀌었다. 결국 이런 상황 반전은 경찰의 판단도 포퓰리즘으로부터 자유롭지 못하다는 것을 보여주는 것이자, 동시에 경찰의 중립성에 대한 심각한 의문을 제기하는 것이었다고 할 수 있다. 당장은 유리할지 모르지만, 장기적으로 판단하면 경찰도 여론에 좌지우지 당하는 집단에 불과하다는 인식을 줄 수밖에 없다.

이런 분위기를 조성하는 데 언론도 한몫을 했다. 기다렸다는 듯이 전자 발찌 제도를 철저하게 실행하지 않은 것이나, 흉악범을 사형시키지 않는 것에 대한 불만이 공공연하게 터져 나온 것은 놀라운 일이다. 이런 불만이 향하는 지점은 '인권'이었다. 한마디로 거추장스러운 인권 문제가 발목을 잡아서 흉악 범죄가 다시 일어났다는 투다. 심지어 안양 초등학생 살해 사건과 이 사건을 관련지어서 파렴치한 범인의 모습을 부각시키는 보도들이 속속 나오는 것도 상당히 주목할 만했다. 불우했던 김길태의 성장 과정이 밝혀지고, 초등학교 시절 사진까지 공개하는 상황에서 더 이상 범인의 인권이나 사회적 양심을 옹호할 계제는 사라진 것처럼 보였다.

입양 사실을 안 뒤에 김길태가 어긋났고 그래서 이런 범죄를 일으켰다는 언론의 주장은 어떤 근거도 제시하지 않았다. 교회 앞에 버려져서 지금 부모에게 입양되었다는 김길태의 이력은 자연스럽게 '불행한 가족사가 흉악범을 낳는다'는 고전적인 이데올로기를 재확인시킬 뿐이다. 이와 같은 논리에 따르면, 영국의 소설가 찰스 디킨스Charles John Huffam Dickens가 『올리버 트위스트Oliver Twist』에서 취했던 휴머니즘조차 사치처럼 보인다. 고아였던 올리버가 어떻게 '신사(훌륭한 시민)'로 자수성가하는지를 담은 이 소설은 부르주아의 자비심을 촉구하는 것이지만, 동시에 가난을 해결할 수 있는 문제가 기본적으로 '양심'에 근거한다는 신념을 보여주는 것이기도 하다.

김길태의 문제를 대했던 한국 사회의 태도는 최소한 이런 자유주의적 양심의 범주에도 들어맞지 않을 만큼 성숙하지 못했다. 그 책임은 누구에게 있을까? 책임 소재를 따지자면 많은 부분은 경찰과 언론에 있지 않을까? 경찰은 자신의 책임을 회피하기 위해 선정적인 폭로전을 감행했고, 대다수 언론은 이런 문제를 지적하기는커녕 광고 수주에서 유리한 고지를 선점하기 위해 앞다투어 받아쓰기만을 하고 있었을 뿐이다. 사건에 대한 차분한 접근이나 대응은 전혀 읽을 수가 없었다. 김길태라는 용의자를 검거한 뒤에 한동안 이렇다 할 수사의 진척이 이루어지지 않았다는 것이 이런 사실을 반증한다. 유전자 감식 결과가 일치한다는 것 이외에 나머지 증거를 오직 그의 고백에 의존했다는 것은 무엇을 말해주는 것일까? 경찰 수사가 허겁지겁 이루어지고 있다는 것을 인정하지 않을 수가 없는 것이다.

어느덧 상황은 경찰의 손을 떠났다. 사회 구성원 모두 김길태가 범인이라는 것을 '이미' 확정해버린 마당에 경찰은 자신의 의지나 능력과 무관하게 이를 증명할 근거를 찾아내기에 바빴을 뿐이다. 안타깝게도 이런 결과를 초래한 당사자는 누구도 아닌 경찰 자신이다. 결론을 미리 내리고 증명할 방법을 찾는 이상한 전도 현상이 이 사건을 더욱 꼬이게 만들었던 것이다.

경찰과 언론이 부추기고 있는 것은 '건강한 사회'를 위해 악을 제거해야 한다는 위생학적인 공포심이다. 이와 비슷한 시기에 친북인사명단을 발표한 국가정상위원회라는 단체의 논리도 이렇다. 명칭으로 짐작하건대 이들은 지금 한국을 정상적인 국가라고 생각하지 않는다는 것인데, 그 이유는 친북인사들이 활개를 치고 있기 때문이라는 것이다. 이런 발상은 궁극적으로 몸에 침투한 병원균을 제거하면 건강을 되찾을 수 있다는 믿음에 근거하고 있다. 김길태에 대한 한국 사회의 공분에 깔려 있는 기본적인 정서도 이와 같은 믿음에서 발생한 것이다.

경찰에게 끌려 나와 군중들에 둘러싸인 김길태의 모습을 보면서 공개 처형을 통해 공동체의 분열을 무마하고자 했던 중세의 풍경을 떠올릴 수밖에 없었다. 이렇게 아직도 우리는 전근대적인 21세기를 살아가고 있는 것이다. 이 사건을 통해 입으로 '선진화'를 외치는 정부도, 경찰도, 언론도, 이 전근대성을 유지하는 것이 자신들의 이해관계에 유리하다는 것을 다시 한 번 자인한 셈이다.

모든 언론과 국민의 시선이 김길태의 입에서 쏟아져 나올 '충격적인 범행'에 맞춰져 있지는 않았는가? 비슷한 사건을 보도하는 언론의 행태에 대한 지적은 어제오늘 일이 아니었다. 그런데도 사정은 전혀 나아지지 않고 있다. 사건을 사회적 맥락에서 떼어내서 김길태라는 개인의 문제로 환원하는 태도에서 이런 한계가 발생한다.

이 사건이 우리에게 던진 교훈은 무엇일까? 이런 일이 다시 일어나지 않도록 성폭행 전과자에게 전자 발찌를 채워야 한다는 걸까, 아니면 흉악범들을 완전히 세상에서 제거해버릴 사형 제도를 강화해야 한다는 걸까? 과연 이렇게 제도를 개선하고 효율적으로 운용한다면 이런 사건은 다시 일어나지 않을 수 있을까? 물론 제대로 시행만 한다면 반복적으로 비슷한 사건들이 일어나는 것을 막을 수는 있을 것이다. 그러나 이 또한 미봉책에 불과할지도 모른다.

지금은 관심이 김길태라는 '파렴치한 악인'에게 집중되고 있지만, 결국 이 사건의 피해자는 덕포동에 살고 있던 한 여중생이었다. 일부 언론은 여중생의 죽음에 호들갑을 떨 뿐, 정작 중요한 생전의 여중생에 주목하지 않았다. 이 여중생이 어떻게 살다가 변을 당했는지 아무도 관심이 없었다. 마치 미국 범죄드라마처럼, 이 사건의 주인공은 김길태라는 잔인한 '사이코패스'와 이를 멋지게 요리하는 CSI와 프로파일러일 뿐이다. 상상의 세계에서 펼쳐지던 것들이 실현되었다는 점에서 언론의 관객들은 어떤 가상의 드라마보다도 이번 사건에서 강렬한 박진감을 느끼고 있는지도 모른다.

그러나 이 스펙터클을 넘어서서 우리는 질문해야 한다. 그 여중생은 왜 집에 혼자 있었고, 그 동네는 왜 그토록 빈집들이 많았는지 말이다. 결국 재개발이라는 한국 사회의 도시 정책이 이런 사건을 끊임없이 만들어내고 있는 원인이 아닌지 우리는 반문해야 한다. 재개발이라는 명목으로 거주민들을 몰아내고 동네를 파괴하는 것이 누구에게 가장 극심한 피해를 주고 있는지 이번 사건은 정확하게 증명한다. 부동산 시세 차익을 통한 부의 축적 방식은 거주민들에게 결코 안전한 삶을 보장할 수가 없다. 어제까지 한동네 주민이었던 이들은 하루아침에 뿔뿔이 흩어져서 각자 살길을 찾아가야 한다. 이것이 곧 1980년대 이후 한국 사회에 펼쳐졌던 신산한 삶의 풍경이었다.

이 사건이 우리에게 일깨우는 것은 이렇게 마구잡이로 달려온 한국 자본주의에 대한 반성이다. 용산 철거민과 부산 여중생의 죽음은 사실 그렇게 멀리 있지 않은 것이다. 재개발의 이권에 삶의 터전을 내어주는 악순환을 끝내지 않는다면 이번 사건은 끊임없이 다른 모습으로 우리 앞에 나타날 것이다. 김길태 사건은 하늘에서 갑자기 뚝 떨어진 것이 아니라, 무너진 '우리 동네'의 잔해 속에 도사리고 있던 위험이 현실로 튀어나온 것에 불과하다. 유령처럼 텅 빈 집들은 '동네 발전'이라는 명분으로 방치되어 있던 공간이다. 사람들이 떠나버린 폐허에서 아무도 관심을 기울이지 않았던 어린 생명이 목숨을 잃었다. 김길태라는 극악무도한 범인에게 모든 사태의 책임을 돌리면 간단하겠지만, 그에게 사형 선고를 내린들, 그를 완전히 세상에서 분리시킨들, 죽었던 여중생이 살아오지도, 앞으로 비슷하게 죽어갈 다른 여중생을 구하지도 못할 것이다.

경쟁에 대하여

한국 사회를 맹렬한 경쟁의 세계로 보는 건 일반화된 '좌파적 시선'인 것처럼 보인다. 역으로 우파는 경쟁을 '자기 것'으로 보고 이것을 옹호하는 게 일반적이다. 그런데 과연 그럴까? 한번 생각해보자. 한국의 우파가 경쟁을 긍정적인 것으로 받아들이고 있는 까닭은 우생학적 담론과 무관하지 않다고 판단된다. 한국 사회가 본격적으로 자본주의화하면서, 특히 박정희 근대화 시기에 국가적인 차원에서 우생학 담론이 자기 규율의 핵심으로 자리 잡았다는 생각이다. 이 말은 단순하게 우생학 담론이 경쟁을 조장한다, 이런 뜻이 아니고, 일종의 과학적 패러다임으로 자리 잡아서 경쟁을 강화하는 것을 보증해준다는 의미다. 말하자면 '경쟁주의=과학적으로 증명된 가설'이라는 대중적 믿음을 유포하기 위해 우생학적 논리가 동원되고 있는 것이다. 멀리 거슬러 올라가면 구한말부터 이런 생각들이 뿌리내리기 시작했으니 연원은 꽤 오래되었다. 한국이 약소국이라서 강대국에게 주권을 빼앗겼다는 논리는 우생학적 논리가 민족주의와 결합한 예라고 볼 수 있다.

그러므로 우생학적 담론은 한국 사회에서 우리가 목격하고 있는 지나친 경쟁의 원인이라기보다 이 증상을 유지하기 위한 핑계 같은 것이라고 볼 수 있다. 기본적으로 한국인들은 경쟁을 통해 지극한 즐거움, 더 나아가서 주이상스를 얻고 있는 것이다. 페어플레이라는 건 서로에게 피해를 주지 않고 자신의 쾌락을 즐기자는 것이지만, 사람들은 대개 페어플레이보다 막장 투혼에서 형언할 수 없는 쾌감을 얻기 마련이다. 한국 축구를 떠올려보면 알 수 있을 것이다. 이런 구조에서 한국 사회는 경쟁이라는 증상에서 즐거움을 얻고 있다. 심지어 좌파라는 이들도 경쟁이라는 것이 반드시 나쁜 것이 아니라고 생각할 수밖에 없는 까닭이 바로 이런 경쟁의 속성 때문이다.

게다가 기본적으로 경쟁은 비슷한 능력을 전제할 경우에 가능하다. 아예 능력 차가 너무 많이 나면 경쟁이 되질 않는다. 따라서 경쟁은 일정하게 평등주의적 요소도 내포하고 있는 것이다. '믿음'의 좌파가 아니라 '합리적' 좌파라면 이런 경쟁의 공정성을 부정하기 어렵다. 한국 사회가 경쟁이 치열하다고 하지만 옛이야기고, 나는 앞으로 실질적으로 경쟁이 약화될 수밖에 없다고 본다. 경쟁이라는 것이 '비슷한 처지'를 보장받아야 가능한 것이라면, 동등한 능력이나 처지가 보장되지 않을 때 경쟁을 할 수가 없다는 결론을 얻을 수 있다. 지금 한국 사회에서 급속하게 진행 중인 중간계급(의식)의 몰락은 경쟁 자체에 대한 욕망을 포기하게 만들 공산이 크다. 그렇다면 경쟁에서 더 이상 즐거움을 얻지 못하게 될 것이고, 필리핀이나 인도처럼, 아예 경쟁 없는 '신분사회'로 가게 될 수 있다. 그러나 나는 한국 사회에 강고하게 뿌리박고 있는 '쾌락의 평등주의' 때문에 이런 사회로 가지 않고 무엇인가 다른 방책이 나올 수도 있다고 생각한다.

결론적으로 지금까지 한국 사회가 경쟁에 미쳐 있는 것처럼 보이는 건 그만큼 중간계급(의식)이 광범위했고, 너도나도 '쾌락의 평등주의'를 주장했기 때문이라고 볼 수 있다. 하지만 이게 현실적으로 점점 어려워진다는 것을 깨닫는다면, 상황은 달라질 것이다. 지금 한국 사회가 이 단계에 와 있는 게 아닌가 싶은데, 분배와 관련한 이슈도 경쟁에서 더 이상 쾌락을 얻지 못할 때 힘을 받을 수 있겠다. 분배는 정확하게 말하자면 경쟁과 대립하는 것이 아니라 적자생존과 반대항에 놓인 것이다. 분배는 적자생존의 경쟁이라기보다 자기애의 세계에서 가능한 것이고, 이건 되는 놈만 살게 하자는 강자의 논리라기보다 각자 특이성(개성)에 기반을 둔 선의의 경쟁을 전제하는 것이다.

최근 표면화하고 있는 초식남이나 건어물녀는 더 이상 적자생존식 경쟁에서 즐거움을 얻지 못하는 '자기애적 주체(나르시시스트적 주체)'를 보여준다. 무기력해 보이는 요즘 20대들도 마찬가지이지 않을까. 김예슬의 경우도 그렇게 과감하게 '학교 포기' 선언을 할 수 있었던 것이 이런 상황과 무관하지 않을 것이다. 더 이상 '경쟁'에서 즐거움을 얻지 못하고 오히려 그 경쟁이 고통스러울 때, 이런 주체는 그것을 강요하는 체제를 이탈해버릴 수 있다. 경쟁은 선악의 판단을 넘어서 있는 현상이다. 그러니까 경쟁이 나쁘다고 말하거나 좋다고 말하는 건 잘못된 진술이다. 좌파가 경쟁이 나쁘다고 말한다면 백전백패일 것이고, 우파도 마찬가지로 경쟁이 좋다고 말해봤자 자기들에게 이로울 게 없다. 그럼 삼성의 특혜는 뭐냐 이런 공격을 받기 십상이기 때문이다. 결국 경쟁에 대한 좌파, 우파의 입장은 '시차적 관점'일 뿐이다.

신세경, 송두율, 쌍용자동차

2010년 한동안 유령 하나가 한국 사회를 떠돌았다. 햄릿의 아버지도, 공산주의도 아닌 유령이. 이 유령은 일명 시트콤 〈지붕 뚫고 하이킥〉의 신세경이었다. 물론 드라마에서 신세경의 캐릭터가 유령인지 아닌지 알 수 없다. 최소한 드라마를 만든 김병욱 PD는 신세경을 유령으로 설정한 것 같지 않다. 그러나 형식 논리상 그렇다는 것이지 드라마가 종영한 뒤에 일어난 후폭풍은 신세경을 기어코 유령으로 만들고 말았다. 마르크스의 말이 옳다면, 유령은 나타나는 것이 아니라 "불리는 것"이다. 마치 공산주의처럼

+ **시트콤 〈지붕 뚫고 하이킥〉**
MBC에서 제작한 시트콤 〈거침없이 하이킥〉 시리즈 두 번째 작품이자 2009년 9월부터 2010년 3월까지 방영된 일일 시트콤으로, 젊은 층의 큰 지지와 반향을 불러왔다. 극중 손녀딸인 초등학생 해리가 자주 쓰는 말로 '빵꾸똥꾸'라는 유행어를 탄생시켰는데, 이를 두고 방송통신심의위원회가 '방송법 제 100조 1항'을 위반하는 버릇없는 언행이라며 징계 결정을 내리기도 했다.

+ **영화 〈경계도시 2〉**
2003년 귀국한 재독학자 송두율 교수가 귀국 10일 만에 '대한민국 최대의 거물 간첩'으로 몰리기까지를 기록한, 2009년 홍형숙 감독의 다큐멘터리.

+ **영화 〈당신과 나의 전쟁〉**
2009년 5월 벌어진 쌍용자동차 노동자들의 투쟁 과정을 통해 현재 우리가 딛고 있는 현실을 되돌아보는 내용을 담은, 2009년 태준식 감독의 다큐멘터리.

말이다.

　이런 상황은 무엇을 말해주는 것일까? 드라마에 대한 지나친 애정이 빚은 해프닝일까? 그렇게 말하고 덮어버릴 일은 아닌 것 같다. 드라마의 결말을 두고 벌어진 다양한 반응은 단순한 현상이라고 말하기 어렵다. 시청자는 왜 신세경의 '죽음'을 인정할 수 없는 것일까? 익숙지 않은 형식 때문일까? 아니면, 여주인공의 죽음이 가져다주는 충격을 방어하기 위한 심리 때문일까?

　여러 가지 추측이 가능하겠지만, 분명한 것은 있다. 이런 결말에 반발하는 태도는 〈지붕 뚫고 하이킥〉이라는 드라마를 현실과 등치시켜온 인식의 결과라는 사실이다. 여기에서 주목해야 할 것은 이런 인식 자체다. 도대체 〈지붕 뚫고 하이킥〉은 어떤 인식을 시청자에게 부여했을까? 그 비밀은 신세경이라는 인물에게 감춰 있는 것처럼 보인다. 누구나 동의하는 사항이지만, 이 드라마의 핵심은 신세경이다. 이런 까닭에 신세경이라는 매개자의 '실종'은 드라마에 애착을 보이던 시청자가 감당하기 어려운 결말로 받아들였을 것이다. 신세경은 이 드라마의 설정을 처음부터 황당하게 만드는 인물이었다. 강원도 산골에 살다가 갑자기 나타난 빚쟁이들 때문에 흑염소 운반 차량을 타고 서울로 온다는 발상 자체가 예사롭지 않았다.

　이 예외적 상황에서 신세경은 존재의 의미를 획득한다. 신세경은 자발적으로 서울로 온 것이 아니라 타의에 인해 도시 공간으로 들어온다. 물론 그가 도시를 떠나서 강원도에 머문 것도 타의에 의한 것이다. 그가 타의를 벗어나서 자신의 선택을 했을 때, 그의 세상은 끝난다. 그 세상은 신세경에게 타의만 강요한 장소지만 또한 그로 인해 신세경을 존재하게 만든 조건이었다. 〈지붕 뚫고 하이킥〉은 신세경이라는 존재를 통해 이 장소와 조건에 문제를 제기한다. 강원도 산골소녀 신세경은 서울에 들어오면서 '욕망'을 얻는다. 서울이라는 상징계에서 그가 원하는 것은 아버지와 함께 사는 것이다. 그러나 그 소망은 성취할 수 없다. 아버지가 귀환했을 때, 신세경은 비로소 그 사실을 깨닫는다.

　지훈은 신세경에게 단순한 사랑 이상의 의미가 있다. 지훈은 욕망의 기표다. 신세경의 아버지에게는 없는 것을 지훈은 가졌다. 이 모든 것을 가진 세계에서 신세경의 몫은 없다. 완벽한 부르주아의 세계. 정상적으로 보이는 이곳은 그러나 서로가 서로에게 '빵꾸똥꾸'에 지나지 않는 세계다. 이 공공연하게 비밀스러운 세계에서 신세경은 홀연 이 진리를 드러내는 주체다. 비정상적 세계를 정상적인 것처럼 유지하는 존재가 바로 신세경이라는 '가정부'다. 21세기에 '가정부'라는 설정은 위악적이지만, 동시에 과거에 우리가 남겨놓고 온 어떤 기억의 귀환을 암시한다.

신세경이 서울에 들어오면서 시작한 〈지붕 뚫고 하이킥〉은 신세경이 현실을 떠나면서 종결한다. 이를 통해 신세경이 외부에서 인입한 시선이라는 사실을 깨달을 수 있다. 그 외부는 그 무엇도 아닌 우리의 과거다. 억압했던 과거의 귀환, 이것이 신세경인 것이다. 이 드라마를 통해 시청자가 얻은 인식은 아이러니하게도 우리 자신의 과거에 대한 것이다. 그것도 '청순 섹시한' 과거. 황정음도 있고, 정보석도 있고, 이순재도 있고, 김자옥도 있지만 이들은 보이는 자지 보는 자가 아니다. 오직 이들을 볼 수 있는 시선은 신세경이라는 '소외'에 있었다. 내부에 있지만 사실은 외부에 해당하는 신세경의 시선이야말로 〈지붕 뚫고 하이킥〉에 현실감을 부여한 비현실적 요소였던 셈이다.

신세경의 이야기는 단순한 허구에 지나지 않는 걸까? 그런 것 같지 않다. 우리가 몸담고 있는 이 세계를 되비추는 것은 언제나 신세경 같은 외부의 시선이다. 외부는 언제나 허구를 통해 드러나는 진리다. 그러나 여기에서 운위하는 외부라는 것은 우리 자신의 내면을 통해 만들어졌다. 우리가 무언가 잊어버린 곳, 거기에 외부가 있다. 홍형숙 감독이 만든 영화 〈경계도시 2〉는 이 사실을 정확하게 보여준다. 이 영화는 다큐멘터리로서 2003년 한국 사회를 떠들썩하게 한 재독학자 송두율 교수의 한국 방문을 다루고 있다. 이 작품은 〈지붕 뚫고 하이킥〉과 달리 다큐멘터리지만, 주제의식을 형성하는 방식은 비슷하다. 신세경은 여기에서 송두율이라는 '현실'로 대체되어 나타난다. 이 다큐멘터리는 송두율이라는 '다른 신세경'에 대해 이야기한다. 경계인에서 거물 간첩으로 추락한 재독학자의 귀향을 다룬

이 영화에서 우리는 익히 알고 있었지만, 확인하지 못했던 한국 사회의 모습을 목격한다.

송두율이라는 '분단의 신세경'이 드러내는 것은 '단일한 대한민국'이다. 흥미롭게도 이 대한민국은 민족의 이름으로 민족주의자 송두율을 '죄인'으로 낙인찍는다. 이 민족주의자가 죄인이라면, 도대체 그의 죄는 무엇일까? 다큐멘터리가 질문하는 이 지점에서 관객은 새로운 시선을 마주해야 한다. 신세경과 마찬가지로, 송 교수도 한국이라는 현실에서 자신의 꿈을 이룰 수 없다. 경계인이라는 꿈을 이루기 위해 그는 한국으로 돌아오려고 했지만, 이곳에서 그는 몫을 인정받지 못한다.

그러나 다큐멘터리는 경계인을 수용하지 못하는 한국 사회의 경직성을 말하는 것처럼 보이지 않는다. 마치 〈지붕 뚫고 하이킥〉이 신세경을 사랑하지 못하는 지훈의 고리타분함을 보여주지 않는 것처럼 말이다. 오히려 〈경계도시 2〉는 경계인의 의미를 알면서도 이를 완강하게 부정하는 한국 사회의 모습을 보여준다. 카메라가 보여주는 현실은 합리성에 대한 근본적인 질문을 던지게 한다. 기자는 '논리'를 빙자해서 제멋대로 발화의 의미를 왜곡하고, 우파는 자신의 입맛에 맞춰 송두율이라는 개인에게 마음대로 '모자'를 씌웠다. 여기에 좌파라고 불리는 진보개혁 세력도 예외는 아니었다. 오히려 이들은 더욱 합리적인 외피를 쓰고 송두율이라는 개인을 압박한다.

좌·우파를 막론하고 이들에게 '경계'라는 말은 모호한 평계로 들릴 뿐이다. 이들은 이구동성으로 "조선노동당에 입당해놓고 무슨 경계인인가?"라고 물었다. 이들의 세계 인식을 지배하는 것은 이것 아니면 저것이라는 명명백백한 이분법이었다. 우파가 남이냐 북이냐 둘 중 하나를 선택하라고 윽박질렀다면, 좌파는 독일 국적이냐 한국 국적이냐 둘 중 하나를 포기하라고 압박했다. 겉으로 보기에 이 모든 행위는 인간 송두율을 위하는 척했지만, 사실은 경계인 송두율을 배제하는 것을 목표로 삼는 것 같았다. 이들에게 불편한 진실은 경계인이었다. 도대체 이런 일이 왜 벌어진 것일까?

경계인이야말로 한국 사회에서 '외부인'을 뜻하기 때문이다. 이 '외부'
는 결국 우리의 과거였지만, 이미 그 과거는 우리에게 낯선 것으로 변해버
렸다. 이런 까닭에 '경계인'이라는 말은 이쪽도 저쪽도 속하지 않는 중립자
의 모습으로 비쳤을 뿐이다. 물론 송두율 교수는 경계인의 개념을 이렇게
사용하지 않았지만, 한국 사회는 복잡한 철학적 의미 따위에 관심이 없었
다. 한국 사회가 요구한 것은 송 교수에게 '죗값'을 치르라는 것이었다. 과
연 무슨 죄를 지었기에 송 교수는 이런 요구를 받은 것일까? 다큐멘터리는
이 논란의 중심에 국가보안법이 있다는 사실을 보여주지만, 주목해야 할
것은 이보다도 경계인이라는 범주 자체를 거부하려는 한국 사회의 무의식
이다.

송두율 교수의 경계인은 '남과 북 어디에도 속하지 않는 존재'인 것
은 사실이지만, 이런 경계인의 속성은 두 체제 모두에 동의하거나 동의하
지 않기 때문에 얻어지는 것이 아니다. 그에게 경계인은 '통일 한국의 시민'
과 동의어였다. 송 교수 사건이 폭로하는 것은 각자의 민족주의는 있되, 민
족이 없는 한반도의 현실이다. 두 체제 모두 민족을 이야기하지만, 정작 '하
나의 민족주의'가 없는 것이다. 그러므로 송 교수의 귀환은 한국 사회에 부
재한 민족의 실체를 드러낸 사건이다. 마치 신세경이 부르주아의 정상성을
비정상성으로 보여주듯이 말이다.

결과적으로 한국 사회에 경계인 따위는 필요 없는 것이다. 필요한 것
은 오히려 자신들의 세력을 불리는 데 이용할 '우군'이었을 뿐이다. 신세경
과 마찬가지로 송 교수는 민족에 대한 순수한 마음을 고백한 뒤 한국 사
회에서 사라져야 했다. 한국 사회는 경계인이라는 외부의 시선 자체에 거
부감을 느꼈다기보다 그것으로 인해 드러나는 한국 사회의 진실에 불편해
했다고 할 수 있다.

신세경의 고백은 '신분의 사다리'를 올라갈 수 없는 자신의 입장에 대
한 강변이었다. 남을 짓밟고 올라가는 계급 상승에 동의하지 않는다는 측
면에서 신세경은 송두율 교수를 닮았다. 외부의 시선이라는 것은 이들에게
나누어진 공동체의 몫을 지칭하지 않는다. 오히려 이들은 공동체의 윤리

에서 배제당한 존재들이다. 〈지붕 뚫고 하이킥〉은 허구기에 이를 뒤집어서 보여주고, 〈경계도시 2〉는 다큐멘터리기 때문에 그대로 보여주고 있을 뿐이다.

이 모두는 허구거나 과거사의 일인 걸까? 역시 그런 것 같지 않다. 쌍용자동차 파업을 다룬 또 다른 다큐멘터리 영화 〈당신과 나의 전쟁〉에서이 모든 사실은 현실감을 통해 다시 한 번 반복하고 있기 때문이다. 자본가가 버리고 떠난 공장을 노동자가 나서서 지키려고 하자 정부는 공권력을 투입해서 이들을 제지한다. 노동자의 몫은 자본가가 시키는 일을 하다가 그만두라면 순순히 그만두는 것이다. 그런데 이런 노동자가 자본가의 몫을 침해했을 때, 다시 말해서 자본가가 해야 할 역할을 대신하려고 할 때, '국가'는 이들에게 경찰특공대의 모습으로 현신하는 것이다. 사회 질서를 바로 세운다는 명분으로 노동자는 무참하게 보이지 않는 곳으로 추방당한다.

〈당신과 나의 전쟁〉은 결국 〈지붕 뚫고 하이킥〉의 신세경이나 〈경계도시 2〉의 송두율 교수가 '몫 없는 자'라는 점에서 쌍용자동차 노동자와 같은 처지에 있다는 사실을 증명한다. 몫은 계급의 문제라기보다 발언할 권리가 없다는 사실을 지칭한다. 발언권이 없는 존재가 자기 자신을 주장하기 시작할 때, 정치는 이들의 목소리를 막기 위해 작동한다. 이런 맥락에서 신세경의 제거는 이런 정치를 차단하기 위한 허구의 특권인 셈이다. 그래서 이 드라마의 종결은 우리를 불편하게 만들었다. 좌파든 우파든 한국 사회에서 중요한 것은 발언권 없는 이들을 계속 침묵 속에 있게 하는 '통치'다. 그리고 이 통치의 기술은 신세경과 송두율 교수, 그리고 쌍용자동차 노동자를 '외부자'로 만들어버리는 이른바 현실의 논리 그 자체인 것이다.

천안함

천안함 침몰 사고가 보여주는 것은 무엇일까? 일부 보수 언론들은 침몰 원인 규명에 열을 올렸지만, 진실은 시간을 경과해야 제 모습을 드러낼 것이고, 따라서 천안함 침몰의 진상은 모든 사실을 복기할 수 있는 시간까지 기다려야 전모를 파악할 수 있을 것이다. 그런데 문제는 여유를 두고 참을성 있게 지켜봐야 할 사안을 둘러싸고 격렬한 담론 투쟁이 벌어지고 있는 현실이다.

물론 이런 일은 어제오늘 일어난 게 아니다. 한국 사회에서 어떤 사건을 둘러싼 해결책은 대체로 특정 개인이나 집단을 귀책자로 설정하고 원인의 책임을 모두 지우는 방식으로 이루어진다. 말하자면 사실 유무와

+ **천안함 침몰 사건**
2010년 3월 26일에 백령도 근처 해상에서 대한민국 해군의 초계함인 PCC-772 천안이 격침, 침몰되어 해군 병사 40명이 사망, 6명이 실종된 사건.
이에 정부는 천안함 침몰 원인을 규명할 민간·군인 합동조사단을 구성했고, 5월 20일 합동조사단은 천안함이 북한의 어뢰 공격으로 침몰했다고 발표했다. 이 문제는 곧 국제적인 이슈로 부각되어 안전보장이사회의 안건으로 회부, 천안함 공격을 규탄하는 내용의 의장 성명이 채택되었으나, 북한의 철저한 부인과 중국, 러시아의 반대에 부딪혀 직접적인 비난에 이르지는 못했다. 이 과정에서 같은 해 6월 14일 참여연대가 조사 결과에 대한 의문점을 담은 서한을 안전보장이사회와 이사국들에 보낸 사실이 알려지면서 정치권에 논쟁을 일으켰다. 이처럼 침몰 원인 규명 과정에서 다수의 가설, 의혹들이 제기되었으며, 남북 간의 긴장은 최고조에 달했다.

상관없이 '누가' 이런 끔찍한 사건을 저질렀는지에 대한 호기심이 사건의 근본 원인을 파악하는 것을 방해하고, 유혹적인 스펙터클을 조장하는 것이다. 김길태 사건을 상기해보라. 이 사건에서 중요한 것은 김길태라는 '범인'이었지, 그 사건을 발생시킨 근본적인 원인이 아니었다. 사건의 귀책자만 '제거'하면 모든 문제를 해결할 수 있을 것 같은 착각이 여기에 드리워져 있다.

문제는 천안함 침몰의 경우처럼 특정한 귀책자를 찾을 수 없을 때 더욱 선명하게 드러난다. 보수 언론들은 부지런히 '북한'을 이번 사건의 원인으로 지목하려고 했지만, 여러 가능성 중 하나만을 침소봉대해서 일방적 주장만을 남발하는 행태는 그렇게 설득력을 발휘하기 어렵다. 결국 이런 태도는 천안함 침몰이 몰고 온 혼란을 더욱 도드라지게 드러냈을 뿐이다. 기존의 프레임으로 설명할 수 없을 때 발생하는 인식 장애가 이런 혼란의 모습으로 나타난 것이다.

따라서 천안함 침몰은 한국 해군의 함정 한 척이 깊은 수렁으로 사라진 사건에 지나지 않는 것이 아니다. 천안함을 둘러싸고 벌어지는 이 혼란상은 기존의 프레임을 깨뜨리는 '낯선' 상황을 만나면 과거의 습속만을 고집할 뿐, 새롭게 제기된 문제를 제대로 파악하거나 적절하게 대응할 수 없는 한국 사회의 경직성을 고스란히 드러냈다. 이런 경직성으로 인해 평소에 잠잠했던 사회적 갈등이 한꺼번에 터져 나오는 양상이 빚어졌다.

실제로 천안함 침몰 사건에서 고민해야 하는 것은 근거도 확실하지 않은 사고 원인 규명이 아니다. 이것은 좀 더 시간을 두고 지켜보는 수밖에 도리가 없다. 타임머신이 없는 이상 그 시각으로 돌아가서 정확한 상황을 파악할 수는 없는 노릇이다. 어떤 가설이나 추리도 논란을 불러일으킬 수밖에 없다. 여기에서 주목해야 할 것은 유족들이다. 이들은 기본적으로 군과 정부를 신뢰하지 않는다. 이른바 작전 중에 희생당한 '장병들'의 유족이 왜 이러는 걸까? 단순한 슬픔의 감정을 넘어선 어떤 파토스가 이들에게 있다. 가장 근본적인 문제점은 한국의 징집 제도에서 발생한다. 이들은 말 그대로 가고 싶어서 군대를 간 게 아니라 어쩔 수 없이 가야 하기에 갔을 뿐이다. 부자나 권세 있는 집안의 자식들은 모두 빠져나간 군대를 '내 자식'만 갔다가 죽었다는 억울함을 읽을 수 있다.

　천안함 침몰 사고가 불러일으킨 사회적 반향은 여기에서 기인한다. 위기관리 능력을 제대로 갖추지 못한 정부와 책임 회피에 급급한 것처럼 보였던 군의 모습에서 시민들은 분노하는 것이다. 모든 것을 북한 탓으로 돌린다고 문제가 해결되는 것은 아니다. '북한 개입설'은 이런 불안을 잠재우기 위한 판타지의 작동을 잘 보여주는 사례에 지나지 않는다. 북한이 이런 일을 저질렀다고 해도 지금 아들 가진 시민들을 절망에 빠뜨리는 이 상황은 종결되지 않을 것이다. 이렇게 만연한 불신을 해결할 방책이 과연 정부와 군에게 있는지 되물을 수밖에 없다.

괴담

괴담이라는 말이 언젠가부터 유행하기 시작했다. 계기는 2008년 촛불이었을 것이다. 보수 언론들이 광우병에 대한 과장된 풍문을 이 명칭으로 부르면서 발단이 된 것 같다. 『표준국어대사전』에 찾아보면, 괴담은 "괴상한 이야기"를 지칭하는 말이다. 말 그대로 현실에서 일어날 법하지 않은 내용을 말하는 이야기라고 할 수 있다.

그러나 21세기 한국에서 괴담이라는 말은 앞서 거론한 사전적 의미에 그치지 않는 것처럼 보인다. 김태영 국방장관은 당시 천안함 침몰 사고에 대한 합동조사단 발표를 믿는 비율이 72퍼센트밖에 되지 않는다는 사실에 당혹스럽다는 반응을 보이면서, 군의 발표를 신뢰하지 않는 태도가 음모론에 경도된 탓이라는 뉘앙스를 풍겼다. 『조선일보』가 2008년 촛불의 원인으로 광우병 괴담을 지칭하면서, 일부 전문가와 지식인의 경거망동으로 쓸모없는 일에 비싼 대가를 치렀다고 일갈한 맥락과 비슷하다.

과연 이런 생각은 적절한가. 괴담과 괴담이 아닌 것을 구분하는 기준의 자의성은 둘째 치고라도, 정작 문제는 괴담이나 음모론에 대한 지나친 경계의식이 표현의 자유에 대한 적개심을 자연스럽게 인준하게 만드는 상황이라고 하겠다. 이렇게 찬반을 두부 자르듯이 나눠서 반대 의견을 무조건 괴담이라고 치부해버리는 데서 매카시즘의 광풍마저 느끼는 건 나만이 아닐 것이다. 천안함 발표를 둘러싸고 벌어진 여론 분열상을 개탄하기에 앞서 과연 정부와 군은 국민에게 신뢰를 주도록 처신했는지 되물을 수밖에 없다.

원래 괴담이나 음모론이라는 것은 공공 영역이 제 기능을 발휘하지 못할 때 발생한다. 공공 영역이라는 것은 사회 구성원들이 자유롭게 의견을 개진하고 토론할 수 있는 대화의 공간을 의미한다. 적과 아我를 선명하게 갈라 쳐서 한쪽을 타도 대상으로 보는 정치 영역과 대조적인 것이 바로 공공 영역이다. 공공 영역은 국가나 민족의 개별 구성원에게 자기 정체성을 부여해서 공동체라는 일반성으로 만들어주는 역할을 한다. 이런 정체성은 전체에 대한 인식과 무관한 것이 아니다. 정체성이 없다면 개별적인 것은 물론 전체적인 것도 알아볼 수 없는 혼란에 빠지고 만다. 그래서 일부가 괴담이나 음모론을 통해 국가나 정부가 제공해주지 못하는 정보를 파편적 인식을 토대로 짜맞춰서 이야기를 만들어내는 것이다. 정부와 보수 언론은 인터넷을 괴담이나 음모론의 진원지로 지목하면서 자유방임적인 인터넷의 개방성을 그 원인으로 비판한다. 그러나 사정은 그렇지 않다. 현실이 적과 아라는 이분법에 사로잡힌 정쟁의 영역으로 전락했기 때문에 인터넷이 풍문의 통로 노릇을 하는 것이다.

디지털 매체의 파괴력은 '복사의 용이성'에서 기인한다. 원본을 복사하는 순간, 그 내용은 본래의 맥락에서 떨어져나오는 결과를 초래한다. 원본의 내용이 전혀 다른 맥락으로 옮겨질 때 필연적으로 '왜곡'이 일어난다. 이 과정에서 토론과 논쟁이 일어나는 것은 당연하다. 이게 디지털 민주주의의 핵심이다. 그런데 현재의 정부와 보수 언론은 이런 상황을 참지 못하는 것처럼 보인다. 자신들이 내세우는 '과학적 증거'에 의문을 제기하는 목소리를 모두 괴담이나 음모론에 사로잡힌 것으로 몰아세운다. 그러나 이 사실만은 밝혀두자. 진정한 과학은 서둘러 결론 내리고 반대 의견이나 의문을 차단하는 것이 아니라, 마지막 가능성을 항상 열어두는 대화의 자세에 있다는 것을 말이다. 이런 태도야말로 괴담을 잠재울 수 있는 지름길인 것이다.

국가와 우파

참여연대가 천안함 사건을 둘러싼 논란을 담아서 유엔 안전보장이사회에 서한을 보냈다. 내용을 보니 지금 현재 한국 내에서 제기되는 의문점에 관한 것이었다. 한국의 국무총리는 즉각 "애국심이 있다면 유엔에 가져가 우리 조사 결과가 잘못됐다고 말하지 못했을 것"이라며 "어느 나라 국민인지 의문이 생긴다"라고 발언했다.

구구절절하게 참여연대가 유엔의 '협력 비정부 기구associated NGO'이고, 유엔 경제사회이사회의 '특별 협의 지위special consultative status'를 가진 전 세계 2,167개 비정부 기구 중 하나라고 목소리를 높이는 것도 구차하다. 문제는 국무총리가 나서서 우리 조사 결과가 잘못됐다고 말하는 사람들은 '국민'이 아니라는 취지의 발언을 했다는 것에 있다. 이것은 한마디로 '국민'을 정의하는 근대국가의 상식에 어긋난다. 그것도 총리 자리에 오르기 전 '불편부당하다'는 평가를 받던 인물의 입에서 이런 표현이 나왔다는 것이 상당히 충격적이다. 학자로 자리매김한 시절에 한국 사회에 만연한 '근대성의 왜곡'에 대해 개탄한 사람이 바로 정운찬 총리가 아니었던가.

'국민'의 자격, 또는 민주적 주권은 국무총리의 권한을 통해 부여할 수 있는 것이 아니다. 누구보다 이 사실을 잘 아는 사람이 이런 말을 서슴없이 했다는 사실에 놀랄 수밖에 없다. 과거에 괜찮았던 개인이 권력에 눈이 멀어 변절했다는 식으로 이 사안을 정리하고 싶은 생각은 없다. 모든 문제의 원인을 개인의 양심으로 치부하는 건 사건을 간단명료하게 만들 수는 있지만 근본적 해결책을 고민하는 길을 방해하는 것도 분명하다. 중

요한 것은 일관성 없는 개인의 문제라기보다 멀쩡한 상식을 위배할 수밖
에 없는 상황 자체다. 구조적 문제가 여기에 드리워져 있다.

냉전 이데올로기가 한국의 경제개발을 이룩하기 위한 중요한 기제
로 작동했다는 것은 부정하기 어렵다. 여기에서 냉전 이데올로기는 상시적
인 '전쟁 상황'을 조장해 '적과 아'라는 극단적인 정치적 대립을 만들어냈던
기제다. 이것은 특정 정치 세력의 권력을 공고하게 만들고, 이를 통해 부의
흐름을 통제하는 데 유리한 조건을 만들어내는 역할을 했다. 한국의 우파
는 이런 '정치적 상황'을 통해 본원적 축적을 이룬 세력이라고 할 수 있다.

이들을 '기득권층'으로 규정하고 기회의 균등과 쾌락의 평등을 주장
해온 세력이 중간계급이다. 한국 사회에서 중간계급의 특징은 국가를 특정
한 정치체제라고 생각하지 않는다는 사실이다. 이들에게 이상적인 건 바로
경제에서 정치를 분리해버린 '중성국가neutral state'다. 그러나 이런 식으로 '탈
정치화'한 중간계급의 유토피아는 고전적인 한국 우파의 관점에서 본다면
가치관의 혼란 이상도 이하도 아니다.

우파는 동일한 경쟁 조건을 전제하는 시장주의 자체를 불편하게 생
각할 수밖에 없다. 말로는 시장주의를 외치고 시장이야말로 구세주라고
노래하지만, 실상은 시장의 우위에 있거나, 아니면 적어도 바깥에 있는 '특
권'을 달라는 것이 주장의 핵심이다. 한국의 상황을 '비정상국가'라고 규정
하고, 정상화하기 위해 친북 인사를 제거해야 한다는 우파의 발상은 참으
로 흥미로운 사고방식이다. 그러나 이런 사고에 기반을 둔 흑백논리가 경
제 영역으로 하강할 경우 문제는 4대강의 참상처럼 자못 심각해진다. 국민
의 세금이라는 공공자산을 사적 이해관계를 충족하기 위한 수단으로 사용
하는 것을 '경제 성장'이라고 평계를 댈 수 있기 때문이다.

이런 사실은 역설적으로 한국의 우파에게 왜 철 지난 반북 이데올로
기가 절실하게 필요한지 짐작하게 만든다. 냉전 시대라는 준전시 상황을
다시 소급함으로써 노리는 건 시장의 현기증을 정치적인 것의 복권을 통
해 해소하려는 전략이다. 한국의 우파 또한 신자유주의라는 전무후무한
'세계화'에 직면해 정체성의 혼란을 겪고 있는 것이다. 그러나 세계화를 주

장하던 이들이 정작 자신에게 닥친 문제는 반세계화 방식으로 풀려는 것이 앞뒤가 맞지 않는 태도라고 할 수 있다.

막무가내로 멱살을 잡는 우파의 '빨갱이몰이'가 대다수 국민으로부터 설득력을 상실하는 까닭은 '적과 아'의 대결이라는 정치적 대립각에 우파가 집착하기 때문이다. 정치와 경제의 분리라는 고전적 부르주아의 전략을 정작 이들의 논리에서 찾아보기 어렵다. 참여연대의 서한 정도에 발끈한다는 것은 여전히 사안을 자신들에게 유리한 정치적 이분법에 맞춰 바라본다는 사실을 방증한다. 이 모든 게 한국 우파의 현실을 적나라하게 보여주는 것 같다.

2010년 월드컵

월드컵의 계절이 다가올 때마다 '월드컵 특수'라는 말을 듣게 되었다. 허가받은 '일탈의 시간'이 월드컵 특수의 시기인 것이다. 이때가 되면 '붉은 악마'를 연상시키는 숱한 이미지들이 맥주부터 휴대폰 광고까지 넘쳐난다. 흥미로운 것은 광고의 내용이다.

　　2010년 광고에서 두드러졌던 것은 일상 속에 파묻혀 있던 '월드컵 영웅들'이 다시 뭉친다는 이야기였다. 마치 픽사 애니메이션 〈인크레더블The Incredibles〉의 슈퍼 영웅들처럼 평상시에 무기력하고 지루하게 살아가던 이들이 월드컵을 맞아 본모습을 되찾는다는 설정이 눈길을 끌었다.

　　이 광고들이 보여주는 것을 단순하게 기업의 홍보마케팅이라고 치부하기는 어렵다. 자본주의 사회에서 상품의 교환은 그냥 이루어지는 것이 아니다. 마르크스가 말했듯이, 상대방이 만들어놓은 상품을 살 의향이 없으면 가치는 만들어지지 않는다. 아무리 기업이 좋은 상품을 생산하더라도, 소비 대중의 호응이 없으면 무용지물이다. 따라서 월드컵 특수를 노린 광고들이 말해주는 것은 월드컵 특수 심리가 있다는 사실을 암시한다. 바로 이 심리야말로 나 같은 문화비평가의 관심 사항이기도 하다.

　　대중문화는 기본적으로 일상의 즐거움과 관련을 맺고 있다. 대중문화는 대중의 쾌락을 위한 것이다. 여기에서 대중이라 함은 그 누구도 아닌 '소비자'다. 아니, 요즘 말로 바꾸면 '프로슈머' 정도에 해당하겠다. 사실 프로슈머라는 말은 그렇게 새로운 용어가 아니다. 자본주의 사회에서 소비자는 언제나 생산자였기 때문이다. 이 생산자는 물건을 만들고, 다시 그 물건을 시장에서 구매해 화폐의 잉여가치를 생산하는 존재다. 그래서 여가의 개념은 고도 자본주의에서 중요한 의미를 갖는다.

월드컵 특수가 있다는 것은 월드컵에 대한 '소비 심리'가 있다는 말인 데, 여기에서 소비의 개념은 언제나 잉여적인 차원을 속 깊이 감춰놓고 있 다. 어떻게 생각하면 모든 소비는 잉여고 과잉이다. 월드컵 특수는 이런 잉 여와 과잉을 지칭하는 마케팅 용어라고 할 수 있다.

과잉은 일상의 안정을 벗어나는 혼란의 상황이다. 월드컵이 과잉의 상황을 의미한다는 것은 곧 '주체화'의 문제와 관련을 맺고 있다는 사실을 암시한다. 모든 주체는 '꿈★은 이루어진다'는 공식을 통해 탄생한다. 간절 히 바라던 것이 이루어지는 순간, 우리는 삶의 의미를 깨닫고, 주체로 거듭 태어난다.

2002년 월드컵은 한국 사회의 개인들을 '주체'로 만들어준 계기였다 고 할 수 있다. 나는 이것을 '월드컵 주체'라고 불렀다. 2002년 이전과 이후 는 이 월드컵 주체를 통해 확연하게 구분된다. 이 주체는 1990년대 이후 전면화한 소비주의를 세계관으로 채택하고, '대한민국'을 내면화하고 있다 는 특징을 보여준다. 386주체들과 사뭇 다른 이 주체들은 이념보다도 쾌락 을 중심으로 정치성을 구성한다. 말하자면, 이들에게 민주주의는 쟁취하는 것이 아니라 요구하는 것이다.

이들의 민주주의는 쾌락의 평등주의라는 내면의 '법'을 체현하고 있 다. 쾌락의 평등주의는 "내가 즐기는 만큼 너도 즐길 수 있다"라는 것, 바꾸 어 말하면, "네가 즐기는 만큼 나도 즐겨야 한다"라는 의미를 내포하고 있다.

2002년 월드컵은 한국 사회에 쾌락의 평등주의가 가능하다는 사실 을 증명한 응답이었다. 말 그대로 꿈이 이루어진 것이고, 한국 사회의 구성 원들은 월드컵의 공간에서 분단국가나 약소국의 이미지를 압도하는 '오! 필승 코리아'라는 새로운 국가의 이미지를 발견했던 것이다. 2002년 월드 컵 이후 한국인은 국가를 가슴속에 가지게 되었다.

물론 이 국가는 상상에서나 완전한 것이지 현실로 내려오면 언제나 부족한 것이다. 아니 다시 말하면, 현실의 부족함을 언제나 환기시키는 완전한 상상의 공동체가 바로 월드컵이 현시시킨 국가의 이미지다. 그래서 월드컵 주체의 '코리아'는 '오! 필승'이라는 당위 명제를 내포한다.

따라서 2002년 월드컵에서 잠깐 어른거렸다 사라진 '국가'는 한국 사회에 '오지 않은 근대'의 유령이자, '도래할 정상국가'에 대한 요구다. 2008년 촛불은 이렇게 '미학적인 차원'으로 출몰했던 월드컵의 평등주의가 다시 정치적인 것의 모습으로 귀환한 것이라고 볼 수 있다. 촛불의 주체는 월드컵 주체가 다시 태어난 것이라고 말해도 과언이 아니다.

여기에서 다시 태어났다는 말은 월드컵 주체가 내면화한 국가의 이미지를 바탕으로, 구체적으로 정부에게 쾌락의 평등주의를 요구했다는 점에서 그렇다. 그 요구를 지탱시키고 지속시킨 것은 바로 월드컵에서 경험한 '집단적 즐거움'이었다.

집단은 개인에게 존재의 가치를 증명한다. 이런 맥락에서 모든 정치는 일정하게 포퓰리즘이라는, 자기 자신을 비추는 거울을 가지고 있다. 그렇기 때문에 월드컵 주체의 집단성을 곧바로 전체주의로 연결하는 것은 과도한 결벽증이라고 할 수 있겠다. 월드컵 주체는 전체주의적이라기보다 자기 계발적이다. 신자유주의가 채택한 혁신성과 보수성을 동시에 겸비하고 있다는 양가성을 드러낸다. 과거의 습속에 대해 저항적이면서도 미래의 변화에 대해 수동적인 것은 이 때문이다.

월드컵 주체는 새로운 정치적 차원을 우리에게 제시한다. '즐거움'이라는 말이 이 차원을 이해할 수 있게 만들어주는 키워드다. 즐거움이라는 쾌락 원칙의 범주가 어떤 정치적 폭발력을 가질 수 있는지를 2008년 촛불은 우리에게 훌륭하게 증명했다. 물론 이 즐거움은 평상시 우리의 일상에 조각조각 흩어져 있다. 그러나 어떤 과잉의 공간을 만나는 순간, 이 즐거움은 폭발적으로 집단화할 것이다.

월드컵은 바로 이 즐거움을 '안전하게' 집단화하게 만들어주는 기제다. 월드컵은 단순한 국가 간 축구 경기가 아닌 것이다. 신자유주의적 이데올로기가 강요하는 '탈국가주의'에 저항하는 집단적 열망이 월드컵을 통해 드러나는 것이라고 볼 수 있다. 현실에서 실현할 수 없는 상상의 국가를 우리는 월드컵에서 재확인한다.

국가는 과잉의 응결체다. 그러나 아이러니하게도 국가로 응결되는 순간, 그 과잉은 다시 억제되어야 한다. 마치 월드컵 특수를 노린 광고들이 최종적으로 '상표'로 대중의 욕망을 포섭하려고 드는 것처럼, 국가라는 기표도 월드컵이라는 공간이 불러낸 집단적 열망을 붙잡아두려고 한다.

앞서 언급했듯이, 2002년 월드컵이 한국 사회에 안겨준 희열은 바로 "꿈★은 이루어진다"는 말이 현실화되었기 때문에 가능했다. 다시 말해서 '꿈'과 '이루어진다' 사이에 놓여 있는 ★이 응답을 한 것이다. 꿈은 이루어질 수 없는 것이었지만, 2002년 월드컵은 이 꿈이 이루어질 수도 있다는 사실을 한국 사회에 각인시켰다. 물론 이 꿈은 상상적인 것이기 때문에 일시적이고 영원할 수 없지만, 그 상상적인 것이야말로 우리에게 '과잉'을 낳게 만드는 힘이기도 하다. 마치 사랑에 빠지는 것처럼, 이 상황은 4년마다 되풀이해서 한국 사회에 귀환한다. 그리고 이 시기가 되면 너도나도 무슨 열병에 걸린 것처럼 사람들은 붉은 옷을 입고 거리로 모여든다.

이들이 원하는 것은 무엇일까? 이들은 단순하게 '축구' 자체를 즐기려고 모여드는 게 아니다. 오히려 축구라는 매개를 통해 그 이상의 무엇을 추구하려는 것처럼 보인다. 16강에서 8강 진출이 좌절되었을 때 거리에 모여든 응원 인파들이 보여준 태도에서 이런 사정을 유추할 수 있다. 흥미롭게도 이들은 국가대표 선수들에게 한결같이 "고맙다"라는 말을 했다. 도대체 무엇이 고맙다는 것일까? 8강에서 좌절되어서 아쉽지만 한 달 동안 즐거운 시간을 가질 수 있게 해줘서 감사하다는 말이다. 이런 양상들은 확실히 과거와 달라진 한국 사회를 보여준다. 과거처럼 짙은 패배주의를 표출하는 일이 없어진 것이다.

월드컵에서 목격할 수 있는 '집단주의'에 대한 의견들이 분분했지만, 집단적 응원 문화 자체를 '전체주의의 전조'로 비판하던 견해는 점점 설득력을 상실하고 있는 것 같다. 오히려 월드컵은 질서와 안정이라는 테두리를 허물지 않고 과잉을 즐기려고 하는 한국 사회의 특징을 고스란히 드러낸다는 생각이다. 정신분석학적으로 말한다면, 쾌락 원칙을 넘어가지 않는 선에서 '위험'을 즐기려는 것이다. 쾌락 원칙이라는 것은 '즐거움'을 지속적으로 얻기 위해서 과잉의 쾌락을 절제하는 것을 뜻한다. 예를 들어서, 술을 계속 마시기 위해 운동을 하는 경우를 생각해볼 수 있다. 몸을 튼튼하게 하는 목적이 술을 마실 수 있기 위한 것이라는 발화는 모순적이지만 욕망의 변증법이 어떻게 작동하는지를 잘 보여준다.

이처럼 욕망의 변증법은 보통 우리가 '의지'라고 부르는 것에 깃들어 있다. 축제를 즐기기 위해 질서를 지켜야 한다는 것은 아무런 고민 없이 많은 한국 사회의 구성원들이 동의하고 있는 명제지만, 실제로 서구에서 축제는 질서의 붕괴를 뜻하기 때문에 이런 생각 자체가 지극히 한국적인 것이라고 할 수 있다. 2010년 학술대회 때문에 나는 공교롭게도 네덜란드와 스페인이 결승전을 벌이던 시기에 암스테르담에 있었다. 당시에 목격한 네덜란드의 응원 문화는 한국에 비하면 규모에서 작았다고 할 수 있지만, 그 혼란은 한국을 능가했다고 말할 수 있다. 오전부터 아무런 목적도 의도도 없이 사람들이 무리지어 거리를 오가기 시작했는데, 고함을 지르고 노래를 부르는 것은 기본이고 지나가는 전차나 버스를 점거하고 한참 동안 응원을 독려하는 광경도 다반사였다.

밤새도록 클럽이나 카페를 점거하고 월드컵을 즐기는 모습은 한국과 별반 다를 것이 없었다. 다만 다른 점이 있다면, 무질서를 용인하는 태도였다. 노상방뇨는 기본이었고, 온 거리가 쓰레기로 넘쳐났다. 다음날 아침에 거리에 산더미처럼 쌓인 쓰레기들을 봤을 때, 나는 한국의 응원 문화라는 것이 얼마나 얌전한 것인지를 새삼 깨달았다. 집단적인 거리 응원은 우리도 2002년 월드컵에서야 경험하게 된 것이지만, 서구의 경우는 이런 응원 문화를 오래전부터 가지고 있었다고 할 수 있다. 거리 응원 문화 자체가 한국적인 것이라고 보기는 어렵다는 말이다. 영국의 경우는 매주 클럽 축구리그에서 '빅매치'가 있을 때면 경찰이 초긴장 상태에 들어갈 정도로 응원 문화가 폭력적인 것으로 유명하다. 유학 시절에 내가 있던 도시에서 앙숙인 두 클럽이 맞붙는 날이면 거리 하나를 사이에 두고 있는 펍에 각기 다른 응원단들이 모여서 응원전을 펼치는데, 결국은 모두 거리로 몰려나와서 길 건너에 있는 상대방 응원단들을 야유하는 것에서 절정을 이룬다. 당연히 이 과정에서 폭력 사태가 일어나기도 하고, 경찰이 출동해서 패싸움을 펼치는 훌리건들을 체포하는 경우도 허다하다.

따라서 한국에서 나타나는 독특한 양상은 거리 응원 자체라기보다 일사분란하고 질서정연하게 거리 응원전을 펼치는 모습에서 찾아야 한다고 하겠다. 거리 응원전이 벌어진다는 것보다도 그토록 많은 사람들이 거리 응원을 위해 모였음에도 아무런 불상사가 일어나지 않는다는 사실이 한국적인 특징이라고 할 수 있다. 한국처럼 대규모 응원전이 가능한 까닭은 무엇보다도 그 많은 군중이 모여서 지켜볼 수 있는 '빅 스크린'이 한국의 거리에 있기 때문이다. 2008년 촛불의 조건이기도 했던 디지털 기술이 만들어낸 '부드러운 공간'이 월드컵에서 이미 선취되어 있었던 것이다. 한국의 거리 응원 문화는 한국인의 '국민성'이 집단주의에 친화적이기 때문에 발생하는 것이 아니라, 이렇게 물질적 조건이 갖춰져 있기 때문에 가능한 것이다. 한국의 집단주의는 중공업 위주로 경제정책을 실시하고 아파트 같은 집약적인 부동산 개발 정책으로 부를 형성해왔던 한국 사회 특유의 자본 축적 방식과 무관하지 않다. 농촌에서 도시로 몰려든 인구 집중 현상은 질적 평가보다도 양적 평가에 치중하는 근대적 교육 방식을 인적 자본 형성에 강제했다.

이런 일률적인 교육 체제에 문제의식을 느낀 이들은 너도나도 자식들을 '선진국'으로 보내서 '글로벌 표준'에 적합한 '세계 시민'으로 자신의 분신들을 성장하게 만들려고 했다. 흥미로운 것은 이런 '조기 유학' 바람에 가장 열렬하게 동참한 세력이 중간계급이었고, 이들은 또한 한국 사회의 '정상화' 또는 '선진화'라는 정치적 의제를 중요한 기표로 내세우고 있는 세력이기도 하다는 사실이다. 한국 중간계급의 정치의식을 규정하는 것은 자유주의라고 볼 수 있는데, 얼마 전까지 이런 정치의식을 규정하는 상황은 유럽식 자유주의와 미국식 자유주의가 서로 경합을 벌이는 형국이었다. 그러나 김대중, 노무현 정부를 거치면서 후자가 전자를 압도하게 되었고, 사회적인 영역에 속하기 때문에 시장의 논리로부터 자유로워야 한다고 믿었던 교육이나 가정, 심지어 여가까지도 시장의 원칙에 따라 재단하는 상황으로 변화했다. 유럽식 자유주의에 따르면, 사회는 시장과 대립적인 것으로 시장이 주는 압박과 긴장을 풀어줄 수 있는 영역이다. 따라서 사회라는 영역을 시장의 논리에 맞춰 재편하는 것은 올바르지 않다는 것이 유럽식 자유주의의 핵심이다.

월드컵은 그동안 한국 사회에서 발생한 이런 변화의 과정에서 나타난 하나의 문화 현상이라고 할 수 있다. 단도직입해서 말한다면, 월드컵은 미국식 자유주의의 이념에 따라 재편되고 있던 한국 사회에서 시장의 논리에 포섭되지 않았던 잔여물들이 나타난 것이라고 할 수 있다. 이런 맥락에서 '월드컵 주체'는 겉으로 드러나는 얌전한 모습과 달리 그 속에 근본적인 과잉을 감추고 있는 것이다. 지금은 이 과잉이 쾌락 원칙에 묶여 있지만, 이 쾌락 원칙이 위협받거나 임계점에 도달할 때, 언제든지 과잉의 순간이 발생할 수 있는 것이다. 월드컵에서 드러나는 한국 사회의 집단주의는 이런 측면에서 파시즘적인 것이라기보다 시민사회의 출현과 맥락을 같이한다. 월드컵은 한국 사회에 근대적 시민의 모습을 상상적인 차원으로나마 현시하게 함으로써 '우리'라는 이상적 기표를 만들어냈다.

이 기표는 우파에게 유리한 것이라고 보기 어렵다. 대체로 국가주의에 근거한 우파는 국가를 자신들의 희생 위에 세워진 기념비로 생각하고 이를 사회 구성원에게 주지시키려고 한다. 틈만 나면 군복을 입고 '좌파 척결'을 외치면서 시위를 벌이는 '어버이들'을 보면 알 수 있는 일이다. 이들이 기본적으로 주장하는 것은 '자신의 희생'이 있었기 때문에 국가가 존재하게 되었다는 기원적 신화다. 민족주의는 대체로 특정인들의 '죽음'에 근거해서 국가의 존립 근거를 설명하는 이데올로기라고 볼 수 있다. 그러나 한국은 분단이라는 상황으로 인해서 온전한 민족주의가 근대국가의 알리바이로 존재할 수가 없었다. 말하자면 한반도는 두 개의 민족주의로 분리될 수밖에 없었다.

이렇게 하나의 알리바이가 둘로 쪼개짐으로써, 우리에게 근대국가의 표상이라고 할 수 있는 '민족'은 도래해야 하는 것이지, 이미 존재하고 있는 것이 아니다. 국가는 있는데, 그 국가의 명분이 없는 셈이다. 이런 까닭에 우리에게 국가권력은 공공적인 것이라기보다 특정한 정치 세력이 독점하고 있는 것으로 받아들여질 수밖에 없었다. 지역등권론을 통해 보수 세력이었던 자민련과 연대해서 집권할 수밖에 없었던 김대중 정부는 그렇다고 쳐도, 독자적인 시민사회의 힘으로 국가권력을 장악했던 노무현 정부가 착각한 것이 이 문제였다고 할 수 있다. "권력은 시장으로 넘어갔다"라는 발언은 노무현 정부가 중간계급으로 주축을 이루고 있는 한국 시민사회의 요구를 국가에 고정시킬 생각이 없었다는 사실을 의미했다.

결국 한국 사회는 '잃어버린 10년'이라는 구호를 들고 돌아온 구세력이 재집권을 이루면서 1987년 이후 민주화의 궤도를 이탈한 것처럼 보였다. 시민사회 일부는 이명박 정부가 노골적으로 내세운 엘리트주의를 지지했고, 노무현 정부가 이루지 못했던 것을 이명박 정부가 대신 달성해주기를 원했던 것이다. 아이러니한 일이지만, 한국의 중간계급은 복지와 성장을 동시에 달성할 수 있다는 불가능한 꿈을 꾸고 있는데, 2007년 대선 당시에 이명박이라는 개인의 이력은 이 꿈을 이루어줄 수 있는 국가대표로 그를 인준하도록 만들었다. 말할 것도 없이 그 선택의 결과를 우리는 지금 눈물 쏙 빠지게 경험하고 있는 셈인데, 여하튼 이렇게 숨 가쁘게 달려온 한국 사회의 변화와 맞물린 하나의 현상이 바로 월드컵이라는 사실은 부정하기 어렵다.

1990년대까지도 한국에서 집단적 축제는 국가권력의 동원에 의한 것이었다. 1980년대 군사 정권을 통해 기획된 '국풍 81'을 상기해보면 알 수 있을 것이다. 대학 축제를 학도호국단이 주도했던 사정도 이와 무관하지 않다고 하겠다. 이처럼 국가권력이 축제를 가지고 있었다면, 시민사회는 시위를 자기표현의 수단으로 사용했다. 1990년대 전국적으로 발생한 각종 시위들을 보면 이를 알 수가 있다. 1980년대까지 일부 '운동권'의 전유물이었던 시위가 1990년대에 이르면 다양한 형태로 시민사회에 안착하게 된다. 그러나 1990년대까지도 서로 분리되어 있던 타율적인 축제와 자발적인 시위가 극적으로 만나는 사건이 바로 2002년 월드컵이었다고 할 수 있다.

2002년 월드컵은 한국 사회를 구분하고 있는 위계적 차별성을 순식간에 혼란에 빠뜨린 사건이었다고 할 수 있다. 월드컵을 기점으로 한국 사회의 구성원은 위계와 차이를 벗어난 상태에서 나타나는 '국민-시민'으로 자기 자신을 인준했다. 이 상태는 특정한 개인의 한계를 벗어나서 '아무나'의 차원을 만들어내는 것이기도 하다. 월드컵이 한창일 때, 한 방송사는 응원에 나선 연예인들을 취재해서 방영했다. 그 자리에서 한 연예인은 "평소에 마음껏 즐길 수 없었는데, 월드컵 기간이라서 남의 눈치에 신경 쓰지 않을 수 있어서 좋다"라는 취지의 발언을 했다. 이것이 바로 축제가 만들어내는 '익명성'의 힘이라고 할 수 있다. 여기에서 월드컵이라는 지극히 비정치적인 현상의 정치성이 발생한다. 월드컵은 국가를 특정 세력의 것으로 고착시키고, 이를 중심으로 사회 구성원들을 위계화하려는 시도들을 무력화시킨다. 이런 측면에서 월드컵 현상은 일사분란하고 질서정연하긴 하지만, 초보적이나마 축제적인 성격을 체현하고 있는 것이다. 축제의 핵심은 평소에 사회적 위계가 규정하는 계급과 신분의 차이를 혼란에 빠뜨리는 것에 있다. 모두가 '하나 되는' 월드컵 현상이 평등이라는 민주주의의 화두와 일정하게 연동할 수 있는 조건이 여기에 있는 것이다.

월드컵 응원녀

'월드컵 응원녀'라는 말을 한 번쯤 들어봤을 것이다. 국가대표의 경기를 응원하기 위해 한껏 멋을 부린 여성을 일컫는 말이다. 거리 응원이라는 독특한 한국 문화가 낳은 현상이라고 부를 수 있겠지만, 희한한 것은 '응원남'이라는 말은 없고, '응원녀'라는 말만 있다는 사실이다. 응원을 여성만 하는 것도 아닌데, 왜 응원녀만 있고 응원남은 없는 걸까? 이런 현상은 한국 사회를 관통하는 하나의 진실을 어렴풋이 보여준다. 촛불 '소년'은 없고 촛불 '소녀'만 보인 2008년 상황과 비슷한 것이다. 응원녀가 '남성의 시선'을 드러내는 폭력적인 규정이라는 모범 답안을 제시하려는 게 아니다. 오히려 상황은 고정관념과 조금 다른 것처럼 보인다.

된장녀의 대척점에 된장남이 있는 것과 달리, 응원녀의 반대편에 응원남은 없다. 이건 두 가지를 생각해볼 수 있게 한다. 첫째, 응원녀가 '여성'이라는 고유한 범주 없이 출현할 수 없다는 것이다. 둘째, 여성만이 보여줄 수 있는 특별한 '능력' 없이 응원녀는 가치를 생산하지 못한다는 것이다. 그 범주와 능력은 무엇일까? 응원녀가 여성이라고 해서 아무 여성이나 응원녀가 될 수 있는 것은 아니다. 외모가 매력적이어야 한다는 전제가 있다. 아름다움에 대한 판단이 개입하는 것이다. 이 외모가 응원녀의 가치를 생산한다. 흥미롭게도 이 외모를 규정하는 코드는 '섹시함'이다. 이 섹시한 응원녀의 정체는 무엇일까? 여성이 특정 사회에서 존재 가치를 인준받을 수 있는 것은 다른 무엇도 아닌 자식을 낳을 수 있는 재생산 능력 때문이다. '아무개의 엄마'가 되고 '아무개의 아내'가 됨으로써 여성은 비로소 공동체의 구성원으로 낄 수 있는 자격을 얻는다. 그러나 응원녀의 섹시함은 이런 '윤리'를 배반하는 것처럼 보인다. 섹시함은 아무나의 것에 속하는 것이기 때문에, 특정한 누군가가 차지할 수 없다. 이것이 섹시한 응원녀의 정체성이다. 누구에게도 공평한 즐거움을 주지만, 누구의 것도 될 수 없다는 사실에서 응원녀의 아이러니가 드러난다.

이런 생각은 응원녀를 상업주의나 남성 중심주의의 산물로 파악하려는 이들에게 불편함을 줄 수 있겠지만, 응원녀를 이렇게 자본주의의 단순 효과로 바라보는 관점이야말로 오히려 문제적인 것이라고 할 수 있다. 응원녀를 이데올로기의 하수인, 또는 허위의식으로 단정해버리는 건 편리하긴 하지만, 역설적으로 응원녀를 어떤 '실체'로 받아들인다는 사실을 자인하는 것이기도 하다. 응원녀는 '늘 있는 것'이라기보다 '잠깐 보이는 것'이다. 이 응원녀의 모습은 '아빠-엄마-나'로 연결되는 가족주의의 삼각형을 넘어선 욕망이 엄연히 존재한다는 '비밀'을 폭로한다는 점에서 위험하다. 따라서 자본이나 권력이 군중을 현혹하기 위해 응원녀를 동원한다거나 '얼빠진' 여성들이 자신을 과시하기 위해 안달을 부린다는 시각은 크게 설득력을 갖지 못한다.

응원녀 현상에서 빼놓을 수 없는 요소가 인터넷이다. 응원녀들은 인터넷에서 실시간으로 아무나의 판정을 받는다. 이런 판정은 일탈적이라기보다 대체로 규범적이다. 좋은 응원녀와 나쁜 응원녀를 '구별'하는 것에서 이 사실을 확인할 수 있다. 이런 까닭에 응원녀는 즐거움을 위해 한국 사회가 나눠 갖는 절대적 대상이다. 이 대상이 언제나 '여성'의 이미지로 나타나는 건 한국 사회에서 여성이야말로 '아직도 여전히' 주변부에 속하는 존재들이기 때문일 것이다. 그래서 응원녀는 즐겁지만 언제나 부족한 현실을 드러내는 쓸쓸한 대상이기도 하다.

정대세

2010년 월드컵에서 흥미로웠던 것은 북한 국가대표 선수로 출전한 재일동포 정대세에 대한 한국 사회의 관심이었다. 그토록 꿈에 그리던 월드컵 경기장을 밟은 감격에 북한 국가가 울려 퍼지자 눈물을 줄줄 흘리면서 울던 그의 모습은 깊은 인상을 남겼다. 당시 인터넷은 물론이고, 언론들도 정대세 선수에 대해 이례적인 관심을 보였다. 정대세 선수에게 보인 이런 반응은 무엇을 암시하는 걸까? 천안함 정국을 기화로 보수우파의 반북 이데올로기 공세가 최고조에 달한 시기에 나타난 이런 현상을 어떻게 설명할 수 있을까? 남한이 아니라 북한을 '조국'으로 선택해서 월드컵 무대를 밟은 '괘씸한 선수'에 대한 호의적인 대중의 관심은 대북 강경책으로 일관하던 정부의 정책 기조와는 확실히 어울리지 않았다. 정대세 선수에 대한 한국 사회의 관심은 월드컵을 통해 드러난 '미학적 정치성'을 적절히 보여주는 사례였다고 할 수 있다.

한국 사회에서 월드컵은 현실 정치와 다른 차원의 정치성을 드러내는데, 이를 미학적 정치성이라고 부를 수 있을 것이다. 이 정치성은 사회적 질서를 강제하는 위계화와 정치적 이해관계를 무력화하는 차원을 열어놓음으로써 습속에 따른 판단의 경계를 모호하게 만들어버린다. 현실에서 작동하는 지배 이데올로기가 의미를 상실하는 순간이 도래하는 것이다. 이 순진무구한 시공간에서 정대세 선수는 우리가 잃어버린 것이라고 여겨지는 것을 대변하면서 전혀 다른 의미를 획득한다. 여기에서 잃어버린 것이라고 받아들여지는 것이 바로 민족이다.

물론 이 민족은 존재한 적도, 존재할 수도 없는 순수하고 절대적인 대상이다. 존재한 적도, 존재할 수도 없기 때문에 언제나 잃어버렸다고 생각할 수밖에 없는 민족이 정대세 선수의 눈물을 통해 환기된 것이다. 이 민족이야말로 우리가 함께 나눠 가져야 할 '대의명분'인데, 월드컵이라는 비정치적 순수 공간은 이것을 더욱 선명하게 보여주었다고 할 수 있다. 민족의 스펙터클이 정대세 선수라는 상징을 통해 유령처럼 출몰한 셈이다.

세계화가 만들어낸 상황은 '민족에 대해 말하지 않기'지만, 흥미롭게도 월드컵 경기가 잘 보여주듯이, 현실에서 민족국가의 정체성이 퇴거하면 퇴거할수록 상징적 차원에서 민족은 더욱 기승을 부리며 현시한다. 현실로 내려오면 무기력하기 짝이 없는 민족주의지만, 일상에서 느낄 수 없는 지고한 즐거움을 제공한다는 측면에서 대중을 끌어당기는 매혹은 강렬한 것이라고 하겠다. 이런 측면에서 정대세 선수의 눈물은 잉여 쾌락의 일종인 민족주의의 매혹을 정확하게 보여준 퍼포먼스라고 할 수 있다.

정대세 선수가 북한 국가를 들으며 눈물을 흘렸을 때, 거리 응원을 위해 모여 있던 한국 사회의 구성원들은 '하나 된 민족'을 실현해야 한다는 오래된 정언 명령을 상기했을 것이다. 이는 단순하게 "우리의 소원은 통일"이라는 노랫말이 지칭하는 당위 명제를 되풀이하는 것이 아니다. 자본주의적 시장경제가 만들어낸 '히스테리 주체'들이 민족이라는 절대적 '아버지'를 만족시켜야 한다는 사실을 강렬하게 깨달았다고 보는 것이 옳다.

시장주의는 우리 모두를 히스테리로 만듦으로써 이윤을 극대화한다. 우리는 남의 욕망을 나의 것으로 삼을 때 비로소 시장경제에 적합한 소비자로 거듭날 수 있다. 필요 없는 상품을 필요한 것으로 받아들이는 과정이 필수적인 것이다. 이 과정이야말로 자본주의적 히스테리 주체들이 탄생하는 경로다. 이런 주체들을 즐겁게 만들어주는 게 바로 민족이나 자유 같은 숭고한 대의명분을 충족시키기 위해 자신을 헌신하는 것이다. 정대세 선수의 눈물은 이런 헌신의 숭고함을 보증해준다. 이 상황에서 현실의 남한과 북한을 구분하는 경계는 사라진다. 오직 정대세 선수의 눈물만이 진정성을 드러낸다.

이처럼 민족은 순수한 진정성의 상태에서만 가능성을 확인받을 수 있다. 이런 까닭에 북한 국가대표팀과 정대세 선수는 공감의 대상이지 경쟁 상대가 아니었던 것이다. 보수우파의 반북 이데올로기 공세가 월드컵 국면에서 별반 힘을 발휘하지 못한 까닭이다. 월드컵이라는 지극히 비정치적 매개가 정치적 효과를 만들어낸 희귀한 경우다.

황제의 식사

한나라당의 차명진 의원이 참여연대에서 주최하는 최저생계비 하루체험 행사에 참가한 뒤에 올린 '수기' 때문에 구설수에 휩싸였던 적이 있다. 하루 동안 최저생계비에서 세 끼 식사에 해당하는 6,300원으로 생활을 해보는 체험 행사였는데, 자신의 '성공담'을 올리면서 "황제의 식사"라는 표현을 썼던 것이 화근이었다. 선의로 올린 글인데 오해를 받아서 억울하다고 차 의원은 생각할 수도 있겠지만, 결과적으로 차 의원의 표현은 친서민 정책을 표방하면서도 정작 서민의 마음을 읽어내지 못하는 한나라당의 곤혹을 보여주는 것 같아서 예사롭게 느껴지지 않는다.

　도대체 왜 이런 어처구니없는 말실수가 일어난 것일까? 차 의원의 글은 별 생각 없이 자유롭게 쓴 것 같지만, 자세히 뜯어보면 치밀한 의도를 담고 있다는 것을 눈치챌 수가 있다. 그가 올린 글의 요지는 최저생계비에서 지정하는 세 끼 식사비 6,300원으로도 계획만 잘 잡으면 알뜰하게 하루

+ **차명진 의원 체험수기 논란**
2010년 7월 23일 참여연대가 실시한 '최저생계비로 한 달 나기 캠페인'에 참여한 한나라당 정치인이 쓴 후기가 세간에 논란이 되었던 사건. 차명진은 "나는 왜 단돈 6,300원으로 황제와 같은 생활을 할 수 있었을까? 물가에 대한 좋은 정보와 마음껏 돌아다닐 수 있는 건강이 있었기 때문이다"라는 글을 써 논란을 빚었다. 이에 대해 네티즌들이 1년 내내 최저생계비로 생활해 보라며 비난하자 차명진은 자신의 홈페이지에 사과의 글을 올렸다.

를 지닐 수가 있고, 마음먹기에 따라서 풍족하다고 느낄 수 있다는 것이다. 이런 논리가 가능한 이유는 체험담의 마지막에 등장하는 '결론'에 숨어 있다. 차 의원은 식비로 '기부'도 하고 '문화생활'도 했다고 자랑하면서 "최저생계비만 올리는 것으론 답이 안 나올 것 같다"라는 말로 글을 맺는다. 차 의원이 주장하고 싶었던 것은 최저생계비처럼 직접적인 자금을 지원하기보다 사회 안전망에 대한 투자를 확대해 시장주의적 경쟁 원칙을 깨지 않는 선에서 복지 정책을 실시하자는 말이다.

차 의원의 보고서는 이 결론을 말하기 위해 의도적으로 만들어진 것이라고 할 수 있다. 어쩌면 차 의원은 이미 내려져 있던 결론을 '증명'하기 위해 행사에 참가한 것인지도 모르겠다. 이런 혐의를 가질 수밖에 없는 까닭은 차 의원의 주장이 고스란히 복지국가 모델에 대한 대처리즘Thatcherism의 수사를 닮아 있기 때문이다. 신보수주의자들이 복지국가라는 전후 유럽의 이상주의를 공격하기 위해 썼던 그 논리가 오롯이 차 의원의 글에 담겨 있다는 사실은 상당히 흥미롭다. 사실 나에게 더 문제적으로 보이는 것은 "황제의 식사" 운운한 표현보다도 이런 논리다.

좌우파를 막론하고 한국 사회의 문제점은 좀 배웠다는 사람들이 현실에서 이론을 발굴하기보다 외국의 이론에 현실을 끼워 맞추려는 경향일 것이다. 차 의원의 보고서도 비슷한 문제를 노출시키고 있다. 신보수주의자들이 복지국가 모델을 비판하기 위해 유포시켰던 '미신' 중 하나가 가난한 사람들에게 돈을 주면 게을러져서 종국에 아무것도 하지 않으려고 한다는 것이다. 역사적으로 본다면 이런 주장에 대한 반박은 19세기까지 거슬러 올라가는데, 부자의 기부 같은 일시적 미봉책보다도 가난을 근본적으로 폐지하는 사회구조의 개선이 있어야 한다는 것이 당시 오스카 와일드Oscar Fingal O'Flahertie Wills Wilde 같은 근대 작가들이 주장했던 핵심적 내용이다.

복지에 대한 복안을 표명하는 것처럼 보이지만, 결국 차 의원의 주장은 신보수주의자들이 사회 보장이라는 종래의 개념을 철폐하고, 시장제일주의에 내장해 있는 '정글의 법칙'을 인준하는 대신 내세운 '사회 안전망'이라는 개념을 되풀이해서 말하고 있을 뿐이다. 2008년 세계 금융위기 이후 그 정책의 효율성마저 의심받기 시작한 낡은 대안을 무슨 대단한 체험담인 양 들려주는 그 태도가 너무 안이하다는 생각밖에 들지 않는다. 게다가 한국은 대처리즘이나 신보수주의자들이 공격했던 그 복지국가조차 가져본 경험이 없지 않은가. 현실에 대한 면밀한 천착 없이 철 지난 외국의 생각을 가져와서 진리처럼 신봉하는 것은 한나라당이 평소에 표방하는 실용주의마저 무색하게 만드는 일일 것이다.

공인이라는 정치적 지점

신정환과 MC몽은 이제 우리의 기억 저편으로 사라진 것처럼 보인다. 예능 프로그램에서 잘나갔던 두 연예인을 기억에서 지워버린 것은 한국 사회에서 용납될 수 없는 '부도덕한 일'과 연루되었기 때문이다. 도박과 병역 기피가 이들을 화려한 무대에서 사라지게 만든 원인이었다. 그리고 무엇보

+ **신정환 도박 사건**
  2010년 가수이자 예능인인 신정환이 필리핀 세부에서 해외 도박을 했다는 제보가 들어오면서 이슈가 된 사건. 이에 대해 신정환 측은 뎅기열로 입원을 한 것이라고 해명했으나 결국 이 역시 자작극임이 판명나면서 거짓말 파장을 몰고 왔다. 그 후 한동안 귀국하지 못한 채 홍콩, 네팔, 인도 등에서 체류했던 그는 6개월 만인 2011년 1월 19일 귀국하여 상습도박 혐의로 조사를 받았으며 불구속 기소되었다. 이에 대해 법원은 2011년 6월 2일 징역 8개월의 실형을 선고했다.

+ **MC몽 병역기피 사건**
  2010년 가수 MC몽이 고의적으로 발치를 해서 병역면제를 받았다는 의혹이 불거지면서 문제가 된 사건. 이에 MC몽 측은 정상적인 치료 행위였다고 주장했으나 처음 징병 검사 당시 치아도 정상이었고, 입영 연기 사유도 국가고시를 보기 위해서였다는 등 상습적인 거짓말을 했음이 드러났다. 2010년 10월 경찰은 MC몽을 병역기피 혐의로 불구속 기소했으며, 이에 대해 법원은 2011년 4월 11일 "치과 치료에 대한 공포증, 경제적 어려움, 그리고 치과의사들에 대한 진료 의견에 따라 정당한 발치였다고 판단한다"며 무죄 판결을 내렸으나, 정당한 이유 없이 입영을 미룬 것에 대해서는 공무집행방해죄를 적용, 징역 6월에 집행유예 1년, 사회봉사 120시간을 선고했다.

다도 둘 다 '거짓말'이라는 혐의에 걸려들었다. 이 둘이 무슨 '잘못'을 했는지, 나는 솔직히 관심이 없다. 그 모든 게 사실이거나 거짓이거나, 사법의 문제는 내 소관이 아니기 때문이다. 다만 내가 관심 있는 것은 사법의 판단이 내려지기 전에 이미 이들의 행동을 '잘못'으로 판정하고 있는 이 상황 자체다. 도대체 왜 이런 일이 발생하는 걸까?

항상 되풀이해서 나타나는 이런 현상에서 중요하게 작동하는 논리의 축은 '연예인은 공인이다'라는 것이다. 여기에서 공인公人이라는 건 무엇을 의미하는 걸까? "공적인 일에 종사하는 사람"이라는 뜻으로 사전에 풀이가 되어 있다. 공적인 일이라는 건 "국가나 사회구성원에게 두루 관계되는 것"이라는 뜻을 가진 '공공公共'을 지시하는 것이겠다. 그렇다면 의문을 제기해보자. 신정환과 MC몽은 어떤 의미에서 '공인'인가? 결론적으로 말하자면, 모두에게 '즐거움'을 준다는 의미에서 공인이라고 할 수 있다. 물론 자유민주주의를 근간으로 삼는다는 근대국가의 기준에 비추어 생각한다면 이런 정의 자체도 황당한 노릇이지만, 여하튼 한국의 특수성을 감안해서 그렇다고 치자.

신정환과 MC몽이 공인으로서 하지 말아야 할 일을 했다고 한다면, 이런 즐거움을 주는 존재로서 역할을 제대로 하지 못했다는 사실을 뜻한다. 이들의 행동을 '비도덕적인 것'이라고 비판하면서, 공인이기 때문에 더 엄격한 도덕적 잣대가 필요하다는 주장이 제기되는 것은 이런 까닭이다. 도덕은 결국 즐거움의 문제고, 한국 사회에서 이 즐거움은 '쾌적함'을 뜻하기 때문이다. 공인은 사회 공동체 구성원을 불쾌하게 만들지 말아야 하며, 국가는 이를 통제 관리해야 한다. 이것이 기본적으로 한국 사회에서 살아가는 대다수 장삼이사의 논리라고 할 수 있다.

내가 말하고 싶은 건 이런 논리야말로 한국 사회에서 정치를 억압하고, 정치적인 것을 '나쁜 것'으로 배제해버리는 태도를 정당화해주고 있다는 것이다. 신정환과 MC몽을 징치하기 위한 논리는 실질적으로 '정치인'을 비판하는 것과 동일하다. 연예인도 공인이고 정치인도 공인이다. 그러나 평소에 이들은 전혀 '공인'으로 인준받지도, 인지되지도 않는다. 다만 '비리'라는 도덕적 잣대에 어긋나는 '행위'가 발각되었을 때 이들은 돌연 '공인'의 모습으로 우리 앞에 출몰한다. 이 상황 자체야말로 한국 사회에 만연한 탈정치성, 또는 정치 자체를 억압하는 쾌락 원칙의 실체를 보여주는 것이라고 할 수 있다.

공동체가 합의하는 그 도덕성의 기준은 결국 사회적 공간의 분할과 신분적 위계를 지정하는 것이기도 하다. 연예인과 정치인은 공인이라는 '비정치적인 지점'에 할당되는 것인데, 이들이 이런 자기의 몫을 어기고 '몫이 없는 자'인 것처럼 행동할 때, 도덕성은 기요틴guillotine의 스펙터클이 되어 귀환한다. 기쁨과 아픔 같은 감각의 나눔에 충실해야 할 존재들이 갑자기 '선과 악'의 판단을 요구하는 '주체'로 나타났을 때, 한국 사회는 불쾌로 인한 불편함을 이겨내지 못하는 것이다. 의미 없는 웃음과 소음에 불과한 울부짖음만을 들려줘야 할 존재가 갑자기 '자기만의 쾌락'을 드러내거나, 아니면 '자기 목소리'를 내기 시작할 때, 한국 사회는 그 낯선 주체의 의미를 견디지 못한다.

이런 까닭에 연예인이나 정치인은 평소에 '사적인 존재'였다가 '공공'의 문제를 건드리는 순간, 공인으로 규정되어서 나타나는 것이라고 할 수 있다. 따라서 공인의 문제는 존재론적인 것이라기보다 인식론적인 것이다. 공인은 '발견됨으로써 존재하는 것'이기 때문이다. 인터넷이라는 다중 접속의 환경은 파놉티콘Panopticon에서 시작한 만인의 '감시 카메라화'라는 근대적 공리주의의 구상을 완성했다고 할 수 있다. 우리는 감시받으면서 동시에 감시한다. 이 감시의 환경이 환기시키는 것은 바로 이 현상이야말로 완벽하게 정치가 억압되어 있는 상태라는 사실이다. 사적인 영역이 정치를 억압한다면, 공적인 영역은 정치에 대한 열망을 드러낸다. 부르주아는 이 둘을 분리시킨 상태를 일컬어 '성숙한 사회'라고 말하지만, 현실은 이런 상상을 언제나 배반한다. 말하자면, 이 '연예인'을 사적인 영역에 묶어두려는 이 억압의 상태는 역설적으로 정치적인 것이라는 잉여적 상황에 대한 강렬한 구성원의 충동을 보여주는 것이라고 할 수 있다.

서민은 나타나지 않는다

플라톤은 소크라테스의 입을 빌려 아테네의 민주주의라는 것은 실제로 '최선의 사람'이 인민의 동의를 얻어서 귀족 정치를 실행하는 것이라고 말한다.[14] 이 말은 얼핏 생각하면 아테네의 민주주의에 대한 비판처럼 들리지만, 다른 각도에서 보면 뜻밖의 이야기를 숨겨놓고 있는 것처럼 보인다. 랑시에르는 민주주의에 대한 플라톤의 말을 '민주주의의 패러독스'를 지적하는 의미로 해석한다. 원래 패러독스라는 것은 모순적인 명제의 공존을 뜻하는데, 플라톤의 언급은 민주주의에 대한 정의 자체에 내재한 문제점을 잘 보여준다는 것이다.

민주주의의 패러독스에 대한 랑시에르의 주장은 최근 한국에서 일어나고 있는 정치 상황을 이해하기에 적절한 잣대를 제공한다. 특히 이 상황은 국가와 계약을 맺은 정치적 주체로서 존립하는 '인민'이라는 근대적 개념을 '서민'이라는 전근대적 개념으로 치환하는 과정을 수반하고 있다는 점에서 흥미를 끈다. 정당한 정치적 주체인 인민이라는 개념이 봉건적 위계를 연상시키는 서민이라는 용어로 탈바꿈해서 '호명되는 것'은 예사로운 일이 아니다. 원래 서민이라는 말은 "아무 벼슬이나 신분적 특권을 갖지 못한 일반 사람"을 뜻했지만, 근대적 의미로 변용되면서 "경제적으로 중류 이하의 넉넉지 못한 생활을 하는 사람"을 가리키게 되었다. 서민이라는 말의

---

14   Plato, *Republic*, trans. G. M. A. Grube, Indianapolis: Hackett, 2003, p. 215.

쓰임에서 신분적 특권이 경제적 계급으로 바뀌었다는 사실에 주목할 필요가 있다.

　민주주의는 기본적으로 데모스demos의 정치체제polity인 것처럼 보이지만, 사실은 인민의 동의를 얻은 '최선의 사람'이 관리하는 국가체제다. 형식적으로 주권은 데모스에게 있다고 하지만, 그 실체는 보이지 않는다. 다만 보이는 존재는 인민이라는 국가와 계약을 맺은 자들일 뿐이다. 이들은 언제나 국가에게 '평등'을 요구한다. 플라톤도 밝히고 있듯이, 평등은 '타고난 것'이기 때문이다. 같은 기원을 가지고 태어난 동포同胞의 논리가 여기에서 작동한다는 것을 간과하기 어렵다. 서로 다른 기원을 가지면 서로 다른 정치체제에 대한 요구를 가질 수밖에 없다. 서로 다른 정치체제를 갖는다는 것은 각자 다른 국가를 상상한다는 의미이기도 하다.

　플라톤은 '같은 어머니'에서 태어난 형제들의 정치를 갈구했지만, 민주주의는 기본적으로 핏줄을 나눈 형제들만의 체제가 아니다. 민주주의는 역으로 새로운 형제들을 만들어낸다. 민주주의를 통해 너도나도 형제가 되는 것이지, 형제들끼리만 민주주의를 할 수 있는 것이 아니다. 미국의 독립선언서가 궁극적으로 노예도 평등한 존재라는 사실을 인준할 수밖에 없었듯이, 민주주의의 이념은 기본적으로 왕후장상의 씨를 다르게 규정하지 않는다. 그러므로 플라톤에게 민주주의는 원리적으로 패러독스를 내재할 수밖에 없는 '혼란스러운 정치체제'로 비췄던 것이다.

　근대적 민주주의의 문제점은 대의제라는 구조에서 발생한다. 데모스의 요구를 구현하는 것처럼 보이는 이 정치체제는 실제로 데모스의 정치를 억압하고 배제함으로써 작동한다. 데모스의 체제, '데모크라시'는 데모스를 정치에서 사라지게 만드는 장치이기도 하다. 플라톤의 말처럼, 민주정은 실제로 최선의 사람이 통치하는 귀족정인 것이다. 따라서 언제나 민주주의의 주체기도 한 데모스는 '불만'에 빠질 수밖에 없다. 데모스는 자신의 불만을 근거로 정치체제가 정당하게 작동하도록 끊임없이 요구하는 것이다.

　이런 까닭에 민주주의라는 '대리 만족'의 구조는 데모스의 조건을 언제나 내재한다고 할 수 있다. 다만 정치를 억압하고 과잉을 배제하는 것을 목적으로 삼는 정치인들에게 데모스를 데모스로 호명하는 것은 위험한 일이다. 그래서 흔하게 데모스를 대체하는 용어가 바로 서민일 것이다. 앞서 이야기했듯이, 이 서민이라는 용어는 오늘날 신분적 특권보다도 경제적 계급의 의미를 내포하고 있다. 경제적 범주로 서민을 고정해놓음으로써 노릴 수 있는 효과는 바로 정치와 경제의 분리다. 경제를 정치적인 것과 관련이 없는 영역으로 간주함으로써 이 세계는 부르주아의 이해관계를 완벽하게 구현할 수 있는 낙원으로 전환된다. 왜냐하면 경제는 교환가치의 세계고, 이 세계는 데모스의 과잉을 배제한 완벽한 합리적 거래의 처소기 때문이다.

경제의 논리는 인민을 데모스의 과잉에서 구출해서 치안의 통제에 묶어놓는 역할을 한다. 이 치안의 내면화야말로 인민이 국가에 '방황하는 영혼'을 고정해놓은 과정이다. 따라서 이른바 서민이라는 용어는 궁극적으로 구조로 포섭되지 않는 인민의 무의식을 경제적인 것으로 치환시켜서 국가라는 합리적 재현의 영역에 붙잡아두는 금지의 기표인 것이다.

얼마 전 이명박 정부는 딸 특채 문제로 구설수에 오른 유명환 전 장관을 정격 해임함으로써 상황을 무마하려고 했는데, 여기에 개입한 논리가 바로 '공정한 사회론'이다. 최근 이명박 정부가 내세우고 있는 공정성이라는 것은 형평성의 다른 말인 것처럼 보인다. 이 말은 어떤 면에서 본다면 상당히 고대 그리스의 용법에 충실한 의미를 띠고 있는 것이기도 하다. 원래 그리스에서 공정함justice이라는 것은 "남의 이익을 침해하지 않고 적절하게 자신의 소임을 다하는 것"이었다. 다분히 능숙함과 최선을 미덕으로 여겼던 소피스트적인 평등주의가 여기에 구현되어 있다고 하겠다. 이런 공정한 사회론에 대한 반발이 보수 언론을 중심으로 일어날 수밖에 없는 것이, 기본적으로 소피스트적인 공정성은 기계적이고 계량적인 형평성을 전제하기 때문이다.

공리주의를 정확하게 추구하는 것만큼 기득권층에게 무서운 일은 없다. 실제로 19세기에 등장한 다양한 정치사상이 목표로 삼았던 것도 공정과 형평을 통한 조화로운 사회였다고 할 수 있다. 이를 위해 필요했던 것이 사회 질서를 무너뜨리는 데모스의 과잉이었다. 서구 부르주아에게 가장 두려운 것이 바로 인민의 공백인 데모스가 출현해서 공동체의 합의를 무용지물로 만드는 것이었다. 이 대혼란의 상황을 막기 위해 서구 부르주아는 정치와 경제의 분리를 지속적으로 추구했던 것이다. 한국의 경우도 예외는 아니었는데, 아이러니하게도 1980년대의 산물이라고 할 수 있는 '민주화'의 과정을 통해 이 분리가 일어났다는 것이 중요하다. 이른바 1987년 체제라고 규정된 이 과정이 우리에게 선사한 것은 경제주의를 통한 정치의 억압이었던 것이다.

이 과정에서 '국민'은 인민으로 자신을 규정한 것이 아니라 서민이라는 경제적인 외피를 뒤집어쓰고 정치적 주체라기보다도 '인간 동물'로서 쾌락 원칙에 충실한 삶을 선택했다고 하겠다. 우리가 지금까지 목도했듯이, 이 안락한 즐거움의 결과물이 바로 이명박 정부였던 셈이다. 따라서 이명박 정부가 집권 중반기를 넘기면서 공정한 사회라는 기조를 들고 나온 것은 그렇게 새삼스럽다고 말하기 어렵다. 공정한 사회라는 기치만큼 서민이라는 '경제적 기표'에 인민을 포섭해둘 수 있는 좋은 핑계도 없을 것이기 때문이다. 치안의 확립은 궁극적으로 인민의 정치를 찾아내어 경제의 논리에 포섭하는 것이라고 할 수 있다. 경제의 논리를 통해 인민의 과잉을 관리하는 것이 바로 정치권력의 역할이고 국가의 기능이다.

때때로 국민으로 호명당하는 인민은 국가라는 상징계의 필연성에 종속되어 있지만, 그 국가를 구성하는 기표의 연쇄로 재현할 수 없는 욕망을 가질 수밖에 없다. 민주주의의 패러독스는 이런 이유로 발생하는 것이다. 대의제를 통해 재현할 수 없는 욕망은 곧 민주주의에 해로운 데모스의 주이상스다. 이 주이상스는 멈출 수 없는 '예외적 주체'의 욕망이고, 상징계의 규정을 전면적으로 부정하는 '다른' 즐거움이다. 서민은 이렇게 공동체를 통해 합의된 욕망과 다르게 정향되는 주이상스에 대해 부정적이다. 왜냐하면 주이상스라는 해괴한 욕망은 교환가치의 법칙을 넘어가서 우리에게 '피곤'을 요청하기 때문이다. 그러나 과연 진리의 주체가 만들어진다면 이 피곤을 이기는 지속성 따위는 아무것도 아니다. 2008년 촛불은 서민의 범주에 포섭할 수 없는 인민이 어떻게 데모스의 모습으로 순식간에 현신하는 지를 잘 보여주었지 않은가?

보수우파는 손쉽게 '밥만 먹여주면 된다'고 생각하지만, 인민은 밥만 먹고 살지 않는다. 보수우파의 주장처럼 인민이 밥에 만족하는 인간 동물에 지나지 않았다면 북한 체제 같은 정치적 실패는 없었을 것이다. 밥을 넘어선 것이 부자라고 했을 때, 자본주의의 경제구조는 모두를 부자로 만들어줄 수 없다는 한계를 갖는다. 자본주의가 발전해서 부의 총량은 늘어나더라도 부자의 수는 줄어들 수밖에 없다. 서민이라는 전근대적인 용어는 이런 자본주의 현실을 소거시키기 위한 합의의 산물이기도 하다. 이명박 대통령이 서민 경제를 챙긴다는 메시지를 전달하기 위해 재래시장을 방문하는 것이야말로 이 사실을 잘 보여준다. 이 상징적 행위야말로 한국 사회에서 서민이라는 용어법이 얼마나 효과적인 포섭 전략인지를 증명하는 것이다.

서구의 부르주아와 달리, 한국의 부르주아는 아직도 일천한 역사를 가지고 있다. 게다가 귀족계급이나 구체제와 투쟁하면서 자신의 정체성을 정립한 경험도 없다. 그러나 이들에게 서구의 부르주아와 다른 특징이 있는데, 바로 '서민 정서'라는 특이한 요소다. 이 서민 정서로 인해 한국 자본주의의 노른자라고 불리는 압구정동에 여전히 연탄불 돼지껍데기집이 있는 것이고, 최첨단 아파트에 김치냉장고가 들어갈 수 있는 것이다. 부르주아도 서민적일수록 좋다는 이런 생각이야말로 참으로 한국적인 미덕의 범주라고 할 수 있다. 최선의 상태나 우월한 능력도 이런 미덕이 없다면 의미가 없다. 서민이라는 개념은 한국 사회의 개인이 자본주의라는 '아버지의 법'을 체현하기 이전, 다시 말해서 타락의 문턱을 넘기 전에 간직하고 있었던 것으로 간주되는 대상 같은 것이라고 할 수 있다.

자본주의로 진입하면서, 또는 자본의 논리를 내면화하면서 우리가 잃어버렸다고 생각하는 '그 무엇'을 암시하는 기표가 바로 서민인 것이다. 그러므로 이 서민이라는 기표가 작동하는 지점이야말로 데모스가 은폐되고 포박되어 있는 곳이라고 할 수 있다. 그러나 이 서민이 딱히 누구를 가리키는지 알 도리는 없다. 이명박 정부는 재래시장을 서민의 표상으로 지정하고자 하지만, 서민은 그 어디에서도 나타나지 않는다. 다만 서민은 억압된 데모스의 모습으로 한국의 민주주의에 내재한 패러독스를 무감하게 만들 뿐이다. 민주주의의 원리에 따르면 국가권력은 '국민'의 것이기에 '누구'라도 차지할 수 있는 것이지만, 정작 한국 사회의 구성원은 아무나 허락되어 있는 이 기회를 마치 전혀 그렇지 않은 것처럼 무화시킨다. 그래서 자신이 선출한 권력자가 서민으로 자신을 재규정해주기를 바라는 퍼포먼스를 정치라고 착각하면서 살아가는 것이다. 그러면 이 착각의 정치는 무의미한 것일까? 그렇지는 않다. 이 비정치적 퍼포먼스야말로 정치적인 데모스의 출현을 언제나 예비하고 있기 때문이다. 서민은 결코 인민으로 충족되지 않는 어떤 과잉을 회피하기 위해 발명된 베일에 불과하다. 그렇기에 모든 경제적 요구는 정치적 과잉을 통해 결국 다시 정향될 수밖에 없는 것이다.

타블로 논란

인기가수 타블로의 학위 진위 문제를 둘러싼 논란이 한동안 계속되었다. 〈MBC 스페셜〉이 스탠포드 대학까지 타블로와 동행해서 직접 학위 검증 절차를 보여줬지만, 논란의 중심에 서 있던 '타블로에게 진실을 요구합니다(타진요)' 카페 회원들은 계속 또 다른 의혹들을 제기하면서 진실을 받아들이지 않으려고 했다. 이런 현상을 어떻게 설명해야 할까?

　　문제의 핵심은 타블로의 스탠포드 대학 졸업 여부에 있다기보다 타진요의 심리 상태에 있는 것 같다. 타진요가 타블로의 학위에 문제를 제기하는 까닭은, '힙합이나 하면서 놀던 학생이 어떻게 그 어려운 스탠포드 대학을 입학해서 졸업할 수 있는가'라는 의구심 때문이다. 사실 이런 생각을 가능하게 하는 메커니즘이 상당히 흥미로운 것이다. 기본적으로 이런 생각은 스탠포드　대학과 그 학위 제도에 대한 절대적 믿음을 전제하는 것이라는 점에서 그렇다. 스탠포드 대학을 나온 사람이 절대 타블로처럼 행동할

+　　타블로 학력 위조 논란
2010년 스탠퍼드 대학 출신의 인기 힙합가수 타블로가 학력을 위조했다는 주장이 인터넷에 제기되면서 시작된 논란. 일명 '타진요' 회원으로 구성된 인터넷 카페 회원들이 제기한 학력 위조 의혹으로 각종 신문 매체와 방송, 언론의 보도와 더불어 경찰 조사까지 이루어졌다. 경찰이 타블로가 스탠포드 대학교를 졸업한 사실을 입증, 발표하며 누리꾼 14명을 불구속 기소하는 것으로 사건은 마무리되었으나, 이 과정에서 인터넷 마녀사냥 논란이 불거지기도 했다.

수 없다는 확신이 여기에 스며 있는 것이다.

타블로가 이런 의심을 부추긴 이유는 예능 프로그램의 특징을 잘 몰랐기 때문인 것 같다. 한국의 엔터테인먼트 산업에서 중요한 것은 남들보다 모자라는 위인이거나, 아니면 항상 웃으면서 손이나 흔드는 인형이어야 한다는 것이다. 스탠포드 대학 영문학과를 조기 졸업한 석사가 시시덕거리는 것을 용납할 수가 없는 것이다. 그가 예능 프로그램에 나오지 않고 다른 힙합 가수들처럼 언더그라운드에서 음악만 했다면 이런 일은 벌어지지 않았을 것이다. 그러나 그는 예능 프로그램에서 인기를 얻고 싶었고, 그래서 있는 사실을 부풀려서 말하는 일이 반복되다 보니 역풍을 맞게 된 것이라고 할 수 있다. 타진요의 논리도 강고한 학벌주의의 산물이라면, 타블로 역시 여기에 편승해서 자신의 입지를 굳히려고 했다는 비판을 면하기 어렵다.

여기에서 주목해야 할 사실은 타블로를 집중적으로 공격한 이들이 대체로 미국에서 대학을 다녀본 사람들이거나 자녀들을 진학시킨 경험이 있는 사람들이라는 점이다. 타진요의 매니저인 왓비컴즈는 미국 거주자로 알려졌다. 타진요가 주장하는 '상식'은 이런 경험에 근거를 두고 있는 것이다. 재미있는 것은 이런 상식에 근거한 주장이야말로 전형적인 한국 시민사회의 논리기도 하다는 점이다. 미국 또는 유럽의 상식을 보편적인 것으로 전제하고 대상에 대한 비판적 거리를 확보하는 사고의 구조가 한국식 민주주의를 떠받치고 있다는 사실을 다시 확인할 수 있는 대목이다.

어쨌든 이처럼 한국 사회에서 지식 엘리트 집단을 구성하고 있는 이들이 타블로의 학력을 의심하고 학위 조작을 확신했다는 것은 상당히 의미심장하다. 이들이 타블로의 학력에 의문을 제기하는 근거 중 하나가, 미국 명문대학을 나왔다는 타블로의 지적 능력이 그렇게 높게 보이지 않는다는 의심이다. 출간한 책의 내용도 그렇고, 평소에 방송에 나와서 쏟아내는 발언들이 전혀 '배운 사람'처럼 보이지 않는다는 것이다. 그러면서 예능 프로그램에서 보여준 타블로의 어수룩한 모습들을 증거로 제시하고 있다. 결국 이런 주장에서 확인할 수 있는 사실은 미국의 명문대학 학위에 대한 무조건적인 신뢰라고 할 수 있다. 스탠포드 대학의 교육 체계는 거의 완벽하기 때문에 그 과정을 졸업하고 타블로처럼 행동할 수가 없을 것이라는 확신이 깔려 있다. 그래서 이들은 타블로의 학위를 진짜일 수 없다고 믿는 것이다.

타블로를 둘러싼 논란은 전형적인 마녀사냥의 형식 논리를 체현하고 있다는 점에서 범상한 사건이라고 보기 어렵다. 말 그대로 이 사건은 마녀사냥의 구조를 드러내고 있다. 개똥녀나 〈디 워〉, 또는 황우석의 경우와 상당히 다른 측면이 여기에 도사리고 있는 것이다. 개똥녀 사태는 개인에 대한 이지메였고, 〈디 워〉 논란은 반지성주의, 그리고 황우석 사태는 민족주의에 근거했지만, 타블로는 이 모든 것이 복합적으로 작동하는 한편, 세 범주 어디에도 속하지 않는 심리의 문제를 드러내고 있다. 사회 정의를 위해서 진실이 승리해야 한다는 '신념'이 개입하고 있는 것이다. 이 사회 정의에 대한 주장으로 인해 타진요의 발언들은 특정한 이해관계를 떠난 '공정성'을 띠고 있는 것처럼 받아들여지는 것이다.

이런 까닭에 이 사건은 단순하게 신정아의 경우처럼 학위 조작 문제라고 볼 수 없다. 타블로 논란은 법과 사회, 그리고 국가의 관계 문제를 매개로 회전한다는 측면에서 다분히 근대적인 마녀사냥의 양상을 띠고 있다. 마녀사냥의 조건은 시민사회와 법의 관계가 완전히 정립되지 못한 상황, 급격한 사회 변동으로 인한 가치 판단의 혼란, 대상에 대한 혐오를 뒷받침할 합리적인 근거, 사회 정의에 대한 집단적 공감, 그리고 무엇보다도 이 모든 것을 주도하고 선동하는 집요한 지도자와 이를 추종하는 열렬한 군중의 존재다. 마녀사냥에서 중요한 것은 개별 지식들을 판타지의 논리에 따라 재구성해서 현실을 설명하는 근거로 제시하는 행위다. 타진요 카페 게시판을 채우고 있는 내용들을 살펴보면, 이 과정들이 어떻게 그럴듯하게 합리적 과정을 거쳐서 이루어졌는지를 명쾌하게 알 수가 있다.

타블로에 대한 마녀사냥은 어떤 변화를 예고하는 것이라고 생각한다. 논란의 중심에 선 이들이 '법'을 통해 이 문제를 해결하겠다는 판단을 내렸다는 것도 재미있지만, 궁극적으로 마녀사냥은 법과 시민사회, 그리고 국가의 관계가 정립되는 과정에서 발생하는 징후라는 사실을 이 사건은 다시 한 번 확인시켜준다. 마녀사냥에 대한 '비판'은 계몽주의로부터 공급되는 것이고, 이 과정에서 개인은 법의 금지를 내면화하고 국가는 이를 포섭하며 재현한다. 말하자면 마녀사냥은 시민사회를 요동치게 만드는 과잉의 욕망을 '나쁜 것'으로 규정하고 제거하는 과정을 필연적으로 수반할 수밖에 없는 것이다. 마녀사냥 자체가 '자신의 억압'을 극장화해서 아버지의 법에 자신이 얼마나 고통받고 있는지를 호소하는 도착적 퍼포먼스라는 사실을 인지할 필요가 있다. 이런 까닭에 마녀사냥의 주체는 아무리 과격한 내용을 주장하더라도 결코 법의 경계를 돌파하지 못한다.

마녀사냥에 대한 계몽주의적 비판과 규제는 곧 과잉의 욕망에 휘둘리는 주체의 망동을 법의 이름으로 심판하는 절차기도 하다. 법의 금지를 내면화한 '깨어난 개인'이 그렇지 못한 '몽매한 개인'을 질타하는 이중 구조가 여기에서 발생하는 것이고, 이것이 바로 근대사회의 가치체계를 구성한다. 이렇게 법은 계몽주의의 논리를 체득하게 되고, 개인은 근대적 시민으로 국가에 자신의 공백을 고정시키는 절차를 통해 다시 태어난다. 이런 맥락에서 이번 타블로 논란은 변화의 와중에 있는 한국 사회의 상황을 정확하게 보여주는 거울상이기도 하다. 이런 전체 과정을 파악하지 못하고 인터넷 때문에 이런 일이 발생했다는 단순 논리로 문제의 해결책을 찾는 것은 동그라미를 네모 속에 집어넣으려는 불가능한 시도에 지나지 않는다. 인터넷은 단지 이 모든 것을 실시간으로 우리에게 보여주는 스크린일 뿐이기 때문이다.

전쟁에 대한 이중 전략

일상에서 묻혀 있긴 하지만 '전쟁'은 한국 사회를 관통하는 중요한 키워드다. 북한이라는 대량 살상무기를 갖춘 무장 세력이 걸핏하면 전면전을 불사한다는 성명서를 발표하는 상황이 상수로 존재하고 있기 때문이다. 게다가 이런 발언은 말에 그치지 않고 천안함이나 연평도 사건처럼 구체적인 '도발'의 형태를 띠고 안전한 사회의 존립 자체를 위협하고 있는 것이 엄

+ **연평도 포격 사건**
   2010년 11월 23일 오후 2시 30분경 북한이 한국의 연평도를 향해 170여 발의 폭탄을 포격한 사건. 이에 대해 군은 진돗개 하나를 발령하고 80여 발의 대응 사격을 실시했는데, 이 사건으로 인해 남북의 군인 7명, 민간인 2명이 사망했다. 남북 간 교전 중 민간인이 사망한 것은 한국 전쟁 이후 처음 있는 일로 국제사회의 큰 관심을 불러 모았다. 중국을 제외한 각국 정부가 북한의 도발을 규탄했으나, 북한은 정당한 군사적 대응이라 주장했다. 천안함 사건 이후 얼마 되지 않아 발생한 이 사태로 남북 간의 갈등은 더욱 심화되었으며, 연평도 주민들 대부분이 섬을 떠났다.

+ **소말리아 해적 인질 구출 작전**
   2011년 1월 21일 아라비아 해에서 소말리아 해적들에게 납치된 우리 화물선 삼호해운 소속 화학물질 운반선인 삼호주얼리호가 대한민국 해군 최영함에 의해 구출된 사건. 청해 부대는 이번 작전을 '아덴만 여명 작전'이라 명명하고 고속 단정을 이용해 특수요원UDT을 피랍된 삼호주얼리호에 투입시켜 총격전 끝에 해적을 제압하고 선박을 장악했다. 이 사건으로 해적 8명은 사살, 5명은 생포되었으며, 그 과정에서 한국인 선장이 총상을 입고 부상을 당했으나, 다른 선원들은 별 탈 없이 무사히 구출되었다. 대한민국 해군의 첫 진압 작전 성공으로 큰 주목을 받았다.

연한 현실이다.

이런 상황에서 대다수 '한국인들'이 전쟁을 반대한다는 의지를 명확하게 표명하는 것은 자신의 안위를 염려한 당연한 결과라고 할 수 있다. 말하자면, 세계 평화와 같은 형이상학적 명분 때문에 한반도의 전쟁을 반대했던 것이 아니다. 소말리아 해적을 진압한 한국 특수부대의 작전을 찬양하는 분위기를 보면 한국 사회에서 전쟁 반대가 갖는 이중적 의미를 짐작할 수 있을 것 같다.

천안함 사건 진상 규명을 통해 북한에 대한 강한 응징을 주장했던 집권 여당이 지방 선거에 참패한 것은 전쟁 반대에 대한 '국민'의 의사가 선명하게 드러난 것이었다. 그러나 이렇게 전쟁을 반대하는 분위기는 그렇게 오래가지 못했다. 연평도 포격 사건이 있었을 당시 한국 사회 대다수 구성원들은 북한에 대한 적절한 대응을 주문했고, 북한이 전쟁을 일으키면 자원입대라도 해서 싸우겠다는 의견이 지배적이었다. 또한 소말리아 해적 진압 작전에서도 많은 한국인들은 정부의 선택에 찬성하고 지지를 보냈다. 겉으로 보기에 한국 사회는 평화를 사랑하고, 전쟁을 반대하는 것처럼 보이지만, 실제로 무력을 사용할 때에는 아무런 거리낌을 갖지 않는 것이다.

왜 이런 일이 벌어지는 것일까? 아주 간단하게 한국인들의 '국민성'을 거론하면서 분열증적인 행태를 비판하면 모든 문제는 끝난다. 그러나 현실은 이보다 더 복잡한 것처럼 보인다. 문제는 한국 사회에 폭력에 대한 숭배 또는 경외심이 항상 내재하고 있다는 사실이다. 부모 세대와 자식 세대 사이에 양상은 다르지만 엄연히 폭력에 대한 숭배가 일정하게 잔류하고 있는 것을 부정하긴 어렵다.

여기에서 숭배의 대상이 되는 폭력은 개인의 폭력이라기보다 국가의 폭력이라고 할 수 있을 것이다. 쉽게 말해서, 한국인의 내면에서 국가라는 것은 '제대로 사랑을 받아볼 수 없었던 부모' 같은 부재의 존재다. 존재하지만 부재하는, 또는 부재하기에 존재하는 것이 바로 국가다. 일상에서 나타나지 않다가 국가는 '국민'의 결여가 부각될 때, 홀연 유령처럼 호명 당한다. 이런 까닭에 한국의 정서에서 국가라는 범주는 "신성 폭력divine violence"

이라는 벤야민의 개념에 정확하게 부합한다.

신성 폭력이라는 개념의 핵심은 국가의 부재성과 무관하지 않다. 종교적 의미에서 신성 폭력은 죄를 범한 인간을 벌하는 신의 심판을 의미하지만, 근대성의 세속화는 이런 심판 자체를 부정하는 과정이었다고 할 수 있다. 이제 역사는 폐허만을 남긴 채 '새로운 천사angelus novus'의 저항 따위는 아랑곳없이 앞으로 나아가기만 한다. 부재하기에 존재할 수 있었던 신의 자리는 이제 국가라는 보이지 않는 대타자에게 위임된다. 이 대타자는 사회 구성원의 판타지기도 하다. 제각각 다른 이해관계를 가진 집단들이 자신의 평등을 '요구'하는 대상이 바로 국가다.

그렇다면 국가 폭력의 극치라고 할 수 있는 전쟁이란 무엇인가? 정치의 극단에 바로 전쟁이 있다. 칼 슈미트Carl Schmitt의 말이 옳다면, 정치는 평소에 드러나지 않는 적과 아를 선명하게 갈라 치는 순간이다.[15] 적과 아로 갈라진 갈등의 공간에 최후의 심판처럼 전쟁은 강림한다. 전쟁의 국면에 남는 것은 오직 폐허뿐이다. 이 과정에서 중간자는 있을 수 없다. 회색분자도 반드시 적 아니면 아로 '분류'되어서 어느 한쪽으로 낙인찍힌다. 이런 관점에서 본다면, 전쟁에 대한 한국 사회의 이중성은 상당히 의미심장하다고 할 수 있다. 과거 군사독재나 권위주의 정권 시절에 전쟁은 국가권력을 장악한 '군인들'의 것이었다.

이 군인들은 군대라는 직접적 국가의 물리력을 운용할 수 있는 존재들이었다. 따라서 이 당시에 전쟁이라는 것은 언제든지 개인의 권리를 박탈해갈 수 있는 절체절명의 상황을 암시하는 것이었다. 따라서 이 당시에 한국 사회에서 절체절명의 과제는 일인에게 독점되어 있는 국가권력의 사용권을 금지시키는 것이었고, '민주화'라는 정치적 기획 또한 이 사용권을 제한하는 것을 목표로 삼았던 것이다.

국가권력을 억압의 기제로만 파악하고, 거기에 저항하는 것이 곧 정

---

15   Carl Schmitt, *The Concept of the Political*, trans. George Schwab, U of Chicago P, 2007, p. 28.

치적으로 올바른 것이라고 규정했던 권위주의 정권 시절에 국가는 언제나 적과 동일시되는 것이었다. 경찰이나 군대는 냉혹한 폭력의 이미지를 띠고 있었을 뿐만 아니라, 국가를 조롱하고 권력의 감시를 빠져나가는 것이 영웅적 행동으로 비쳤다고 할 수 있다. 그러나 민주화 이후에 이와 같은 상황은 변화에 직면하게 되었다.

가장 주목할 만한 변화는 국가를 적으로 간주하지 않고 사회 구성원의 공통성을 실현해낼 수 있는 매개로 간주하기 시작했다는 사실일 것이다. 이 변화의 과정이 상징적으로 드러난 것이 2002년 월드컵이었다고 할 수 있다. 월드컵은 애써 부정했거나 보이지 않던 국가를 선명하게 현시시키는 '실재의 응답'이었다. 물론 이 응답의 결과는 국가로부터 어떤 즐거움을 얻어낼 수 있다는 사실에 대한 자각으로 이어졌다.

따라서 지금 한국 사회는 과거와 확연하게 구분할 수 있는 새로운 국면에 도달했다고 볼 수 있는데, 탈권위주의적이고 자유주의적인 경향성으로 사회 구성원들의 감수성이 변해가고 있는 것이라고 할 수 있다. 이런 와중에서 국가는 이제 특정한 '권력자'의 것이라고 보기 어렵게 되었다. 국가를 부모처럼 느끼는 현상은 복지국가에 대한 요구와 무관한 것이 아니다. 어버이처럼 인민을 보살피는 국가라는 이미지는 자식을 키우는 어머니의 형상으로 공화국을 묘사했던 프랑스 혁명 이후의 상징화를 연상시키기도 한다.

전쟁이라는 범주는 이제 과거처럼 특정 정치 세력이나 우파들의 전유물로서 이용당하는 수준을 넘어섰다. 안보를 팔아서 지지기반의 이탈을 막던 과거의 습속은 더 이상 통하지 않는다. 이제 전쟁은 위험으로부터 자식(인민)을 지키는 국가(어버이)의 행동으로 새롭게 의미화한다. 한국 사회에서 발견할 수 있는 전쟁에 대한 이중적 태도는 이렇게 변화한 국가관을 반영하고 있는 것이라고 할 수 있다. 말하자면, 겉으로 보기에 이중적이긴 하지만, 내적 논리는 수미일관하다. 전쟁이 국가의 존립을 위협하고 중립지대를 사라지게 만드는 극단적인 전략이라면, 인질 구출 작전 같은 것은 국가가 자식을 구하는 '영웅담'이기 때문이다.

따라서 전쟁에 대한 한국 사회의 두려움 내지 거부는 정치를 쓸모없는 것으로 여기고 정치적인 것을 소음이나 소란으로 파악하는 탈정치적 보수주의를 드러내는 징후라고 할 수 있다. 이 말을 돌려서 말하면, 우파는 열심히 북한을 '주적'으로 존속시키려고 하지만, 실제로 현실에서 북한은 한국 사회 구성원들에게 더 이상 적이라고 말할 수 없는 대상이 되어버린 것이다. 적을 만들지 않겠다는 것은 근본적인 안정을 깨는 변화를 만들어내지 않겠다는 뜻이기도 하다.

소말리아 해적 인질 구출 작전은 군사 개입을 정당화했다는 점에서 앞으로 계속 지켜봐야 할 중요한 계기였지만 동시에, 과거와 달리 국가권력이 직접 나서서 자국의 인민을 구출한다는 할리우드식 스펙터클이 이해관계의 재현체로서 헌신하는 국가를 끊임없이 요청하는 상황과 맞아떨어진 것이라고 할 수 있다. 한국 사회는 군사적인 행동 자체를 부정하는 것이 아니다. 다만 부정하거나 거부하는 것은 자신의 안위가 위협받을 수 있는 한반도 내의 전쟁이다. 이 전쟁은 근본적인 삶의 조건을 폐허로 몰아넣을 수 있는 위험한 정치적 국면이다.

앞으로 한국 사회에서 국가에 대해 자기 자신을 셈해주기를 요구하는 평등의 목소리는 더욱 커질 전망이다. 그러나 국가는 그 평등을 요구하는 개인을 상대하지 않는다. 국가는 오직 이해집단에 귀속해 있는 개인에 한해서 인지할 수 있을 뿐이다. 전쟁이라는 정치성의 폭발을 두려워하는 정서가 농후한 한국 사회에서 중성적 국가권력의 역할에 대한 요구는 점점 강렬해질 것이다. 한국 사회가 전쟁을 사유하는 방식은 한편으로 전쟁 반대를 통해 정치적 부재를 인준하면서, 다른 한편으로는 국가권력을 정당하게 사용할 수 있는 대의를 만들어야 한다는 절박성을 반영한 것이라고 할 수 있다. 결과적으로 이런 문제는 공동체적 정의라는 문제와 함께, 복지국가에 대한 열망으로 나타날 공산이 크다.

3

문화와   인물 사이

한류는 무엇인가

'한류韓流'에 대한 말들이 많다. 말들이 많은 지 오래되었지만, 중간 지대가 존재할 수 없는 한국 특유의 상황 때문인지, 한류에 대한 말들도 양극으로 나뉘어 티격태격할 뿐이다. 이를테면 한류 현상을 두고 한쪽은 허상이라고 말하는가 하면, 한쪽은 엄연하게 현실적 변화를 수반하는 실상이라고 주장하는 식이다.

둘 중 어느 쪽을 지지하든 한류 현상을 제대로 이해하는 것과 별반 관계가 없다. 현상이야말로 상징적으로 본질을 드러내는 징후라는 것을 감안한다면, 한류를 놓고 허상이니 실상이니 논박을 주고받는 것은 크게 생산적이지 않다. 중요한 건 한류라고 대내외적으로 규정되고 있는 현상이 모종의 변화를 노출시키는 사건이라는 것이다. 이 사건은 단순한 시간적 우연성의 결과라기보다 그 우연성에 숨어 있는 일관된 논리를 전제하고 있다.

도대체 이 논리는 무엇일까. 이 논리의 해명이야말로 한류를 새로운 차원에서 이해하도록 만들어줄 무엇이다. 결론부터 말하자면, 한류는 개발 독재 시대의 근대화를 거친 한국인들이 드디어 물적 토대에 걸맞은 상징적 법의 논리를 확립한 결과라고 할 수 있다. 이 발견은 당위적 주체에 감추어져 있던 쾌락적 주체를 완성하는 일이었다.

2002년 월드컵의 '붉은 악마'는 이런 과정이 폭발적으로 수면으로 부상한 상징적 사건이었다. 일반적 오해와 달리, 우리를 구성하는 초자아의 명령은 금지를 통해 쾌락을 단속하는 게 아니다. 초자아는 우리에게 "즐겨라"라고 명령한다. 오히려 이런 초자아의 명령을 거부하기 위해 우리는 법을 만들어낸다. 우리는 초자아의 목소리를 "법을 지켜라. 그러면 즐거움을 주겠다"로 바꾼다. 2002년 월드컵의 붉은 악마는 정확하게 이런 변주를 보여준다. "질서를 지켜라. 그러면 축제를 주겠다!"

따라서 붉은 악마 현상은 숨어 있던 '민족'의 신명이 되살아난 것도, 억압되었던 '민중'의 에너지가 터져 나온 것도 아니다. 오히려 이건 길들여지지 않았던 한국인의 자아가 드디어 얌전하게 법에 복종하기 시작했다는 것을 뜻한다. 이 법은 상징적 타자라고 불릴 수 있는 것으로 과거 훼손된 공동체에 대한 막연한 그리움을 조장하던 '민족주의'와 다른 차원의 것이다. 달리 말한다면, 마침내 한국인은 상징적 거세를 통해 자기 정체성을 표현할 '논리'를 발견한 것이다. 이 논리에 대한 자발적 복종은 지속적으로 쾌락을 얻기 위한 약속이다.

한류는 이런 상징적 질서를 내재화하기 시작한 한국인의 변화를 드러내는 현상이다. 아시아의 후발 자본주의 국가들에서 한국의 드라마나 영화가 붐을 일으키고 있는 것은 이런 한국적 상징 논리가 아시아적 보편성으로 수용되고 있음을 뜻한다. 그러므로 한류는 일시적 현상이나 피상적 우연의 결과가 아니다. 이건 아시아의 변화를 읽을 수 있는 하나의 바로미터다. 한류는 쾌락의 평등주의에 대한 아시아적 열망을 담고 있기 때문이다. 이 열망은 "내가 너를 즐길 테니, 너도 나를 즐겨라"라는 자본주의적 교환의 약속에 대한 것이기도 하다.

휴대폰에 대하여

손거울 대신 휴대폰을 보며 옷매무시나 화장을 다듬는 젊은이들을 발견하는 것은 그리 어려운 일이 아니다. 철학자 김영민의 말처럼, 휴대폰은 '거울 사회'를 보여주는 징후적 표상체 같은 것일지도 모르겠지만,[1] 또한 이렇게 휴대폰은 일상생활에서 엄연히 '거울' 노릇을 하고 있는 듯하다. 손거울이 사라진 자리를 차지한 휴대폰. 이것은 무엇을 뜻하는 걸까.

물론 휴대폰에 비친 영상이 손거울보다 선명할 수는 없을 것이다. 만약 그랬다면, 이 세상의 거울은 씨가 말라버리고, 거울 장사가 모조리 문을 닫아야 했을지도 모를 일이다. 이 농담 같은 역설적 진담은 휴대폰을 거울 대용으로 쓰는 행위가 반드시 휴대폰이 거울과 동일하기 때문에 발생하는 게 아닐지도 모른다는 상상을 하도록 만든다. 휴대폰과 거울은 분명 다른 물건이다. 이것은 쓰임새가 다르다. 물론 오늘날 휴대폰이 화장 보조 도구로 사용되듯이, 옛날에 거울이 통신 보조 수단으로 제 몫을 다했던 것도 사실이다. 그러나 거울과 휴대폰의 기능이 서로 우연하게 닮았다고 해서 이 둘을 본질적으로 같은 것이라고 심각하게 주장하는 것은 농담 이상의 의미가 없다.

휴대폰에 비친 영상은 거울보다 선명하지 않다. 여기에 하나의 암시가 숨어 있다. 휴대폰은 거울보다 사진에 더 가까운 것이라고 해야 옳다.

---

1 김영민, 「거울 속에는 소리가 없소―거울 사회와 핸드폰 인간」, 『당대비평』 25권, 2004.

거울을 볼 때 우리는 거울이 우리를 본다고 생각하지 않는다. 거울은 어디까지나 우리가 우리를 보기 위한 보조 수단이다. 거울은 '시선'을 보여주지 못한다. 다만 우리에게 그 시선을 상상하도록 만들 뿐이다. 그러나 휴대폰은 이런 거울과 완전히 다른 역할을 한다. 휴대폰에 비친 영상은 우리가 우리를 보는 게 아니다. 이때 우리를 보는 건 휴대폰이다.

고쳐 말하자면, 사진을 볼 때 우리는 사진을 보는 게 아니라 카메라와 매개된 시선을 보는 것이다. 사진사는 그 시선을 작동시키는 행위자에 불과하다. 사진사는 자신의 눈으로 사진을 찍는 게 아니다. 사진사는 '잘 나온 사진'을 위해 사진을 찍기 때문이다. 사진이 영화의 출현을 예견했다는 것은 이런 맥락에서 나온 말이다. 영화를 볼 때 우리는 앉아 있는 게 아니라 공중에서 날고 있는 것이라는 말도 같은 맥락이다.

그러므로 휴대폰의 카메라를 통해 액정에 비친 자신의 모습을 본다는 것은 예삿일이 아니다. 이건 자기가 나온 영화를 자기가 보는 것과 같다. 비디오에 찍힌 자신의 모습에 한 번쯤 낯선 느낌을 받았던 사람이라면 이 말의 뜻을 짐작할 수 있을 것이다. 그러나 요즘 젊은 세대에게 비디오에 찍힌 자신의 모습은 더 이상 낯선 느낌이 아니다. 이런 친숙함이 이들에게 거울 대신 휴대폰을 꺼낼 수 있게 만드는 것이다.

이들에게 중요한 건 이미지의 선명도가 아니다. 얼마나 대상의 사실성을 정확하게 재현하는가 하는 문제는 이들에게 별반 관심 사항이 아니다. 오히려 이들은 상징적 외피를 걷어낸 사실성에 버거워한다. 결국 이들에게 필요한 것은, 나를 선명하게 인식할 수 있는 거울의 반성이 아니라, 나를 상징적으로 정립시켜줄 휴대폰의 시선이다. 마치 요즘 젊은이들이 실제 대화보다 휴대폰 메시징을 통해 더욱 속 깊은 얘기를 나누는 것과 같은 이치다. 사람들에 따라 이런 현상을 일러 인간의 본질로부터 너무 벗어난 일이라고 할 수도 있겠다. 그러나 보기에 따라서 이런 과정은 인간 존재의 조건을 더욱 명확하게 드러내는 일일 수도 있을 것 같다.

독신주의의 정치경제학

스타들이 결혼을 한다. 그리고 한 중매알선업체 사장이 텔레비전에 나와 독신주의자는 결혼에 실패한 사람의 변명이라고 일침을 놓는다. 흐뭇한 결혼식 장면을 담은 사진들이 포털사이트를 수놓고, 팬들의 축하 메시지들이 무수히 댓글로 내달린다. 한때 "초라한 더블보다 화려한 싱글이 좋다"라는 말이 세간의 유행어가 되었던 사실을 상기하면 격세지감이다. 도대체 그동안 무슨 일이 있었는가.

스타들의 결혼은 선망의 대상이다. 스타들은 대중에게 완벽한 육체에 대한 판타지를 제공한다. 트랜스젠더 스타 하리수는 남성에서 여성으로 전환된 몸을 재현한다. 이 스타는 1960년대 이후로 몸에 대한 대중문화의 관심이 여성화되어왔다는 사실을 무의식적으로 드러낸다. 그러나 이 여성화는 궁극적으로 여성적이면서 남성적인 혼성의 영역에 이상적 몸을 세우는 과정이기도 했다.

1980년대 이후 서구 사회에서 출현한 이른바 '피트니스 열풍'이 보여주는 것은 건강을 위해서 운동을 하는 게 아니라 미용을 위해서 현란한 운동기구들을 사용해야 한다는 것이었다. 더불어 이제 남성도 람보처럼 우락부락한 근육이나 자랑할 게 아니라 여성처럼 날씬하고 나긋나긋한 몸을 가져야 한다는 인식이 확산되었다. 남성이 여성보다 더 우월한 몸을 가졌기에 운동도 더 잘할 수 있다는 편견은 무의미해졌다. 남성도 여성화되어야만 뒤바뀐 지형에 적응할 수가 있다. 결국 이 여성성의 강화 또는 권장은 쾌락 원칙의 충족이라는 자본주의의 본질과 무관하지 않다. 여성, 특히 커리어 우먼으로 불리는 중간계급 여성이야말로 소비주의라는 뱀파이어에게 영원한 생명을 부여할 수 있는 원천이기 때문이다.

그러나 한국 사회는 여전히 이 뒤바뀐 지형에 저항하고 있다. 한국 사회에서 결혼은 특수한 코드다. 결혼은 변하지 않는 그 무엇이어야 한다. 한국 사회에서 결혼은 개인의 선택이자 동시에 부모의 결정이다. 한국 사회에서 결혼을 둘러싼 갈등은 이런 이중적 구조에서 발생한다. 이 갈등을 잘 푸는, 아니 정확하게 말하자면, 부모의 결정을 거스르지 않는 착한 아들딸들이야말로 결혼 생활을 잘할 수 있는 존재로 승인받는다. 스타들의 결혼식에서 흐뭇하게 웃고 있는 부모들의 사진은 이런 이유 때문에 필요한 것이다. 마침내 스타들은 쾌락 원칙을 상징적 법의 이름으로 붙들어 맨다. 그 대가로 이들에게 부여되는 건 부모의 이름으로 호명되는 안전한 쾌락이다. 그리고 이들이 얻는 건 공동체의 찬사를 한 몸에 받는 완전한 인격이다. 완전한 몸에 완전한 인격, 스타들의 결혼은 이 둘을 하나로 결합시키는 상징 행위다.

과연 이것뿐인가. 아니다. 그럴 리가 있겠는가. 한 중매알선업체 대표의 말과 달리, 독신주의는 실패한 결혼의 산물이 아니라 성공한 결혼의 증상이다. 독신주의자에게 가장 두려운 건 자신의 욕망이 결혼을 통해 완전하게 충족되어버리는 것이다. 그래서 이들은 결혼하지 않으려고 한다. 이들은 분명 이기적이지만, 그렇다고 비인격적이라고 비난받을 까닭은 없다. 결혼이라는 상징적 거세를 통해 잃어버려야 할 것이 더 많은 사람도 있을 수 있기 때문이다.

그럼에도 스타들의 결혼은, 독신주의자나 결혼을 갈망하는 사람 모두에게 완전한 몸과 완전한 인격이 결합하는 유토피아를 암시한다. 이 유토피아 이미지는 듬직한 가장과 현모양처로 상상되었던 근대적 가족제도가 더 이상 유지될 수 없는 현실의 다른 측면이다. 독립적 개인의 자유로운 결합이라는 근대 결혼 제도의 이상은 먹고사는 문제 앞에서 무력할 수밖에 없다. 그러므로 스타들의 결혼이라는 유토피아 이미지가 감추고 있는 또 다른 측면은 경제다.

스타들의 결혼을 선망하는 건 이들에게서 독립적 개인의 자유로운 결합이라는 이상적 이미지를 설핏 보기 때문이다. 경제적 구속에서 자유로운 결혼, 이것이야말로 모두가 원하는 것이다. 이렇게 "처자식을 먹여 살려야 한다"라는 당위적 명제는 "돈이 많아야 처자식이 행복하다"라는 쾌락의 교환가치를 내재하고 있다. 결국 돈 없는 결혼은 아무것도 아니다. 독신주의가 성공한 결혼의 증상인 건 이 때문이다. 독신주의의 다른 얼굴은 경제적 독립에 대한 열망인 것이다.

찜질방

찜질방은 독특한 한국의 문화다. 불가마니 숯가마니 하면서 커다랗게 간판을 내건 대형 건물들을 도처에서 발견하는 것은 이제 별스러운 일이 아니다. 마치 대형 할인 매장 때문에 동네 구멍가게가 문을 닫듯이, 찜질방 역시 동네 목욕탕을 하나 둘 우리 곁에서 사라지게 하고 있다. 그러나 찜질방은 분명 동네 목욕탕과 다른 차원의 무엇이다. 찜질방과 목욕탕을 구별 짓는 차이는 생각보다 심오한 맥락을 내포하고 있다.

결론부터 말해서, 목욕탕이 근대적이라면 찜질방은 탈근대적이다. 공중목욕탕의 출현은 목욕이라는 일상적 행위를 그 일상으로부터 분리해낸 결과였다. 여름이면 개울과 강에서 하던 '멱 감기'나, 겨울이면 부엌에서 물을 데워서 하던 '목간'이 집단적 공중탕으로 바뀐 것이다. 한국의 목욕탕은 1970년대 경제개발이 그러했듯, 하늘을 찌르는 거대한 굴뚝을 겸비한 형상으로 일과 여가를 구분할 수 없었던 산업화 과정의 실상을 상징적으로 조형하는 것이었다. 이와 같은 근대적 목욕탕의 패러다임은 병원의 탄생과 마찬가지로 위생학적이었다. 이른바 학생들에게 집단적으로 실시되었던 위생 검사는 결국 일주일에 한 번 제대로 목욕탕에 가는지를 국가체제가 확인하는 것이기도 했다.

그러나 찜질방은 이런 근대적 목욕탕과 다르다. 찜질방을 찾는 건 위생 관리에 힘쓰기보다 요즘 유행하는 말로 '웰빙'을 위한 것이다. 말하자면, 여가 선용이나 건강관리를 위해 사람들은 찜질방에 간다. 흥미롭게도 이런 한국의 찜질방은 1980년대 이후 선풍적 인기몰이를 해온 미국의 '피트니스

클럽'을 많이 닮아 있다. 피트니스 클럽은 1950~1960년대에 유행했던 남성 중심의 '헬스클럽'이 문화적으로 전이된 것이다. 단단하고 우람한 근육질 남성의 몸을 위해 무거운 쇳덩이로 채워져 있었던 헬스클럽은 이제 산뜻한 첨단 설비가 즐비한 피트니스 클럽으로 변모했다.

이런 변화를 불러일으킨 주역은 여성이었다. 한때 YMCA 같은 단체에서 제공하는 운동 모임에서 함께 땀 흘리고 수다도 떨면서 서로 간의 공동체적 우애를 돈독하게 다졌던 여성들은 지금 창밖이 환히 내다보이는 피트니스 클럽에서 이어폰을 귀에 꽂고 열심히 첨단 기계 위를 달린다. "혼자 볼링 치는 사회"라는 말은 이런 미국 사회의 공동체 붕괴 현상을 꼬집기 위해 나왔다. 볼링을 다른 사람들과 함께 치러 가지 않는 사회, 이 사회야말로 후기 자본주의의 파편화가 심화된 사회의 특징이기도 하다.

이런 관점에서 보면, 한국의 찜질방은 확실히 독특한 혼종성을 보여준다. 분명 찜질방은 근대적 목욕탕과 다른 풍경을 우리에게 펼쳐 보인다. 남녀의 성 역할을 명확하게 규정짓고 남탕과 여탕의 구분을 절대적인 것으로 설정했던 근대적 목욕탕과 달리, 찜질방은 그 남녀를 구분하는 중간지대에 공간적으로 배치되어 있다. 이 혼성의 공간은 미국의 피트니스 클럽에 해당하지만, 그렇다고 미국의 경우처럼 자신의 육체적 완전함을 과시하는 곳은 아니다. 찜질방에서 우리는 미국의 피트니스 클럽에서 사라져버린 공동체적 유대를 확인할 수 있기 때문이다. 찜질방은 여전히 땀 흘리며 일상사를 대화로써 나누는 여성 공동체의 문화를 보전하고 있다. 여기에 덧붙여 찜질방은 완전한 육체에 대한 개인적 열망과 공동체적 유대감의 회복에 대한 집단적 유토피아 충동이 함께 뒤섞여 있는 곳이다. 그러므로 찜질방이라는 낯선 풍경은 전 지구화 시대 도처에 출몰하는 탈근대적현기증을 다스리기 위한 하나의 대책으로 소비되고 있는 것이다. 과연 찜질방이 탈근대적 징후를 다스리는 묘약으로 훌륭하게 작용할 수 있을까.

김삼순

날씬한 외모를 위한 다이어트 광풍이 휘몰아치는 한국에서 난데없이 '뚱녀' 김삼순이 떴던 이유는 뭘까. 그 뚱녀 신드롬을 낳은 진원지는 외국 언론까지 나서서 '한국의 브리짓 존스'라고 보도했던 〈내 이름은 김삼순〉. 2005년 한때 MBC에서 인기리에 방영했던 드라마다.

김삼순 신드롬의 원인에 대한 의견은 분분했지만, 대체로 이 드라마의 캐릭터가 경쟁적 다이어트 문화로 인해 초래되는 대다수 여성의 피로감을 덜어주었다는 데는 이의가 없는 듯하다. 그러나 주인공 김삼순이 뚱뚱하다는 사실을 제외한다면, 드라마를 이루는 기본 구도는 다른 인기 로맨틱 코미디와 다를 게 없다. 아무리 김삼순이 뚱뚱하다 해도, 김삼순 역을 연기하는 김선아는 여전히 매력적이고, 그는 백마 탄 왕자의 도움으로 신분 상승을 위한 엘리베이터를 탈 것이기 때문이다.

당시 많은 사람들은 〈내 이름은 김삼순〉이라는 드라마가 다른 멜로

+ **드라마 〈내 이름은 김삼순〉**
2005년 최고 시청률 50.5퍼센트를 기록하며 2005년 6월부터 7월까지 16부작으로 방송된 MBC 수목드라마. 촌스러운 이름, 뚱뚱한 외모라는 콤플렉스를 갖고 있지만 전문 파티쉐로 당당히 살아가는 30대 노처녀 김삼순의 삶과 사랑을 경쾌하게 그린 히트작으로, 이른바 '김삼순 신드롬'을 불러일으키며 배우 김선아를 스타덤에 올려놓았다. 이후 미국에서도 리메이크 판권을 확보, NBC TV 시리즈로 제작되는 등 큰 인기를 누렸다.

드라마에 비해 "현실적"이라고 말했다. 김삼순이라는 캐릭터가 현실적이라는 이유에서였다. 이는 그 직전에 종영된 드라마 〈신입사원〉[2]에도 그대로 적용되는 판단 기준이었다. 그러나 이런 판단은 "예술은 현실을 비추는 거울이어야 한다"라는 바람이 만들어낸 환상의 결과물일 뿐이다. 현실에서 김삼순처럼 살 수 있는 사람은 드물다. 그리고 이런 사람이 드물기 때문에 김삼순 신드롬은 가능했던 것이다. 대중문화는 현실을 그대로 반영하는 것이 아니라 우리 뜻에 맞게 비틀어서 보여준다.

김삼순 신드롬이 우리에게 말해준 것은 우리가 '바람직한 현실'을 '현실 그대로'와 슬쩍 바꿔놓고 있다는 사실이다. 우리는 언제나 듣고 싶은 것만 듣고 보고 싶은 것만 본다. 김삼순 신드롬에서 시청자들에게 중요한 것은 김삼순이 '예쁘지도 않고 날씬하지도 않으며 젊지도 않은 엽기발랄 뚱녀'라는 전제다. 여기에서 '엽기발랄'은 금지된 욕망, 다시 말해서 여자는 '예쁘고 날씬하고 젊어야 매력적'이라는 현실 논리를 거스르는 욕망을 암시한다. 이 드라마는 이런 금지된 욕망을 과감하게 드러냈기에 인기를 누렸던 것이다.

금지된 욕망을 드러내는 대중문화는 속 시원한 쾌감을 제공한다. 우리가 김삼순을 통해 얻고자 한 것은 이런 색다른 즐거움이었다. 우리는 새로운 쾌락을 얻기 위해 금지를 만들어낸다. 그 누구도 날씬한 몸매를 위해 다이어트를 하고 예쁜 얼굴을 위해 성형 수술을 하라고 강요하지 않는다. 다만 우리 자신이 스스로에게 그렇게 명령할 뿐이다.

---

2   만년 백수였던 주인공이 전산착오로 대기업인 'LK그룹'에 수석으로 입사하면서 벌이는 일들을 다뤄 당시 '이태백'으로 불리는 20대 청년 실업층의 지지와 호응을 얻은 코믹물로, 2005년 3월부터 5월까지 방송된 MBC 수목드라마.

뉴올리언스 또는 좀비

허리케인으로 초토화된 미국 뉴올리언스에 할리우드 액션 영웅은 없었다. 숱한 영웅들을 탄생시켰던 9·11테러 당시와는 사뭇 다른 분위기다. 웅장한 스펙터클과 함께 인간 승리의 드라마를 연출했던 그 영웅들은 돌아오지 않았다. 남은 건 흉측한 시체들과 절규하는 생존자들. 텔레비전이 우리에게 보여준 뉴올리언스의 광경은 스펙터클 재난 영화보다 오히려 좀비 영화를 연상시켰다. 길거리에 널려 있는 시체들과 죽어가는 부상자들, 그리고 폐허가 된 쇼핑센터를 누비는 약탈자들과 필사적으로 도시를 탈출하기 위해 도로로 밀려드는 피난민들은 조지 로메로George Andrew Romero 감독의 영화 〈시체들의 새벽Dawn of the Dead〉³을 떠올리게 만들었다.

물론 좀비 영화도 재난 영화의 범주 안에 들어가는 장르다. 다만 좀비 영화는 재난의 스펙터클을 다루기보다 우리 속에 내재한 공포를 상징적으로 드러낸다. 산 채로 살이 뜯기고, 내장이 터져 나오고, 머리통이 박

+ **美 뉴올리언스 참사**
2005년 8월 말, 최고 시속 280킬로미터의 강풍과 폭우를 동반한 초대형 허리케인 '카트리나'가 루이지애나 주, 미시시피 주, 앨라배마 주 등 미국 남부 지역, 특히 뉴올리언스 지역에 착륙해 치명적인 피해를 입힌 사건. 당시 이 사건으로 뉴올리언스 지역 80퍼센트가 침수 당했으며, 무려 1,800여 명이 목숨을 잃었고, 1,000억 달러 안팎의 재산 피해를 냈다. 사건 발생 1년 사이 인구수가 45만 명에서 그 절반 이하인 20만 명으로 줄 정도로 미국 역사상 최대의 자연 피해를 남긴 이 사태를 미 언론들은 '미국판 쓰나미'라 부르고 있다.

살난다. 이런 끔찍한 시각적 효과는 좀비 영화에게 구역질나는 현실성을
부여한다. 확실히 좀비 영화는 무의식에 관한 영화다. 뉴올리언스의 참상
이 영웅적 재난 영화가 아니라 처절한 좀비 영화처럼 보이는 건 이것이 명
백하게 미국의 정치적 무의식을 드러내기 때문일 것이다.

　　미국 뉴올리언스 참사에 대처하는 미국 정부를 보면서 많은 사람들
은 "이게 과연 초강대국 미국의 참모습인가" 하고 입을 모았다. 몇몇 독설
가들은 "방글라데시가 미국보다 훨씬 수해 복구 능력이 뛰어나다"라고 비
아냥거렸다. 미국 정부의 늑장 대응은 이 허리케인의 최대 피해자가 흑인
빈민들이라는 사실과 무관하지 않았다. 흑인 피해자들은 대개 대피할 차
량이나 갈 곳이 없어서 자신의 집에 남아 있었던 사람들이었다. 당연히 미
국 정부에게 이런 흑인 빈민들의 죽음은 9·11테러 당시 죽어간 사람들에
비해 그렇게 큰 상징적 의미를 갖지 않았을 것이다.

　　미국의 인종 문제는 스펙터클한 미국의 애국주의에 가려져 있는 정
치적 무의식이다. 로메로의 〈시체들의 새벽〉은 백인 인종차별주의자들이
무자비하게 흑인 좀비들을 사살하는 장면을 보여준다. 죽었으면서도 여전
히 살아 있는 행동을 계속하는 좀비는 미국 시민의 자격을 상실한 미국인
을 우의한다. 현실로 내려오면, 무법천지가 된 뉴올리언스에서 약탈과 강
간을 일삼는 무리들이 좀비고, 경찰과 군인은 이들을 좀비처럼 사냥하고
있다. 슬라보예 지젝의 말이 옳다면, 미국은 재난 영화를 통해 상상하고 욕
망했던 것을 얻었다. 뉴올리언스는 좀비 영화라는 또 다른 상상력에 응답
한 실재인 셈이다.

3　　1978년 당시 무명이었던 조지 로메로 감독에게 '마스터 오브 호러'라는 별칭과 함께
　　유명세를 치르게 해준 대표적인 좀비 영화.

스타리그

요즘 인기를 끌고 있는 온라인 네트워크 기반 컴퓨터 게임의 종류는 여럿이다. 컴퓨터 게임을 즐기지 않는 사람도 이제 '스타크래프트'니 '리니지'니 하는 유명 온라인 게임에 대해 많이 들어봤을 것이다. 여기에서 주목해야 할 것은 플레이스테이션이나 개인 컴퓨터를 기반으로 한 게임과 온라인 네트워크 게임 사이에 가로놓여 있는 근본적 차이점이다. 최근 베타버전이 출시되면서 관심을 끌고 있는 온라인 게임 '대항해시대'도 처음에는 개인 컴퓨터용 게임이었지만, 온라인 게임으로 전환하면서 전혀 다른 차원의 상상적 공간을 만들어냈다.

이처럼 개별 컴퓨터들이 온라인으로 연결되어 네트워크를 구성했을 때, 게임은 새로운 차원을 획득한다. 개인 컴퓨터에서 게임을 하는 경우는 컴퓨터를 끄는 순간 게임은 끝난다. 전적으로 개인의 선택에 따라 게임의 진행과 종결이 결정된다. 그러나 네트워크 게임은 전혀 다르다. 개인이 게임을 그만둬도 게임은 항상 그곳에 있다. 네트워크로 이뤄진 게임의 세계는 내가 없더라도 존재하는 무엇이 되어버린다.

물론 하나의 캐릭터를 선택해서 게임에 참여하는 롤플레잉 시뮬레이션 게임은 현실에서 느낄 수 없는 판타지의 경험을 가능하게 만든다. 내가 보기에 이런 게임은 현실 역사를 총체화할 수 없는 무력감을 판타지의 차원에서 해결하고자 하는 욕구를 충족시켜주는 측면이 있다. 역사를 총체화할 수 없다는 건 현실에서 얻는 경험을 토대로 단일한 역사의 이야기를 만들어낼 수 없다는 것을 뜻한다. 그러나 이것만이 전부는 아니다. 이제 온라인 게임은 단순한 판타지의 차원을 넘어서서 리얼리티 자체를 구성하기 시작했다.

온라인 게임이 이제 리얼리티를 만들어내고 있다는 말은 자본주의 문화산업의 논리를 구현하고 있다는 측면에서 부분의 진실을 드러낸다. 그러나 자본은 항상 상징적 차원에서 의미를 만들 수 있어야지만 합리성을 갖출 수 있다. 이것이 자본의 상징성이고, 역으로 가장 추상화된 자본이라고 할 상징 자본의 축적 방식이다. 이렇게 리얼리티를 구성하는 온라인 게임의 한가운데에 '스타크래프트'가 서 있다.

한윤형이 말했듯이, 중요한 것은 스타크래프트라는 게임이 아니라 이 게임 방식을 기반으로 구축된 프로페셔널 '스타리그'다. 스타리그는 더 이상 컴퓨터 게임이 아니라 '선진국을 따라잡을 필요가 없는' 한국 고유의 스포츠가 되었다. 정말 한국의 '스타크래프트 리그'는 어떻게 문화적 고유성이 '유행과 영향'의 잡종성 속에서 출현하는지를 잘 보여주는 문화적 실례다.

〈어메이징 레이스〉

〈어메이징 레이스Amazing Race〉는 에이미상을 수상한 한 시간짜리 미국 TV 쇼다. 굳이 장르를 나누자면 이른바 '리얼리티 TV'에 속한다. 유럽 전역에서 인기를 얻었던 〈빅 브라더Big Brother〉가 영국적 취향에 잘 들어맞는 것이라면, 〈어메이징 레이스〉는 상당히 미국적이다. 마이크 웨인Mike Wayne은 〈빅 브라더〉를 일러 "제도와 주체 사이의 투명성을 갈망하는 유토피아 충동의 산물"[4]이라고 정의했는데, 〈어메이징 레이스〉를 놓고 보면 이런 말은

+ **〈어메이징 레이스〉**
2001년 미국 CBS에서 제작한 리얼리티 TV쇼로 현재 시즌 13까지 지속적으로 방송되고 있는 서바이벌 프로그램. 다양한 짝을 이룬 팀이 전 세계를 무대로 레이스를 펼치는데, 매회 주어지는 미션을 훌륭하고 빠르게 수행해야만 다음 목적지로 이동할 수 있다. 이 과정에서 가장 늦게 임무를 수행한 팀이 탈락하고, 마지막 최종 목적지에 가장 먼저 도착한 팀이 우승자가 되어 상금을 지급받는다는 내용을 담고 있다.

+ **〈빅 브라더〉**
1999년 네덜란드의 유선 TV 채널인 베로니카에서 제작한 대표적인 리얼리티 TV쇼로 선풍적인 여세를 몰아 전 유럽으로 확대되었던 리얼리티 프로그램. 선발된 남녀 출연자 10명이 외딴집에 함께 살면서 치열한 생존 경쟁을 펼치는데, 이들 모습을 지켜본 시청자들이 보름에 한 번씩 부적격자를 투표해 탈락시키고, 최종적으로 남은 한 사람이 우승자가 되어 상금을 지급받는다는 내용을 담고 있다. 당시 관음증 논란, 사생활 침해 논란과 함께 폭발적인 인기몰이를 하며 전 세계적으로 유사한 프로그램을 만들어내는 데 일조했다.

썩 들어맞지 않는다. 이 말은 〈어메이징 레이스〉가 〈빅 브라더〉보다 덜 정
치적이라는 뜻이 아니다.

겉으로 보기에 대본 없이 그때그때 상황에 따라 진행되는 리얼리티
TV는 '극장성theatricality'을 붕괴시키는 것처럼 보이지만 사정은 정반대다.
이 장르가 관객에게 즐거움을 주는 방식은 극장성 자체를 돋올하게 만들
어버리기 때문이다. 루카치 식으로 말하자면 극장성의 물화reification라고 할
수 있겠다. 리얼리티 TV에서 극장성은 다른 무엇을 위한 보충이 아니라
그 자체로 본질이다.

관객들이 리얼리티 TV에서 발견하고자 하는 건 일상성 자체다. 일
상성의 극장화. 이건 요즘 대중문화에서 두드러지게 나타나는 특징이기도
하다. 타자의 일상성을 들여다보고 싶은 욕망이야말로 관음증의 뿌리다.
리얼리티 TV에서 관객들은 배우들에 대한 감정이입을 통해 공감sympathy
을 확보하지 않는다. 리얼리티 TV라는 장르의 규칙은 이런 고전적 극장성
과 전혀 다른 차원에서 작동한다. 리얼리티 TV는 공감을 전제하지 않는
다. 다만 이 장르는 공감의 구조를 보여줄 뿐이다. 유일하게 관객이 동일화
할 수 있는 대상은 리얼리티 TV에 등장하는 인물이 아니라 이 인물을 촬
영하고 있는 카메라다. 관객은 이제 무대 아래에 있는 것이 아니라 무대 위
에 전방위적으로 위치하게 된다. 관객은 특정 인물에 공감하는 게 아니라
이런 작용이 어떻게 일어나는지를 '관찰'한다.

〈어메이징 레이스〉는 이런 리얼리티 TV의 장르 규칙을 배반한다. 그
래서 이 프로그램을 순수한 리얼리티 TV라고 정의 내리기는 어려울 것 같
다. 〈어메이징 레이스〉는 〈빅 브라더〉보다 오히려 〈CSI〉 시리즈[5]에 더 가
까운 것처럼 보인다. 다만 다른 점은 등장하는 인물들이 배우냐, 아니냐 정

---

4   Mike Wayne, *Marxism and Media Studies*, London: Pluto, 2003, p. 150.
5   미국 전역에 걸쳐 벌어지는 다양한 범죄를 해결하는 과학수사대의 활약을 그린
        수사물로, 처음 라스베가스 시리즈를 시작으로 마이에미 시리즈, 뉴욕 시리즈를
        차례로 제작할 정도로 선풍적 인기를 모은 미국 드라마.

도다. 〈어메이징 레이스〉는 '어드벤처'라는 이야기 구조를 갖는다. 이것은 경기이면서 동시에 모험이다. 게임의 규칙은 서바이벌과 보물찾기 게임을 섞어놓은 것처럼 보인다. 흥미로운 것은 참가자들 전원이 각자의 사연을 시청자들에게 들려준다는 점이다. 연인이나 부부도 있고 친구나 가족도 있다. 이런 맥락에서 〈빅 브라더〉가 사이코드라마 같다면, 〈어메이징 레이스〉는 토크쇼 같다. 전자가 무의식의 세계라면, 후자는 상상적 이미지의 세계다. 가끔 연인과 부부, 그리고 참가자들끼리 감정 대립이 일어나지만 모두 '좋은 결론'으로 끝난다.

〈어메이징 레이스〉가 보여주는 건 상상적 이미지가 깨진 상태가 아니다. 이 유사 리얼리티 TV의 목적은 '경쟁'을 보여주는 것이다. '쥐들의 경주rat race' 말이다. 상대방보다 빨리 도착하지 않으면 탈락한다는 절박감, 여기에 관객들은 공감한다. 여기에서 이 프로그램은 고전적 극장성을 리얼리티 TV 장르 속으로 재도입한다. 어떻게 보면 장르의 타락이다. 이를 통해 봉쇄되는 건 리얼리티 TV에 내재해 있는 '유토피아 충동'이다. 〈어메이징 레이스〉는 유토피아 충동의 문제를 살고 죽는 양자택일의 문제로 대체한다. 결론적으로 말하자면 이런 〈어메이징 레이스〉의 형식은 오늘날 세계의 지배 논리로 확대 재생산되고 있는 후기 자본주의의 신자유주의 논리를 그대로 코드화하고 있다. 게다가 이 게임의 공간은 전 지구적이다. 한마디로 하나의 세계관이 개별 형식으로 나타난 경우다. 이 프로그램에서 관객들은 경쟁의 리얼리티를 복습하거나 예습한다. 경쟁을 견디는 내성을 기르는 것이다. 이런 맥락에서 〈어메이징 레이스〉는 오늘날 미국 사회의 판타지를 노골적으로 드러내는 하나의 형식이다.

'마빡이', 근대적 노동에 대한 조롱

KBS 〈개그콘서트〉의 한 꼭지로 등장한 지 불과 몇 주 만에 '마빡이'라는 코너는 개그의 패러다임을 바꿔놓았다. 놀라운 인기몰이의 결과였다. 군이 인기 비결을 분석할 생각은 없다. 다만 나의 관심은 '마빡이'의 열광을 가능하게 만든 구조적 원인에 있다.

당시 '마빡이'에 대한 찬사는 어렵지 않게 여러 매체에서 발견할 수 있었다. 한 시사주간지까지 이에 대한 긍정적 분석을 게재할 정도였다. 그러나 일부에서 이 프로그램을 일러 '슬랩스틱slapstick'이라고 하는 것은 뭘 모르고 하는 소리다. '마빡이'는 과장된 폭력의 제스처를 보여주는 과장법적hyperbolic 코미디가 아니다.

보기에 어설프고 덤벙거리는 것처럼 보이지만 실제로 슬랩스틱은 치밀하게 계산된 각본과 계획에 맞춰 진행되는 코미디다. 그래야 손발을 척척 맞춰 극을 진행할 수가 있다. 이런 슬랩스틱의 요소를 발견할 수 있는 대표적인 장르가 홍콩의 배우이자 감독인 성룡의 영화들이다. 코미디 장

+ **〈개그콘서트〉 '골목대장 마빡이'**
   KBS에서 방송 중인 개그 프로그램 〈개그콘서트〉에서 2006년 8월부터 2007년 3월까지 선보였던 한 꼭지로 마빡이, 얼빡이, 대빡이, 갈빡이가 이마를 훤히 드러내는 가발을 쓰고 나와 손으로 이마와 무릎을 두드리는, 일명 '마빡치기'로 폭소를 자아냈던 코미디. 당시 시청자들의 폭발적인 반응과 함께 오랫동안 사랑을 받았으며, 코미디의 새로운 장을 열었다는 평을 얻었다.

르는 아니지만 프로레슬링도 엄밀히 말하면 슬랩스틱에 속한다고 할 수 있다. 특별한 각본 없이 진행되는 '마빡이'를 슬랩스틱으로 보는 건 여러모로 무리다.

그렇다면 과연 '마빡이'는 기존의 장르 규칙을 뛰어넘는 파격적인 코미디인가? 슬랩스틱도 아니고 이른바 '개그'라고 불리는 여타의 만담과 구분되는 그 무엇이 '마빡이'에게 있는가? 결론부터 말하자면 그렇다고 보기 어렵다. 이 코미디는 지금까지 개그콘서트를 지탱해온 요소들을 전혀 포기하지 않는다. 이 핵심적 요소들은 대개 특정인의 외모를 중심으로 한 것들이다. '정종철'이라는 특정한 개인이 없다면 이 코미디는 불가능하다.

흥미로운 것은 이 코미디가 코미디 자체에 대한 코미디라는 사실이다. 코미디에 대해 말하는 코미디라는 뜻이다. 출연자들은 "개그가 없다"고 말하지만 이 사실 때문에 '마빡이'는 희극적 효과를 발휘한다. 개그가 없는 개그라는 말은 "붕어빵에는 붕어가 없다"는 말의 다른 버전일 뿐이다. 한마디로 하나 마나 한 소리라는 것이다. 여기에 그치지 않는다. '마빡이'는 '분석'도 피해 달아난다. 이들은 "이 개그는 아무런 의미가 없다"라고 말한다. 아무런 의미 없이 그냥 한다는 건데 이것은 진지함에 대한 조롱을 담고 있다. 그러나 진지함을 조롱하는 것도 엄연히 말해서 일종의 '의미'다.

열심히 손으로 이마를 치는 '마빡이'는 웃는 관객들을 향해 "이게 재미있어 보이냐"고 호통을 친다. 출연자에게 힘든 일이 관객에게는 웃음거리가 된다. 이건 웃음을 만들어내는 기본 구도다. 일부에서 이걸 두고 자학적이라고 말하지만, 웃음은 어느 정도 자기 파괴에서 출발한다. 강고한 자아의 환상을 무너뜨리는 그 지점에서 웃음이 발생한다. 웃음이 진리를 드러내는 까닭은 이 때문이다.

'마빡이'에서 중요한 것은 이런 인기를 구가하게 된 코미디의 형식적 비밀이 아니다. 이 코미디의 형식은 과거의 것을 적절하게 재포장한 것뿐이다. 굳이 정의하자면 재브랜드화re-branding쯤 되겠다. 따라서 이 코미디의 형식 자체를 분석하는 것은 출연자의 주장대로 '무의미'하다. '마빡이'는 형식 내적 논리보다 그 외적 구조에서 슬그머니 현실을 드러낸다. 관객의 웃음이 그 현실의 실마리다. 관객은 왜 '마빡이'를 보고 웃는가? 이 문제가 이 코미디에 대한 진짜 물음이다.

이마를 손으로 치는 출연자들을 보고 관객들은 웃는다. 극이 끝날 무렵이 되면 맨 처음 출연한 마빡이는 거의 탈진 상태다. 다른 출연자들은 은근히 시간을 끌며 마빡이를 괴롭힌다. 그리고 맨 마지막에 등장한 출연자는 이른바 '형님뻘'로 지쳐 넘어진 후배 출연자들에게 '진정한 개그맨'에 대한 훈계를 늘어놓는다. 이런 상황에서 관객들은 어쩔 수 없이 '힘든 노동'을 수행할 수밖에 없는 출연자들의 곤혹감을 보며 웃음을 터뜨린다. 누구는 이것을 '진정성'이라고 하지만 나는 '진리'라고 부르고 싶다. 이게 무슨 진리냐고 할 사람도 있겠지만, 현실의 구조를 드러낸다는 측면에서 이렇게 볼 수 있다는 것이다. 물론 이런 평가는 '마빡이'라는 코미디에 대한 가치 평가가 아니다. 좋은 코미디냐 아니냐 하는 것은 중요한 문제가 아니다.

'마빡이'가 드러내는 진리는 우리가 살아가고 있는 이 사회의 구조기도 하다. 후기 자본주의라고 이름 붙일 수 있는 이 세속에서 우리는 '신자유주의'라는 신화를 먹고 하루하루 살아간다. 이 신화가 설파하는 것은 무한 경쟁이지만 실제로는 불평등한 경쟁에 대한 용인이다. '마빡이'는 불평등한 경쟁의 구조를 드러낸다. 마지막 훈계를 하는 출연자와 처음 이마치기를 시작한 출연자 사이에 가로놓인 '차이'는 고려 대상이 아니다. 이 경쟁의 구조에서 개그라는 엔터테인먼트 행위는 더 높은 시청률을 위한 반복적 강박으로 물화된다. 이 지점에서 개그는 더 이상 개그이기를 멈추고 개그맨의 의지를 배반하는 독립적 생명체로 거듭난다. 이 때문에 '마빡이'에 개그는 있되 개그맨이 없다. 개그맨은 개그를 위해 고통스럽게 이마를 칠 뿐이다. 개그의 법칙을 벗어날 수 없는 개그맨, 이것은 개그 자체에 대한 상대화이자 동시에 노동의 압박에 대한 비판이다.

'마빡이'에서 개그는 노동의 구조를 드러내는 형식이다. 우리를 웃기는 것은 이렇게 불평등하고 부조리한 노동의 구조에 대처하지 못하는 출연자의 무기력이다. 우리는 왜 이런 무기력에 분노하지 않고 웃는가? 그 이유는 이것이 조롱이기 때문이다. 무엇에 대한 조롱일까? 바로 근대적 노동에 대한 조롱이다. 근면 성실이라는 근대적 노동의 패러다임에 대한 대중의 혐오를 이 코미디는 적절하게 활용하고 있다. 이런 맥락에서 '마빡이'는 〈무한도전〉과 같은 논리를 갖고 있다. 무엇인가 열심히 할 뿐 그 이유는 없다.

근대적 노동과 대별되는 새로운 패러다임은 창조성이다. 문화산업을 창조 산업creative industry이라고 부르게 된 것은 단순한 우연이 아니다. 애플이나 구글의 선례들이 보여주듯, 이제 창조적 인재니 창조적 아이디어니 하는 말들은 수사적 치장만은 아니다. 후기 자본주의의 생존이 달린 핵심적 현안이기도 한 것이다. 창조성에 초점을 맞춘 노동 시장의 순환 구조는 대중에게 항상 변화에 대한 강박을 강제한다. 결론적으로 말하자면, 이런 강박의 스트레스를 이기기 위한 대중의 무의식적 노력이 문화적 형식으로 표출되기 마련이고, 이렇게 창조성이라는 새로운 축적의 패러다임을 만들어낸 이 시대에 적응하고자 하는 대중의 열망이 '마빡이'의 인기로 이어졌다고 할 수 있다.

소주 마시는 여성들

소주 광고가 변했다. 이것은 이제 기정사실이다. 언제부터인가 길거리나 주점에 붙어 있는 포스터나 텔레비전 광고에 아리따운 젊은 처녀들이 등장하기 시작한 것이다. 뭐가 별스런 일인가 할 사람도 있겠다. 그러나 이건 분명 별스러운 일이다. 19세기 파리에서 '술 마시는 여성'은 '타락한 여성'과 동격이었다. 그러나 한국의 소주 광고에 나오는 여성은 이런 의미와 사뭇 다른 분위기다.

나에게 소주는 '사나이의 술'이었다. 내가 한참 소주 맛을 알기 시작할 무렵, 내가 살던 남쪽 도시의 소주 회사는 "사나이 가슴에 불을 당긴다"라는 광고를 내보내고 있었다. 게다가 당시 유행했던 이른바 '민중가요'에 빈번하게 등장한 것이 소주다. 한때 즐겨 읽히고 또 노래로도 만들어졌던 박노해의 「노동의 새벽」에는 "새벽 쓰린 가슴 위로 찬 소주를 붓는다"라는 구절이 나온다. 이 시나 노래의 화자가 여성이 아니라는 것은 자명하다. 이런 걸 보면 분명히 소주는 그 누구도 아닌 남자의 술이다. 그러나 이렇게 말하면 마치 요즘은 여자들이 소주를 마셔서 기분이 나쁘다는 말밖에 되지 않는다. 나는 이렇게 용감한 사람이 아니다.

내가 말하려는 것은 소주는 남자의 술이니까 여자는 마시면 안 된다는 게 아니다. 이런 글은 굳이 내가 쓰지 않아도 쓸 사람들이 많다. 나의 관심은 남자의 술이라고 받아들여졌던 소주 광고에 왜 젊은 처녀들이 등장하고 있는가 하는 문제에 있다. 아주 쉬운 답이 있다. 주색잡기라는 말도 있듯이, 항상 술은 여자와 함께 취급되는 것이고, 둘 다 남성의 욕망을 의미하는 것이니까 당연히 술 광고에 여자가 나오는 것이라는 답. 이렇게 해석하면 소주 광고는 페미니스트들의 입장에서 마초이즘을 노골적으로 드러내는 전형적인 남성 욕망의 산물이다. 물론 이런 해석도 나쁘지는 않다. 그러나 이런 도덕적 판단은 선명하긴 하지만, 도대체 "왜 그런가"라는 근본적 의문에 답을 주지 못한다.

나에게 이것은 뭔가 우리 사회에서 일어난 변화를 숨기고 있는 화석처럼 보인다. 이 화석을 세밀히 관찰해보면, 그 변화의 단서 같은 걸 찾아낼 수 있을 것 같다는 뜻이다. 한번 곰곰이 생각해보자. 소주 광고에 젊은 여성이 나오는 것은 단순하게 마초이즘 때문이 아니다. 예전부터 술 광고에 여성이 나오는 것은 그다지 생소한 일이 아니었다. 위스키 광고부터 맥주 광고까지 여성 이미지를 사용하는 건 광고의 정석 같은 것이었다. 앞서 내가 언급한 소주 회사는 매년 유명한 달력을 제작해서 각 주점이나 음식점마다 뿌렸는데, 거기에 보면 수영복만 걸치고 노골적 자세를 취한 여성들이 총천연색으로 다달이 인쇄되어 있었다. 재미있는 것은 1990년대 이후로 그 달력의 모델들이 러시아 여성들로 대체되었다는 점인데, 이런 걸 보면 확실히 술 광고에 등장한 여성의 이미지는 남성 욕망을 위한 제물로 바쳐지는 측면이 다분했다고 할 수 있다.

그런데 뭔가 이런 방식에 변화가 감지되기 시작했다. 일단 소주의 도수가 떨어지기 시작했는데, 여기에 대한 기사들은 이미 넘칠 대로 넘치지만, 대충 그러려니 하고 이 문제를 심각하게 고민해보는 사람들은 없었던 것 같다. 대개 그 기사들의 내용은 주류업계가 여성 소비자들의 입맛에 맞추기 위해 소주의 도수를 떨어뜨리고 있다는 것이었다. 소주업계는 무엇 때문에 여성들의 입맛에 소주를 맞추려고 하는 걸까. 소주 시장 규모가 축소되어서 그럴까. 내가 보기에 단순하게 마케팅의 문제만이 여기에 도사리고 있는 건 아닌 것 같다. 경제의 다른 면은 항상 문화적이기 마련이다.

소주는 원래 수메르 지역에서 처음 발명되었다고 하는데, 다른 술과 달리 발효된 주정을 증류해서 만들어내는 독한 술이라서 옛날부터 고급주로 취급되었다고 한다. 한마디로 만들기 힘든 술이자 또한 귀한 술이었던 셈이다. 따라서 이렇게 귀한 소주가 한국에서 '대표적 대중주'로 자리 잡은 것은 상당히 흥미로운 사건이 아닐 수 없다.

사정이야 어찌되었든, 여하튼 소주는 우리에게 '싼 술'이다. 소주가 우리에게 싸게 인식된 까닭은 이것이 '노동자의 술'이었기 때문이다. 19세기 프랑스 노동 계급에게 압생트가 있었다면, 20세기 한국 노동 계급에게는 소주가 있었던 셈이다. 한국에서 처음으로 소주를 대량 생산했던 진로가 내보냈던 최초의 애니메이션 CF을 보면 우락부락한 선원들이 나온다. 이 CF에서 사용된 배경 음악도 월트 디즈니Walt Disney의 애니메이션 〈백설공주〉에서 일곱 난장이들이 일터로 가면서 부르는 휘파람 곡조에 새로운 노랫말을 더빙한 것이다. 이런 것을 봐도 소주는 처음부터 '노동하는 남성'을 주요 구매층으로 설정했다고 볼 수 있다.

1999년 이후 진로는 이런 남성 중심의 소주 이미지를 과감하게 변화시켜서 '소주 마시는 여성'을 전면에 등장시킨다. 어떻게 보면 새로운 CF 때문에 새로운 이미지가 만들어진 것 같지만, 사실은 내재된 욕망이 있었기에 이런 이미지가 성공할 수 있었다고 봐야 옳을 것이다. 욕망의 지형에 변화가 일어났고, 그것을 자본이 따라잡았을 뿐이다. 예전까지 여성은 소주를 마신 남성의 대상이었지만 이제 전혀 다른 일이 일어나기 시작했다. 여성들이 이른바 술꾼들만 알 수 있다는 그 소주 맛을 알기 시작한 것이다.

한 소주 회사의 CF는 현실이 어떻게 달라졌는지를 적실하게 보여준다. 이 광고는 혼자 술 마시는 여성을 보여주는데, 이 여성은 소주를 마시고 자신감을 회복해서 서먹한 인간관계를 회복하는 것으로 그려진다. 남성들만의 은밀한 연대가 여지없이 깨져나가고 있음을 노골적으로 보여주고 있는 것이다. 이 내용이 무엇을 의미하는지에 대한 해석은 여러 가지로 나올 수 있다. 그러나 중요한 건 이것이다. 소주 광고가 대상으로 존재했던 여성들을 소비 주체로 내세우고 있다는 사실 말이다. 사정이 이러하니, 올 겨울 소주 광고에 여성을 위해 소위 꽃미남들이 출연하게 되는 것도 자연스러운 일인 것이다.

이런 현상은 분명 하나의 변화를 드러낸다. 여성이 소주 소비의 주체가 되었다는 사실은 여권 신장과 무관한 것이 아니지만, 반드시 이 문제만이라고 할 수는 없다. 이 지점에서 우리는 소주가 드러내는 하나의 진리를 조우할 수 있는데, 이것이 바로 변화된 노동의 패러다임이다. 근육에서 감수성으로, 요즘 유행하는 경영 서적의 말을 흉내 내서 이렇게 정리할 수도 있겠지만, 사정은 이보다 더 복잡한 것 같다.

산업사회의 노동은 주로 남성 근육의 이미지로 표상되기 마련이다. 부국강병의 이미지는 우락부락한 남성들을 대표 선수로 내세우기 일쑤다. 그러나 이런 이미지가 더 이상 통하지 않는다. 그 이유는 변화된 자본의 축적 방식 때문이다. 평생직장의 개념이 붕괴하면서 부르주아의 이념에 충실한 고전적 가족 모델도 해체되고 있다. 가족 모델이 변하니 당연히 남성과 여성의 관계도 예전 같을 수 없다. 축적의 방식이 고도화될수록 고전적 가족 모델에 의존했던 중간계급의 지위도 함께 몰락할 수밖에 없다. 이 몰락의 과정은 노동의 유연화라고 일컬어지는 이른바 '정리 해고의 일상화'와 '불평등의 평등화'라는 새로운 노동의 패러다임이 출몰함에 따라 더욱 가속화된다.

자본의 입장에서 본다면, '한 집안의 가장'이라는 부담스러운 이데올로기를 고수하는 남성보다 이런 부담으로부터 상대적으로 자유로운 젊은 여성을 기용하는 것이 여러모로 편리한 일이다. 이것이 무엇을 의미하는지 25세 이상의 한국 여성들은 너무도 잘 알 것이다. 이들은 남성보다 적은 임금에도 만족할 수 있고, 이른바 '창조적 산업'에서 야들야들한 노동력을 제공할 수 있다. 여성에 대한 편견은 이 지점에서 여성의 장점에 대한 찬양으로 탈바꿈한다. 서구 사회에서 이것을 '여성화feminization'라고 지칭하는 건 이제 상식에 속하는 일이다. 소주 광고는 이처럼 남성에서 여성으로 노동의 중심이 옮겨온 현실을 품고 있는 징후이자 동시에 새로운 '정당화justification'의 논리를 보여주는 증거다.

최근 소주 광고의 여성은 남성 취객의 대상이라기보다 유연한 노동의 패러다임에서 허우적대고 있는 여성 노동자의 자아다. 여성 노동자들에게 소주는 달성되지 못할 어떤 욕망에 대한 대리물이다. 그 욕망은 바로 여성이면서 남성의 것을 갖고자 하는 것이다. 말할 것도 없이 이런 욕망은 처음부터 충족 불가능한 것이다. '새로운' 자본주의 사회에서 백마 탄 왕자를 만나지 못하는 여성 노동자는 중간계급으로 재생산될 수 없다. 소주 한잔에 담긴 의미가 이제 범상하지 않게 되었다. 오늘 소주 마시는 여성은 몰락해가는 중간계급에게 바쳐지는 조시 같은 것이다. 무릇 모든 현상은 이렇게 본질이기도 하다. 물론 나는 이런 비극적 현실을 위무하기 위해 여성들이 소주를 마신다고 생각하지는 않는다.

유령 작가

표절과 조작이 학계의 문제라면 대필은 출판계의 문제다. 여기에서 내 관심을 끄는 것은 대필이다. 대필이 뭔가? 『표준국어대사전』에 보면, "남을 대신하여 글씨나 글을 쓰거나 또는 그렇게 쓴 글씨나 글"을 뜻한다. 이런 뜻에서 "원고를 대필하다"나 "편지를 대필하다"라는 용례가 가능하다. 영어로 대필은 ghostwriting이고 대필 작가는 ghostwriter다. 한마디로 대필은 유령 같은 작업이다. 누군가의 육신에 영혼을 빌려주는 일과 비슷한 것이다.

　대체로 외국에서 대필 작가는 글쓰기에 익숙하지 않거나 일정이 바빠서 글 쓸 여유가 없는 정치가들과 유명 인사들의 글을 고쳐주거나 대신 써주는 직업으로 통한다. 대필 작가의 역할은 글쓰기를 전문으로 하지 않는 원저자가 쓴 초고를 다듬고 편집해서 책으로 출간할 수 있도록 만들어주거나, 원저자에게 아이디어나 이야기를 듣고 이를 토대로 해당 분야를 연구해서 책을 써주는 것이다. 자서전을 쓰기 위해 대필 의뢰인이나 주변 인들을 인터뷰하고 다양한 사실들을 조사해서 원고를 만들어내는 경우도 있다. 그러나 요즘 외국에서 대필 작가의 역할은 이에 국한되지 않는다. 미국의 경우, 출판사가 대필 작가들을 고용해서 소설을 쓰게 하고, 이를 시장성 있는 작가의 이름으로 출판하는 일이 이제 상식처럼 되었다. 한국에도 잘 알려진 톰 클랜시Thomas Leo Clancy Jr. 같은 작가가 이런 경우다.

　어떻게 생각하면, 대리 번역 사실이 밝혀져서 곤욕을 치렀던 『마시멜로 이야기』의 정지영 아나운서나 대필 의혹으로 논란이 되었던 『그림 읽어주는 여자』의 한젬마는 이런 대필 작가의 역할을 용납하지 못하는 한국의 정서 때문에 문제가 되고 있는 것이라고 볼 수 있다. 나는 이 문제에 대해 도덕적 판단을 할 생각이 없다. 게다가 대필이 옳은가 그른가를 논하기 위해 이 글을 쓰고 있는 것도 아니다. 여기에 대한 판단을 내리려면 좀 더 진지한 철학 논문을 써야 할 것이다.

내게 흥미로운 것은 한국 여론에서 대필이 왜 정서적으로 용납되지 못할 일인가 하는 사실이다. 여기에 어떤 분열증이 도사리고 있다는 게 내 생각이다. 내가 이상한 건 이런 것이다. 매연과 중금속으로 오염된 바깥 공기를 개선할 생각은 않고 방 안에 어떤 공기청정기를 들여놔야 더 몸에 좋을까 고민하는 사람들. 한미 FTA를 반대하는 시위대가 교통 체증을 유발했다고 비난하면서 경기가 엉망이라 장사가 안 된다고 투덜거리는 사람들. 천정부지로 오르는 강남 아파트값을 비난하면서 자신들이 사는 아파트값을 올리기 위해 아무런 거리낌 없이 담합하는 사람들. 일찍이 홍세화는 이것을 일러 "존재를 배반하는 의식"이라고 불렀는데, 더도 말고 덜도 말고 이건 분열증을 그대로 보여주는 현상들이다.

이런 분열증으로 인해 대필 사실을 비난하는 목소리는 쉽게 들을 수 있지만 『마시멜로 이야기』나 『그림 읽어주는 여자』 같은 '가벼운' 책들만이 잘 팔리는 한국의 독서 풍토에 대한 반성은 찾아보기 어려운 건지도 모른다. 물론 나는 이런 분열증을 치유해야 한다는 설교를 늘어놓고자 하는 게 아니다. 이런 분열증은 자본주의 자체의 문제기도 하다. 체제가 바뀌지 않는 한, 자본주의 분열증을 생산적인 힘으로 바꾸는 것은 불가능하다. 실화와 허구가 뒤섞이고, 슬픔을 기쁨으로 가볍게 TV 채널처럼 바꿔버릴 수 있는 자본주의 문화는 우리에게 약이면서 독이다. 모든 전통과 인습을 가볍게 우스개로 만들고 위계를 허물어버린다는 의미에서 자본주의 문화는 반드시 나쁜 것만은 아니다. 그러나 바로 이 지점에서 자본주의는 상품화라는 날카로운 뱀파이어의 이빨을 드러내고 인간의 피를 남김없이 빨아먹으려 든다.

대필 작가는 고도화된 자본주의의 종착역을 보여주는 문화의 징후다. 자본주의는 영혼을 가진 인간을 모두 유령으로 만들어버린다. 자본을 위해 노동도, 예술도, 종교도 모두 유령이 되어버린다. 때문에 영어로 대필 작가가 ghostwriter인 건 단순한 우연이 아닌 것 같다. 대필 작가는 자본에 영혼을 판 유령에 불과한 것이기 때문이다. 한때 한국에서도 빈번하게 운위되었던 '작가의 죽음'이라는 말은 이런 '창작의 구조'가 바뀌었기 때문에 출몰한 것이다. 대필 작가의 존재는 작가주의의 죽음을 뜻한다. 문학의 영역으로 국한해서 본다면 대필 작가야말로 '근대문학의 종언'을 상징적으로 드러내는 증거물인 셈이다.

이런 징후는 영화의 발명과 더불어 시작되었다고 해도 과언이 아니다. 이런 까닭에 대필 논란에 휩싸인 한 출판사가 책 제작 과정을 영화 제작과 동일시해서 자신을 정당화한 것은 여러모로 흥미로운 일이다. 벤야민은 영화의 출현이 어떻게 창작의 구조를 근본적으로 변화시키고 있는지를 선구적으로 짚어내고 있다. 벤야민은 예술 창작의 작가주의를 허물어버리는 영화의 요소로 '편집'을 들고 있다. 아무리 열심히 찍어도 영화는 편집해버리면 그만이다. 작가의 의도야 어떠하든, 편집해버리면 그만인 것이다. 대필 작가는 이런 영화의 편집 행위가 그대로 글쓰기로 옮겨온 경우에 지나지 않는다.

한국에서 대필 작가가 용납되지 않는 현상은 역설적으로 아직 독서 시장이 자본주의의 합리화에 완전히 잠식되지 않았다는 걸 보여주는 것이기도 하다. 한국이 어디인가? 그래도 세계에서 시인이 제일 많은 나라가 아닌가? 여전히 대중은 모름지기 글이라면 작가의 영혼이 스며 있어야 한다고 믿고 있는 셈이다. 그렇지 않은 글은 거짓말이라고 생각하는 건데, 이는 결국 글은 진실을 보여줘야 한다는 전제를 깔고 있는 것이다.

자본주의의 합리화가 날로 속도를 더해갈수록 사람들은 형이상학의 세계를 갈구하게 된다. 그러나 자본주의는 이런 형이상학적인 것에 대한 욕망조차도 말랑말랑하게 만들어 먹기 좋게 포장해서 시장에 내놓는다. 『마시멜로 이야기』나 『그림 읽어주는 여자』 같은 책들은 이런 목적을 위해 일정한 공정을 거쳐 만들어진 특별한 상품이다. 그런데 이런 상품을 구매한 소비자들이 대필을 문제 삼는 건 무엇을 암시하는 걸까? 어쩌면 대필

논란은 상품화의 그물망을 벗어나서 이런 형이상학적인 것에 대한 열망을
보전하려는 대중의 필사적 노력일지도 모른다.

여자 연예인의 자살

연예인들이 자살했다. 아니 정확하게 말하면, '여자' 연예인들이 자살했다. 이들은 왜 스스로 목숨을 끊는가? 한국의 자살률이 OECD 국가 중 최고라는 건 거의 문제가 되지 않는다. 다만 아리따운 20대 여자 연예인들이 스스로 목숨을 끊었다는 것, 그리고 우울증 때문에 그랬다는 것이 주요 관심사다.

뒤르켐Emile Durkheim의 말을 굳이 거론할 필요도 없이, 모든 자살은 사회의 책임이다. 스스로 죽고 싶어서 죽는 사람은 없다. 살 수 없기 때문에 죽는다. 여자 연예인들의 자살은 한국의 자살률이라는 통계 뒤에 감춰진 죽음들을 드러내는 스크린이다. 그래서 이들의 자살을 바라보는 시선은 외설적이다. 죽음에 대한 윤리적 판단, 장례식에 어떤 연예인들이 왔니, 안 왔니 하는 문제가 중요할 뿐이다.

무엇이 여자 연예인들을 죽음으로 몰고 갈까? 언론의 보도대로 우울증 때문일까? 내가 볼 때 이런 자살들은 훨씬 더 깊은 속내를 감추고 있는

+   **영화 〈미녀는 괴로워〉**
    일본 만화 『미녀는 괴로워』를 리메이크한 작품으로 무대뽀 뚱녀로 얼굴 없는 가수 노릇을 하던 한나가 성형수술을 통해 무결점 미녀 제니로 거듭나는 인생 역전기를 그린, 2006년 김용화 감독의 로맨틱 코미디. 여주인공을 맡은 배우 김아중을 일약 스타로 탄생시켰으며, 개봉 당시 관객 660만 명을 동원하며 역대 한국영화 로맨틱 코미디 부분 최고 흥행 신기록을 수립했다.

것 같다. 우울증은 하나의 증상일 뿐, 자살의 원인이라고 보기 어렵다. 어떤 심리학자의 의견에 따르면, 우울증은 에고의 분열을 막기 위한 자구책이다. 말하자면, 무엇인가 원인은 따로 있는 셈이다.

삶을 즐길 수 없을 때, 우리는 자살을 생각한다. "힘들어서 죽겠다"라는 말은 실제로 삶을 즐기고 싶다는 말의 반대다. '아버지'가 명령한 "인생을 즐겨라"를 제대로 실천하지 못할 때 우리는 불쾌해지는 것이다. 여자 연예인들의 죽음은 이런 즐거움의 메커니즘을 은연중에 드러낸다. 여자 연예인들은 자신에게 부여된 쾌락의 명령을 제대로 이행하지 못했기 때문에 우울했다.

그 명령은 '착한' 여자 연예인이다. 마음이 착하다는 뜻이 아니다. 외모가 착하다는 것이다. 몸매가 착해야 하고, 얼굴이 착해야 한다. '~착하다'는 것은 이제 전혀 다른 의미가 되었다. 예쁜 몸매나 얼굴로 즐거움을 주어야 한다는 뜻으로 바뀐 것이다. 미학과 윤리의 절묘한 결합. 이런 결합은 지금 한국 사회를 작동시키는 욕망의 구조를 그대로 드러낸다.

20킬로그램을 감량한 옥주현의 다이어트 성공에 찬사를 보내면서, 한 연예 잡지 기자는 "외모지상주의가 지배하는 무시무시한 연예계 현실에서 놀라운 일을 해냈다"라고 말했다. 무시무시한 현실의 바깥을 전혀 상상하지 못하는 이런 발언은, 외모지상주의를 비판하기 위한 것이 아니라, 그 이데올로기의 십자 포화를 성공적으로 벗어나기 위해 몸매 관리를 초인적으로 해낸 옥주현의 노력을 높이 평가하는 것이기도 하다. 이 말은 외모지상주의를 우연의 산물이 아니라 필연의 조건이라고 받아들이게 만든다.

영화 〈미녀는 괴로워〉는 바로 이런 역설적 욕망의 문법을 적나라하게 보여주는 영화다. 미녀는 괴로울 게 없다. 그런데 왜 괴로운 걸까? 바로 미녀가 되는 과정이 괴로운 것이다. 그러나 일단 미녀가 되고 나면, 뚱녀에서 미녀로 변신하는 과정은 고난을 딛고 고통을 이겨낸 십자가의 승리로 추앙받는다. 착한 미녀는 한국의 남성 판타지가 내리는 거부할 수 없는 명령이다. 이 남성 판타지를 구성하는 것은 한국 자본주의의 경쟁 구조다.

문제는 여자 연예인들이 이런 경쟁 구조 바깥을 전혀 상상할 수 없다는 사실이다. 이들은 현실과 동떨어진 가상현실을 실감하면서 살아갈 뿐이다. 이들은 인형이고, 그래서 더 이상 재미가 없으면 폐기되어야 한다. 섹시한 여가수를 원하지만, 제일 섹시한 여가수를 제외한 다른 여가수들은 싸게 놀려 먹을 수 있는 대상이다. 아이러니하게도 이런 경쟁 구조는 한국의 산업구조에 문화산업이 주요한 주력으로 간주되면서 더욱 심화되었다. 문화산업의 높은 투자 위험률은 연예인들, 특히 여자 연예인들의 '물화'를 촉진시켰다. 심리적 차원에서 본다면, 물화는 노동자가 자기 자신을 사물과 동일한 것으로 여기게 되는 현상이다. 채플린Charlie Chaplin의 영화 〈모던 타임즈Modern Times〉[6]가 잘 보여주듯이, 자본주의 사회에서 노동자는 기계의 부품으로 전락하고, 이런 삶의 조건은 컨베이어 벨트 이상의 세계를 상상하지 못하도록 만든다.

　여자 연예인들의 자살은 한국의 문화산업구조에서 일개 노동자의 처지로 전락해가고 있는 연예인들의 운명을 드러내는 징후다. 이들의 자살은 겉으로 화려하게 보이는 연예계가 사실은 냉혹한 자본의 논리가 가장 노골적으로, 가장 직접적으로 관철되는 지점이라는 것을 증언한다. 한국 자본주의의 회전 속도가 빠르면 빠를수록, 연예계라는 기계 장치도 더 빨리 돌아갈 수밖에 없다. 현대 자본주의 사회의 논리는 바로 속도다. 속도가 빠른 이가 모든 것을 먹는다. 이런 속도의 논리가 남성의 것이라면, 이런 남성의 욕망 구조에 복무하는 것이 여자 연예인들의 이미지다. 이 욕망 구조에 적응하지 못한다면, 그 결과는 뻔하다.

　여자 연예인들은 착한 몸매와 얼굴로 남성의 시선을 즐겁게 해줘야만 연예인다운 것이다. 그렇지 못하면 이들을 소비해줄 시장은 연예계에 없다. 빈자리를 채워줄 예비 상품들은 널리고 널렸다. 영혼이 필요 없는 복제 인간들처럼, 이들은 하나의 대체물로서 자신에게 주어질 짧은 시간을 기다린다. 너도나도 한류의 영광을 부르짖고 있을 때, 정작 그 한류의 주역들은 소모품으로 전락한 자신의 삶에서 아무런 희망도 발견하지 못하고 있다. 이처럼 한국 사회의 실재는 이제 바깥에서 출몰하지 않는다. 우리의 내부에서 서서히 이 괴물들이 깨어나고 있다. 죽음 이외에 이 끔찍한 디스토피아를 벗어날 방법은 없다고, 여자 연예인들이 침묵의 항변을 하고 있는 것은 아닐까?

---

6   1936년 찰리 채플린이 감독, 제작, 주연, 작곡까지 담당한 작품으로, 돈과 기계문명에 얽매인 시대를 풍자하며 당시 산업혁명을 날카롭게 비판했던 장편 코미디 무성 영화.

전지현과 낸시랭, 누가 더 예술적인가

처음 낸시랭에 대한 언론 보도를 봤을 때, 나는 무엇이 그를 '주목할 만한 차세대 예술가'로 비치도록 만드는 건지 정말 궁금했다. 그를 '특이한 예술가'라고 규정하는 이들도 있었지만, 과문한 탓인지, 내 눈에 그의 행위예술이라는 것에서 그 어떤 '특이성'도 발견할 수 없었다.

그가 발간한 책을 읽어봐도 마찬가지였다. 뭐가 '도발적'이라는 건지 알 수가 없었다. 이런 식으로 도발적인 걸 꼽자면, 미국 유수 대학의 의대생이었다가 『플레이보이』 잡지 모델이 된 이승희보다 못한 게 아닌가 싶었다. 현상의 측면에서 본다면, 낸시랭은 여러모로 이승희를 닮았는데, 여성의 섹슈얼리티와 여성 해방을 동일시하는 것도 그렇고, 심지어 '진보적'이라는 언론이나 인사들이 의아할 정도로 그에게 친절한 것도 그랬다. 물론 다른 것도 있었다. 낸시랭은 이승희보다 더 노골적으로 돈을 밝혔는데, 해괴하게도, 한국 화폐가 아닌 '달러'만을 돈이라고 여기는 듯했다. 그래서 그는 "미술은 돈"이라고 말하지 않고 "미술은 달러"라고 말했다. 과연 여기에서 그는 피카소를 패러디하고 싶었을까? 모를 일이다. 다만 확실한 것은 그에게 달러는 절대적 가치 또는 지고의 쾌락을 뜻하는 하나의 기호라는 사실이다.

무엇보다도 놀라웠던 건, 이런 낸시랭의 천방지축에 대해 거의 누구도 적절한 비판을 하지 않았다는 사실이다. 물론 강명석이나 진중권 같은 이들이 낸시랭에 대한 비평을 시도하긴 했지만, 모두 완곡한 태도로 "좀 더 지켜보자"는 수준에서 주춤한 것처럼 보인다. 무엇이 낸시랭에 대한 비판을 유보하도록 만드는 걸까? 어떤 수컷도 애교 떠는 암컷 앞에서 이빨을 드러낼 수 없다는 동물행동학의 논리를 적용해서 설명한다면, 의외로 문제는 쉽게 풀릴 수 있다. 어떤 기자 말대로, "애교는 에너지"니까. (참으로 부끄럽지만, 이게 한국의 문화부 기자 수준이다.) 그러나 이런 장난이나 치려고 내가 낸시랭을 들먹이고 있는 것은 아니다. 정말 낸시랭에 무언가 있는 걸까? 나는 그렇지 않다고 생각한다. 오히려 이렇게 무언가 있을 것이라는 막연한 기대감이 낸시랭의 본질을 구성하는 것이라고 본다.

만약 우리가 굳이 낸시랭을 '의미 있는 예술가'라고 부르고자 한다면, 이 지점에서 근거를 찾을 수 있을 것이다. 그의 작업은 확실히 '예술의 죽음'을 보여주는 것이지만, 세계사적 맥락에서 운위되는 포스트모더니즘의 차원에서 그런 게 아니다. 그의 '예술'은 예술 따위가 필요 없는, 예술성 같은 건 물 말아 먹어도 시원찮아 할 세계를 드러낸다. 낸시랭에게 '예술'은 상품 교환 체계 속에서만 가치를 부여받을 수 있다. 낸시랭에게 중요한 건 예술이 아니라 그 예술이 잘 팔려서 부자가 되는 것이다.

그에게 필요한 것은 예술성이 아니라 '비즈니스 마인드'다. 그냥 쉽게 말하자면, 그에게 예술은 자본의 축적 수단이다. 상품이 되어버린 예술, 이것을 낸시랭은 '진짜 예술'이라고 부른다. 낸시랭은 확실히 예술의 죽음을 보여주는데, 그 죽음의 집행자는 자본주의다. 그러나 낸시랭은 예술의 죽음을 증언하고 이에 항의하는 것이 아니라, 아무 생각 없이 자본주의에 '솔직하게' 투항해버린다. 이런 솔직한 태도가 낸시랭에 대한 착시 현상을 불러일으키는 것처럼 보이는데, 이 지점에서 여러 가지 곤혹스러운 사태가 발생하는 것 같다.

낸시랭에 대한 착시 현상은 여러 가지 사실을 암시한다. 황우석 사태와 유사한 맥락에서 낸시랭을 둘러싼 일련의 현상들 또한 '여론'에 약한 한국 지식 사회의 포퓰리즘을 보여주는 것이기도 하다. 더불어 돈과 쾌락에 대한 낸시랭의 태도는 '즐겨라!'라는 자본주의적 초자아의 명령을 아무런 망설임 없이 따라도 될 것 같은 해방감을 선사한다. 그런데 이는 결국 자본주의로부터 계속 쾌락을 얻어낼 수 있다는 믿음을 재확인하고 여기에 정당성을 부여하는 핑계에 지나지 않는다. 이런 측면에서 낸시랭은 충실한 자본의 전도사다.

왜 건담과 명품을 주제로 작품을 제작하는가 하는 질문에 낸시랭은 다음과 같이 '의미심장하게' 대답했다.

세상살이가 로봇의 차가운 갑옷처럼 강한 척하고 살아야 하는 거잖아요. 거기에 조합시키는 기생은 조선 시대의 잔 다르크 같은 존재였다는 걸 부각시키고 싶어서예요. 아이의 얼굴을 붙인 건 천사와 악마가 공존하는 사람의 모습을 대변하고 싶어서죠. 아, 지금까지 한 이야기는 평론가들의 말이에요. 저는 그냥 좋아하는 이미지들을 모은 거예요. 특히 명품요. I love 명품! 구찌를 특히 사랑하죠.[7]

낸시랭이 전하는, 평론가들이 쏟아낸 그 말들이 민망하기 짝이 없는 것은 둘째 치고라도, 이 평론조차 '너무 심각하다'고, 자기는 아무 생각 없이 좋아하는 이미지를 그냥 모은 것뿐이라고 천연덕스럽게 말하는 낸시랭을 어떻게 받아들여야 할까?

그러나 새삼스러울 것도 없이, 낸시랭이 체현하고 있는 것이야말로 자본주의에 내포되어 있는 본질적 특성이다. 자본주의는 원칙적으로 해방에 대한 요구를 내재하고 있고, 권위주의와 에고이즘에 대한 적대감을 표현한다. 이런 맥락에서 '박애' 같은 고통에 대한 반응을 도덕적 표준으로 등재하기도 한다. 한미 FTA에 대한 현 정부의 집착도 이런 자본주의의 해체적 속성에서 자신의 '진보적' 신념을 추인해줄 어떤 '실재의 응답'을 받았기 때문에 가능한 것이 아닌가 한다.

낸시랭이 착시 현상을 일으키는 것은 이런 자본주의의 '아방가르드적 특징' 때문이다. 자본주의만큼 예술과 삶의 일치를 주장했던 아방가르드는 없었다. 현대 자본주의의 광고는 아방가르드적 감수성과 상업주의가 결합한 것이다. 예술의 산업화와 동시에 이루어지는 것은 산업의 예술화다. 산업은 부르주아의 예술이고, 기계는 부르주아의 작품이다. 이렇게 자본주의 자체가 '예술'이 되어버린 상태, 다시 말해서 '예술 없는 자본주의'가 충분히 즐거울 수 있다는 것을 낸시랭은 보여주고 있는 것이다. 그러나 이런 상황이 바로 낸시랭에게 비극일 수밖에 없다. 모든 예술이 광고고 상품이라면, 낸시랭과 전지현 중 누가 더 '예술적'이겠는가? 더 이상 생각할 필요도 없을 것 같은 질문이다. 낸시랭을 가능하게 만든 그 조건은 낸시랭의 무가치함을 증명하는 역설적 상황을 만들어낸다.

---

7   우승현, 「'이상한 건담나라'의 낸시랭」, 『문화일보』, 2005년 3월 30일.

보수주의자 김수현의 주이상스

불륜 드라마에 대해 말해보자. 대개 불륜 드라마는 '대리만족'을 주기 때문에 시청률이 높다고 생각한다. 하지만 과연 대리만족이 아닌 대중문화가 있나? 스포츠로부터 댄스뮤직에 이르기까지 사실 모든 대중문화는 대리만족이다. 내가 탤런트 K양이나 J양처럼 될 수 없기 때문에 이들을 숭배하는 팬이라도 되는 것이다. 안티 팬도 마찬가지다. 안티 팬은 팬보다 더 열렬한 팬이 되고자 하는 것뿐이다. 팬은 팬인데, 더 광적인 팬이 안티 팬이다. 그래서 좀 무섭기도 하다.

불륜 드라마라는 시청률을 보장하는 보증수표일까? 반드시 그렇다고 보기는 어렵다. 초코파이라는 상표 때문에 모든 초코파이가 잘 팔리는 것은 아니듯이 말이다. 불륜 드라마라는 레이블 때문에 시청률이 높다는 건 논리적으로 맞지 않는 말이다. 하지만 대개 논리적으로 맞지 않는 말이 논리적인 것으로 받아들여지는 까닭은 뭐라고 꼭 집어 말할 수 없는 욕망의 빈 공간을 뭔가로 실컷 채우고 싶기 때문이다. 말하자면 불륜 드라마는 시청률이 높다는 진술 자체가 겉으로 드러나지 않는 뭔가를 암시하고 있

+ **드라마 〈내 남자의 여자〉**
   '중년층의 불륜'이라는 통속적인 소재로 탁월한 내면 심리를 그린 멜로물로 2007년 4월부터 6월까지 24부작으로 방송된 SBS 월화드라마. 초기 방영 당시 11퍼센트 안팎에 그치던 시청률이 마지막회에 가서 무려 38.7퍼센트의 시청률로 치솟으며 큰 반향을 불러일으켰다.

는 것이다. 도대체 그게 뭘까?

한때 〈내 남자의 여자〉라는 드라마가 종영되고 난 뒤에 이에 대한 분석이 봇물을 이루었다. 대체로 의견은 '쿨'한 불륜 드라마라는 쪽으로 모아졌고, 더불어 진부한 소재를 세련되게 요리한 작가의 탁월한 능력에 대한 찬사가 덧붙여졌다. 그러나 내가 보기에, 어느 쪽도 선택하지 않고 각자의 길을 간다는 이 드라마의 결론이 그렇게 '쿨'하다고 보기는 어렵다. 쿨하다는 말로 무마할 수 없는 어떤 은밀한 비밀이 이 드라마에는 숨어 있다. 사랑이 허망하다는 것을 깨닫고, 각자 갈 길을 간다는 게 멋있는 것처럼 보이지만, 실제로 여기에서 중요한 것은 각자 길을 간다는 게 아니라 '사랑이 허망하다'는 것이다. 여기에서 내 궁금증이 발생한다.

누구도 대중문화가 시대의 관습을 앞서나갈 수 있다고 믿지 않는다. 이건 예술의 몫이지 시청률에 연연할 수밖에 없는 대중문화의 임무가 아니다. 그러니 〈내 남자의 여자〉를 놓고 예술성을 논하는 것은 우물가에서 숭늉 찾는 꼴이다. 물론 이 말은 대중문화는 예술이 아니라거나, 뭔가 떨어진다는 뜻이 아니다. 대중문화는 예술성을 통해 진리를 드러내지 않는 것뿐이다. 오히려 대중문화는 판타지를 솔직하게 드러냄으로써 진리를 드러낸다. 그래서 대중문화는 특정 시대에 새겨진 집단의 열망을 고스란히 읽어낼 수 있는 훌륭한 텍스트다.

이 드라마의 작가 김수현은 한 일간지와 이루어진 인터뷰에서 "'남편에게 젊은 여자가 생기는 것'을 일러 '교통사고'와 같은 것"이라고 비유했다. 이 말에 모든 게 들어 있다. 〈내 남자의 여자〉는 사고를 당해 풍비박산이 난 가족의 이야기기도 한 것이다. 물론 이런 구태의연한 '재난' 이야기가 『리더스 다이제스트』 수준으로 떨어지지 않은 것은 김수현이라는 작가의 재능 덕분이다. 셰익스피어가 위대한 건 뭔가 새로운 것을 만들어서 그런 게 아니다. 구태의연한 것을 참신한 구성과 언어로 다시 포장해냈기 때문이다. 그래서 어느 프랑스 철학자의 말처럼, 모든 것은 반복이되 그 속에 언제나 차이를 내포하고 있는 법이다.

김수현은 뛰어난 작가다. 그가 뛰어나다는 것은 굳이 내가 아니라도 많은 이들이 이미 동의하고 있는 사실이다. 그러나 내가 말하는 그 뛰어난 면모는 많은 이들이 암묵적으로 합의하고 있는 '잘 빚은 형식성' 때문이 아니다. 김수현이 아무리 뛰어나다고 해도, 그는 스스로 고백하듯이 "그냥 드라마 작가"일 뿐이다. 이 말은 김수현에 대한 모욕이 아니다. 김수현은 철저한 현실주의자다. 보통 불륜이라고 일컬어지는 일에 대해 그는 아무런 선악의 판단을 하지 않는다. 그에게 불륜은 그냥 '사고'일 뿐이다.

따라서 〈내 남자의 여자〉가 쿨하게 보이는 것은, 김수현이 드러내는 냉정한 현실주의 때문이지, 이 드라마의 메시지가 쿨하기 때문이 아니다. 이 드라마의 메시지는 사실 보수적인 한국 사회의 문화 코드를 그대로 체현하고 있다. 사랑보다 밥이 우선이라는 설정은 낭만주의조차 제대로 가져보지 못한 냉혹한 한국의 '먹고사니즘'을 드러낸다. 가족도 친구도 모두 내팽개치고 욕정에 눈이 머는 의사와 교수라는 인물상은 전문가에 대한 냉소와 지성에 대한 저항을 무의식적으로 암시한다. 두말할 필요도 없이 이런 암시는 한국 사회에 만연한 반지성주의를 여과 없이 투영하고 있는 것이다. 자유주의에 대한 경멸과 이상주의에 대한 혐오가 교묘하게 침윤되어 있는 이런 메시지는 확실히 이 드라마에 대한 대중의 매혹과 거리가 먼 것처럼 보인다.

역설적이지만, 오히려 시청자들은 화영의 캐릭터에서 더욱 매력을 느낀 것 같다. 지수로 분한 배종옥보다 화영을 연기한 김희애가 더 스포트라이트를 받는 것을 보면 말이다. 이것은 이 드라마가 은연중에 내장하고 있는 보수주의를 넘어서버린 그 무엇의 표현이다. 대중은 무엇을 보고 화영에게 지지를 보낸 걸까? '불륜'이라는 금지가 거세해버린 그 주이상스를, 그 잉여 향락을 이 드라마에서 확인하고 싶었던 것은 아닐까? 이처럼 〈내 남자의 여자〉가 괜찮은 드라마로 평가받는 것은, 이 드라마가 불륜이야기를 참신하게 엮어냈기 때문이 아니라, 차갑게 불륜 드라마의 실체를 해명했기 때문이다. 말하자면, 대중은 불륜 드라마를 통해 대리만족을 얻고자 하는 게 아니라, 불륜이라는 금지의 명령 뒤에 숨어 있는 자신의 쾌락을 재발견하고 싶은 것이다. 이 쾌락은 결코 만족을 모르는 괴물이다.

김수현은 이 괴물의 실체를 알고 있었다. 그래서 그는 〈내 남자의 여자〉를 중간계급의 불안을 드러내는 심리극으로 만든 것이다. 이 심리극에서 흥미로운 건 화영이라는 주이상스에 대한 금지가 준표의 아내 지수를 통해 호명되지 않는다는 사실이다. 오히려 이 금지는 그의 형부 허달삼과 언니 은수를 통해 작동한다. 지수가 준표를 화영에게 보내는 '사건'은 바로 이것을 보여준다. 이런 측면에서 지수는 준표의 탈선과 같은 방향에 서 있다. 아니 정확하게 말하면, 준표가 지수의 쾌락 원칙이었다는 점을 증명해주는 것이다. 놀랍게도 지수는 남편의 불륜 사실을 알고도 언니 은수처럼 가정을 지키려고 하지 않는다. 준표가 두려워하면서 질질 끌려가는 것과 달리, 지수는 과감하게 라캉이 말하는 '법Law'을 무시해버린다. 준표와 마찬가지로 지수가 위반하는 것은 가정이라는 '아버지의 법'이다. 이 법은 "가능한 한 조금만 즐겨라"라는 쾌락 원칙의 법이기도 하다. 아내와 아들을 위해 '조금만' 즐겨야 할 원칙을 준표가 넘어섰다면, 지수도 그렇게 남편과 아들을 위해 '조금만' 참으면 될 일을 참지 않는다.

무엇이 준표와 지수를 이렇게 만들었나? 바로 화영이다. 이런 측면에서 화영은 지수의 주이상스에 대한 알레고리기도 하다. 어떻게 보면 화영은 지수의 다른 면인지도 모른다. 마치 금지가 있고 나서 법이 있듯이, 지수가 있어야 화영이 있을 수 있는 것이다. 이런 측면에서 지수-화영은 가부장제에 포획되지 않는 무엇이다. 이 무엇에 대해 완전히 무관심한 이들이 바로 허달삼과 은수다. 이들이야말로 이 드라마의 주제를 체현하고 있는 존재들이다. 비루한 중간계급의 현실성을 드러내는 김수현식 현실주의의 전형들이 이들이다. 이런 면에서 본다면 김수현은 김훈보다 훨씬 더 위대한 보수주의자다. 김훈이 판타지의 강화를 통해 중간계급의 정체성을 봉합시키려고 한다면, 김수현은 그 불안을 그대로 드러내면서 판타지를 끝까지 밀어붙인다. 그가 허망한 것이라고 말하는 그 무엇의 자리야말로 중간계급의 판타지가 끝나는 지점인 셈이다. 그래서 보수주의자 김수현은 한국의 좌파에게도 보기 드문 축복이라고 하겠다.

김수현은 이제 하나의 현상이라고 부를 수 있는 문화적 사건이다. 어떤 이는 그때도 김수현이고 지금도 김수현이라고 지적하는데, 의미심장한 말이다. 김수현은 한국 드라마의 표준을 만들어냈다고 해도 과언이 아니다. 그의 드라마에 내재한 논리와 의미에 대해 진지하게 논의할 필요가 있는 까닭이다. 무엇보다도 나는 김수현 드라마에 숨어 있는 정치성을 주목할 필요가 있다고 생각한다. 김수현과 정치성이라는 조합에 고개를 갸우뚱할 이들도 있을 것이다. 김수현의 드라마를 사회극이라고 볼만한 근거가 희박하니 말이다.

그러나 김수현 드라마의 정치성은 드라마의 내용에서 발생하는 것이 아니라 형식성에서 발생한다. 김수현 드라마의 형식은 무엇인가? 많은 이들이 인정하지만, 김수현 드라마의 핵심은 갈등이다. 겉으로 보기에 이 갈등은 형식을 위해 복무하는 것처럼 보이지만 사실은 갈등 자체를 형식이라고 보아야 한다. 다시 말해서 갈등 구조 없는 김수현 드라마는 존재할 수가 없다. 김수현 드라마가 이 형식에서 이탈했을 때, 흥행은 대체로 실패했다.

김수현은 갈등 구조를 잘 드러내는 작가로 정평을 얻었다. 이런 갈등 구조는 종종 파격성으로 받아들여지기도 했다. 김수현 드라마의 정체는 이런 갈등의 지속에서 찾을 수 있다. 이 갈등은 무엇을 의미하는가? 단순하게 김수현이라는 작가의 취향인가, 아니면 관객의 요구인가? 김수현 드라마의 재능은 이런 갈등 구조를 '극장화'한다는 것에 있다. 이른바 사드가 만들어낸 도착의 극장과 유사하다. 사드는 쾌락을 위해 억압을 극장화하는데, 김수현의 드라마도 이런 방식으로 시청자(관객)의 관심을 집중시킨다.

어떤 이들은 〈엄마가 뿔났다〉[8]에서 김수현이 달라졌다고 말한다. 이런 견해는 대체로 '엄마를 전면에 내세워 가부장적 남성 중심으로 드라마를 전개해왔던 기존 노선을 바꾸었다'는 점을 근거로 내세운다. 그러나 이런 평가는 기존에 김수현 드라마를 '가부장적'이라고 비판했던 관점을 반영한 것이다. 김수현의 관점은 〈엄마가 뿔났다〉를 계기로 바뀐 것이라고 보기 어렵다. 이미 〈내 남자의 여자〉에서 이런 징조는 있었고, 〈청춘의 덫〉[9]이나 〈겨울로 가는 마차〉[10]에서도 '여성'은 남성의 운명을 주도하는 인물이다. 이런 맥락에서 김수현 드라마는 도시 중간계급 여성을 위한 로맨스다. 김수현 드라마에서 드러나는 갈등은 이런 중간계급의 불안과 분노를 드러내는 형식적 구조다. 박정희 시대부터 오늘날까지도 김수현 드라마가 인기를 끄는 이유 중 하나가 바로 여기에 있다. 김수현 드라마가 조응하는 것은 도시 중간계급의 욕망이고, 이들의 정체성을 위해 그의 이야기가 복무하는 것이다.

그의 드라마는 대체로 가족과 섹슈얼리티라는 두 축을 왕복하고 있다는 특징을 갖는다. 〈청춘의 덫〉의 경우도 강렬한 가족주의가 매개 역할을 하지만 궁극적으로는 섹슈얼리티의 문제다. 〈청춘의 덫〉은 '시기envy'에 대한 이야기다. 상대방이 은밀한 쾌락을 즐기고 있다는 의심에서 시기는 발생한다. 이런 시기는 상대방의 주이상스에 대한 질시를 내포한다. 윤희는 동우에게 '아버지의 역할'을 강조하지만, 현실에서 합리적으로 설득력을 갖는 주장은 아니다. 동우의 욕망은 현실의 한국 사회가 '인준'한 정당한 욕망이다. 김수현 드라마가 현실과 긴장 관계를 형성하는 것은 바로 이 지점이다.

〈사랑과 야망〉(1987)[11]에서 김수현은 가족주의를 넘어서 있는 태준의 '야망'을 파멸에 이르는 것으로 그려내고 있다. 이 드라마는 극명하게 부르주아와 갈등하는 도시 중간계급의 욕망을 드러낸다. 이 욕망을 구현하고 있는 실체가 바로 가족이다. 김수현에게 가족의 의미는 생물학적 친연성으

8　1991년 발표해 큰 인기를 모은 MBC 드라마 〈사랑이 뭐길래〉 이후 17년 만에 집필한 유쾌하고 코믹한 분위기의 가족극으로, 2008년 2월부터 9월까지 방송된 KBS 주말드라마.

9　젊고 유능한 남자가 옛 애인을 버리고 재벌집 여자를 선택하면서 벌어지는 복수극으로, 1999년 1월부터 4월까지 방송되며 53.1퍼센트의 시청률을 기록한 SBS 수목드라마.

10　동명소설을 1982년 영화화한 작품으로, 젊은 나이에 미망인이 된 한 여자가 나이 많은 회장과 재혼하려다가 그마저도 쓰러져 식물인간이 된 후 그의 아들과 사랑에 빠지게 된다는 정소영 감독의 멜로 영화.

11　1970~1980년대까지 이르는 현대사의 크고 작은 사건들과 함께 억척 엄마를 중심으로 한 자식들의 사랑과 갈등, 성공과 야망을 그려내며 무려 70퍼센트의 시청률을 경신한 MBC 주말드라마.

로 구성할 수 있는 '친족'의 개념을 넘어선, 가치체계의 중심에서 판단의 준 거로 작동하는 상징적 가족을 의미한다. 이 가족은 한국 사회의 근대화가 몰고 온 변화에서 '우리'가 지켜야 할 절대적 '가치'기도 하다.

김수현 드라마는 이처럼 부르주아적 가치관에 대한 적대감을 드러 낸다. 그리고 이런 가치관은 남성의 '야망'과 같은 것이기도 하다. 김수현이 부정적으로 그려내는 '남성적 야망'은 가족을 등진 것이다. 김수현의 도덕 체계를 구성하는 기준은 바로 가족이다. 그러나 김수현은 가족과 갈등하 는 여성의 욕망에 대해 훨씬 관대하다. 〈청춘의 덫〉에서 혜림의 죽음은 윤 희에게 도덕적으로 우월한 지위를 보장해주기 위한 장치다. 〈불꽃〉[12]에서 종혁(차인표 분)에 대한 지현(이영애 분)의 배신은 아무런 저항감 없이 '용 서'를 받는다. 〈불꽃〉은 〈내 남자의 여자〉와 함께 가장 문제적인 김수현의 작품이라고 할 수 있다.

김수현 드라마에 등장하는 '남성'과 '여성'은 생물학적인 차원을 넘어 서 있다. 김수현 드라마에서 남성과 여성은 섹슈얼리티에 대한 두 가지 태 도에 지나지 않는다. 남성적 야망에 대한 김수현의 도덕적 판단은 여성이 라는 기표로 표상할 수 있는, 섹슈얼리티에 대한 금지다. 이 금지는 김수현 드라마를 구성하는 하나의 증상이다. 김수현 드라마에서 부르주아는 언제 나 '남성적'이며, 이와 대립하는 도덕적 주체는 항상 '여성적'이다. 그리고 이 둘 사이에 '허달삼'이나 '나영일' 같은 현실 원칙이 존재한다. 이를 통해서도 알 수 있듯이, 김수현 드라마에서 갈등을 만들어내는 '남성'과 '여성'은 현실 원칙 너머에 있는 '그 무엇'인 것이다.

김수현 드라마는 기본적으로 보수주의자의 세계관을 보여준다. 그 러나 이 보수주의는 도시 중간계급의 욕망을 표현하는 세계관이다. 그러 나 김수현의 보수주의는 도시 중간계급의 것이기 때문에 부르주아가 지배 하는 상징 질서에 복종하지 않는다. 김수현 드라마에서 추구하는 그 보수 주의는 한국 사회의 지배 담론과 불화할 수밖에 없는 것이다. 왕당파였으 면서도 그 계급의 몰락을 누구보다도 사실감 있게 그려낸 발자크Honore de Balzac처럼, 김수현은 보수주의자이면서도 선명하게 보수주의의 불가능성을 보여주고 있는 것이다.

12   네 명의 남녀가 사랑이라는 이름 속에서 혼돈과 혼란을 겪으면서 진정한 사랑을
      찾아간다는 멜로물로, 2000년 2월부터 5월까지 방송된 SBS 수목드라마.

책의 현실

서양에서 한때 책은 장원 하나 값에 맞먹는 가치를 지녔다. 이렇게 책을 귀하게 여긴 태도는 기독교 신앙에서 연유한 것이다. 세상을 신이 선물한 책이라고 생각했던 순진한 중세인의 마음이 책 사랑으로 나타난 것이라고 하겠다. 어린 시절부터 우리는 책을 읽는 행위가 '좋은 일'이라는 것을 은연중에 '주입'당해왔다. 어떻게 생각하면 영문도 모른 채 우리는 책 읽기를 시작하고 책에 대한 좋은 감정을 갖는 것이라고 할 수 있다. 대체로 책에 대한 관념은 편견의 지배를 받는 셈이다.

나의 할머니는 어린 시절에 언문을 깨친 분이셨는데 당신의 손자와 함께 늦도록 같이 책을 읽는 걸 즐기셨다. 독특하게도 할머니는 '묵독'을 하실 줄 몰랐는데, 모든 책을 창가 풍으로 운율을 붙여서 읽으셨다. 나중에야 나는 독서의 역사를 다룬 책을 읽다가 중세까지 책 읽기라는 건 '낭송'이었다는 사실을 발견하고 할머니의 독서법을 떠올렸던 적이 있었다.

책에 대한 경외심은 자본주의의 출현으로 중세의 권위를 유지할 수 없었다. 책은 신의 진리를 담고 있는 비밀스러운 물건이라기보다 시장에서 팔리는 '상품'으로 바뀌었다. 보들레르가 개탄한 '시'의 타락은 이런 현상과 무관하지 않았을 것이다. 활자에 사로잡힌 시의 운명은 곧 상품이라는 틀에 갇힌 예술의 비극을 상징하는 것이기도 했을 테니 말이다.

10대 아이돌 그룹 빅뱅의 이름을 달고 나온 책이 있다. 『세상에 너를 소리쳐!』라는 제목을 달고 있는 이 책은 엄연히 말하면 고스트라이터가 쓴 '대필 작품'이었다. 물론 과거와 달리 이 책은 '대필자'의 이름을 당당하게 빅뱅 옆에 박아놓고 있다. 지은이는 빅뱅이고 이를 정리했다는 '작가'의 이름을 같이 보여주고 있는 것이다.

비록 대필 작품이었지만 이 책은 당당히 '전기 문학' 부문 베스트셀러에 랭크되어 있었다. 한때『마시멜로 이야기』나『그림 읽어주는 여자』가 대필 논란에 휩싸였던 걸 감안한다면 놀라운 변화라고 할 수 있다. 이 변화를 가능하게 만드는 작은 차이는 대필 작가의 이름을 '솔직하게' 고백하는 그 방식에 있다. 옳고 그른 문제를 떠나서 본다면, 한국에서 대필 논란이라는 게 결국은 책의 고유성에 대한 집착이라기보다 오히려 시장 질서를 교란시키는 '속임수'에 있었다는 사실을 알 수가 있을 것 같다.

인기그룹 빅뱅의 전기가 예사롭게 보이지 않는 까닭이다. 한국 사회에서 이제 책은 과거의 아우라를 회복하기 어려울 것처럼 보인다. 아마 앞으로 김훈 정도나 장인정신에 충실한 마지막 '문장가'로 인준 받지 않을까. 이제 책의 독창성이라는 말은 박물관에서나 확인할 수 있는 맥락 없는 말이 됐다. 이런 사태를 비관적으로 보고 책의 죽음을 선언할 성미 급한 이들도 있겠지만, 자본주의 시장을 근본적으로 부정할 만한 현실적 대안이 없는 한 이 상황을 담담히 받아들일 수밖에 없는 게 솔직한 결론이라고 하겠다.

이 세상에 나온 모든 책은 야만과 싸워 이룬 문명의 기념비라는 벤야민의 말을 되새겨보는 것도 이런 변화를 이해하기 위해 필요한 일이다. 책을 신성하게 여기는 마음은 분명 의미심장한 것이지만, 그렇다고 언제까지나 책이 신앙의 대상으로 머물러 있기만을 바랄 수는 없다. 미국의 인터넷 서점 아마존에서 만든 킨들Kindle이라는 전자책 전용기기가 암시하는 게 바로 이것이다. 소장의 의미를 상실한 책. 오직 정보를 담은 매체로만 기능하는 책. 애서가로서는 섭섭한 일이지만, 현실은 이렇다.

〈워낭소리〉

독립영화 〈워낭소리〉의 성공을 어떻게 보아야 할까? 이명박 대통령 내외까지 영화를 관람하는 퍼포먼스를 펼칠 정도로 이 '다큐멘터리'는 한국 독립영화사를 다시 쓴 것처럼 보였다. IPTV까지 독립영화 채널을 따로 개설할 정도니 그 영향은 기대 이상이라고 하겠다. 대통령의 영화 관람을 애써 정치적으로 해석할 필요는 없겠다. 하지만 대통령 내외까지 나서서 사이좋게 영화관을 찾게 만든 흥행의 요소가 무엇인지는 한번 따져봐야 할 것 같다.

〈워낭소리〉는 이제는 찾아보기 힘든 풍경을 우리에게 보여주는 '다큐멘터리'다. 늙은 소와 할아버지라는 익숙하면서도 특이한 소재를 통해 존재 사이의 교감을 표현했다는 점에서 윤리적 뉘앙스를 물씬 풍긴다. 여기에서 이 소재를 익숙하면서도 특이하다고 한 까닭은 영화를 소비하는 관객의 연령층과 무관하지 않다. 독립영화는 장르의 특성상 젊은 세대들의 관심에 의존하게 마련인데, 〈워낭소리〉는 윗세대까지도 아우르는 흡입

+ **영화 〈워낭소리〉**
경북 봉화 산골의 노인 부부와 그들이 키우는 나이 먹은 일소의 마지막 몇 년간의 생활을 담아낸, 2009년 이충렬 감독의 다큐멘터리. 첫 개봉 당시 영화관 수가 6개관에 불과했으나 점차 입소문을 타면서 개봉 19일 만에 관객 10만 명, 37일 만에 100만 명, 46일 만에 200만 명을 돌파하는 등 한국 독립영화 사상 최고 기록을 경신했다. 이 영화는 침체되어 있던 독립영화 붐을 일으켰으며, 독립영화 제작 여건에 대한 관심도 환기시켰다.

력을 보여주고 있다. 이 영화에서 다루는 소재는 젊은 세대들에게는 특이한 소재일 수 있겠지만, 그 윗세대에게는 익숙한 것이라고 할 수 있다. 젊은 세대들에게 이 영화에서 다루어지는 내용들이 하나의 풍경이라면, 윗세대들에게는 과거에 겪었던 실제 삶의 기억이다.

〈워낭소리〉의 인기 비결 중 하나가 이처럼 다양한 세대 계층을 아우를 수 있는 공감의 요소들을 많이 갖고 있다는 것일 텐데, 그 요소들은 아이러니하게도 동시대적으로 존재하면서도 존재하지 않는 것으로, 또는 보이지 않는 것으로 여겨지던 것이다. 이것을 생태주의에 대한 대중의 공감이라거나, 아니면 아버지나 고향에 대한 향수라고 결론 내릴 수도 있겠지만, 조금 다른 각도에서 돌아볼 필요도 있을 것 같다.

곰곰이 따져보면, 〈워낭소리〉를 흥행의 반열로 끌어올린 요소들이라고 언급하는 고향이나 아버지, 또는 농촌이나 자연은 대체로 도시 중간계급의 '웰빙' 개념과 무관한 것이 아니다. 도시화와 산업화의 시대에 이들은 농촌에서 도시로 삶의 터전을 뿌리째 옮겨온 경험들을 갖고 있다. 김지하의 「서울길」이 "몸 팔러 간다"라는 말로 부정적으로 묘사하고 있는 결연한 이주의 경험은 '고향=농촌'이라는 등식을 가능하게 만들었고, 이런 등식은 농업을 끊임없이 산업화를 위해 해체하면서도 그것을 통해 도시 생활의 결여를 충족시키려고 하는 분열적 삶의 진실을 은폐시켰다.

농촌과 도시의 관계를 무시하고 전자를 끊임없이 배제하는 분열증을 김종철은 개탄하지만, 사실은 『녹색평론』을 공감하고 지탱하는 힘은 농촌에서 나온다기보다 농촌과 자연에 대한 그리움을 간직하고 있는 도시 중간계급으로부터 나오는 것이다. 이것은 실현 불가능성을 자기 정체성으로 구축하고 있는 유토피아 충동의 운명일 수 있겠지만, 동시에 이른바 '생태주의'가 어떻게 한국 사회의 모든 것을 빨아들이는 '국가'라는 좀비를 넘어갈지에 대한 의문을 내재한 것이라고 할 수 있다.

다시 말해서 국가를 개조해서 환경 문제를 극복할 수 있다는 국가-환경론의 생각을 〈워낭소리〉에서 드러난 대중의 열망은 어떻게 넘어갈 수 있을까? 〈워낭소리〉의 흥행이 독립영화의 생명에 활기를 불어넣어 줄지는 모르지만, 이 영화가 구현하고 있는 세계관에 대한 공감으로 이어질 것 같지 않다는 불길한 예감은 이 때문에 가능하다. 영화를 본 관객들이 촬영지를 찾아가서 노부부의 사진을 찍거나 일대를 돌아보며 영화의 감동을 되새김질하는 '성지 순례'의 해프닝은 이를 증명하는 것처럼 보인다. 〈워낭소리〉의 세계는 도시 중간계급에게 그냥 풍경인 것이고, '우리'라기보다 '그들'에 속하는 것이다. 할아버지와 소는 항상 그곳에 있었지만 도시 중간계급의 미학은 이들을 볼 수 없었을 뿐이다. 그리고 그 보이지 않던 것이 '고유한 속성'을 드러냈을 때, 이들은 마치 새로운 것이나 '발견'한 것처럼 놀라워하는 것이다.

청계천처럼, 〈워낭소리〉는 자본주의라는 법에 복종하는 도시 중간계급의 과잉을 의미하는 것인지도 모른다. 물론 이 과잉에서 '문화'라는 것이 서식하는 것이겠지만, 또한 이 사실에서 〈워낭소리〉가 '농촌의 이야기'라기보다 '농촌에 대한 이야기'라는 사실을 깨달을 수 있겠다. 많은 이들이 할아버지와 소를 보고 "불쌍하다"며 눈물을 흘리지만, 사실 그 눈물은 "초가집도 없애고 마을길도 넓히며" 질주해온 한국 자본주의의 자기 증식 논리에 대한 반성이어야 할 것이다.

신해철은 진보 인사인가

가수 신해철이 입시학원 광고를 찍은 걸 두고 논란이 일어난 적이 있다. 평소에 경쟁적인 한국의 입시제도에 대해 비판적이었던 '유명 인사'가 어떻게 사교육 시장의 첨병인 특목고 입시학원의 광고에 등장할 수 있는지에 대한 의문이 논란의 핵심이었다. 당사자인 신해철은 홈페이지에 올린 글에서 평소 비판해온 것은 부실한 공교육이었지 사교육 자체를 부정하는 게 아니었고, 경제적으로 궁해서 광고를 찍은 것이 아니라, 그 학원의 교육 목표가 평소 지론에 맞았기 때문이었다고 밝혔다.

　신해철에 대한 비판의 척도는 '언행일치'라는 고전적인 덕목에 있다. 이른바 '지식인'이라면 언행일치해야 한다는 것이고, 그게 양심적인 행동이라는 것이다. 얼핏 보면 이런 주장은 시장의 논리에 대한 비판처럼 보인다. 신해철이 경제적 이득에 눈멀어서 언행일치라는 양심을 포기한 것처럼 느껴지기 때문이다. 그러나 이건 어디까지나 형이상학적 결론일 뿐이다. 진짜 비판의 준거는 이런 형이상학적인 범주에서 호출되는 것이 아니다.

+　**신해철 입시학원 광고 논란**
　평소 입시 위주 교육에 대해 신랄한 비판을 해왔던 가수 신해철이 2009년 한 일간지 입시학원 지면광고에 출연하면서 불러일으킨 논란. 그간 언론 매체와의 인터뷰 등을 통해 일관성 없이 뒤바뀌는 현행 입시 제도와 과도한 입시 열풍 등을 비난했었던 행보 탓에 상업성 논란을 불러왔으며, 이에 대해 신해철은 "아티스트 표현의 일종"이라는 주장을 내세웠으나 한동안 네티즌들의 비난은 사그라들지 않았다.

가수 신해철의 학원 광고 논란에서 비판을 이끌어낸 강력한 근거는 바로 '진보 장사'라는 표현에 있다. 별 볼 일 없는 가수 신해철을 유명하게 만들어준 것이 바로 '진보적 이미지'인데, 이런 이미지를 이용해서 학원 광고에 출연했다는 것이다. 결국 진보를 시장에 팔아버린 파렴치한이라는 논리가 여기에서 만들어진다. 겉으로 보기에 이 논리는 그럴듯하게 보이지만 자세히 뜯어보면 이상하다. 일단 가수 신해철이 별 볼 일 없는 가수라는 논의는 상당히 황당한 주장이다. 신해철을 일컬어 한물갔다거나 별 볼 일 없는 가수라는 평가의 근거는 최근 유행하는 가수들의 인기에 빗댄 것이다. 원래 가수는 유행의 산물이다. 따라서 가수라면 시간의 경과에 따라서 자연스럽게 '한물'가는 것이다. 이것이 시장의 법칙이다.

신해철을 '한물간 가수'로 규정하는 논리는 바로 시장 논리다. 가수나 연예인의 세계에서 한물간 존재라는 것은 시장에서 경쟁력을 상실했다는 뜻이다. 다시 말해서 상품 가치가 없다는 얘기다. 이건 함부로 내뱉을 수 없는 무시무시한 말이다. 연예계에서 상품 가치의 저하는 곧 존재의 소멸을 의미한다. 연예인들이 목숨을 끊는 결정적 이유 중 하나가 이와 같은 '존재 소멸의 공포' 때문이다. 신해철이 진보적 발언 좀 했다고 이런 막말까지 들을 이유는 없다고 본다.

게다가 신해철을 가수가 아니라고 규정하는 것도 자의적인 주장에 지나지 않는다. 가수 신해철이 사회 문제에 대해 '진보적' 발언을 했기 때문에 이슈가 되었던 것이지 그 반대였다면 불가능한 일이다. 사회 문제에 대한 발언이 가수 신해철의 정체성에 문제를 일으켰다고 보는 것이 더 적절한 분석이다. 말하자면 신해철은 '연예인'이고, 따라서 정치적인 것에 대한 개입 자체가 연예계에서 그의 지위를 더 확고하게 보장했다고 보기는 어렵다.

사실 한국에서 자칭 진보주의자들은 '진보'의 가치를 시장으로부터 벗어난 것이라고 말하면서도 시장의 논리에 따라서 이를 판정하는 버릇에 빠져 있는 것 같다. 그러니까 '진보 장사' 같은 말이 나오는 것이다. 이 말이 설득력을 가지려면 신해철이 진보 이미지를 팔아서 재미를 봤다는 증거를

제시해야 한다. 그런데 여기에서 모순이 발생한다. 그렇게 진보주의를 팔아서 시장에서 잘나간다는 사람이 입시학원 광고처럼 논란이 일어날 수밖에 없는 광고를 왜 찍은 걸까? 신해철은 입시학원의 교육 목표가 평소 지론에 부합해서 광고를 찍었다고 했지만, 설령 그를 비판하는 입장에서 온전히 신해철이 돈 때문에 무리수를 둔 것이라고 인정해도 이런 의문이 들 수밖에 없는 것이다.

가수 신해철을 둘러싼 최근의 논란은 신해철이라는 개인을 통해 이미지화한 한국적 자유주의의 한계를 보여주는 것이자 동시에 시장주의를 진보로 착각하는 한국적 진보주의의 한계도 폭로하는 것이다. '쾌변독설'이라는 탈권위적 솔직성이 신해철을 '진보 인사'로 만든 결정적 요소였다는 사실도 덧붙여 지적할 필요가 있다. 장 보드리야르Jean Baudrillard의 말처럼, '솔직한 폭로'야말로 자본주의의 상품화를 작동시키는 결정적 동인이라면, 우리가 신해철에서 발견한 그 '진보'가 과연 무엇이었는지 되짚어봐야 하지 않겠는가?

성기 노출

잭 스나이더Zack Snyder 감독의 영화 〈왓치맨Watchmen〉을 둘러싼 한국 사회의 반응이 상당히 흥미로웠던 때가 있었다. 원작 자체가 문제작이고 영화화하는 데도 숱한 화제를 뿌렸으니 그럴 만도 하다고 생각할 것이다. 그런데 정작 한국에서 화제가 된 것은 다른 이유 때문이었다. 작품 자체가 아니라 극중 캐릭터 중 한 명인 닥터 맨해튼의 '성기 노출'이라는 점에서 주목을 끌었던 것이다. 전혀 예상하지 못했던 반응들이 인터넷에 난무했다. 재미있다는 평가부터 여자 친구와 같이 보다가 민망했다는 얘기까지 각양각색이었다. 직접성의 출현은 대체로 거부감을 주기 마련이다. 〈왓치맨〉의 경우도 이와 무관하지 않다. 판타지 장르에서 갑자기 튀어나온 적나라한 '거시기'였다니! 이 자체가 상당히 상징적이었다.

웃고 넘어갈 수 있었던 해프닝이지만, 몇몇은 어떻게 문제의 장면이 심의를 통과할 수 있었는지에 대한 의문을 제기하면서 자못 심각했다. 비슷한 시기에 개봉한 영화 중에서 〈숏버스Shortbus〉[13]는 주요 부위를 모자이크 처리해서 영상물등급위원회의 심의에 들어갔지만 보기 좋게 '제한상영

+　**영화 〈왓치맨〉**
　　새로운 히어로 캐릭터와 상징적인 스토리, 깊이 있는 메시지로 그래픽 노블의
　　수준을 문학의 경지로 끌어올렸다는 평가를 받고 있는 앨런 무어Alan Moore의 소설
　　『왓치맨』을 원작으로 2009년 잭 스나이더 감독에 의해 완성된 미스터리 액션물.

가'를 통보받았다. 이에 굴하지 않고 수입사는 2년 동안이나 법정 투쟁을 벌여서 겨우 이 판정을 철회할 수 있었다. 이런 상황에서 벌어진 〈왓치맨〉 해프닝은 영상물등급위원회의 심의규정에 대한 의구심을 낳을 수밖에 없었다. 말하자면 이 해프닝은 단순하게 웃고 넘길 문제가 아니라 모호한 심의규정에 대한 성찰을 촉구하고 있었던 셈이다.

손쉬운 방법은 영상물등급위원회를 '악'으로 규정하고 규탄하면 될 일이었다. 그러나 이런 방법은 쉽게 결론을 도출할 수 있는 만큼 별 성과를 낼 수가 없다. 지금까지 이런 비판이 없어서 〈숏버스〉가 제한상영가 판정을 받았을까. 그렇지 않다. 사전 검열의 문제는 이렇게 단순하지 않다. 심의규정이 모호한 까닭은 특정한 개인이나 단체가 만들어내는 것이 아니기 때문이다. 심의의 문제는 항상 문화적 헤게모니 싸움이기도 하지만 동시에 무의식에 대한 우리의 금지를 표현하는 것이기도 하다.

〈왓치맨〉을 둘러싼 해프닝이 보여주는 것이 바로 이것이다. 〈숏버스〉에서 제한상영가라는 족쇄를 채웠던 그 심의가 여기에서는 작동하지 않았다. 심의규정이 자의적이기 때문에 그렇다고 일축할 수도 있겠지만, 문제는 더 근본적인 곳에 도사리고 있는 것 같다. 닥터 맨해튼의 '거시기'를 관람한 위원회는 〈왓치맨〉의 장면에서 어떤 유해성도 발견할 수 없었을 것이고, 그래서 공공성을 침해하는 어떤 의도도 없다고 판단했을 것이다. 게다가 〈왓치맨〉은 청소년 관람불가인 성인물이기 때문에 이 정도의 '노출'은 충분히 가능하다고 생각했을 가능성이 크다.

그런데 이렇게 '보수적인' 위원회의 판단에 대해 보인 '성인들'의 반응이 노출에 대한 거부감으로 나타나고 있는 것이다. 이런 까닭에 〈왓치맨〉을 둘러싼 해프닝은 단순한 사안이라고 보기 어렵다. 이것은 검열과 심의

---

13   우리나라에는 2009년에 개봉되었으나, 한 번도 오르가슴을 느껴본 적이 없는 섹스 테라피스트, 성적으로 개방된 관계를 시도해보려는 게이 커플 등 파격적인 소재와 성적 묘사로 제한상영가 판정을 받은 2006년 존 카메론 미첼John Cameron Mitchell 감독의 멜로 영화.

에 대한 근본적인 질문을 던지는 사건이기 때문이다. 많은 이들은 검열을 억압의 가설에 근거해서 파악한다. 다시 말해서 검열을 국가나 제도가 우리에게 강제하는 금지라고 생각하는 것이다. 그래서 심의 문제가 불거지면 언제나 영상물등급위원회 같은 구체적인 국가 장치로 책임 소재를 돌린다.

물론 영상물등급위원회가 이 문제에 직접적인 책임을 가진 구체적인 주체라는 걸 부정할 수는 없다. 그러나 영상물등급위원회는 앞서 말한 문화적 헤게모니 투쟁이 일어나는 '장'에 불과하다. 영상물등급위원회를 폐지한다고 검열을 없앨 수 있는 것이 아니다. 궁극적으로 검열과 심의의 폐지는 단순한 제도 개선만으로 해결할 수 있는 사안이 아니다. '국가'가 존재하는 한, 또는 '공동체'가 지속하는 한, 어떤 방식을 취하든 검열과 심의는 항상 거기에 있을 수밖에 없다. 말하자면 검열과 심의의 완전 철폐라는 건 유토피아적인 것이다. 그 이유는 검열과 심의라는 게 무의식에 대한 우리의 금지와 무관하지 않기 때문이다.

정신분석학에 따르면, 무의식은 즐기라고 명령하지만 우리는 그렇게 하지 못한다. 항상 법의 이름으로 금지를 발명해서 '즐길 수 없는 이유'를 들이댄다. "그렇게 하면 아버지가 슬퍼하실 거야"라거나 "그런 짓을 마구 하면 '나쁜 아이'야"라고 말하면서 말이다. 그러나 선입견과 달리, 우리의 내면은 억압당해 있는 것도 아니고 무엇에 속박 받고 있는 것도 아니다. 〈왓치맨〉 해프닝이 보여준 건 바로 이것이다. 그 '금지'를 만들어내는 당사자가 바로 우리라는 사실을 선명하게 증명하고 있는 것이다.

연예인의 노동

텔런트 고故 장자연 사건은 전 매니저 유씨의 폭로로 단순 연예인 자살 사건에서 연예계 비리 사건으로 비화했다. 이 사건의 의미가 무엇이고 어떻게 해석해야 할까? 대체로 연예인을 대하는 한국 사회에 만연한 풍조가 있다. 연예인은 공인이기에 사회적 책임을 다해야 한다는 이상과 술 접대와 성 상납이라는 '은밀한 현실'이 서로 상충하고 있는 것이다. 이런 연예인에 대한 이중적 시각이 연예인의 정체성에 혼란을 초래하고 있는지도 모른다.

　　대중의 응시를 자신의 욕망으로 체현한 연예인들에게 이런 분열의 실체가 드러나는 건 참을 수 없는 일일 것이다. 상상적인 것의 붕괴를 곧 존재의 소멸로 인식하는 것이 연예인의 특징이라고 할 수 있는데, 이들에게 쏟아지는 이중적 시선으로 인해 빈번한 자살 사건이 일어난다고도 볼

\+　　**고 장자연 사건**
모델 출신 탤런트 겸 영화배우 장자연이 2009년 3월 7일 자신의 집에서 목을 매 숨진 채 발견됨과 동시에 기획사로부터 술 접대와 강요 등 폭행에 시달려왔음이 드러나면서 연예인 성 상납 의혹을 불러일으킨 사건. 드라마 〈꽃보다 남자〉에 출연하며 얼굴이 알려질 무렵 자살했고, 전 매니저 유씨에 의해 기획사의 횡포에 대한 자필 문서가 공개되면서 연예인 스폰서 문제와 비리 사건임이 드러났다. 이후 일명 '장자연 리스트'라 하여 국회의원, 언론사 간부 등을 비롯한 유명 인사들 명단이 떠돌면서 의혹을 증폭시켰고 경찰이 나서서 일본에 머물던 전 소속사 대표 김씨를 압송하는 등 수사에도 돌입했으나, 이와 관련해 입건됐던 관계자 12명의 수사 대상자들은 2010년 8월 최종 무혐의 처분을 받는 등 결과는 미비하게 끝났다.

수 있다. 최진실의 경우도 국민적 히로인으로 추앙받으면서도 각종 루머와 악플에 시달렸다. 개인으로서 감당하기 어려운 롤러코스터의 경험이 그를 힘들게 만들었을 것이다. 연예인은 마치 『피터 팬』에 나오는 요정 팅커벨과 같다. 팅커벨이 독약을 마시고 죽어갈 때, 피터 팬은 어떻게 하면 다시 살아날 수 있는지를 묻는다. 그러자 팅커벨은 어린이들의 박수 소리만 있으면 괜찮다고 한다. 피터 팬이 보이지 않는 세계의 어린이들에게 박수를 호소하자 그 소리가 팅커벨에게 들리고 기적적으로 요정은 살아난다. 연예인에게도 이처럼 대중의 박수 소리가 필요한 것이다.

고 장자연 사건은 문건의 내용이나 진위 여부를 떠나서 무한 경쟁에 내몰린 연예계의 황폐한 내면을 드러내는 고통스러운 현실이다. 전 매니저나 현 매니저 중 누구의 진술이 옳다고 해도 이 사실만은 부정할 수 없이 명백하다. 연예인을 '노리개'나 '인형'으로 취급하는 경우는 외국의 사례에 비춰봐도 참으로 후진적인 행태라고 할 수밖에 없다. 어떻게 말하면 정당한 연예 시장이나 문화 산업의 논리를 거스르는 왜곡을 드러내는 것이라고 말할 수 있다. 이런 상황에서 자신의 이해관계와 관련한 사안에 대해서도 제대로 목소리를 내는 연예인 개인을 찾아보기 어려운 것이 사실이다. 정치적이거나 사회적인 문제는 차치하더라도, 자기 자신의 문제에 대해서도 주체적으로 대응할 수가 없었던 것이다.

MBC 〈100분 토론〉에 출연했던 김제동의 경우가 그랬다. 시사토론 프로그램에 온 개그맨은 웃긴 만담 이외에 적절한 이야기를 하지 못했다. 다른 패널들에게 주눅이 들어서 그럴까? 아니면 말 그대로 몸을 사린 걸까? 민감한 사안에 대해 '공인'으로서 연예인들이 말을 아끼는 것은 한국형 합의 민주주의의 악습을 그대로 되풀이하는 일에 지나지 않는다. 이런 관점에서 한국의 연예인은 전형적인 후기 자본주의의 노동 구조에서 일어나고 있는 착취 체계를 보여주는 존재들이다. 비물질적 노동의 공통성과 유동성을 주장하는 네그리가 머쓱해할 일이다.

연예인은 공동체에서 특출하고 고유한 몫을 다할 것을 요구받는다. 그렇지 않을 경우, 특출한 몇몇을 제외하고 이들은 고 장자연처럼 아무런 보호 장치 없이 방치되어 있다. 여자 연예인들이 요구받는 술 접대나 성 상납이라는 '음험한 거래'는 따라서 한국이라는 '공동체'가 이들에게 명령하는 고유한 몫인 셈이다. 이렇게 '타고난 능력'을 보여주기 전까지 이들은 몫 없는 자들로 취급당하면서 사회로부터 추방당해 있는 상태다. 잘라 말하면, 연예인이야말로 비물질적 노동현장의 철거민이나 다를 게 없는 존재인 셈이다.

몇몇 연예인들이 승승장구하는 것과 연예계의 구조 개선은 그래서 서로 무관한 일이다. 언제나 밝고 즐겁게 보이지만, 고 장자연 같은 '약자'에 대한 배려나 예의는 전혀 보이지 않는다. 이제 연예인도 후기 자본주의의 노동 구조에서 노동을 통해 생존할 수밖에 없는 노동자로 볼 필요가 있다. 스포트라이트를 받는 몇몇 연예인들이 자본가로 성장하는 경우도 있겠지만, 대다수 연예인들은 임노동자의 수준을 벗어나지 못한다. 따라서 이제 연예인들도 적극적으로 자신의 이해관계에 대해 발언할 필요가 있다. 연예인이라는 '직업'도 계약과 고용관계에 매여 있는 '노동자'라는 의식을 가져야 하는 것이다.

막장 드라마

'막장 드라마'라는 말이 언제부터 유행하기 시작해서 이제는 하나의 고유
명사처럼 자리를 잡은 것 같다. 『표준국어대사전』에 따르면, '막장'은 "갱도
의 막다른 곳"이나 그곳에서 광물을 채취하는 작업인 "막장일"을 의미했다.
그러나 이런 특수한 용어가 이제는 갈 데까지 다 간 행위나 상태를 지칭하
는 일반적인 용법을 얻었다. 말하자면, '막장 방송'이나 '막장 정치'라는 말
까지 가능한 상황인 것이다.

　　이영미는 막장 드라마가 본격적으로 나타난 시기를 2008년 하반기
라고 말하면서, 1997년 경제위기 무렵에 나타났던 텔레비전 드라마의 경향
과 이 '막장 현상'을 비교하고 있는데,[14] 당시에 비해서 최근 막장 드라마가
자극적인 측면에서 본다면 훨씬 강도가 높다는 것이다. 이런 주장에 깔려
있는 것은 드라마 내적 완성도보다 시청률과 광고에 연연하는 외부적 요
인 때문에 막장 드라마가 우후죽순처럼 생겨나고 있다는 생각이다.

　　물론 상업적 이해관계를 고려하지 않을 수 없는 한국의 방송 구조에

+　　드라마 〈아내의 유혹〉
현모양처였던 여자가 남편에게 버림받고 무서운 요부가 되어 전남편을 다시
유혹하여 파멸에 이르게 한다는 복수극으로 2008년 11월부터 2009년 5월까지
방송된 SBS 일일드라마. 비현실적이고 자극적인 소재로 30퍼센트 후반의 높은
시청률을 기록하였고, 당시 막장 드라마의 대표주자로 꼽힐 만큼 화제를 모았다.

서 광고 수주와 직접 관계를 가진 시청률 경쟁을 제작자의 입장에서 무시하는 건 불가능할 것이다. 시청률이라는 통계가 가진 신화적 상징성은 한국의 미디어 환경을 지배하는 강고한 형이상학이라고 할 수 있다. 막장 드라마라는 말은 이런 현실에서도 제작자의 양심이나 긴장이라는 최소의 안전장치에 대한 아쉬움을 표현하는 것이다.

그러나 이영미의 말처럼 드라마나 대중문화가 일정하게 현실의 변화와 무관하지 않다고 한다면, 막장 드라마는 단순하게 특정한 제작자의 문제라고 보기 어렵다. 제작자의 의도보다 더 중요한 것은 막장 드라마를 보고 즐기는 이들이 엄연히 존재한다는 사실이기 때문이다. 〈아내의 유혹〉 같은 경우도 막장 드라마라는 비판을 받았지만, 실제로 폭발적인 시청률을 기록했다. 사정이 이러니 내용이야 어떠하든 무조건 선정적인 방식으로 관심을 집중시키면 그만이라는 생각이 들지 않을 수 없는 것이다.

대중문화는 대중의 욕망을 먹고 자란다. 대중이 원하지 않으면 곧장 소멸할 수밖에 없는 것이 바로 대중문화다. 따라서 대중문화가 막장이라는 것은 바로 대중의 욕망이 막장이라는 뜻이기도 하다. 정신분석학은 '욕망의 막장'을 고통스러운 쾌락이라는 의미에서 향락이라고 정의하기도 한다. 마치 혀가 얼얼한 비빔밥에 고추장을 더 넣어 비벼먹는 심정이랄까.

대체로 막장 드라마의 시청자들이 여성이고, 그중에서도 중노년 여성들이라는 건 여러 가지 통계를 통해 확인할 수가 있다. 한국 사회에서 이들이 자신의 욕망을 즐기는 것을 금지당해 왔다는 사실은 막장 드라마에서 드러나는 극단적 선정성의 의미를 되돌아보게 만든다. 여기에서 욕망의 금지는 국가나 제도로부터 억압당한 것이라기보다 자기 스스로 만들어낸 제어 장치라고 말할 수 있다. 억압은 판타지의 붕괴를 막기 위해서 필요한 것이기도 하다. 그럼 이런 막장 드라마들은 어떤 판타지가 붕괴하는 것을

14   이영미, 「불륜 · 도박 · 혈투… 경제난 속에 '막장 드라마' 뜬다」, 『월간중앙』, 2009년 3월 13일.

막는 것일까?

결론적으로 말하자면, 도시 중간계급 여성의 판타지다. 막장 드라마를 보는 관객은 계층별이나 지역별로 다양하겠지만, 궁극적으로 이들은 도시적인 감성으로 통합한다. 감성은 느끼는 것이라기보다 식별의 문제다. 근대성이 출몰하기 전까지 인간은 '도시의 삶'에 대한 감성을 갖고 있지 않았다. 근대화의 진행 과정에서 도시적인 것에 대한 식별 체계가 출현한 것이라고 할 수 있다. 한국에서 텔레비전 드라마들은 대체로 도시로 이주해서 '중간 정도의 삶'을 유지한다고 생각하는 '노동계급'을 위한 위무였다.

그래서 한국의 텔레비전 드라마는 부르주아와 지식인에 대한 조롱과 풍자를 보여줬고, 농촌에서 도시로 이주해서 살아가는 인간 군상들을 담아내고자 했다. 다시 말해서, 근대화의 과정에서 텔레비전 드라마는 현실을 수동적으로 '반영'했다기보다, 오히려 이를 적극적으로 구성했다고 말할 수 있다. 대표적인 것이 김수현 드라마다. 최근 불거지고 있는 막장 논란은 이미 김수현 드라마의 선정성 시비에서 시작한 '오래된 미래'라고 볼 수 있다. 김수현 드라마가 차용하는 파격적인 소재와 극단적인 설정들은 과거에도 충분히 '막장스러운 것'으로 비쳤다.

김수현 드라마는 오늘날 우리가 목격하는 한국형 텔레비전 드라마의 원형을 만들어낸 것이라고 보아도 좋을 것이다. 사랑과 복수, 그리고 가족 통합의 문제는 김수현 드라마에서 일찍이 전형화해서 나타났다. 따라서 막장 드라마의 원인을 소재의 선정성에서 찾는 것은 앞뒤가 맞지 않는 주장이라고 할 수 있다. 열악한 제작환경과 가혹한 경쟁 구조 때문에 막장 드라마가 만들어지고 있다는 분석도, 이런 현실이 어제오늘이라고 보기 어렵다는 사실을 감안한다면 그렇게 설득력을 가진다고 하기 어렵다. 그렇다고 '나쁜' 제작자나 방송국이 막장 드라마를 조장해서 이득을 챙긴다는 생각도 '음모 이론' 이상의 의미를 획득하기 쉽지 않다.

문제는 다른 곳에서 찾아야 한다. 이른바 '한류 열풍'에 편승해서 해외시장을 개척하고자 했던 한국형 드라마의 한계에서 원인을 따져볼 수 있을 것 같다. 일반적인 오해와 달리, 한류는 한국적인 것의 세계화를 뜻

하지 않는다. 한류 드라마의 전형이라고 일컬어지는 〈겨울연가〉[15]도 한국
적이어서 성공했다기보다 일본적인 것이 그 속에 내재해 있었기 때문이다.
일본에서 목격할 수 있는 한국 드라마의 인기에 대해 이러저러한 분석들이
있었지만, 일본 시청자들이 한국 드라마를 '식별'할 수 있었기에 한류가 가
능했다는 것은 분명한 사실이다.

식별은 습관의 문제기도 하다. 우리는 익숙한 것만을 알아보고 즐길
수 있는 것이다. 익숙하지 않은 것은 기본적으로 생경한 느낌을 주고, 즐거
움이라기보다 불쾌감에 가까운 정서를 만들어낸다. 이런 까닭에 아전인수
식의 분석을 떠나서 생각한다면, 한류는 역설적으로 한국적이지 않았기 때
문에 성공한 것이다. 그러나 이런 상황은 오래가지 못했다. 한국의 방송 시
장구조는 해외시장 개척이라는 험난한 길에서 고스란히 한계를 드러냈다.
한국의 방송은 '지방 방송'이라는 자신의 정체성을 벗어나지 못하고, 내수
시장의 논리에 안주했다. 그 결과가 바로 막장 드라마와 막장 방송이다.

비평가들은 한국의 텔레비전 드라마에서 '현실'이 사라진다고 말하지
만, 그럴 수밖에 없는 조건들에 대한 고려를 하지 않는 것처럼 보인다. 실
제로 막장 드라마의 표본으로 분류할 수 있는 〈아내의 유혹〉의 경우는 시
드니 셸던Sidney Sheldon의 『에덴으로 돌아오다Return to Eden』라는 소설과 유사
한 서사 구조를 갖고 있다. 셸던의 소설은 드라마로 만들어져서 1980년대
한국의 안방극장에서 인기를 끌었던 적이 있었다. 역설적으로 〈아내의 유
혹〉은 한국적이지 않은 그 서사 구조로 인해 '막장'으로 비쳤을 수도 있는
것이다.

물론 〈아내의 유혹〉이 비슷한 외국 드라마에 비해 서사 구조가 취약
하고 인물 묘사에 허약하다는 점을 지적할 수 있겠다. 그러나 앞서 지적했
듯이, 문제는 이렇게 문제 많은 드라마가 막장이라는 비판을 들으면서도

---

15   죽은 줄로만 알았던 첫사랑과 닮은 사람을 목격하면서 흔들리는 청춘남녀의
         멜로물로, 2002년 1월부터 3월까지 KBS에서 방송된 이후 일본 수출을 시작으로
         아시아 전역에서 한류 열풍을 일으킨 대표적 한류드라마.

대중의 호응을 받았다는 부정할 수 없는 사실에서 발생한다. 막장 드라마라는 말이 내포하고 있는 의미는 '완성도가 떨어지는 드라마'라는 것이다. 그러나 과연 대중문화에 모더니즘적인 관점에서 제기할 수 있는 '형식의 완성미'라는 잣대를 들이댈 수 있는 것인지는 좀 더 깊은 미학 논의를 필요로 한다. 대중문화의 생산물은 예술에 대한 일반 이론이라고 할 수 있는 미학의 관점에서 식별할 수 있는 대상이라고 보기 어렵다. 이런 식으로 대중문화를 분석하는 태도는 겉으로 보기에 대중문화에 대한 적절한 대접처럼 보이지만, 사실은 암묵적으로 고급 예술과 대중문화를 구분해서 전자의 기준으로 후자를 재단하는 오류를 범할 수가 있기 때문이다.

막장 드라마나 막장 방송은 한류 거품의 소멸 이후에 자기 정체성에 혼란을 겪고 있는 한국 방송의 제작 상황을 보여주는 것이라고 할 수 있다. 〈에덴의 동쪽〉[16]이나 〈꽃보다 남자〉[17] 같은 드라마에서 한국적인 것을 객관화하거나 탈색하고 있다는 것은 이런 진실을 적시하는 것이라고 할 수 있다. 이것은 '역사'를 다룬다는 사극에서 더욱 노골적으로 드러나고 있다. 한국의 현실에 밀착한 세부들은 사라지고, 아시아 어디에 갖다 놓아도 무방한 이야기들이 반복적으로 만들어지고 있는 것이다. 막장 드라마나 막장 방송은 이제 문화산업과 시장의 논리가 전일적으로 지배하는 한국 방송계의 현실을 드러내는 징후인 셈이다.

---

16 1960~2000년대까지를 배경삼아 한날 한시에 같은 병원에서 태어난 두 남자의 엇갈린 운명을 그린 통속극으로, 2008년 8월부터 2009년 3월까지 방송된 MBC 월화드라마.

17 우리나라에도 잘 알려진 일본 만화『꽃보다 남자』를 원작으로 일명 F4로 칭해지는 킹카 네 명과 여주인공의 로맨스를 그린 학원물로, 2009년 1월부터 3월까지 방송된 KBS 월화드라마.

미학과 정치

2008년에 내한해서 강연을 가졌던 자크 랑시에르는 '미학'을 "감각적인 것의 나눔"[18]이라고 말했다. 말하자면 미학이라는 것은 어떤 대상을 식별할수 있는 방식이라는 것이다. 따라서 우리가 사물을 보고 판단하는 건 미학없이 불가능하다. 정서적이고 감정적이라고 생각했던 미학을 무엇인가를인지하고 지각하는 '앎'의 문제로 전환시켰다는 점에서 랑시에르의 주장은독창적이다.

이런 생각에 따르면, 새로운 미학의 출현은 언제나 상식의 선을 깨뜨

+ **한국종합예술학교(한예종) 사태**
영화, 연극, 무용 등 예술 분야에 대한 인재 양성을 목적으로 1993년에 개교한
한국예술종합학교가 2009년 3월 문화체육관광부의 정밀 감사를 받고 나서 존폐 및
구조조정 논란에 휩싸였던 사건. 감사 결과 이론과를 없애고 실기 교육 중심으로
교육 과정을 개편할 것과 실적이 없는 협동 과정은 축소 · 폐지할 것을 권고 받았고,
이 과정을 이끌었던 교수들은 중징계 처분을 받았다. 이에 반발한 학생들이
문화체육관광부 앞에서 1인 시위 및 각종 퍼포먼스를 벌여 구조조정의 부당함을
알렸으며, 이 사안은 예술계 전반의 예술교육 논쟁을 넘어 정치적 이념의 차이로
코드인사를 하는 것이 예술의 발전에 옳은가라는 정치적 논쟁으로 확대되었다.

18 다음을 볼 것. Jacques Ranciére, *The Politics of Aesthetics*, trans. Gabriel Rockhill, London: Continuum, 2006.

310

릴 때 가능하다. 인류의 역사를 돌이켜보면, 이 주장을 뒷받침하는 사례들은 새털처럼 많다. 특히 근대의 시작을 알리면서 등장한 리얼리즘이 그렇다. 천사를 그려달라는 주문에 "나에게 천사를 보여주시오. 그러면 그려주겠소"라고 대답했다는 쿠르베Gustave Courbet의 일화는 새로운 세계관으로서 리얼리즘을 확인시켜주는 것이다. 쿠르베의 반항기가 이런 발언을 하게 했던 게 아니다. 리얼리스트 쿠르베는 보는 것만을 그리는 근대적 경험의 눈을 가진 존재였고, 이를 통해 자신의 욕망으로 세계를 읽고자 하는 의지에 충만했다고 하겠다.

랑시에르의 관점에서 미학을 보면, 이론과 실기를 양분해서 어느 쪽에 더 우위를 둘 것인지를 고민하는 예술가의 문제의식을 속 시원하게 해결할 수 있다. 미학은 특정한 시대를 지배하는 상식적인 것이고, 예술가는 이 상식을 넘어서서 새로운 것을 만들어야 하는 창조자다. 그리고 이 창조를 위해 필요한 것은 이미 체계화해 있는 감각적인 것의 나눔에 대한 숙지다. 무엇이 낡은 것인지를 알아야 무엇이 새로운 것인지를 알 수 있을 것 아닌가? 그러나 말이 쉽지 상식을 넘어간다는 것은 이만저만 힘든 일이 아니다.

한 시대의 합의를 넘어서서 새로운 것을 추구하고 또 그것을 현실화한다는 측면에서 예술가의 임무는 단순히 미학적인 차원에 머무는 것이 아니라 정치적인 차원으로 나아가는 것이다. 물론 여기에서 정치라는 것이 내용적인 측면에서 정치적인 구호나 이념을 담아야 한다는 뜻이 아니다. 과거 한국의 민중 미술이 정치적일 수 있었던 까닭은 그 내용에서 민중적인 이념을 표현해서 그런 것이 아니다. 더러 그런 작품이 없지는 않았지만, 엄밀히 말해 민중 미술의 정치성은 내용보다 형식에서 발생했다고 할 수 있다.

일반 대중이 쉽게 접근할 수 없던 미술 작품을 거리에서 전시한다든가, 보편적인 이념을 표현하던 추상 미술이나 현실과 동떨어진 서구 아방가르드 미학에 집착하던 한국 미술을 일순간에 현실의 차원으로 끌어내려 비료 포대 위에 농부를 그리고, 광목천에 군중을 그려냈던 그 형식의 파격에서 민중 미술은 정치적인 것이었다고 할 수 있다. 이 과정에서 대중은 새로운 미학적 체계를 구축했고, 그를 통해 세계를 인식하는 다른 주체성을 만들어낼 수 있었다. 이때 만들어진 주체성의 범주에서 아직도 우리가 벗어나지 못하고 있다는 사실을 감안한다면, 민중 미술의 파장이 동시대로 끝나버렸다는 판단은 너무 성급한 것이라고 할 수 있다. 프랑스의 리얼리즘이나 인상파의 그림들도 당시의 맥락에서 본다면 '민중 미술'이었던 것인데, 역사적 상황으로 예술을 다시 갖다놓는 순간, 우리는 미처 발견하지 못한 가치를 다시 깨달을 수 있는 것이다.

그러므로 예술은 단순하게 특정한 대상을 적절하게 복제하는 것이라기보다 새로운 세계관을 통해 사물의 질서를 구획하는 것이라고 할 수 있다. 이를 위해 필수적인 것은 바로 세계에 대한 관점을 확립할 수 있게 만들어주는 이론이다. 이론과 실기는 예술에서 불가분의 관계를 이루는 것이지, 하나를 위해 다른 하나를 희생할 수 있는 것이 아니다. 한때 소란스러웠던 한국종합예술학교를 둘러싼 논란들을 지켜보면서 이런 원칙에 대한 당국자의 무지를 확인하는 것 같아 기분이 썩 유쾌하지 않았다. 실기교육을 위해 만들어진 학교에 이론 과목을 개설했다고 야단을 치는 문화체육관광부의 행태는 도대체 어떤 근거에서 가능한 용기인지 궁금하다. 앞서 살펴보았듯이, 이론과 실기의 분리라는 발상은 예술사에서 듣도 보도 못한 무지의 산물이다. 이런 '야만'을 버젓하게 자행하는 문화체육관광부가 문화정책을 관장하는 시대다. 입맛이 쓸 수밖에 없는 노릇이다.

팬덤과 민주주의

10대들은 과연 한국을 바꿀 수 있을까? 이 질문은 우문에 불과하다. 여기에서 '바꾼다'라는 말은 '개선한다'라는 의미를 감추고 있다. 모든 것은 변화한다. 그러므로 10대가 기성세대로 전화할 때, 한국도 그만큼 변화할 수밖에 없을 것이다. 문제는 변화의 정체를 예측하는 것이겠지만, 예측이 예언으로 변질하는 순간, 비평은 한낱 '약속의 수사학'으로 전락할 수밖에 없을 것이다.

10대들에 대한 관심은 한국에서 그렇게 높지 않았다. 『88만원 세대』 덕분에 20대 담론이 주류를 차지했지만, 조만간 '새로운' 20대로 진입할 10대에 대한 담론은 거의 전무하다고 해도 과언이 아니다. 10대들은 여전히 사회에서 '주체'로서 인정받을 수 없는 '몫 없는 자'의 무리인 것처럼 느껴지는 것이다. 문화사적으로 보더라도 10대의 출현은 최근에 발생한 사건이라고 할 수 있다. 이전까지 10대는 어른도 아니고 유아도 아닌 어정쩡한 '세대'였기 때문이다.

+ **2PM 박재범 사건**
가수 2PM 멤버로 활동했던 박재범이 과거 연습생 시절 미국의 웹사이트 마이스페이스에 작성한 게시물이 2009년 9월 5일 인터넷에 공개되면서 한국 비하 논란으로 확산된 사건. 이후 박재범과 소속사인 JYP엔터테인먼트가 나서 사과를 하고 사태 수습에 나섰으나 비난은 사그라들지 않았고, 결국 탈퇴와 동시에 미국으로 출국하는 것으로 마무리되었다.

10대에 대한 주목을 가능하게 만든 것은 다른 무엇도 아닌 세계대전 이후에 밀어닥친 소비문화의 영향 때문이었다고 할 수 있다. 매스미디어에 기반을 둔 새로운 대중문화는 10대들을 '무언의 존재'에서 소비의 주체로 거듭나게 만들었다. 물론 10대들이 소비주의를 통해 독자적인 목소리를 내기 시작했다는 말은 아니다. 오히려 반대다. 10대들은 '아버지의 목소리'를 그대로 흉내 내서 말하는 법을 익혔던 것이다.

경제적 자립을 달성하기 어려운 10대들은 부모들의 지갑을 열게 만드는 마법사들이었다. 10대들은 또래 집단에서 요구하는 아이템들을 구하기 위해 해리 포터처럼 주문을 외웠다. 그리고 소비사회는 10대들을 훌륭한 어른들로 키워내기 위해 필수적이라며 현명한 부모의 소비를 장려했다. 이런 현상이 세계적인 차원에서 일어난 변화였다면, 한국의 경우는 다소 다른 양상을 띤다. 유례를 찾아보기 어려운 과도한 입시 경쟁이 자율적인 10대 소비문화의 발전을 지연시키고 있기 때문이다.

한국적 맥락에서 10대 문화라고 부를 수 있는 문화는 존재하지만, 과연 이 문화들을 서구적 개념에서 소비문화라고 지칭할 수 있는 것인지 애매하다. 음반이나 음원을 팔아서 수익 구조를 만들어낼 수 없는 한국의 대중문화 시장에서 10대들의 소비 욕구는 자기표현을 획득하기 어렵다. 말하자면 한국에서 운위할 수 있는 '10대 문화'는 어른의 논리 바깥에 놓여 있는 것이라고 할 수 있다. 이 어른의 논리는 시장 또는 국가의 것이기도 하다. 어른은 10대들에게 시장에서 경쟁력 있는 사람으로 성장해 '국가'에 충성할 것을 요구한다. 겉으로 보기에 10대들은 이런 요구에 충실한 것처럼 보이지만, 때때로 어른이 쳐놓은 노란 경계선을 넘어가기도 한다. '빠순이'라고 불리는 10대 소녀들의 팬덤은 이런 진실을 잘 보여준다. 이 팬덤은 시장친화적인 것이라기보다 오히려 시장의 논리로부터 자신의 우상을 지키는 역할을 한다. 또한 이 팬덤은 국가에 충성하기보다 그 국가를 상대화하면서 자신의 것을 고집스럽게 주장하도록 만든다.

한때 불거진 '2PM 박재범 사건'을 둘러싼 논란은 한국형 10대 문화의 대세인 팬덤 현상에서 우리가 무엇을 발견할 수 있는지를 암시한다. 홍미롭게도 박재범을 미국으로 돌아가게 만든 원인은 애국주의의 논리였다. 이 논리는 박재범이라는 아이돌 스타를 갑작스럽게 국가를 모욕한 역적으로 낙인찍게 만들었다. 마녀사냥이 벌어졌고 박재범은 쓸쓸하게 자신이 떠나왔던 미국으로 다시 돌아가야 했다.

"한국인들은 정상이 아니다"라는 박재범의 말은 자신의 욕망을 기탁하는 국가라는 이미지를 전면적으로 부인하는 것처럼 한국인들에게 비쳤다. 재미교포라고 따뜻하게 맞이해줬던 팬들을 기만했다는 것이 분노의 주요 원인이었다고 볼 수 있다. 일종의 배신감이 박재범에 대한 분노에 묻어 있는 것이다. 철없던 시절에 친구의 마이스페이스에 남긴 사적인 발언에 불과하다는 논리적 옹호로부터, 원-텍스트에 대한 오역 문제 때문에 박재범에 대한 오해가 발생했다는 전문적 해명까지, 박재범의 무죄를 주장하는 목소리들은 많았다. 그러나 이런 목소리들을 모두 덮어버릴 정도로 분노는 노골적이었고 원색적이었다.

박재범을 비판하는 논리는 단순했지만 강력했다. 이 논리는 설득보다도 감정에 호소하는 정서적 교감의 힘을 통해 재규정된 것이라고 할 수 있다. 다시 말해서, 박재범이 미국으로 돌아가야 하는 까닭에 대한 논리적 이유를 증명하는 것이라기보다, 그의 발언에서 발생한 분노와 배신감을 옹호하기 위해 개발된 논리라는 뜻이다. 김어준은 친절하게 이런 분노와 배신감의 주체들을 구분했지만,[19] 어디까지나 사건이 많이 들어가 있는 검증 불가능한 분류일 뿐이다. 애국주의는 그렇게 복잡하고 합리적인 방식으로 작동하지 않는다. 애국주의를 밀고 가는 힘은 민족주의에 있고, 이 민족주의는 정서적 동질감에 근거한다. 애국주의는 정서적 동질감보다 '국가'라는 구체적 기표에 대한 헌신성을 근거로 삼는 것이다.

따라서 박재범 논란을 초래한 '원초적 분노'는 민족주의에서 출발했다고 봐야 한다. 박재범의 발언으로 균열이 일어난 것은 한국인이라는 동질적 집단성이었지, 대한민국이라는 국가적 공간성이 아니다. 이런 사실은 김어준의 말을 그대로 인정하더라도 마찬가지다. 김어준의 말처럼, 박재범에 대한 분노가 "소비자의 반응"에 지나지 않았다면, 소비자에게 '우리 동네'로 비친 곳은 국가였던 셈이다. 그 소비자에게 국가를 '우리 동네'로 인준하게 해주는 것은 아이러니하게도 시장이 아니다. 엄밀히 말해서 시장은 '우리'라는 범주를 따지지 않는다. 우리를 넘어 공간의 확대를 이루는 것이 바로 시장의 이윤 논리기 때문이다.

따라서 김어준이 지적하는 그 소비자의 반응은 시장의 논리를 통해 자동적으로 출현한 것이 아니라, 시장과 다른 차원에서 인입된 과잉의 산물인 것이다. 박재범에 대한 분노는 감정적인 것이고, 이런 감정의 전이는 정서적 공감을 통해 발생한다. 따라서 '소비자로서의 반응'은 박재범 축출을 유발시킨 시원적 광경이었다기보다 분노라는 최초의 반응을 설명하기 위해 발명된 사후적 논리였다.

이처럼 한국 사회에서 애국주의는 민족주의적 정서를 설명하기 위한 논리적 언술로 작동한다. 이 애국주의는 쾌락의 평등주의에 근거한 시장의 논리기도 하고 경제주의를 자기 규율의 철학으로 채택한 호모 에코노미쿠스의 형이상학이기도 하다. 문제는 이런 시장 논리와 형이상학이 애국이라는 코드를 만났을 때, 적과 아를 가르는 로망스를 만들어낸다는 사실이다. 박재범 사건의 경우도 이 사실을 여실히 보여준 사례라고 할 수 있다. 대다수 한국인에게 박재범의 발언이 거부하는 것처럼 보인 것은 대한민국이라는 국가가 아니었다. 오히려 부재하는 민족이라는 외설적 현실이었다. 한국인은 정상이 아니라는 비판이나, 랩도 모르는 한국인이 자신의 노래를 듣고 잘한다고 칭찬한다는 비아냥거림을 통해 상처받은 민족적 자존심을 회복하기 위해 호출되는 것이 바로 애국주의라는 추상적 논리 체계인 것이다.

"우리 동네에서 장사하면서 우리 동네 욕해서 쫓아냈다"는 김어준의 발화는 바로 이 사실을 여실히 보여준다. 김어준이 자명한 것으로 받아들이는 그 '우리 동네'라는 규정에서 '우리'가 누구인지 의문이 들지 않을 수

---

19   김어준, 「박재범은, 돌아온다」, 『한겨레』, 2009년 9월 16일.

316

없기 때문이다. "해당 상품에 대한 충성도가 유난한 골수 소비자들이야 어떻게든 이해해주려 하겠지만 나머지 소비자 일반까지 그래야 할 의무는 없는 것이다"라는 발언에서 짐작할 수 있듯이, 이렇게 자명하게 '우리'를 규정해주는 것은 '애국'이라는 범주가 아니라, 바로 '민족'이라는 범주다. 애국을 기준으로 삼았다면, '골수 소비자들'은 '우리'의 범주에 들어올 수 없을 것이기 때문이다. 결국 박재범을 지지하더라도 같은 우리-민족이라는 사실을 부정할 수 없다는 논리가 김어준의 발언에 숨어 있다.

한편으로 본다면, '우리 동네'라는 자명한 용법은 한국에서 민족주의와 애국주의를 분리하기 어렵다는 사실을 역설적으로 드러내는 증거라고 말할 수 있다. 김어준이 '골수 소비자들'이라고 지칭한 '빠순이들'은 바로 민족주의와 애국주의 동맹에 균열을 발생시키는 주역들이다. 이것을 임시적으로 '빠순이 민주주의'라고 부를 수 있을 것이고, 좀 더 넓은 범주에 적용해서 말한다면 욕망의 정치학이라고 규정할 수 있을 것이다. 이 욕망의 정치학에서 중요한 것은 '모든 욕망은 평등하다'는 새로운 윤리다. "네가 즐기는 만큼 나도 즐겨야 한다"라는 것이 한국 사회를 관통하는 욕망의 평등주의라면 이 '빠순이들'의 윤리는 "나도 즐겼으니 너도 즐겨라"라는 방식으로 작동한다. 이런 논리에서 "우리 함께 즐기자"라는 아이돌 스타 문화 특유의 연대감들이 만들어진다. 물론 이런 연대감은 제한적이고 일시적이다. "만국의 빠순이들이여, 단결하라"라는 구호는 불가능한 것이다.

이렇게 덧없는 연대감이 만들어내는 '충성'은 분명히 애국주의의 논리에서 강조하는 국가에 대한 충성과 다른 것이다. 이 '철없는 충성'은 국가도 시장도 모른다. 물론 이런 상황은 한국 사회에서 10대 문화가 소비주의의 바깥에서 작동하고 있기 때문에 가능한 일이다. 부모들은 교육을 위해서 아낌없이 지갑을 열지만, 소비의 취향을 결정하는 일은 사사건건 간섭하기 마련이다. 그리고 이 간섭으로부터 자유로운 순간을 10대들은 아이돌 스타에 대한 충성에서 발견한다. 이런 팬덤을 밀고 가는 것은 사춘기의 불안일 수도 있고, 유년과 성년의 중간에 끼여 정체성을 확립하기 애매한 10대다운 욕망일 수도 있다. 이 욕망들은 서로 충돌하지만, 내 것을 지키고 보호해야 한다는 생각은 그 무엇보다 강렬하다. 심지어 그 대상이 국가나 민족이라는 거대한 '어른'일지라도 이들은 '오빠'를 지키고 자신의 '우상'을 찬양한다.

박재범의 귀환을 촉구하는 팬클럽의 활동은 불순한 시장의 상업주의에 놀아나는 의미 없는 빠순이들의 망동이 아니라, 자기가 좋아하는 것을 위해 행동할 줄 아는 10대들의 문화를 보여준다. 물론 이런 문화는 하늘에서 뚝 떨어진 것이 아니다. 이들에게 이런 '의식'을 심어준 것은, 달리 말하자면, 이들을 이렇게 주체화한 것은 바로 '근대적 학교'다. 이 학교라는 근대적 교육의 패러다임과 신자유주의적 세계화라는 사회의 규율이 서로 부딪히는 어디쯤에서 10대들은 그들 자신의 민주주의를 만들어가고 있는 것이다.

꿀벅지는 성희롱인가

'꿀벅지'라는 표현을 둘러싼 논란은 무엇을 보여주는가? 의미도 모호한 이 신조어를 성희롱으로 보는 견해와 '건강한 여성미'에 대한 예찬으로 보는 견해가 팽팽하게 맞서고 있다는 사실은 무엇을 암시하는가? 이 말을 언론에서 공공연하게 사용하는 것을 금지시켜줄 것을 요청하는 청원에 대해 여성부는 '특별한 조처'를 취할 수 없다는 입장을 밝혔다. 결국 이 단어의 '유통'에 대한 '국가 페미니즘'의 대응은 불가능한 것이다. 그 이유는 간단한 것처럼 보인다.

정작 꿀벅지라는 기표의 지시 대상이라고 할 여성들이 이를 전혀 불편하게 여기지 않는다는 사실에서, 그리고 이 말을 통해 발생하는 효과가

+ **꿀벅지 논란**
2009년에 등장한 '꿀'과 '허벅지'를 합성한 말로 일반적으로 '마르고 얇은 허벅지가 아닌 탄탄하고 건강미 있는 허벅지'를 지칭하는 신조어. 2009년 하반기 비욘세, 유이 등 건강미 넘치는 허벅지를 가진 여자 연예인을 지칭하는 단어로 쓰이면서 시대의 변화에 따른 미의 기준 변화가 반영되어 있다는 분석이 나오기도 했다. 그러던 중 9월 20일 충청남도 천안시의 한 여고생이 "꿀벅지라는 단어가 성적 수치심을 유발한다"며 "언론에서 사용하지 말게 해달라"는 제안을 여성부 홈페이지에 올려 이슈를 모았다. 이에 대해 여성부는 "성희롱은 피해자가 성적 표현이나 행위를 접했을 때 느끼는 모멸감이 기준이 되므로 개인적인 문제"라며 "성희롱 민원은 인권위원회에, 언론에서 사용하는 단어 문제는 방송통신위원회에 제기해야 할 문제"라는 입장을 밝혔다.

'여성의 상품화'라는 이데올로기적 비판을 진부한 것으로 만들어버린다는 사실에서 '국가 페미니즘'은 무기력증을 드러낸다. 이데올로기의 경계를 따라 발현한다는 측면에서 이 현상은 단순한 해프닝의 차원을 넘어서 모종의 구조 변동을 드러내는 증상이라고 할 수 있다. 다시 말하면, 꿀벅지는 쾌락을 주는 증상이고, 또한 이 쾌락은 비판의 거리마저 무화시키는 강렬한 '중독성'을 내포하고 있는 것이다.

명백하게 꿀벅지라는 말은 특정한 여성의 신체를 분리해서 이상화하고 특화시킨다는 점에서 자본주의적 상품 구조를 통해 발생하는 '물화'라고 부를 수 있지만, 이렇게 문제와 답이 자명하다고 해서 꿀벅지라는 용법 자체가 나쁜 것이라는 지적이 곧바로 대중의 합의를 이끌어낼 수 있는 것은 아니다. 오히려 '여성의 상품화는 나쁜 것'이라는 인식의 공유가 앞서 만들어지지 않는다면 이런 주장은 설득력을 얻을 수가 없을 뿐만 아니라, 꿀벅지라는 용어를 비판하고자 하는 시도 자체가 대중의 합의 바깥에 존재할 수밖에 없는 것이다. 이런 사정은 꿀벅지의 의미성을 비판적으로 바라보는 소수의 입장이 얼마나 가치 있는 것인지에 대한 주장과 별도로 지금 현재 한국의 현실에 개입하려는 진보 좌파 담론의 처지와 관련해서 중요한 고찰을 요구하는 것이라고 할 수 있다.

흥미로운 것은 꿀벅지 용어 사용 금지에 대한 요청들이 이런 상품화의 메커니즘 바깥에서 인입했다는 사실이다. 이 요청들이 초점을 맞추고 있는 것은 꿀벅지라는 말에 감춰져 있는 성적 대상화다. 꿀벅지라는 용어에 대한 불쾌감은 성욕에 대한 금지를 의미하는 것이기도 하다. 이 금지에 대해 정치적 의미를 부여할 수는 있겠지만, 꿀벅지라는 상품화의 메커니즘에 저항하는 것처럼 보인다고 해서, 이런 금지가 과연 근본적으로 '자본주의'라는 아버지의 법에 대한 거부를 의미하는 것인지는 확신하기 어렵다. 오히려 이 금지는 자본주의를 불쾌한 것으로 만드는 외설적 욕망에 대한 금지를 뜻하는 것이기도 하기 때문이다. 결과적으로 꿀벅지라는 용어를 만들어내고 유포시키는 논리나, 그것을 금지해줄 것을 요구하는 논리는 동일한 욕망에 대한 서로 다른 해석에 지나지 않을지도 모른다.

이런 맥락에서 꿀벅지 해프닝은 부박한 대중문화의 문제라기보다 한국 사회의 현 단계와 연동하는 정치적 접점들을 폭로한다고 할 수가 있다. 미학적 감각은 정치성과 무관한 것이 아니다. 꿀벅지라는 합의의 기표가 말해주는 것은 지금 현재 한국 사회를 지배하는 문화 코드와 이를 재생산하는 감각의 구조를 드러내는 것이라고 할 수 있다. 기본적으로 꿀벅지라는 용어의 출현은 원더걸스나 소녀시대 같은 틴에이저 아이돌 그룹에 대한 '시선'과 무관하지 않다. 이 시선은 말할 것도 없이 '건강한 젊은 여성의 허벅지'를 꿀벅지라고 정의할 수 있는 남성성을 내포하고 있다. 물론 여기에서 '남성성'을 비판적으로 고찰했을 때, 지금 현재 목격하고 있는 꿀벅지 논란이 가능하다.

그러나 꿀벅지 문제는 페미니즘이라는 프레임을 넘어선 논의를 요구한다. 이것은 바로 꿀벅지의 쾌락을 용인하고, 그 이상의 욕망을 금지시키는 법에 대한 문제 제기다. 말하자면, 꿀벅지는 쾌락의 기표이면서 동시에 금지의 표지다. 정확하게 말하면, 꿀벅지는 원더걸스와 소녀시대를 넘어 진화한 욕망에 대한 금지의 방식을 보여준다. 특히 소녀시대를 둘러싸고 일어난 '허벅지 예찬'과 이 현상은 무관하지 않다. 꿀벅지의 범주에 소녀시대의 일원인 티파니도 속한다는 것을 감안한다면, 상황은 더 명백해진다. 말하자면 꿀벅지는 허벅지 중에서도 뛰어난 허벅지를 뜻한다. 구별 짓기를 통해 탄생한 '다른' 허벅지가 바로 꿀벅지다. 이렇게 꿀벅지를 다른 허벅지와 구별할 수 있게 만드는 것은 바로 '건강미'라는 새로운 기준이다. 이 기준은 비만 주사까지 맞아가며 '예쁜 허벅지'를 만든 소녀시대의 '인공미'에 대한 반발이기도 하다.

이런 의미에서 꿀벅지는 '소녀시대의 허벅지는 존재할 수 없다'는 사실을 망각하기 위한 판타지라고 할 수 있다. 소녀시대의 허벅지가 존재하기 위해 필요한 것은 바로 인공적인 성형수술이다. 그리고 영화 〈미녀는 괴로워〉나 옥주현이 잘 보여주듯이, 이 과정은 '인간 승리'의 신화를 만들어낸다. 여성의 미모를 가다듬는 것이 '인간 승리'라는 보편적 범주로 승화할 수 있는 것은 남성 중심의 상징계에서 여성의 몫이 무엇인지를 정확하게 보여준다. 언제나 그렇듯, 여성의 몫은 사회적 재생산을 위한 '어머니'다. 꿀벅지는 가냘픈 소녀시대의 허벅지에 재생산의 몫을 담당할 건강한 젊은 여성의 이미지를 첨가해서 탄생한 기표라고 할 수 있다.

이런 까닭에 꿀벅지는 여성도 남성도 원하는 공통의 욕망을 표현한다. 그 욕망은 바로 현재의 상징 질서를 유지하고 '꿀'처럼 달콤한 욕망 이상을 원하지 말 것을 명령하는 아버지의 법에 충실한 것이다. 이런 상황은 지금 현재 한국 사회를 지배하고 있는 먹고사니즘과 무관하지 않다. 먹고사니즘이라는 쾌락 원칙을 넘어서는 것을 '쓸모없는 것'이라고 치부하는 태도와 꿀벅지 논란은 서로 겹쳐져 있다. 꿀벅지에 대한 성희롱 논란은 외모주의라는 이데올로기에 대한 반발이긴 하지만, 이 문제에 대한 근본적인 성찰을 요구하는 것이라고 보기 어렵다. 먹고사니즘과 결합한 꿀벅지 담론은 섹시한 젊은 여성의 건강미를 능력과 자질의 문제로 쉽게 치환할 수 있다.

외모가 자산이라는 합의가 꿀벅지라는 기표에 담겨 있다는 사실을 환기할 필요가 있는 것이다. 이런 태생적 자산은 시장에 속하면서 시장의 질서를 초월할 수 있는 자본주의적 자유를 부여해주는 매개다. 태생적이지 않다면 후천적인 노력을 통해서 이런 자산을 획득해야 한다고 믿는 것이 지금 한국 사회를 지배하는 욕망의 논리다. 그리고 이 논리를 이윤화하는 시장의 구조가 꿀벅지에 대한 열망을 가속화하고 있다. 꿀벅지를 마케팅 용어로 채택한 숱한 성형외과와 다이어트 담론들은 이를 정확하게 보여준다. 그러므로 꿀벅지는 단순한 성희롱의 차원을 넘어서서 우리의 주체를 고정시키는 정체성의 담론으로 강림하고 있는 것이다.

그랜저 광고

문화의 의미가 형식에 담겨 있다는 말은 특정한 광고에서 드러나는 표면적 의미보다 그 심층에 가라앉아 있는 의미에 더 무게를 둔다. 정신분석학적으로 설명한다면 이런 것이다. "나를 사랑하면 젖을 주세요"라고, 막 말을 배우기 시작한 아이는 '사랑'이라는 취득 불가능한 것을 요구하기 시작하는데, 이런 형식은 어른으로 성장한 뒤에도 마찬가지로 "나를 사랑한다면 ~을 주세요"라는 발화로 나타난다. 이것이 곧 형식의 논리다. 또한 마르크스주의적으로 해석하면, 다른 제품보다 수십 배를 호가하는 명품 가방이나 옷을 소비하는 까닭은 효용성 때문이라기보다 그 명품의 상징성을 구매하는 것이라는 측면에서도 문화의 의미가 내용보다 형식을 통해 드러난다는 것을 알 수 있다. 짝퉁 명품은 이를 증명한다. 짝퉁은 명품의 내용이라기보다 그 형식의 모조품이라고 할 수 있는 셈이다.

새로운 광고가 나오긴 나오지만 어디까지나 소재가 달라지는 것이지 형식 자체가 변한다고 보기는 어렵다. '생각대로 T'나 'Show를 하라' 같은 휴대폰 광고에서 이를 확인할 수가 있다. 내용은 바뀌지만 전달하는 형식은 크게 변하지 않는다. '햅틱'이라는 휴대폰 광고도 마찬가지다. '촉감'이라는 개념은 아마도 이 휴대폰을 계속 판매하는 한 바뀌지 않을 것이다. 이것이 바로 광고의 형식이다. 따라서 형식은 추상적인 개념이나 관념하고 무관한 게 아니다. 이것들은 언제나 형식을 간섭하고 형식은 이에 맞춰서 논리를 유지할 수 있다. 그렇다면 형식은 왜 이렇게 쉽게 변하지 않는 걸까? 그 까닭은 광고의 형식을 이루는 논리라고 할 그 내용이 변하지 않기

때문이다. 대체로 어떤 이들은 소재와 내용을 헷갈리기도 하는데, 여기에
서 내용이라고 지칭하는 건 "상품을 팔아야 한다"라는 광고의 본질이다.

광고를 제작하는 이유가 곧 광고의 내용인 것이다. 광고를 자본주의
의 꽃이라고 하는 것은 그래서 단순한 수사학의 차원을 넘어선 말이다. 광
고 없는 자본주의는 불가능한 것일지도 모른다. 자본주의의 상품 구조 자
체가 광고와 함께 다닐 수밖에 없기 때문이다. 처음에 광고는 상품의 정보
를 소비자에게 제공하는 수준에 그쳤지만, 시간이 지나면서 상품에 대한
소비자의 구매욕을 자극하는 쪽으로 변화했다. 다시 말해서 오늘날 광고
는 소비자의 욕망을 충실히 북돋우는 촉매제라고 할 수 있다. 요즘 소비자
들은 오히려 정확한 정보를 제공하는 광고를 배척하는 경향마저 띤다. '얼
리어답터'라는 신조어에서 이제 광고가 일방적으로 상품 판매자가 소비자
에게 전달하는 메시지에 불과하지 않다는 사실을 깨달을 수가 있다. 상품
에 대한 정보를 소비자 스스로 생산하는 시대가 왔다. 이런 까닭에 광고의
기능도 바뀔 수밖에 없었다. 이 제품을 사면 편리하고 오래 사용할 수 있
다는 개념은 이제 설 자리가 거의 없다. 오히려 어떤 상품을 구매했을 때
얼마나 더 남들보다 우월한 존재가 될 수 있을지에 대해 광고는 말한다.

한때 유행했던, "요즘 어떻게 지내느냐는 친구의 말에 그랜저로 대답
했습니다"라는 광고 카피는 정확하게 이를 보여준다. 그랜저를 탄다는 사
실에서 "내 삶이 성공적이다"라는 메시지를 전달할 수 있다는 것이 광고의
핵심이다. 그러나 이 광고에 숨어 있는 의미는 좀 복잡하다. 그랜저 정도로
'성공'을 말하기 곤란하다는 세간의 인식도 있기 때문이다. 한동안 인터넷
에 이 광고를 패러디해서 "그러자 친구는 람보르기니를 보여주었습니다"
라는 카피가 떠돌았는데, 이 또한 그랜저 정도로 '우월한 존재' 대접을 받기
힘든 한국 문화의 현실을 보여주는 것이라고 할 수 있다. 적어도 고급 수
입차를 탈 정도는 되어야 친구에게 잘나간다고 자랑할 수 있다는 것이다.
그러나 이 정도를 모르고 카피라이터들이 이런 광고를 만들었다고 보기
어렵다. 말하자면 이 광고도 '그랜저'라는 소재나 직접적으로 드러나는 메
시지보다 형식을 통해 의미를 전달한다고 말할 수 있다. 중요한 것은 그랜

저라는 자동차를 구매하고 싶은 고객층의 정체성이다.

과연 누가 그랜저를 사서 친구에게 자랑할 수 있을까를 생각하면 해답은 곧 나올 것이다. 이 광고는 그랜저를 '성공'의 지표로 보는 이들을 위한 것이 아니다. 수입차를 몰고 다니는 이들에게 그랜저 광고는 의미가 없다. 기껏 의미를 따지더라도 경제가 어려운 시기에 친구에게 자신의 '검소함'을 보여주는 정도로 메시지를 해석할 수 있겠다. 이 광고가 대상으로 삼는 구매 고객은 수입차를 살 수 없는 계층이다. 이런 사실에 근거해서 생각한다면, 광고의 형식에 새겨져 있는 의미를 파악할 수가 있다. 말하자면 그랜저를 성공의 지표로 받아들일 수 있는 상승 욕구를 가진 계층, 다시 말하면 도시 중간계급의 욕망에 이 광고는 충실한 것이다. 그랜저 신차를 살 수 있을 정도면 수입차를 구입할 수 있는 경제적 성공도 곧 가능할 수 있다는 암시가 여기에 깔려 있다.

루저의 난

'루저의 난'은 특정인에 대한 분노보다도 〈미녀들의 수다(미수다)〉[20]라는 프로그램이 드러내고 있는 어떤 가치관에 대한 성찰로 이어지는 것이 타당하다. 이 가치관은 무엇인가? 겉으로 보기에 이 가치관은 '모든 사람은 솔직하게 자기 자신의 쾌락을 표현할 수 있다'는 공리주의적 원칙을 드러내는 것처럼 보인다. 벤담Jeremy Bentham은 양적인 측면에서 공리주의를 정의하는데, 그의 인간관은 '쾌락 원칙'에 충실한 것이었다. 말하자면, 쾌락을 추구하고 고통을 회피하는 것을 인간의 '자연성'으로 보고, 이에 따라 행동하는 것이 사회에 최대의 행복을 가져다준다는 것이다. 한마디로 사회는 개인의 집합체이기 때문에 행복한 개인이 많으면, 그 사회도 최대로 행복

+ **루저의 난**
2009년 11월 KBS 〈미녀들의 수다〉에 출연한 한 여대생이 "키는 경쟁력이며, 키 작은 남자는 '루저'라고 생각한다"라는 발언을 해 시청자들의 거센 반발을 샀던 사건. 네티즌들 사이에서 이른바 '루저의 난'이라는 말이 나올 정도로 큰 파장을 몰고 왔고, 여대생의 미니홈피 폐쇄는 물론, '이 여대생을 학교에서 제적시켜야 한다'는 서명 운동까지 벌어지는 등 엄청난 비난을 받았다.

20 한국에 거주하는 외국인 여성들이 느꼈던 경험 및 문화 체험 등을 솔직담백하게 이야기하는 토크쇼로, 인기를 모아 시즌 2까지 만들어지며 2006년 11월부터 2010년 5월까지 장기간 방송된 KBS 예능 프로그램.

하다는 논리다. 이런 공리주의적 멘털리티가 '쾌락의 평등주의'를 만들어낸다. 벤담은 존 스튜어트 밀과 달리, 쾌락을 오직 계량적인 것으로 봤는데, 이런 측면은 한국적 상황을 설명하기에 상당히 유용한 잣대가 되는것이라고 할 수 있다. "모두 부자 되세요"라는 '덕담'은 정확하게 벤담식 공리주의를 내포하고 있고, 이것이야말로 한국 우파의 '근대화' 담론인 셈이다.

한국에서 진보와 보수는 '어떤' 공리주의를 채택하는가에 따라 나뉜 감이 없지 않아 있다. 대체로 보수라고 불리는 세력은 벤담적인 공리주의를 추종했고, 진보라고 불리는 세력은 밀적인 공리주의를 신봉했다고 볼 수 있다. 밀은 벤담의 공리주의를 수정해서 인간이 단순하게 동물적인 쾌락에 충실한 것이 아니라 고상한 즐거움을 추구한다는 원칙을 제시했다. 이런 맥락에서 벤담이 법을 통한 제재를 강조한 것과 달리, 밀은 개인의 양심에 더 방점을 찍는 것이다. 선한 행위의 기준을 쾌락에 둔다는 측면에서 벤담과 밀은 동일하지만, 그 쾌락을 어떻게 규정하고, 어떤 방법으로 그 쾌락의 운용을 보장할 것인가에 대한 관점에 따라서 입장이 갈린다. 이런 간단한 교통정리만으로도 우리는 지금까지 한국에서 이루어진 '민주화'의 과정이라는 것이 결국 공리주의자들끼리 누구를 우위에 둘 것인가를 놓고 벌인 싸움이었다는 사실을 알 수가 있다. 실제로 김진석이 주장하는 "더 많은 자유주의"는 이런 맥락을 직관적으로 파악한 뒤에 나온 것이라고 짐작할 수 있다.[21]

여하튼 미수다의 루저 발언에 반발하는 태도는 이런 공리주의에서 벗어나지 못한다. 오히려 이런 서로 다른 공리주의적 가치관의 대립이야말로 미수다가 프레임화하고 있는 것이다. 키 작은 남자와 데이트할 수 없고 결혼은 사랑이라기보다 조건이라고 발언하는 '여대생들'과 대조적인 캐릭터로서, 책이 너무 많아서 백팩에 다 담을 수 없다는 '서울대생'을 설정해놓고 있기 때문이다. 이를 통해 이 프로그램이 재현하고 있는 것은 정확하게 '벤담 vs 밀'이라는 세속적 담론의 구조다. 아이러니하게도 이런 측면에서 미수다는 외설적인 방식으로 '진리'를 드러내고 있는 것이다. 짐작하건대, 미수다의 제작진이 처음에 의도했던 것은 속류적 벤담식 공리주의에 대한 암시적 비판이었다고 생각한다. 이 프로그램이 '미수다'인 것을 보면 주인공은 여대생들이라기보다 '미녀들'이었고, 이 미녀들이 설파한 내용은 벤담보다도 밀에 더 가까웠기 때문이다. 이 해프닝에 숨어 있는 의미를 찾자면 이 정도일 것이다. 분위기는 험악하지만, 이 또한 우리에게 하나의 의미를 전해주는 스핑크스의 수수께끼처럼 보인다.

　　미수다에서 '루저' 발언을 해서 논란을 일으킨 여대생에게 '철없다'는 가치 판단을 내린 뒤 사건을 종결하는 것은 자유다. 하지만 여기에서 멈추지 말고 좀 더 생각을 밀고 가면 놀라운 사실을 발견할 수 있다. '루저의 난'이 왜 발생했는지를 따져보자. 물론 사건의 발단은 키 작은 남자를 '패배자'라고 지칭한 철없는 고백에 있었지만, 비슷한 취지로 그보다 더 심한 내용을 발설했던 다른 참가자들의 발언은 놔두고 유독 '루저 발언'과 그 발화자를 집중적으로 질타했던 현상은 분명히 흥미로운 것이다.

　　문제는 '루저'라는 데피니션이었지, '철없는 발언'이 아니었다. 따라서 일반적인 '남성'을 극도로 불쾌하게 만든 루저 발언은 어떤 '골 빈 여성'이 키 작은 남성들을 루저라고 불렀기 때문이라기보다, 루저라는 의미화의 권력을 여성이 소유하려고 했기 때문이라고 볼 수 있다. 대체로 젊은 여성들이 '사랑보다도 조건'이라고 매몰차게 말할 때, 그 조건을 충족시키지 못하는 남성들의 불쾌감은 '나는 루저'라는 현실을 받아들일 수밖에 없는 자괴감에서 기인하는 것이다. 이 자괴감은 이상적 자아와 자아 이상을 분리시킬 때 느꼈던 그 시원적 고통을 남성 주체에게 환기시킨다(이런 맥락에서 모든 인식은 젠더라는 근본적 분열에서 시작한다).

　　루저의 난은 이런 고통스러운 상처를 재봉합하기 위한 자기 방어 기제였다고 할 수 있다. 한국처럼 쾌락의 평등주의에 대한 갈망이 강한 사회에서 남성들은 '상징적 서열'에 복종하는 자신의 모습을 '여성'이라는 타자에게 보이고 싶어 하지 않는다(물론 이 여성의 범주에서 어머니는 제외된

21　　김진석의 논의는 다음을 볼 것. 김진석, 『더러운 철학』, 개마고원, 2010.

다). 쉽게 말하면, 남성들은 남성들끼리 약속한 서열의 위계에 대해 여성들이 아는 체하는 것을 반기지 않는다. 여성들은 그 서열에 대해 논평하는 것이 아니라 거기에 암묵적으로 복종해야 한다. 루저 발언은 바로 이런 금기를 깬 사건이었다고 할 수 있다. 사석에서 일어났다면 그냥 농담으로 넘어갈 수도 있었을 발언이 공중파 방송이라는 '공적 영역'에서 출몰했을 때, 남성 시청자들은 부당하다고 느낄 수밖에 없다. 자기들끼리 키 작다고 놀리는 것은 문제 될 게 없지만, 그 발언의 대상이 보편적인 범주로 확대되는 순간, 남성적인 것을 주체화하는 현실 질서의 외설성이 노골적으로 드러났던 것이다.

결론적으로 말하자면, 루저의 난은 '루저'라는 데피니션을 부과할 수 있는 그 권력의 자리를 '철없는 여대생'이 탐했기 때문에 발생했다고 할 수 있다. 어떤 특정인을 루저라고 판결할 수 있는 권리는 남성들끼리 나눠 갖는 것이지, 감히 '골 빈 여대생'이 공개적으로 방송에서 주장할 수 있는 것이 아니기 때문이다.

인터넷과 지식 생산

인터넷 없이 하루도 그냥 보내기 어려운 세상에 우리는 살고 있다. 아침에 출근해서 뉴스를 점검하고, 오전 회의에 필요한 자료들을 찾아서 읽고 정리하는 것은 물론, 퇴근해서 오랜만에 친구들과 어울릴 식당을 물색하거나 연인과 함께 볼 영화를 예매하기 위해 매일 인터넷을 뒤지는 게 이상하지 않은 세상이다. 인터넷 때문에 과거라면 꿈도 꾸지 못할 정보들을 손쉽게 얻고, 또 그렇게 얻은 정보를 취사선택해서 편하고 빠르게 내가 만든 정보들을 유포할 수 있다.

〈소셜 네트워크The Social Network〉[22]라는 영화가 잘 보여주듯이, 인터넷은 새로운 '사회관계'를 만들어내는 물질적 기반이기도 하다. 과거라면 손수 쓴 편지를 붙이고, 그 답신을 받기 위해 몇 달을 기다려야 했겠지만, 지금은 이메일도 모자라서 아예 실시간으로 댓글들이 올라오는 페이스북이나 트위터를 통해 지구 반대편에 살고 있는 친구들과 얼마든지 친분을 유지할 수 있다.

이렇게 인터넷의 출현으로 인해 빚어진 결과들은 분명 '혁명'처럼 보이지만, 동시에 밝은 면에 가려진 어두운 면도 있음을 무시하기 어려울 것 같다. 일부에서 집단 지성이라고 찬양하는 지식 생산에 대한 대중의 참여는 엄연히 긍정적 효과 못지않게 부정적인 문제점을 노출시키고 있기 때문

---

22 미국 소셜 네트워크 서비스인 페이스북의 탄생 실화를 바탕으로 만들어진 2010년 데이비드 핀처David Leo Fincher 감독의 영화.

이다. 미국의 작가 니콜라스 카^{Nicholas Carr}처럼 인터넷이 '독서'를 사라지게 만든다고 우려하는 이들도 있다. 카의 주장에 따르면, 인터넷에 정보가 널려 있는 상황에서 굳이 책을 읽는 고역을 자처할 사람은 없다는 것이다.[23]

물론 독서를 대체한 '인터넷 서핑'이 정확한 지식을 '사용자'에게 학습하게 만들어주는 것은 아니다. 말 그대로 이 과정은 필요한 지식을 잠깐 단편적으로 조합해서 제시하는 것에 불과하다. 지식의 맥락이나 함의는 중요하지 않다. 이런 까닭에 종종 같은 표기지만 전공 분야에 따라 전혀 다른 개념으로 쓰이는 용어들이 함께 출몰하는 '무의미한 조합'이 발생한다. 용어를 사용하지만 제대로 의미를 알지 못한 채 '논리'에 맞게 얼기설기 엮어내는 일들이 지식이라는 미명으로 아무런 반성 없이 행해지는 것이다. 이런 현상을 카는 "경박"이라고 부르면서, 심도 깊은 지식이 쓸모없는 것으로 치부되는 상황을 경고한다.

인터넷이 만들어낸 '지옥'은 누구나 만물박사처럼 굴면서 어떤 문제에 대해서도 아는 체를 해대는 인터넷 폐인들의 '낙원'이기도 하다. 블로그와 트위터에서 자신의 견해를 거침없이 피력할 수 있도록 해주는 것은 다름 아닌 인터넷 검색이라는 무소불위의 수단이다. 이런 검색을 통해 획득하는 정보는 아무런 의심 없이 지식으로 둔갑해 고정불변한 상식으로 자리매김한다. 인터넷 백과사전이 종이 백과사전을 능가할 수 있는 까닭이 여기에 있다. 당연하게도 힘들게 종이책을 뒤져볼 필요도 없이 인터넷을 검색해서 얻을 수 있는 정보들로 지식을 구성하는 것이 훨씬 간편하고 신속한 일이다.

문제는 검색에 잡히는 정보라는 것이 대개 일차적이고 단편적이라는 사실이다. 인터넷에서 얻은 정보는 지극히 주관적인 판단에 따라 개연성을 구성하게 되는데, 대개 이런 주관적 판단은 평균적인 상식에 근거한 다른 인터넷 사용자들 사이에서 지지를 획득함으로써 '진실성'을 인준 받는다고 할 수 있다. 따라서 인터넷이 '새로운 것'을 만들어내는 수단이라고 말하는 것은 신뢰하기 어려운 주장이다. 오히려 인터넷을 통해 얻을 수 있는 지식은 지극히 상식적인 생각들의 조합에 불과하기 때문이다. 인터넷에 깔려 있는 지식은 말 그대로 얇고 얕은 정보의 조각에 지나지 않다는 사실이 중요하다.

그러나 이런 사정과 달리, 사람들은 인터넷에서 긁어온 정보의 조각들을 박식함으로 착각하기 일쑤다. 어떤 주장에 대해 판단을 내리는 근거도 자신의 독서에 근거하기보다 인터넷에 떠돌고 있는 풍문을 그대로 옮겨오는 경우가 허다하다. 이처럼 공통의 인식 기반이 전제되지 않는 인터넷의 속성으로 인해 파편적인 정보에 기초한 지식 생산은 끼리끼리 마음이 통하는 사람들 위주로 이루어질 수밖에 없다. 겉으로 다양하고 민주적으로 보이는 인터넷 공간이라는 곳이 사실상 자신의 견해에 동조하는 사람들끼리 담합하는 장소라는 것이 여기에서 드러난다.

물론 오늘날 인터넷을 완전히 부정하고 살 수는 없을 것이다. 다만 인터넷에서 횡행하는 지식을 의심하는 태도를 갖추는 것이 중요하겠다. 약은 남용하면 독이 되는 법이다. 인터넷의 경박함을 넘어서기 위해서 어렵고 힘든 책읽기를 다시 시작해야 할 때가 온 듯하다.

---

23 다음 책을 볼 것. Nicolas Carr, *The Shallows: What the Internet Is Doing to Our Brains*, New York: Norton, 2011.

미국 드라마

한동안 숱한 아파트 광고들이 보여준 것은 '가족'이었다. "집은 엄마다"라는 광고가 전하는 메시지는 간명하다. 공동체에서 여성이 담당해야 할 몫은 집을 지키는 '엄마'다. 여성이 공동체의 구성원으로 인정받을 수 있는 방법은 자신의 이름을 버리고 '누구의 엄마'로 거듭나는 것이다. 봉준호 감독의 〈마더〉[24]는 이 사실을 우의적으로 보여주는 영화였다. "너는 엄마도 없니?"라는 대사는 이 영화를 지배하는 중요한 주제 의식을 구성한다. 어미 없는 자식은 생물학적으로 존재할 수 없다. 그러나 엄마는 다른 문제다. '친모'라는 의미는 이런 맥락에서 흥미로운 호칭이다. 친모나 양모라는 말은 '낳는 것'과 '기르는 것'이 서로 다를 수 있다는 '문화적 경험'을 반영하고 있기 때문이다. 한국 사회는 친모를 양모보다 더 우월하게 파악하는 우생학적 사고를 뿌리 깊게 상식화하고 있다. 이때 친모라는 '신분'은 정당하게 남자의 '아내'로서 역할을 다했을 때 부여받을 수 있는 것이다.

이런 상황에서 미혼모가 사회의 구성원으로 인준 받을 수 있는 길은 요원하다. 낮아지는 출산율을 높이기 위해 출산 장려 정책을 실시하면서도 미혼모가 아기를 낳는 것은 용납되지 않는다. 이와 같은 사회적 이중성으로 인해서 해외 입양아를 최다 배출하는 국가라는 불명예는 여전히 씻을 길이 없다. 한국 사회에서 젊은 여성들을 억누르는 가장 강력한 기제는 바로 가족 이데올로기라고 할 수 있다. 명절 증후군이라는 말이 나올 정도로 결혼 적령기를 넘긴 비혼 여성들은 가족의 '등쌀'에 시달릴 수밖에 없다. 그렇다면 미국 드라마는 한국 비혼 여성들의 도피처 노릇을 하고 있는 것인가? 틀린 말은 아니지만, 반드시 그렇다고 못 박기는 어렵다. 미국 드라마는 도피처라기보다 하나의 본보기 노릇을 하는 것이라고 할 수 있다. 미국 드라마가 제시하는 여성 캐릭터들은 대체로 상상적 이미지로서 한국의 젊은 여성들에게 작용한다. 미국 드라마의 여성들은 '새로운 감각'이라기보다, 이미 한국 사회에서 받아들여지고 지향해야 할 하나의 감각들을 보여준다. 말하자면 미국 드라마에 등장하는 여성 캐릭터들은 전혀 새로운 것이 아니라 이미 익숙한 것이다. 더 이상 '된장녀' 소동은 존재하지 않는다. 오히려 이제 문제가 되는 것은 섹슈얼리티지, 여성의 '겉멋'이 아니다.

젊은 여성들이 미국 드라마에 끌리는 이유는 무엇일까? 〈CSI〉에서 시작해서 〈로스트Lost〉[25]를 거쳐 〈크리미널 마인드Criminal Mind〉[26]까지 이어지는 미국 드라마의 '네버엔딩 스토리'가 가진 매력도 상당하지만, 실제로 젊은 여성들을 매혹시키는 것은 이런 드라마들에서 얻을 수 있는 '자기 계발'의 메시지다. 흥미롭게도 최근 젊은 시청자들을 사로잡고 있는 미국 드라마의 캐릭터들은 대체로 자기 계발의 동기로 충만한 개인들이라고 할 수 있다. 이 개인들은 국가의 명령에 따라 자기를 통제하는 것이 아니라 스스로 자기 자신을 단련한다.

단순하게 캐릭터에 대한 동일화를 통해 쾌락을 얻는 차원이 아니라 미국 드라마를 통해 '배움'을 획득하는 자기 계발의 과정을 이들은 즐기고 있는 것이다. 어떻게 이것이 가능한가? 표면적으로 본다면, 〈CSI〉는 과학을, 〈로스트〉는 생존의 기술을, 〈크리미널 마인드〉는 교양에 대한 지식을 제공한다. 그러나 무엇보다도 이 모든 것을 아우르는 '인간 심리'에 대

24   바보 아들의 범죄를 덮으려는 엄마의 지독한 모성애를 다룬 2009년 봉준호 감독의 미스터리 스릴러 영화.
25   남태평양 미지의 섬에 추락한 시드니발 로스앤젤레스행 비행기의 생존자들의 이야기를 다룬 미스터리물로, 2004년 시즌 1을 시작으로 2010년 시즌 6으로 종영될 때까지 큰 인기를 모은 미국 드라마.
26   연쇄살인범을 잡는 미 연방수사국FBI 행동분석팀 프로파일러들의 이야기를 다룬 수사물로, 2005년 시즌 1을 시작으로 현재까지 인기리에 방송 중인 미국 드라마.

334

한 이해가 여기에 스며 있다. 이런 드라마들을 통해 시청자들은 타자와 주체의 관계에서 발생하는 욕망의 문제에 대한 해명을 발견했다고 생각하는 것이다. 자기 자신에 대한 관심, 이것이 바로 자기 계발적 담론의 핵심을 이룬다.

이런 까닭에 미국 드라마에 대한 젊은 여성의 관심은 도피적인 것이라고 보기 어렵다. 오히려 적극적으로 한국 사회의 구성원으로 편입하기 위한 욕망이 여기에 숨어 있다. 대타자, 다시 말해서 공동체의 윤리가 원하는 것을 체현하기 위해 젊은 여성들은 미국 드라마에서 드러나는 '가치'를 자기의 것으로 만들려고 하는 것이다. 지금 한국 사회는 가족 이데올로기와 유연한 자본주의가 서로 충돌하는 양상을 보여준다고 하겠다. 신자유주의를 상식화한 유연한 자본주의는 과거처럼 젊은 여성들에게 쉽사리 안착할 '가정'을 허락하지 않는다. 결혼을 하지 않는 것이 아니라 못하는 것이라는 말이 나오는 까닭이다. 결혼을 '사랑' 때문에 한다는 낭만주의가 발을 붙일 곳은 여기에 없다.

이런 생각들을 정당화해줄 수 있는 가치는 한국 드라마에서 보기 드문 일이다. 한국 드라마는 불편한 사실을 덮어버리고, '그래도 현실이 드라마보다 낫다'는 판타지를 심어주는 일에 분주하기 때문이다. 경제위기의 국면에서 철저하게 불이익을 감수할 수밖에 없는 경쟁 사회의 실상을 몸소 체험하면서 성장한 요즘 젊은 여성들은 이런 판타지에 쉽사리 승복하지 않는다. 이들에게 필요한 것은 남성과 동등하게 지위를 보장해줄 '상징적 기회비용'이다. 예전에 페미니스트들이 투쟁했던 자리에서 이들은 자기 계발의 담론에 몸을 맡기는 것이다. 그 피곤한 일상의 위무로 작동하는 신선한 청량제가 바로 미국 드라마다.

오늘날 우리가 목격하는 미국 드라마의 인기를 가능하게 만들어준 요소 중 하나를 꼽으라면 영어를 들 수 있을 것이다. 〈프렌즈Friends〉[27]같은 미국 드라마가 영어 교재로 주목받기 시작한 것은 1990년대였다. 이후로 〈프렌즈〉는 미국 문화를 생생하게 전달하는 생활영어의 본보기로 인기를 끌었다. 마치 과거에 영문학이 그랬던 것처럼, 미국 드라마는 영어라는 문화적 지배어를 통해서 문화적 헤게모니를 장악하게 되었다고 할 수 있다. 영어를 배우는 것은 단순하게 제국의 언어를 습득한다는 차원을 넘어선다. 제국의 언어는 '보편' 언어로서, 근대화의 실패가 곧 민주주의의 구조로 굳어진 특수성을 사회 구성의 원리로 구현하고 있는 한국에서 일정한 메타적 시선을 확보해준다고 할 수 있다. 말하자면 익숙한 일상을 낯설게 만들고 돌아보게 하는 효과를 발휘하는 것이다. 이것을 미국 드라마의 시청자들은 '세련성'이라고 바라볼지도 모른다. 미국 드라마에 익숙해지는 순간, 이들은 한국 드라마의 촌스러움을 불편해하기 십상이기 때문이다.

물론 미국 드라마를 즐겨 보는 젊은 여성들의 취향은 언제든지 공동체적 합의에 충실한 윤리적 규범으로 통합 가능하다. 한국 드라마 〈아이리스〉[28]의 성공이 이 사실을 잘 보여준다. 물론 〈아이리스〉는 미국 드라마라는 제국의 언어로부터 물려받은 미학적 분할을 적절하게 재배치한 결과물일 뿐이다. 그러나 이런 과정을 통과하면서 한국 드라마를 지배하는 가족 이데올로기는 균열을 내장하게 될 것이다. 자기 계발에 충실하면 할수록 자기 자신의 욕망을 포기할 수 없는 수준으로 충동이 주체를 밀고 갈 수 있다. 우리는 꿈에서 깨어나는 것이 아니라, 그 꿈에서 현실을 발견할 수 있을 뿐이다. 그리고 그 현실은 언제나 우리에게 거짓말을 한다. 미국 드라마가 보여주는 거짓말 같은 현실은 이처럼 주체의 진리를 드러내는, 새롭지만 낡은 이미지인 것이다.

---

27   뉴욕 맨해튼 그린위치 빌리지에 사는 20~30대 세 남녀의 생활을 그린 코믹물로, 1994년 시즌 1을 시작으로 2004년 시즌 10을 마지막으로 종영될 때까지 선풍적인 인기를 끌며 성공을 거둔 미국 시트콤.

28   남북 간의 제2차 한국 전쟁을 막기 위해 목숨을 걸고 임무를 수행하는 첩보원들의 사랑과 야망을 다루며 2009년 10월부터 12월까지 방송된 KBS 블록버스터 첩보액션 드라마.

소녀시대

윤서인이 소녀시대에 대한 카툰을 그려서 물의를 일으킨 사건이 있었다. 문제의 발단은 성적인 함의가 담긴 내용이었다. 장자연 사건을 연상시키는 만화로 물의를 일으켰던 작가의 과거 전력까지 까발려지면서 윤서인은 갑자기 파렴치하고 개념 없는 인터넷 카툰 작가의 대명사로 전락했다. 모든 것이 순식간에 일어난 일이라서 아마 작가 자신도 얼떨떨했을 것 같다. 윤서인의 행위에 대한 잘잘못을 따지는 것은 어렵지 않다. 그러나 진짜 문제는 이 카툰을 소녀시대에 대한 성희롱으로 보는 태도에 숨어 있다. 성희롱이 뭔가? 『표준국어대사전』에 찾아보면 뜻풀이가 이렇다. "이성에게 상대편의 의사에 관계없이 성적으로 수치심을 주는 말이나 행동을 하는 일. 또는 그 말이나 행동."

여기에서 중요한 포인트는 '성적으로 수치심을 주는'이라는 문구다. SM 측이 작가를 고소하니 마니 으름장을 놓을 수 있는 까닭도 이 표현과 관련한 다양한 법률적 판례들이 있기 때문일 것이다. 당연히 정말 소녀

+ **윤서인 논란**
인터넷 여러 매체에 만화를 연재하며 활동 중인 웹툰 만화가로, 가수 소녀시대가 가슴이 패인 옷을 입고 엎드린 채 시험을 보는 장면의 만화에 '단체로 떡치는 사진'이라는 낚시성 글을 적어놓아 성희롱 논란에 휩싸였다. 과거 친일파라는 연관 검색어가 따라다닐 정도로 친일 성향의 만화를 그려왔으며, 장자연 사건을 성적으로 희화화한 내용의 만화를 그려 세간의 비판을 받은 바 있다.

시대가 이 카툰을 보고 '수치심'을 느꼈다면, 윤서인에게 법적 대응을 하겠다는 건 개연성 있는 이야기다. 하지만 이것은 법률적으로 따져볼 문제고, 정작 내가 관심 있는 건 이 성적 수치심을 소녀시대와 그 친구들이 정말로 느꼈다는 '사실' 자체다. 이 카툰을 보고 수치심을 느꼈다는 그 사실 말이다.

정녕 우리는 소녀시대를 보고 아무런 느낌이 없단 말인가? 정말 아무런 '성적인 느낌'이 없다는 건가? 이 미묘한 물음에 대해 윤서인 같은 이들은 "있다"라고 솔직하게 말해버렸다. 윤서인이나 그의 행위를 옹호하는 이들은 소녀시대를 모두 에로틱한 대상으로 보고 있으면서 거짓말을 한다고 생각한다. 자유주의적 성해방 담론, 또는 프로이트주의적 좌파 이론이 여기에 개입한다. 틀린 말은 아니다. 게다가 정치적으로 본다면 옳다. 그러나 이들이 모르고 있는 게 있다. 정치적으로 옳더라도 욕망은 그 올바른 길을 가지 않는다는 사실 말이다. 이것이 딜레마다. 소녀시대를 '인형'으로 남겨두고 싶은 '대중들'은 외친다. "네 마음속에 음탕한 생각이 있기 때문에 소녀시대가 성적 대상으로 보이는 거야!"라고. '득도'한 자들이 벌이는 이런 종교재판에서 살아남을 '개인'은 없다. 아무리 억울하더라도 현실은 냉정하다. 이러한 소녀시대의 뮤직비디오는 윤서인의 카툰이 어떤 금기를 건드렸는지 적나라하게 보여준다.

소녀시대는 '오브제 아'로 남아 있어야 한다. 그래야 SM은 손해를 보지 않는다. 소녀시대가 '숙녀시대'가 되는 순간, 더 이상 이 인형들은 가치를 생산하지 못한다. 이런 자본의 논리와 한국 사회의 보수주의가 맞아 떨어져서 이른바 '걸그룹 시대'가 열린 셈이다. 한국에서 섹슈얼리티는 은근해야지 노골적이면 공분을 불러온다. '성적인 행위'는 오직 가족의 부와 유전자의 재생산만을 위해 복무해야 한다. 자기 자신의 쾌락을 위해 동원하는 건 도덕적으로 옳지 않다는 게 암묵적 합의다. 즐기더라도 몰래 즐겨야 옳은 것이다. 모두가 은밀히 즐기는 건 절대 발설하는 게 아니다. 그러면 독박을 쓰는 법이다. 이런 맥락에서 역설적으로 이 카툰은 한국 문화의 음란함이 파묻혀 있는 지점을 자기도 모르게 폭로하는 결과를 낳았다. 이 카툰이야말로 내가 지금까지 본 어떤 이미지보다도 외설적이다. 이것을 윤서인 개인의 시선이라고 주장하고 싶겠지만, 솔직히, 그것을 어떻게 믿을 수 있나?

소녀시대의 뮤직비디오 〈Oh!〉가 과거와 달리 훨씬 노골적으로 섹슈얼리티를 자극하고 있다는 것은 엄연한 사실이다. 배경을 미국으로 옮겨놓은 이국적 미장센은 현실성을 탈색시키는 장치인데, 이를 통해 소녀시대에 대한 직접적 리비도의 투여를 은폐하는 효과를 발휘한다. 노골적으로 이 뮤직비디오는 '성장한 소녀'를 강조하면서 자신의 목적성을 드러낸다. 윤서인보다도 더 '솔직'하다! 이번 뮤직비디오는 이제 '다른' 소녀시대를 선언하고 있다. 이것이 전하는 메시지는 간단하다. "소녀시대, 이제 좀 있으면 어른이야."

『해리포터』시리즈가 다른 판타지 장르와 다른 점은 성장 소설의 원리를 판타지에 가미했기 때문이다. 그래서『해리포터』는 신자유주의적 자기 계발의 논리에 부합할 수 있었다. 소녀시대가 한국 대중문화에서 중요한 의미를 갖는다면,『해리포터』가 보여줬던 것처럼, '성장'이라는 전형적인 교양 소설의 주제를 오늘날 한국적 신자유주의가 강제하는 자기 계발 담론으로 적절하게 전환시킬 수 있기 때문일 것이다. 〈강심장〉²⁹은 이 '새로운' 성장 담론의 일단을 보여주는 토크쇼다. 이 쇼를 통해 소녀시대나 걸그룹들은 '사연의 세계'를 창조하고, 뮤직비디오는 이 사연의 세계를 '승화'시킨 초자아의 목소리로 귀환하는 것이다. 이 초자아가 우리에게 요구하는 것은 "소녀시대를 다시 즐겨라!"라는 자본주의적 정언 명령이다.

흥미롭게도 이 뮤직비디오에서 '미국'은 마음만 먹으면 이런 소녀시대를 소유할 수 있는 상상적 공간으로 재현된다. 이 공간은 모든 주이상스를 가질 수 있다고 우리가 '믿는' 아버지의 자리기도 하다. 이 아버지야말로 모든 소녀시대의 멤버들을 독차지할 수 있는 원초적 권력이고, 우리가 제거해버린 금지의 기원이다. 원초적 아버지의 공간을 침범한다는 두려움, 그리고 그 아버지의 자리를 감히 '내'가 차지할 수 없다는 원죄 의식을 소녀시대의 뮤직비디오는 불러일으킨다. 소녀시대를 바라보는 '오빠들'의 갈등은 이런 이유 때문에 발생한다. 이들은 어떻게 하면 소녀시대를 가질 수 있는지를 안다. 하지만 그것을 알기 때문에 소녀시대를 갖는 게 불가능하다는 사실도 잘 아는 것이다. 이들이 만들어내는 금지는 이런 '비굴한 현실'을 인정하고 싶지 않은 '오빠들의 판타지'라고 할 수 있다.

29 매회 20여 명의 연예인들이 출연하여 한 가지 주제를 놓고 대결을 벌이는데, 그중 방청객들에게 더 많은 지지를 얻은 출연자가 그 회의 '강심장'이 되는 토크쇼로, 2009년 10월부터 현재까지 방송 중인 SBS 예능 프로그램.

마녀사냥

'마녀사냥'이라는 말을 들어봤을 것이다. 13세기에서 17세기에 걸쳐 일어난 유럽의 특정한 사건이지만, 요즘은 유사한 의미에서 어떤 집단이나 개인을 희생양으로 만드는 행위를 마녀사냥이라고 부르기도 한다. 이 역사적 사건에서 특기할 만한 점이 있다. 처음에 가톨릭교회를 통해 주도되었던 이 사건이 15세기에 이르면 자발적인 '운동'으로 변화한다는 사실이 그것이다.

여기에 뜻밖의 계기가 숨어 있다. 『마녀의 해머Malleus Maleficarum』라는 책이 출간된 것과 이 사건은 깊은 관련을 맺고 있다. 물론 이 책 말고도 마녀를 규정하고 구체적인 마녀사냥의 방법론을 기술한 책은 이미 있었다. 그러나 『마녀의 해머』라는 책은 이런 책들과 결정적으로 다른 점을 갖고 있다. 바로 인쇄술을 이용해서 발간한 책이라는 점이다. 『마녀의 해머』는 인쇄술이라는 '최신의 테크놀로지' 덕분에 보기 드물게 대량으로 제작되었다. 당연히 인쇄술이 발달했으니, 책을 판매하는 서점도 갖춰졌을 것이다.

구텐베르크가 처음으로 인쇄기로 성서를 찍어냈을 때가 대략 1439년 무렵이었다. 이때로부터 약 50년 뒤에 『마녀의 해머』가 세상에 나온다. 『마녀의 해머』가 출간된 시기는 인쇄술이 독일과 유럽 전역에 퍼져 있던 때였다. 인쇄술의 발달과 책의 수요 증가는 개인 인쇄업을 기업으로 발전하게 만들었다. 자연스럽게 책을 찍는 곳과 파는 곳이 분리되었고, 책을 팔기 위한 마케팅 전략들도 생겨났다. 이른바 '독서'가 보편화되어가고 있었던 것이다. 『마녀의 해머』도 이런 분위기에서 20쇄를 찍을 수 있었다.

한마디로 『마녀의 해머』는 당시 위기에 빠진 중세적 세계관과 인식체계를 대체하면서 마법과 마녀에 대한 새로운 관점을 대중적으로 유포했던 중요한 '첨단 매체'였다고 할 수 있다. 이 말은 의미심장하다. 말하자면 첨단 매체가 전달하는 정보에 많은 사람들이 접근할 수 있는 상황에서 마녀사냥이 발생했다는 것을 알 수 있기 때문이다. 마녀사냥이 단순하게 위에서 아래로 일방적으로 행해진 폭력이 아니라는 진실이 여기에서 드러난다.

모종의 공모를 가능하게 만든 요소가 여기에 있다. 서점을 통해 책이 판매되고 『마녀의 해머』라는 책을 수많은 사람들이 읽었다면 마녀사냥을 가능하게 만든 이데올로기가 공통적으로 출현했다는 것을 알 수 있다. 오늘날 인터넷이 담당하는 역할을 당시에 책이 담당한 것이다. 인터넷이 현대판 마녀사냥의 온상이라는 것은 어제오늘 일이 아니지만, 책이 발달하던 초기에도 비슷한 현상이 있었다는 사실은 흥미로운 일이다.

마녀사냥이 창궐한 시기는 중세의 유토피아주의가 몰락하고 도시와 화폐 경제라는 전혀 새로운 가치 공간과 체계가 등장할 때였다. 이런 상황에서 마녀사냥은 공동체의 위기를 해결하기 위한 방책으로 제시되었다고 볼 수 있다. 마녀들을 제거하면 공동체는 다시 과거처럼 평온을 되찾을 것이라고 생각했던 것이다. 처음에 교회는 마녀를 인간과 다른 별개의 종류로 생각했지만, 『마녀의 해머』가 출간된 뒤에는 구체적으로 '여성들'을 지목하는 일이 벌어진다. 여기에 '여성은 선천적으로 유혹에 약하고 머리가 나쁘다'라는 생각이 개입한다. 이런 생각은 어디에서 온 것일까? 원시적인 수준이지만 과학적 지식을 통해 이런 생각이 형성되었다고 볼 수 있다. 마녀사냥에 근거를 마련해준 것은 초기 과학 혁명의 결과물이기도 하다.

처음에 인간과 다른 종류로 마녀를 규정하다가 구체적인 여성의 열등성을 중심으로 마녀사냥의 담론이 이동한 까닭은 공동체의 문제를 해결하기 위한 가시적 희생양이 필요했기 때문이다. 이런 측면에서 마녀사냥은 가톨릭교회의 권위에 대한 도전을 해결하기 위한 문화적 상징 행위였다. 따라서 가톨릭교회의 주도로 마녀사냥이 그렇게 대대적으로 발생했다는 것은 설득력이 없는 주장이다. 어떻게 힘이 약화된 가톨릭교회가 마녀사냥을 주도할 수 있겠는가? 가톨릭교회가 강력했을 때 오히려 마녀들에 대해

관대했다는 사실을 상기할 필요가 있다. 다시 말하면, 자발적인 대중의 호응이 없었다면 불가능했을 것이라는 말이다. 이를 뒷받침하는 증거가 있다. 놀랍게도 마녀사냥이 한창 벌어졌을 때, 자신이 마녀라는 사실을 스스로 고백하는 경우도 많았던 것이다. 사람은 아는 것만큼 행동한다는 진실이 여기에서 드러난다. 이데올로기와 매체가 어떻게 서로 관련을 맺고 있는지 잘 보여주는 흥미로운 역사적 사건이 바로 마녀사냥인 셈이다.

알몸 뒤풀이?

의미화에서 중요한 것은 어떤 대상에 대한 명명이라고 할 수 있다. 명명은 곧 권력의 문제기도 하기 때문이다. 이런 까닭에 중학교 졸업식에 등장한 특별한 세레머니를 '알몸 뒤풀이'라고 명명한 것은 청소년을 바라보는 한국 사회의 시선을 드러내주는 것이라고 할 수 있다. 이처럼 한국 사회에서 청소년은 '선정성'이라는 재현 체계로 들어오는 순간 '의미'를 획득한다. 청소년이라는 기표에 안주하지 않은 10대들의 행위가 포착될 때 사회는 부랴부랴 이를 '포섭'하려고 시도하는 것이다. 물론 이 포섭의 과정은 기성의 가치 체계로 이들을 규정하는 것이기도 하다.

'원조교제'나 '소녀시대'처럼, 그 양상은 다르지만, 결국 이들은 '상품화'라는 자본주의의 보편언어를 획득했을 때 비로소 가치화하는 것이다. 그러나 이 가치화는 '알몸 뒤풀이'라는 기표로 포획할 수 없는 '10대의 특이성'을 지워버리는 과정이기도 하다. 이 가치화를 거치면서 졸업식을 마치고 '교복을 벗는다'는 상징 행위는 '나쁜 짓'으로 판명난다. 여하튼 이런 논리에

+ **졸업식 알몸 뒤풀이**
2010년 서울 및 경기도 일대 지역에서 선배들이 졸업생의 교복을 찢고 상의를 벗기는 등 불건전한 뒤풀이를 해 문제가 된 사건. 시교육청은 경찰청과 연계해 졸업식 뒤풀이 명목으로 돈을 빼앗는 행위, 신체에 밀가루를 뿌리거나 달걀 등을 던지는 행위, 옷을 벗게 해 알몸 상태로 뛰게 하거나 단체 기합을 주는 행위 등 잘못된 졸업식 문화를 바로잡겠다며 단속에 들어갔고, 제재 조치를 했다.

따르면, 문제가 되는 것은 '알몸'이지 '뒤풀이'가 아니다. 알몸 뒤풀이 말고 얼마든지 가능한 '건전한' 뒤풀이들이 있기 때문이다.

그러나 이런 논리야말로 이율배반을 만들어낸다. 이와 같은 주장에 따르면 청소년과 알몸은 만날 수 없는 조합이다. 그런데 이 뒤풀이를 비판하기 위해 이들은 '알몸 뒤풀이'라는 언어적 조합을 만들어냈다. 언어와 현실에 괴리가 발생하는 순간이다. '알몸 뒤풀이'가 잘못되었다면서 '알몸 뒤풀이'라는 잘못된 말을 사용할 수밖에 없는 것이다. 외설성은 항상 이렇게 출몰한다. 알몸 뒤풀이라는 말은 알몸에 대한 금지를 통해 출몰했다. 이 금지는 10대들에게 '어른'과 동등한 자격을 부여하고 싶지 않은 한국 사회의 시선을 통해 나타났다고 볼 수 있다. 어른이 알몸으로 활보한다면 해프닝이지만 10대가 그러면 큰일이라는 생각이 여기에 깔려 있다.

이렇게 교복을 찢거나 벗는 행위가 어디에서 연유한 것인지 정확하게 알 수는 없다. 예전에 이튼스쿨 졸업식에서 학생들이 교복을 벗어던지는 것을 봤는데(심지어 벗은 교복을 관광객에게 팔고 다니기도 한다), 이런 문화가 한국으로 들어온 것인지도 모른다. 하지만 중요한 것은 10대들에게 교복이라는 것은 상당한 억압을 상징한다는 사실이다. 과거의 학교와 비교해서 전혀 변한 게 없다. 오히려 더 경쟁은 강화되고 자발적 통제는 더 심해졌다. 학교라는 국가 장치가 10대를 통제하는 방식은 예나 지금이나 여전히 복장이나 용모다. 심지어 '촛불소녀'까지도 용모가 단정하지 않았던가!

이런 상황에서 10대들이 교복을 벗어던지는 행위는 일종의 '자기표현'이라고 볼 수 있다. 그러나 이와 같은 행위들이 하나의 '제식'으로 고정되는 순간, 이런 저항적 의미는 사라지고, 개인의 자기표현은 다시 억압당한다. 영문도 모르고 후배들은 선배들에게 끌려나와 '옷을 벗어야 하는 것'이다. 따라서 이 사건은 언젠가 내가 언급했던 것처럼 '낯선 윤리'의 출현을 보여주는 또 다른 증거지만, 이것이 최소한 윤리인 이상 공동체의 합의를 벗어날 수가 없다. 그러므로 경찰이 이 사건을 놓고 벌이는 수사의 초점─강요에 따른 것인지, 자발적인 의사에 의한 것인지를 가리는 것─은 사건의 본질과 별로 관계가 없는 것처럼 보인다. 오히려 중요한 것은 그 합의의 체제에 포섭당할 수 없는 10대의 저항성이기 때문이다. 그리고 이 저항성은 아직 한 번도 구체적으로 의미화된 적이 없다.

〈지붕 뚫고 하이킥〉이 없는 현실

2009년 한국이 낳은 문제작은 시트콤 〈지붕 뚫고 하이킥〉이었다. 종영이 된 뒤에도 한참 동안 '예상 밖' 결말로 여러 가지 논란이 일어나고, 결말을 둘러싼 갖가지 '음모 이론'이 횡행했다. 이런 현상만을 놓고 보더라도 〈지붕 뚫고 하이킥〉이 누렸던 인기를 실감할 수 있겠다. 이 시트콤에 대한 호평들은 대체로 한국 사회의 현실을 가감 없이 드러냈다는 지점에서 합의점을 찾는다. 특히 마지막회에서 확인할 수 있는 세경의 대사는 최근 한국 드라마에서 보기 드문 현실 인식을 담아내고 있다는 점에서 깊은 인상을 주었다고 할 수 있다.

'신분의 사다리'를 기어오르려고 했던 세경은 이 시트콤에서 중요한 시선을 제공한다. 이 시선은 한국 자본주의가 성장하면서 지워버린 '몫 없는 자'의 것이다. 끝내 이루어지지 않는 세경의 사랑은 비관적인 결말이긴 하지만, 과장 없는 현실을 말해주는 것이기도 하다. 이 드라마를 지탱하는 이야기 구조가 세경이라는 '발견된 존재'를 중심으로 구성되었다는 것을 상기할 필요가 있다. 따라서 〈지붕 뚫고 하이킥〉은 세경에서 시작해서 세경에서 끝났다고 해도 과언이 아니다. 세경의 죽음으로 결말을 지어야 했던 까닭이 여기에 있다. 형식의 논리상 본다면 적절한 결말이었던 셈이다.

김병욱 PD는 어차피 〈지붕 뚫고 하이킥〉을 '허구'라고 생각했던 것 같다. 이 허구를 떠받치는 것은 흥미롭게도 세경이라는 과잉의 존재다. 부르주아의 세계로 갑자기 진입한 '전-자본주의적 존재'인 세경은 〈지붕 뚫고 하이킥〉을 가능하게 만들어준 타자의 시선이었다. 이 타자는 자본주로 본격 진입하기 이전 한국 사회에 있었지만, 지금은 사라져버린 과거다. 이 과거가 현재로 귀환한다는 사실 자체가 바로 반복 강박적인 과잉을 전제하는 것이다. 21세기에 식모살이라는 위악적 설정이 바로 이런 과잉을 드러낸다. 반복 강박은 기본적으로 과거에 해결하지 못했던 것을 다시 반복해서 해결하고자 하는 충동의 산물이라는 것을 감안한다면 이 시트콤의 설정은 확실히 의도적인 것이다.

그러나 〈지붕 뚫고 하이킥〉은 손쉬운 윤리적 결론을 선택하지 않는다. 오히려 이 시트콤은 세경이라는 과잉의 기입을 필요로 했던 까닭이 밝혀지는 지점에서 세경의 의미를 무화시켜버린다. 세경의 임무는 그 지점에서 끝났다고 볼 수 있다. 그리하여 세경의 진입으로 시작되었던 〈지붕 뚫고 하이킥〉은 원래부터 존재하지 않았던 이야기처럼 소멸해버린다. 결국 남은 것은 이에 감정 이입하며 동일화의 정서에 휩싸여 있던 시청자의 혼란이다. 충격이 대단했는지, 〈지붕 뚫고 하이킥〉 괴담이 떠돌아다녔다. 세경이 처음부터 존재하지 않는 귀신이었다거나, 죽음에 대한 복선들이 시작부터 깔려 있었다는 추측들은 이런 혼란을 반영하는 것이라고 볼 수 있다.

세경이라는 타자의 시선이 처음부터 없었다고 말하는 것처럼 보이는 결말은 시트콤을 '보는 자'에서 그 시트콤의 현실을 '사는 자'로 시청자들을 내려앉게 강제한다. 사랑을 이루고자 '고백'했던 세경의 죽음은 '사랑 없음 lovelessness'이라는 현실을 강렬하게 환기시킨다. 세경의 눈에 비친 부르주아의 세계는 모든 것을 갖추었지만, 정작 그토록 갈구하는 사랑이 없는 곳이다. 순재와 자옥은 서로를 사랑하기보다 '소유'하기를 원할 뿐이고, 지훈과 정음도 자기 자신에서 발견할 수 없는 다른 것을 상대방에서 발견하고자 할 뿐이다. 이들은 궁극적으로 나르시시즘에 사로잡힌 부르주아 세계의 구성원들이다. 오직 세경만이 사랑할 수 있었던 것은 나르시시스트가 아니었기 때문이다. 자신이 신분의 사다리를 타고 올라갔을 때, 자기 자신도 올라오지 못한 사람을 짓밟아야 한다는 사실에 가슴 아파하는 세경은 모든 것을 경쟁과 생존의 문제로 환원시키는 부르주아의 세계에서 다른 욕망을 드러낸 존재인 것이다.

그러나 이 시트콤은 세경이라는 사랑의 증거물을 황급히 지워버리면서 끝난다. 단순한 장난기라고 보기 어려운 이런 조처는 상당히 의미심장한 딜레마를 내포하고 있다. 세경의 사랑이 이루어진다면, 이는 현실에 대해 거짓말을 하는 셈이다. 물론 이 거짓말은 윤리적인 것일 수도 있겠지만, 사랑 없는 현실을 은폐하는 결과를 초래할 수도 있다. 세경을 죽인 것은 사랑 따위는 필요 없는 냉정한 '자기 계발'의 현실이다. 초식남이니 건어물녀니 하는 기표들이 말해주듯이, 치열한 '스펙 쌓기 경쟁'에서 사랑은 거추장스러운 것에 불과하다. 이런 결말에 대한 시청자들의 불편함은 외설적 현실이 솔직하게 드러났기 때문에 발생한다. 그래서 '신세경 귀신설'에서 확인할 수 있듯이, 이들은 처음부터 '사랑의 매개자' 따위는 존재하지 않는 것이라고 생각하는 것이다.

김병욱이라는 집요한 회의주의자는 이런 현실을 그냥 두고 그럴듯한 해피엔딩으로 이 이야기를 끝내는 허위의식을 참지 못했던 것 같다. 그는 '시트콤은 시트콤일 뿐'이라고 생각하는 것인지도 모른다. 그래서 시트콤의 효과는 현실을 환기시키는 그 지점에서 사라져야 하는 것이다. 〈지붕 뚫고 하이킥〉이 끝난 뒤 일어난 논란을 감안했을 때, 이런 시도는 성공적이었다. 시트콤은 현실을 우리에게 남겨주고 시간 속으로 떠나버렸다. 그리고 우리는 이제 〈지붕 뚫고 하이킥〉이 없는 현실을 다시 마주하게 되었다.

〈추노〉

시트콤 〈지붕 뚫고 하이킥〉에 이어 2009년 방영된 문제작 중 하나는 드라마 〈추노〉였다. 전파를 타는 내내 독특한 소재 때문에 각광받은 드라마였다. 기존 사극과 달리 '밑바닥 인생'을 다루었다는 점에서 호평 일색이었다. 기술적 진보도 괄목할 만했다. 전반부에서 보여준 촬영 기법은 미국 드라마에 익숙한 관객의 시선을 사로잡았다. 그러나 무엇보다 〈추노〉의 인기는 시종일관 벗고 나대는 남성 배우들의 '초콜릿 복근'과 무관하지 않았다.

많은 이가 〈추노〉의 내용에 주목하지만, 알고 보면 그 형식은 상당히 진부한 것이다. 마치 1980년대를 풍미했던 람보나 코난 시리즈 같은 할리우드판 '몸짱 영화들'이 귀환한 것 같았다. 존 트라볼타John Joseph Travolta의 시대가 저물고 그 자리를 실베스터 스탤론Sylvester Gardenzio Stallone과 아널드 슈워제네거Arnold Alois Schwarzenegger가 차지했을 때, 더 이상 배우는 연기로 승부를 걸지 않았다.

이들은 제모제로 매끈하게 다듬은 몸을 카메라 앞에서 벗어젖히면 그만이었다. 바야흐로 당시의 대처리즘과 레이거노믹스Reaganomics가 이끄

+   드라마 〈추노〉
    조선 시대 도망친 노비를 쫓는 노비 사냥꾼의 이야기를 다룬 작품으로 2010년 1월부터 3월까지 24부작으로 방영되었던 KBS 사극. 뛰어난 영상미와 흥미진진한 스토리로 호평을 받으며 평균 30퍼센트가 넘는 시청률을 기록하였다.

는 '강인한 사나이들의 세계'가 영화에서 근육질 이미지로 나타난 것이다. 이런 까닭에 초콜릿 복근으로 무장한 〈추노〉를 보면서 1980년대를 주름잡은 튼튼한 사나이들을 떠올리지 않을 수 없었다. 그렇다고 〈추노〉가 단순하게 1980년대 근육질 영화의 아류작이라고 말하려는 것은 아니다. 같은 근육이지만 〈추노〉의 것은 다소 다르기 때문이다.

일단 〈추노〉의 사나이는 허구의 인물이 아니다. 카메라 기술과 '명품 몸매', 두 요소가 빚어내는 '사극'은 더 이상 역사에 대한 얘기기를 그친다. 역사는 사라지고 거기에 남는 것은 오지호나 장혁이나 이다해일 뿐이다. 현실의 배우와 극중 인물은 아무런 괴리를 갖지 않는다. 역사적 개연성이나 세부 묘사가 별로 중요하지 않은 까닭이 이것이다. 물론 그렇다고 우리가 우매해서 이런 유사 역사를 감상하는 것은 아니다. 오히려 우리는 눈앞에 펼쳐지는 광경을 역사로 볼 수 없다는 사실을 너무도 잘 알고 있다.

만약 이 말이 사실이라면, 도대체 우리는 무엇을 보았던 것일까? 우리는 '착한 일'을 하면 즐겁다. 남들이 착한 일이라고 말하는 것을 실천으로 옮기면 즐거운 것이다. 따라서 착하다는 것은 즐거움을 의미한다. 이 때문에 한때 유행한 "몸매가 착하다"라는 말은 크게 틀리지 않았다. '섹시한 몸매'를 '착한 몸매'로 등치할 수 있다는 것은 즐거움이 좋고 나쁨을 판단하는 것과 같은 문제임을 증명한다.

따라서 〈추노〉에서 우리는 과거의 역사를 보았다기보다 지금 살아가는 현실을 확인했다고 말하는 것이 옳다. 그 현실은 자기 몸은 자기가 책임져야 하는 냉혹한 경쟁의 세계다. 〈추노〉의 근육이 1980년대의 잔영이지만 다소 다른 이유가 이 때문이다. 이 드라마에서 우리는 이상화한 근육을 상상하는 것이 아니라 구체적인 배우의 몸을 보았던 것이다. 이 몸에서 살아 뛰는 근육은 우리도 가질 수 있는 현실이다.

과거의 한국은 남의 고통에 눈물을 흘렸던 사회지만, 오늘날 우리가 살아가는 21세기 한국은 자신의 우월성을 추구하는 시대다. 〈추노〉는 이런 한국 사회의 변화를 적절하게 보여주는 드라마였다고 할 수 있다. 그러나 〈추노〉가 1980년대 할리우드의 유행을 닮았다고 해서 보수주의적 드라마라고 말하기는 어렵다. 문화 형식은 현실을 지도처럼 비율에 맞춰 '반영'하는 것이지, 현실과 똑같은 것을 되풀이하는 것이 아니기 때문이다.

1980년대 할리우드의 람보나 코난 시리즈가 1960년대 반문화 운동의 형식을 빌려와서 보수주의적 내용을 담아냈다면, 〈추노〉는 반대의 경우다. 1980년대나 통했을 보수적 형식에 이명박 시대의 '계급투쟁'이 드라마에서 주된 내용을 이루었다는 것은 상당히 흥미로운 사실이다. 이런 맥락에서 문화는, 특히 대중문화는 고정적이지 않다. 언제나 경험하는 것과 재현되는 것 사이에 괴리가 존재하는 법이고, 이로 인해 동일한 형식은 서로 다른 각도에서 판이한 모습으로 나타난다.

아름다움

아름다움은 합의의 산물이다. 지금 우리에게 아름답다고 받아들여지는 것들을 둘러보면 우리 사회가 어떤 합의를 만들어내고 있는지 알 수 있다. '꿀벅지'와 '초콜릿 복근'을 보자. '소녀시대'나 '짐승돌'은 어떤가? 이들이 보여주는 '몸'은 단순한 살덩어리일 수 없다. 자본의 형식을 통해 만들어진 '인공의 주형성'이 여기에 있다. 이 주형성에서 우리는 몸의 아름다움에 대한 집단적 집착을 확인할 수 있다. 이런 집착은 무엇을 말해주는가?

칸트 식으로 말하자면, 몸의 아름다움은 쾌락적인 판단이다. 이것은 감정과 정서에 근거한다. 감각적인 판단을 거쳐서 쾌인지 불쾌인지를 판단하는 것이 여기에 속한다. 쾌와 불쾌를 나누는 것은 선악을 판단하는 것과 같은 것이다. 역설적으로 우리는 욕망에 근거한 윤리적 판단을 통해 대상을 아름다움과 아름답지 않음으로 구분하는 것이라고 할 수 있다. 말하자면 얼짱, 몸짱 신드롬을 거쳐서 오늘날 우리가 목도하는 '성형 열풍'은 모두 이런 윤리적 판단에 근거하고 있는 것이라고 할 수 있다.

이처럼 실제로 아름다움은 느끼는 것이 아니라 판단하는 것이다. 우리에게 고유하다고 생각하는 것은 '배운 것'에 불과하다. 이런 의미에서 아름다움에 대한 생각은 사회적 합의를 떠나서 생각할 수 없다. 조선 시대의 〈미인도〉에 담겨 있는 미인의 기준이 지금 우리에게 통용되고 있는 그것과 다른 까닭이다. 우리가 아름답다고 여기는 것들은 대개 사회적으로 합의된 것들을 받아들이면서 우리 내면에 선험적으로 위치하게 된 것이다. 인상파의 경우를 생각해보자. 지금 누구도 인상파의 그림을 보고 이상하다거나 추하다고 생각하지 않는다. 하지만 19세기 파리에서 관객들은 인상파의 그림을 보고 비명을 지르거나 졸도하기까지 했다. 이런 사실을 통해 '아름다움은 학습의 산물'이라는 진실을 확인할 수가 있다.

여기에서 자연스럽게 예술 교육에 대한 철학들이 나온다. 예술을 통해 사회를 계몽할 수 있다는 믿음은 일정한 사실성에 바탕을 두고 있다. 쉴러Johann Christoph Friedrich von Schiller나 러스킨 같은 이들이 대표적이다. 특히 러스킨은 문자보다도 시각 이미지를 더 투명한 것으로 파악해서 미술 교육을 강조했다. "글을 읽을 수 없는 사람도 그림을 그릴 수는 있다"라는 진술은 예술 교육을 계몽의 문제와 결합시켰던 러스킨 특유의 관점을 드러낸다.

이렇게 예술을 학습의 산물로 본다면, 미학을 통해 '세계에 대한 인식'을 바꿀 수 있다는 가설이 가능하다. 어떻게 인식을 바꿀 수 있는가? 칸트 식으로 말하면, 무관심한 판단이 여기에 해당한다. 감각적 판단과 윤리적 판단을 넘어선, 아니 이런 이해적 관계와 다른 무관심한 판단은 인식의 감각을 바꾼다. 이것이야말로 '낡은 감각'에서 새로운 것을 끄집어내는 계기다. 무관심한 판단이야말로 미학적인 판단인데, 여기에서 윤리적 위계에 따라 판단하던 아름다움의 기준은 무너진다. 이런 변화의 의미를 정치적인 것으로 해석한 사람이 프랑스의 철학자 랑시에르다.

랑시에르에게 미학적 판단은 하나의 차원으로서, 정치적인 것을 생성한다. 랑시에르가 말하는 정치적인 것은 '정치-치안'과는 다른 것이다. 정치적인 것은 우리가 일상적으로 체험하는 정치에 내재하는 과잉의 순간이다. 랑시에르의 주장에서 흥미로운 것은 그에게 정치적인 것은 존재론적인 것이기도 하다는 사실이다. 미학적 차원은 존재의 구성이다. 물론 이 구성은 일시적이고 가상적이지만, 실재의 작동이기도 하다. 랑시에르와 들뢰즈가 만나는 지점이 여기에 숨어 있다.

자본주의의 상품화는 우리에게 모든 것은 아름답다고 속삭인다. 아니 역으로, 욕망의 판단-쾌락 원칙에 들어맞는 '아름다움'만을 자본주의는 상품화한다. 기본적으로 상품은 합의된 아름다움을 반복한다. 내용을 반복하는 것이 아니라, 그 형식을 반복할 뿐이다. 우리의 휴대전화들은 내용물을 전혀 바꿀 필요가 없다. 오직 '디자인'만이 바뀐다. 그러나 이런 반복은 '새로운 것'을 만들어내지 못한다. 새로운 것은 아름다움에 대한 저항이다. 새로운 것은 합의된 것들에 대한 의심을 통해 발생한다. 우리에게 필요한 것은 이렇게 합의를 깨뜨리는 새로운 미학이다. 거기에서 우리는 아름다움의 다른 차원을 발견할 수 있을 것이다.

개그 없는 정권

천안함 사태가 한창일 때 〈개그콘서트〉가 한 달 동안이나 방송을 타지 못한 일이 있었다. 〈개그콘서트〉만 그런 게 아니다. 예능이라고 불리는 오락 프로그램들이 줄줄이 결방이었다. 이유는 숨진 천안함 장병들을 위한 애도 때문이었다. 슬픈 일이 일어났으니 애도를 하는 것은 당연한 일이다. 그러나 과연 이런 애도가 얼마나 진정성을 가졌는지 의심스러운 것도 솔직한 심정이다.

애도라는 것은 상실의 대상과 자신을 분리시키는 심리 상태다. 이런 분리가 적절하게 이루어지지 않는다면 문제가 발생한다. 상실의 슬픔에 자신을 내맡겨버리지 않기 위한 자기 보전의 욕망이 애도를 밀고 가는 동력이라고 할 수 있다. 이런 까닭에 애도는 지극히 '개인적인 행위'다. 누가 시켜서 애도를 하는 게 아니라 상실의 아픔을 참을 수 없기 때문에 애도하는 것이다. 그래서 한때 벌어졌던 이 상황에 고개를 갸우뚱할 수밖에 없다. 언론과 방송을 뒤덮고 있는 애도의 깃발들이 말 그대로 애도와 상관없는 '깃발'처럼 보인 것은 왜일까? 애도가 충분하지 않아서 그렇다기보다 애도가 과하게 넘쳐나서 그런 것 같다. 슬픔을 덜어주는 것이 애도의 기능이라면, 이 상황은 오히려 없는 슬픔까지 몽땅 끌고 와서 '국민'의 어깨를 무겁게 만들려는 행태처럼 보였다.

사정이 이러니 북풍 논란이 발생할 수밖에 없다. 물론 이명박 대통령이 말하듯이, 현 정부가 북풍을 이용한다고 보기는 어렵다. 문제는 정부보다도 한나라당 일부 의원과 보수 언론인 것 같다. "지난 정권 10년 퍼주기가 어뢰로 돌아왔다"라는 나경원 의원의 발언은 정확하게 이런 상황의 원인을 설명해준 것처럼 보인다. '잃어버린 10년'이라는 진부한 레퍼토리를 되풀이하는 게 자기들에게 유리하다고 판단한 결과가 바로 이런 근엄한 분위기를 만들어낸 원인인 것이다.

〈개그콘서트〉와 예능 프로그램만 전파를 타지 못한 게 아니다. 이효리의 뮤직비디오 〈치티 치티 뱅뱅〉이 '도로교통법'을 위반하는 내용 때문에 방송 불가 처분을 받았던 사실은 또 어떤가. 머리카락과 치마 길이까지 규제했던 1970년대를 연상시키는 촌스러운 보수주의가 한국 사회를 강타하고 있는 셈인데, 확실히 이런 개별 사안들은 별스럽지 않게 지나치기 어려운 내용을 암시하고 있다.

권위주의적 체제가 코미디를 싫어했다는 것은 유명하다. 물론 히틀러가 찰리 채플린이나 미키마우스를 즐겨봤다는 사실과 이 문제는 별개의 것이다. 개인의 취향이 체제의 특성을 대변하는 것은 아니기 때문이다. 이처럼 이명박 대통령 개인이 '북풍을 이용하지 않겠다'라고 생각하는 것과 그 체제가 북풍을 호명하는 건 다른 문제다. 그래서 〈개그콘서트〉나 예능 프로그램이 한 달 동안이나 텔레비전에서 종적을 감춘 것을 이명박 대통령 탓으로 돌리는 것도 우스꽝스러운 일이다.

모든 문제를 해결할 수 있는 초월적 범주로 북한을 호출하는 것은 누구에게도 도움을 주지 못한다. 솔직하게 말해서 진짜 북한의 소행이라면 상황은 더 재난에 가깝지 않은가. 백령도라면 최전방인데, 거기에서 임무를 수행하는 함정에 구명조끼조차 제대로 구비되어 있지 않았다는 충격적인 사실은 북한보다 더한 핑계를 대더라도 그냥 넘어가기 어렵다. 보수 언론은 구멍 난 '국민'의 안보의식을 개탄할 게 아니라, 구태의연한 자신들의 레퍼토리를 먼저 되짚어봐야 하는 게 아닐까.

〈개그콘서트〉가 쏟아낸 주옥같은 풍자들이 이들에게는 그냥 '저질 코미디'로 보인 까닭이 이것이다. 시종일관 자신들은 안보관이 투철하고 북한에 대한 대적관이 뚜렷한데, '국민'이 그렇지 못하다고 믿는 이상한 엘리트주의가 이들의 주장에 배어 있는 것이다. 북풍을 이용하지 않겠다고 이명박 대통령이 아무리 말해도, 이들의 정신 상태가 계속 이 수준에 머무는 한 현실은 반대로 움직일 공산이 크다. 북풍은 한국 보수주의자들에게 복음과 같은 것이기 때문이다.

북한의 어뢰는 존재하지 않음으로써 존재하는 '부재 원인'의 현신 같다. 〈개그콘서트〉가 사라져야 했던 이유가 여기에 있다. 이들이 욕망하는 현실이 개그맨의 대사들처럼 말도 되지 않는 억측으로 구성되어 있다는 사실을 감추기 위해 〈개그콘서트〉가 금지될 수밖에 없었던 것이다. 〈개그콘서트〉, 부재했지만 여전히 우리를 웃겨주었던 좋은 프로그램이다.

〈신데렐라 언니〉

'국민 여동생' 문근영이 본격적으로 성인 역을 맡은 드라마 〈신데렐라 언니〉
가 인기리에 방영된 적이 있다. 그냥 드라마라고도 생각할 수 있겠지만, 이
드라마는 범상치 않은 사회적 진실을 보여주었다. 겉으로 보기에 이 드라
마에서 주인공은 은조(문근영)지만, 실제로 이야기에서 빠질 수 없는 존재
는 은조의 엄마 강숙(이미숙)이다. 강숙이 없다면, 은조의 갈등은 발생할
수가 없기 때문이다. 말하자면 〈신데렐라 언니〉가 궁극적으로 말하고자
한 것은 은조라는 '알파걸'에 대한 이야기라기보다 강숙이라는 '엄마'에 대
한 이야기다. 이 사실이 중요하다. 아버지가 아니라 엄마에 대한 이야기라
는 것. 그래서 원작에서 강조되었던 '계모'의 의미는 희석될 수밖에 없다. 계
모에서 엄마로, 이 작은 변화에 큰 비밀이 숨어 있다.

　고전적인 자유주의 이데올로기에서 개인을 책임지는 것은 사회였다.
사회는 시장에 협력하면서 동시에 시장의 경쟁이 초래하는 스트레스를 중
화하는 기능을 한다고 여겨졌다. 개발 시대에 이런 역할 분담은 적절하게

+　　드라마 〈신데렐라 언니〉
　　'신데렐라'를 21세기형으로 재해석한 작품으로 2010년 3월부터 6월까지 총
　　20부작으로 방영되었던 KBS 수목드라마. 계모의 딸, '신데렐라 언니'가 신데렐라를
　　보며 스스로 정체성을 찾아가는 이야기를 통해 또 다른 동화를 완성해가는
　　내용으로 인기를 모았다.

이루어졌다. 그러나 1997년 외환위기 이후 상황은 사뭇 달라졌다. 경제위기라는 충격으로 한국 사회는 심하게 흔들렸다. 이 위기를 무마하기 위한 '불가능한 환상들'이 범람하기 시작했는데, 가족도 이들 중 하나다.

그러나 이 당시에 출현한 가족에 대한 환상은 고전적 자유주의가 설파하는 그 '따뜻한 가족'의 이미지가 아니었다. 이 가족은 신자유주의적 경제 논리를 구현하는 최전선으로 바뀌었다. 신자유주의에서 중요한 것은 바로 '인적 자본'이다. 이 자본을 재생산하는 역할이 가족에게 주어진 것이다. 이런 가족의 역할로 인해 '엄마-아이'의 관계를 중심으로 새로운 담론이 만들어진다. 이른바 자식 교육에 모든 것을 바치는 '대치동 엄마'라는 새로운 주체가 등장한 것이다. '기러기 아빠'라는 기현상 또한 이런 변화가 초래한 결과물이라고 할 수 있다.

신자유주의적 담론은 인적 자본의 축적을 위해 아이의 교육에 투자하는 엄마를 '이상형'으로 설정한다. 이런 분위기에서 교육에 무관심한 부모들은 자연스럽게 '나쁜 사람들'로 찍힌다. 심지어 자녀를 '대안 학교'에 보내더라도, 그 이유는 나쁜 부모가 되지 않기 위한 것이다.

〈신데렐라 언니〉는 이런 신자유주의 이데올로기를 되비쳐 보여주는 거울상이다. 신데렐라 이야기에서 신데렐라에 해당하는 효선과 계모의 갈등이 중심을 차지할 수 없었던 까닭이 여기에 있다. 이 드라마가 보여준 것은 '엄마-딸'이라는 관계에서 엄마가 어떤 역할을 하는지에 대한 것이다. 물론 극중에서 엄마인 강숙은 '좋은 엄마'가 아닌 것처럼 보인다. 딸을 윽박지르고 이중적 성격을 고스란히 드러내는 악녀에 가깝다. 이런 강숙이지만, 딸에 대한 집착은 맹목적이라고 할 만하다. 예를 들어, 은조가 집을 나가겠다고 대성에게 선포했을 때 보인 강숙의 '쇼'. 강숙은 충격으로 기절한 척 연기를 한 뒤에 은조에게 절대 집을 나갈 수 없다고 엄포를 놓는다. 강숙에게 은조는 포기할 수 없는 '자본'인 것이다. 이 자본은 경제적 이익만을 주는 것이 아니라, 자식을 훌륭하게 키워낸 '성공한 엄마'라는 심리적 만족까지 부여하는 것이기도 하다. 한국 사회가 자식 교육에 목을 매는 이유를 이 드라마는 자기도 모르게 패러디하고 있었던 셈이다.

케이블 방송

Mnet이라는 케이블 방송에서 방영한 '4억 명품녀' 사건을 기억할 것이다. 출연자가 자신의 몸에 걸친 명품만 쳐도 4억 원에 달한다는 발언을 한 것이 계기였다. '위화감'을 조성한다는 죄목으로 그 출연자는 연일 인터넷에서 두들겨 맞았고, 그녀의 미니홈피는 초토화되었다.

예상 가능했던 일이지만, 출연자는 처음에 '악플러들'을 조롱하는 글을 남겼다가 이로 인해 사태가 더욱 소란스러워지자 급기야 '법적 대응'을 준비하는 절차를 밟았다. 특정 방송 하나가 불러일으킨 사회적 파장은 대단했다. 이에 따라서 방송통신심의위원회는 해당 방송을 여과 없이 내보낸 프로그램을 중징계하기로 방침을 정하기도 했다. 어떻게 생각하면 이 해프닝은 우리가 항상 목격했던 비슷한 사건의 되풀이처럼 보인다. 그러나 여기에서 주목해야 할 것은 이 파문의 중심에 케이블 방송이라는 '형식'이 있

+ **4억 명품녀 논란**
2010년 9월 케이블 방송 엠넷(Mnet)의 〈텐트 인 더 시티〉 프로그램에 출연한 한 여성이 "현재 입은 의상과 액세서리 가격만 4억 원이 넘는다", "부모님이 주신 용돈으로 명품을 구입한다"고 말해 '명품녀' 논란에 휩싸인 사건. 비난 여론이 거세지자 이 여성은 "제작진이 써준 대본대로 했을 뿐인데, 과장·조작 방송을 내보내 피해를 입었다"며 엠넷을 상대로 손해배상 청구소송을 제기했다. 한편 이로 인해 사회적 위화감이 조성되고 있다는 정치권의 문제 제기에 따라 국세청이 이 여성에 대해 직접 조사에 나서기도 했으나, 사실이 아닌 것으로 판단, 증여세 탈루 의혹에 대해서는 무혐의 처분을 내렸다.

다는 사실이다.

케이블 방송이었기 때문에 지상파 방송과 달리 '과감한 내용'을 여과 없이 내보낼 수 있었다는 것이 문제의 핵심이다. Mnet은 케이블 방송 채널 중에서도 10대와 20대 시청자를 대상으로 삼고 있다는 점에서 '예외적 쾌락'을 보여주고자 하는 경향을 드러낸다. 명품은 실제로 시청자 대부분에게 실현 불가능하지만, 실현하고 싶어 하는 상상적 이미지를 대변하는 것이다. '명품녀'는 이런 쾌락을 아무 제재 없이 즐길 수 있다는 사실을 보여준다. 그러나 이 쾌락을 얻기 위해 필요한 것이 바로 '4억 원'이라는 화폐 가치다. 명품을 가질 수 없는 까닭은 현실적으로 4억 원이라는 화폐를 보유할 수 없기 때문이다.

물론 Mnet이 설정하고 있는 10대와 20대 시청자에게 이 문제는 심각하지 않을 수 있다. 아직 이들에게 명품은 동경의 대상이지 현실의 문제가 아니다. 그러나 이렇게 특정한 세대의 취향을 떠났을 때, 상황은 복잡해진다. 과거처럼 케이블 방송이 소수 시청자만을 향유 집단으로 확보했을 때와, 지금처럼 훨씬 확대된 시청자 집단의 관심을 받는 때는 해당 방송의 수용 양상이 다를 수밖에 없다. 케이블이든 지상파든 방영 내용에 대한 관심과 효과를 확대 증폭시키는 매개가 바로 인터넷이다.

흥미롭게도 케이블 방송과 인터넷은 서로 공생 관계를 이룬다. 그동안 한국 사회는 '쾌락의 평등주의'에 근거한 민주화의 과정을 겪어왔다. 이 과정에서 인터넷은 쾌락을 공평하게 나누어 가질 것을 요구하는 '민주적 공론의 장'으로 작동했다고 할 수 있다. 최근 인기를 끌고 있는 트위터는 인터넷 민주주의의 극단을 보여주는 것이기도 하다.

이 같은 인터넷의 속성은 케이블 방송이라는 '하위문화'의 자유를 즐기면서도 동시에 규제하는 이중적 효과를 발휘한다. 지상파나 케이블은 모두 인터넷을 엔터테인먼트 프로그램 제작을 위한 기반으로 활용한다. 그러나 표현 수위에서 케이블 방송이 지상파 방송의 한계보다 훨씬 더 넓은 보폭을 갖는다는 점은 흥미롭다. 이런 특성으로 인해 지상파 방송은 케이블 방송을 벤치마킹하는 방식을 취할 수밖에 없었다. 이른바 지상파 방송의 예능 프로그램 다수는 저예산으로 프로그램을 제작했던 케이블 방송의 '형식'을 고스란히 답습하는 것이기도 하다.

지상파 방송에 비해서 케이블 방송은 세분화된 시청자 집단에 맞춰 프로그램을 제작할 수 있다는 장점을 갖는다. '다품종 소량 생산'에 부합하는 제작 방식이 케이블 방송의 특징인 것이다. 이로 인해서 독특한 케이블 방송만의 형식들이 개발되고 장르화했으며, 지상파 방송에도 영향을 끼쳤다.

과거에 높은 시청률을 기록한 올리브TV의 〈연애 불변의 법칙〉[30]은 '나쁜 남자' 신드롬을 만들어낸 주역이기도 했다. 케이블 방송의 장점을 정면에 내세운 이 프로그램은 지상파 방송에서 금지되었던 '솔직한 욕망'을 가감 없이 드러냄으로써 주목받았다. 지상파 방송이 '연속극'이라는 허구의 형식을 통해 이야기할 수밖에 없었던 것을 〈연애 불변의 법칙〉은 생생한 리얼리티TV 형식으로 보여준 것이다. 이 프로그램은 남녀 관계의 문제점을 솔직하게 드러냈다는 점에서 관심을 끌 만한 결과를 낳았다고 할 수 있다.

또한 tvN에서 방영되어 인기를 끌었던 〈남녀탐구생활〉[31]도 지상파 방송에서 볼 수 없었던 새로운 형식을 시도해서 성공한 경우다. 〈남녀탐구생활〉은 기존 사연을 재구성해서 실제 상황으로 만들어 보여줌으로써, 한 번쯤 들어본 이야기들을 텔레비전 화면을 통해 재확인하는 즐거움을 선사했다고 할 수 있다. 이처럼 케이블 방송은 지상파 방송보다 더 현실에 근접한 것이라는 생각을 갖도록 만든다는 점에서 '국민의 알 권리'에 부합하는 것이 좋은 방송이라는 '계몽적 논리'를 내재하고 있다고 하겠다.

케이블 방송이 항상 선정성 시비에 휘말리는 까닭은 사회적 금지의 경계를 보여주기 때문이다. 그렇다고 케이블 방송이 욕망의 금지에 저항하는 것은 아니다. 오히려 그 금지를 교묘하게 타고 넘으면서 표현의 영역을 확장하는 것이라고 할 수 있다. 이 명품녀 사건에서 확인할 수 있듯이, 케이블 방송이라고 해서 완전하게 표현의 자유를 허락받은 것은 아니기 때문이다. 다만 하위문화에 대한 젊은 세대의 개방성이 케이블 방송을 지상파 방송보다 상대적으로 자유롭게 만들어준 것은 사실이다. 케이블 방송은 일상에서 우리가 원하지만 표현할 수 없는 것을 공식화해주는 구실을 해왔다. 회사 '뒷담화' 문화라든가, 남녀 관계라든가, 더 나아가서 개인의 성취를 다룬 감동적인 사연까지……. 케이블 방송은 지상파 방송이 금지할 수밖에 없었던 욕망을 솔직하게 말해주는 '요술 거울'이었던 셈이다.

30   실제 사연을 신청한 여주인공이 몰래카메라 형식을 통해 자신이 만나고 있는 남자의 실체를 들여다보는 리얼리티 쇼로, 일명 '나쁜 남자' 신드롬을 일으키며 남녀 관계의 문제점을 부각시켰던 2009년 케이블 방송 올리브TV 예능 프로그램.

31   생활 속 같은 상황에 놓인 남녀의 각기 다른 행동과 심리 상태를 재연, 탐구해보는 내용으로 젊은 층의 큰 공감을 얻어낸 2009년 케이블 방송 tvN의 예능 프로그램.